Dieter Schenk

BKA

Die Reise nach Beirut

Ein politischer Tatsachenroman

Rowohlt

1.–15. Tausend September bis Oktober 1990
16.–20. Tausend Januar 1991

Umschlaggestaltung Peter Kabel
Gesetzt aus der Times (Linotronic 500)
Gesamtherstellung Clausen & Bosse, Leck
Printed in Germany
ISBN 3 498 06243 3

Die Reise nach Beirut

1. Kapitel

Ich sage mir, daß ich wirkliche Angst nur davor habe, seekrank zu werden. Und ich rede mir ein, daß alle anderen Ängste mit Erfolg verdrängt sind. So ist für mich die Lufthansa eine der zuverlässigsten Linien der Welt, Start in Frankfurt und Landung in Nikosia Routine, eben wie immer. Das riesige Fährschiff im Hafen von Larnaca liegt, Vertrauen einflößend, im gleißenden Flutlicht von Scheinwerfern, weiß und stark – ich mag große Schiffe. Die Heckpartie ist weitmäulig geöffnet, und Fahrzeuge überqueren eine scheppernde Rampe, aber die ‹Empress› bewegt sich keinen Millimeter unter der Last. Die Übertragung des leisen Vibrierens auf die Fußsohlen, offensichtlich von den laufenden Schiffsmaschinen verursacht, hat etwas Beruhigendes. Zugegeben, die Typen, die das Cyprus-Ticket der Dafnis Travel Ltd. Nicosia überprüfen, umständlich unsere Namen auf dem Manifest* suchen und mit einem Haken versehen, wirken wenig professionell und erscheinen undurchsichtig. Für Sekunden habe ich die vertraute Horrorvorstellung, auf der Liste nicht erfaßt zu sein, eine Spezialität afrikanischer oder südamerikanischer Fluglinien, was meist nach nervigen Streitereien, die mit einem hohen Dollarbetrag bereinigt werden, von einem Moment zum anderen scheinheilige Freundlichkeit hervorzaubert. Mir ging es unter die Haut, für die anderen war es nur ein Spiel, das Geld brachte. Idiotischerweise geht es mir immer wieder neu unter die Haut.

Aber wir sind auf Zypern und nicht in einem fernen Konti-

* Passagierliste

nent. Mein Diplomatenpaß wird einbehalten. Ich überzeuge mich, daß auch von anderen Passagieren der Paß einkassiert wird. Eine Uniform hat der einnehmende Mensch nicht an, und so widersprüchlich es auch sein mag, es wäre mir anders lieber, denn ich würde mich gerne selbst betrügen und mich ausnahmsweise von amtlicher Korrektheit beruhigen lassen. Mit schmieriger Lässigkeit erklärt er auf französisch, daß der Paß am nächsten Morgen vor Ankunft in Beirut zurückgegeben wird. Mein Gesichtsausdruck läßt ihn vermuten, daß es mit meinen französischen Sprachkenntnissen nicht zum besten bestellt sein könnte, woraufhin er alles in einwandfreiem Englisch wiederholt.

Wie immer habe ich auf der Einreise-Erklärung das nichtssagende ‹Government employee› als Beruf angegeben. Dem ‹Regierungsangestellten› schenkt aber niemand Aufmerksamkeit. Dafür ruft die Nationalitätenbezeichnung Germany (West) bei allen irgendwie amtlich Umherstehenden anerkennendes Kopfnicken hervor. Peinlich. Jedenfalls empfinde ich es so. Bei Huber kann ich keine Reaktion feststellen.

Jemand mit einer ziemlichen Ausbeulung der Jacke, an der Stelle, wo man eine Waffe verdeckt zu tragen pflegt, zeigt uns die beiden nebeneinander liegenden Kabinen. Ich versuche, mir den Weg durch die schmalen, winkeligen Gänge einzuprägen, gebe es aber schnell auf, weil mir seit dem mißratenen psychologischen Eignungstest zum Höheren Dienst des BKA unter anderem bescheinigt wurde, daß mein räumlich-anschauliches Denken nur schwach ausgeprägt sei. Inzwischen hat sich das zu einem Komplex verstärkt, so daß ich heute aus einem Kaufhaus selten da wieder rauskomme, wo ich reingegangen bin.

Friedrich Huber, der im Gegensatz zu mir an luxuriösen Kreuzfahrten teilgenommen hat, schimpft leise vor sich hin, was das für ein verdreckter Kahn sei. Ich finde das Schiff und auch meine Kabine eigentlich ganz in Ordnung. Er aber empfiehlt mir, doch mal eine Nordkapfahrt zu erleben, mit Kapitänsempfang und so. Mir ist nicht danach, überhaupt kann ich

Schiffsreisen nicht leiden, besonders nicht nach Ost-Beirut und in Begleitung eines Friedrich Huber.

Huber schlägt vor, sich noch ein bißchen die Beine zu vertreten und auf dem Oberdeck das Ablegen des Schiffes zu erleben. Zum Schlafengehen ist es zu früh, also willige ich ein. Praktisch sieht das so aus, daß ich den schweren Aktenkoffer mitschleppe, weil mir mein nach all den Jahren noch immer nicht abtrainiertes Pflichtgefühl verbietet, die dienstlichen Unterlagen über Rauschgifthandel und Terrorismus im Libanon in der Kabine liegen zu lassen. Sollte sich doch eigentlich der Teufel drum scheren. Huber geht selbstverständlich, wie sich das für einen BKA-Abteilungspräsidenten gehört, locker vornweg und weiß natürlich auch gleich den richtigen Weg.

Während Huber begeistert erzählt, wie das irgendwann auf einem Luxusliner namens ‹Gripsholm› gewesen ist, als er im Hafen von Göteborg lag, betrachte ich mir die auffällig unauffällig herumlungernden Gestalten, die offensichtlich keine Passagiere sind und die gleichen, schon erwähnten, ausgebeulten Jacken tragen. Ich beruhige mich damit, daß sie alle zu meinem Schutz hier sind, von Ost-Beirut engagiert, um sich nicht von einem halben Dutzend Westbeiruter Milizen das Fährgeschäft zwischen Zypern und Beirut verunsichern zu lassen. Huber bemerkt von alledem gar nichts.

Wasser ist nicht mein Element, ich bin nur ein mäßiger Schwimmer, das Schiff gefällt mir immer weniger, und der Hafen von Larnaca, den ich von Deck aus sehe, bereitet mir Unbehagen. Nicht nur weil es dunkel ist, nicht nur wegen der Lichtreflexe, die mich verwirren, nicht nur wegen eines Betrunkenen, der jeden Moment über die Kaimauer zu fallen droht. Einzig den warmen Frühlingswind registriere ich als angenehm, denn zu Hause in Wiesbaden blühen erst die Schneeglöckchen, und immer wieder erlebe ich es als etwas Besonderes, im Abstand von wenigen Flugstunden plötzlich in einer anderen Klimazone zu landen.

Das Oberdeck ist recht ausgedehnt und der Inhalt des Aktenkoffers nicht nur gewichtig, sondern auch schwer. Huber denkt nicht im Traum daran, mich abzulösen. Das habe ich auch nicht erwartet, trotzdem ärgert es mich. Ziemlich abrupt, wahrscheinlich auch unhöflich, verabschiede ich mich. Um mein Verhalten nicht als Affront erscheinen zu lassen, biete ich ihm eine Vomex-Tablette gegen Seekrankheit an, was er amüsiert ablehnt.

Ich finde meine Kabine nach dem dritten Anlauf unter Mithilfe eines guten Geistes, der zur Schiffsküche zu gehören scheint. Sie ist einfach, aber sauber, die Bettwäsche frisch. Ich verstehe Hubers Kritik nicht ganz. Als einziges stört mich, daß das große Bullauge vor meinem Bett zwar über einen Schraubmechanismus mit überdimensionaler Flügelmutter verfügt, jedoch die soundsovielte weiße Lackschicht verhindern dürfte, diese Flügelmutter zu drehen und das Bullauge jemals öffnen zu können, nicht nur der Frischluft wegen, sondern auch als Fluchtweg auf ein unterhalb gelegenes Zwischendeck, wo ich die Hälfte eines Rettungsbootes sehen kann.

Ich ziehe Hemd und Hose aus und lege mich, nachdem ich zwei Vomex geschluckt habe, ins Bett. Die Angst vor der Seekrankheit wird mich nicht verlassen. Im Grunde kann man gegen diese Art von Ängsten keine Tabletten nehmen. Oder vielleicht doch, aber ich habe es nicht vor.

Beim Fliegen, zum Beispiel, denke ich oft, daß dies der letzte Flug meines Lebens sein könnte, weil die LH – wie in Kenia oder Jugoslawien – abstürzen könnte. Dann wird die Identifizierungskommission des BKA wieder, wie damals, schreckliche Bilder der Leichenteile nach Wiesbaden senden. Auch der Gedanke ans Ertrinken schleicht sich ein, denn ich kann mir keinen schlimmeren Tod vorstellen, als zu ersticken. Und Beirut ist ein heißes Pflaster, auch der Ostteil und natürlich die Reise dorthin. Zweimal bin ich in Beirut gewesen, und jedesmal ist es gutgegangen. Es geht immer irgendwie gut, darauf vertraue ich, das ist meine Verdrängungstaktik.

Ich schaue aus dem Bullauge und stelle überrascht fest, daß gespenstisch beleuchtete Hebekräne, Schiffsrümpfe, Getreidespeicher und Containerlager langsam durchs Bild ziehen. Wir fahren bereits, ohne daß ich es gemerkt habe, ohne daß sich das leise Geräusch der Schiffsmaschinen verstärkt hat.

Das Medikament beginnt, mich dösig zu machen. Daß ich jetzt in dieser Schiffskabine liege, kommt mir so unwirklich vor wie dieser Friedrich Huber, der ausgerechnet die Terrorismusabteilung leitet und den ich verachte. Ich glaubte, mich dem allem entzogen zu haben, aber das BKA hat wieder einmal über mich bestimmt.

Aus dem verstärkten Klatschen der Wellen gegen den Schiffsrumpf schließe ich, daß wir inzwischen das ruhige Hafengewässer verlassen haben und langsam das offene Meer erreichen. Das Wasser bildet einen schwarzen Brei, von dem sich der Horizont wie ein dunkelgrauer Vorhang abhebt. Wahrscheinlich sind die wenigen Rettungsboote, die ich gesehen habe, längst an ihren Hebekränen festgerostet. Aber die Fähre liegt ruhig im Wasser, souverän und ohne das geringste Schwanken. Wie ab und zu in ähnlich einsamen Situationen auf Auslandsdienstreisen für das BKA, ziehe ich die Decke über die Ohren. Auch wenn draußen in der Stadt Schüsse zu hören waren, versuchte ich mir einzubilden, ich könne mich sicher fühlen wie auf einer Insel, die von der Gefahr nicht erreicht werden kann. Nur die Seekrankheit, die wird sich wahrscheinlich bald bemerkbar machen.

Es klopft. Erst leise, dann energischer. Meine Vomex-Schläfrigkeit scheint Ungeduld zu provozieren. Erste Reaktion: Wassereinbruch! Dann: Es brennt! Auf dem Schiffsgang vor meiner Tür ist Lärm zu hören. Ich versuche, schneller zu denken: Raubüberfall? Die Akten über Terrorismus? Drogen-Mafia? Keine Fluchtmöglichkeit! Dann wird gegen die Tür getreten. Holz splittert. Die Tür scheint also nicht stabil. Huber! Was ist mit Huber? Ich schlage mit der Faust gegen seine Wand. Gleichzeitig verstärkt sich der Krach auf dem Gang, Befehle auf arabisch, dann Hubers Stimme, offensichtlich draußen. Ich öffne, so schnell ich kann.

Bevor mir ein Maschinenpistolenlauf vor die Brust gestoßen wird, sehe ich in der schummrigen Beleuchtung Huber stehen, blaß vor Schrecken, ohne Brille und im Schlafanzug. Er sieht jämmerlich aus. Ich will ihm helfen und werde so brutal mit der Waffe zurückgedrängt, daß mir kurz die Luft wegbleibt.

Ich liege auf dem Bett und spüre den schmerzenden Druck eines MP-Laufs zwischen zwei Rippen. Ich starre auf den Sicherungshebel der Waffe, kenne das Ding ziemlich gut, der Hebel steht auf Dauerfeuer, der Mensch hat den Finger am Abzug, etwa 8 mm trennen mich vom Tod. Ich wage nicht, mich zu rühren. Eine ‹Heckler und Koch›, deutsche Präzisionsarbeit, mein Brustkorb wäre zermatscht.

Der andere Araber durchsucht die Kabine mit dem kleinen Holzschrank. Nebenan poltert es gegen die Wand. Nun leert er meinen Koffer aus. Offensichtlich sucht der Typ nach einer Waffe. Dann schreit er mich an: «Basbor!? – Passport!?»

«Hab ich abgegeben!» schreie ich in meiner Verwirrung auf deutsch zurück.

Er erwidert etwas auf arabisch.

«Immigration», fällt mir zu sagen ein.

Der mit der MP mischt sich ein, und aus dem Palaver der beiden schließe ich, daß sie kapiert haben.

«Inta almani? – You're German?»

Ich habe nicht vor zu antworten.

Er holt mit der MP aus und will den Schaft in Richtung meines Kopfes schlagen.

«Yes», sage ich schnell.

Daraufhin grinsen sie mich zufrieden an. Das macht mich noch wütender. Einer wirft mir Hemd und Hose zu und bedeutet, daß ich die Sachen anziehen soll. Für drei Personen wird es jetzt ziemlich eng. Sie drehen mir beide Arme nach hinten und fesseln meine Handgelenke auf dem Rücken, dann stoßen sie mich auf das Bett zurück.

Das ist es also, denke ich merkwürdig ruhig. Drei Jahre, fünf Jahre oder tot als Geisel in Beirut. Ist das die Lösung für die ganze BKA-Scheiße? Eine Geiselnahme! Es geht jetzt schon die dritte Treppe runter in den Schiffsbauch. Vor mir zwei Araber mit Huber. Als er mir etwas sagen wollte, hat ihm einer mit der Hand ins Gesicht geschlagen. Er hat Mühe, ohne seine Brille, auf der steilen Schiffstreppe. Er ist gefesselt wie ich und muß trotzdem versuchen, seine rutschende Hose festzuhalten, denn vermutlich trägt er normalerweise Hosenträger. Aber vielleicht erschießen sie uns gleich und werfen uns ins Meer. Also doch ein Raubüberfall, eventuell wegen der BKA-Akten? Auf jeden Fall wollten sie uns und haben uns auch geschnappt. Ein verdammt guter Fang! Dame und Bauer, Leiter Terrorismus, BKA-Abteilungspräsident mit seinem Kofferträger, Kriminalhauptkommissar, ehemals Rauschgiftfahnder, auch im Libanon. Sie waren sich zuerst nicht ganz sicher. Erst als ich die Nationalität bestätigte, haben sie triumphiert.

Jetzt stoßen sie eine Tür auf. Hier drinnen ist es ziemlich warm, es stinkt nach Öl, und es ist laut. Die Schiffsdiesel dürften nicht allzuweit entfernt sein. Zwei Lampen verbreiten einigermaßen Licht, unzählige Leitungen, Röhren und Ventile zweigen in verschiedene Richtungen ab. Jetzt sind wir buchstäblich weg vom Fenster. Endlich hört der Typ auf, mir die MP in den Rücken zu bohren. Wir müssen uns auf den Boden setzen. Sie haben doch tatsächlich die gleichen Plastikfesseln, wie wir sie in Deutschland bei Festnahmen benutzen. Sie fesseln uns an ein Rohr.

Zwei sind weggegangen und kehren mit unserem Gepäck zurück. Sie haben unsere Kabinen geleert, und damit existieren wir nicht mehr. Huber versucht nochmals, mit mir zu reden. Sofort droht der Typ mit dem Bart, ihn zu schlagen. Einer der Bewacher ist vielleicht sechzehn Jahre alt, den könnte man weich kriegen. Aber die anderen drei sind finstere Gesellen, zu jeder Brutalität fähig. Mir wird bewußt, daß unser Leben keinen Pfifferling mehr wert ist. Diese Leute sind im Bürgerkrieg großgeworden, waren schon als Kinder in einer Miliz, soziale und humane Werte haben sie mit großer Sicherheit verloren, Krieg ist ihr Alltag, Töten ihr Handwerk, sie haben schon zigmal getötet und werden auch uns ohne Zögern töten, wenn irgendwas nicht planmäßig verläuft. Also sterbe ich mit siebenundvierzig, das ist verdammt jung!

Andererseits zappelt ihnen mit uns ein ganz großer Fisch an der Angel. Es ist zu hoffen, daß sie ihn behutsam an Land holen und ihr Geschäft damit machen. Unser Geiselmarktwert dürfte immens hoch sein, und für Geiselnahme spricht eigentlich alles. Aber wissen sie eigentlich, wer wir sind? Sie müssen Informationen und auch Helfer auf dem Schiff gehabt haben. Aber so gut sind sie auch wieder nicht informiert, wie die Suche nach dem abgegebenen Paß und die Unsicherheit über unsere Identität beweisen. Man müßte ihnen erklären, was wir für sie wert sind. Das klingt verrückt, wäre für einen Fluchtversuch schädlich, aber leider kann ich mich nicht mit Huber beraten. Ich höre ihn nur schnaufend atmen, es arbeitet in ihm, er hat Schweißperlen auf der Stirn, und offensichtlich geht es ihm auch nicht gut.

Eine Flucht zu versuchen, wäre bisher reiner Wahnsinn gewesen. Aber sie müssen uns vom Schiff runterkriegen, das ja in Jounieh anlegt, in Ost-Beirut. Und danach müssen sie uns über die streng bewachte Demarkationslinie, die Greenline, in den moslemischen Westen bringen. Also muß ich Nerven und Kraft bewahren, um jede Chance zu nutzen. Aber wie, angesichts von vier MP 5 und in gefesseltem Zustand?

Die schmalen Plastikfesseln schneiden ins Handgelenk und ziehen sich immer fester zu, wenn man nicht aufpaßt. In unserer Wegwerfgesellschaft gibt es halt auch Wegwerffesseln, man muß sie aufschneiden, um sie zu lösen. Wie oft habe ich großen und kleinen Rauschgiftdealern ebendiese Handfesseln unmittelbar nach der Festnahme angelegt. Natürlich war mir dabei bewußt, daß sie sich beschissen fühlen mußten. Sie haben gejammert, getobt, geflucht, gespuckt, in die Hose gemacht, mich mit Verachtung gestraft, eisern geschwiegen. Niemals habe ich mir allerdings vorgestellt, daß ich selbst in diese Lage kommen könnte.

Und Huber? Er verliert eigentlich mehr als ich. Eine hohe Position mit vielen Privilegien, ein geordnetes Beamtenleben, soviel ich weiß mit Familie, Haus und Garten. Ich dagegen schlittere vom kleinen in das große Chaos. Aber das Leben, verdammt noch mal, ja, das Leben. Da unterscheiden wir uns nicht.

Es gibt zwei Chancen. Die Immigrations-Leute werden merken, daß wir unsere Pässe nicht abholen. Sie werden uns über Lautsprecher ausrufen, in den Kabinen nachschauen. Sie müßten eigentlich erkennen, daß etwas nicht stimmt. Aber wer sind SIE? Undurchsichtige Kerle, denen vielleicht alles zuwider ist, was zusätzliche Arbeit bedeutet.

Zweitens werden wir erwartet und unmittelbar an der ‹Empress› mit dem gepanzerten Mercedes der Botschaft von GSG 9 und BKA-Personenschützern abgeholt. Sie werden unser Verschwinden überprüfen, hoffentlich lassen sie sich das namentlich abgehakte Passagier-Manifest zeigen. Aber, ob deswegen von den Libanesen das Schiff durchsucht wird? Vielleicht – wenn unsere Leute dahinterkommen, daß die Pässe zurückgeblieben sind, und wenn sie Druck auf die Forces Libanaises ausüben.

Der bärtige Araber ist ohne seine MP gegangen und bleibt längere Zeit weg. Ich schätze eine Stunde, genau kann ich es nicht sagen, denn sie haben uns die Armbanduhren abgenommen. Meinem Gefühl nach müßte die Nacht bald vorbei sein und wir demnächst in Jounieh ankommen.

Aus der Traum! Er trägt beide Pässe in der Hand! Der Bärtige hat sie sich entweder ganz frech geben lassen, oder er bedient sich der Hilfe bestochener Freunde beziehungsweise der von Gesinnungsgenossen. Bis jetzt kannte er wohl unsere Namen nicht. Aber wir sind, glaube ich, die einzigen Deutschen auf dem Schiff. Er brauchte ja eigentlich nur zu sagen, daß er die Ausweise in unserem Auftrag holt, so ungewöhnlich ist das nicht. Ich bin ratlos und verspüre Übelkeit. Sie reichen die Dokumente herum, blättern besonders lange in meinem Paß, lesen laut die Orte von Visa und Einreisestempel vor: Bogotá, Quito, Nairobi, Daressalam, Kampala, Khartoum, Colombo, Manila, Vientiane...

«Tu as déjà voyagé dans beaucoup de pays», sagt einer der Araber, eher anerkennend freundlich.

«Oui», bestätige ich ihm, daß ich viel auf Reisen war.

«*War*, du Idiot! Ich *war* viel auf Reisen!» brülle ich ihn an. Ich bin gereizt, und die Idiotie der Situation wird mir plötzlich zuviel. «Ich hab den Job an den Nagel gehängt, wollte nie mehr für das BKA reisen, hatte die Nase voll, bis dieser Spezialauftrag kam, weil ich mich auskenne in Beirut und mit gefährlichen Reisen, verdammte Scheiße!» Und wie um mich selbst zu quälen, sage ich: «Schick das bärtige Arschloch nach Wiesbaden, da liegen noch fünf weitere gültige Pässe von mir mit hundert weiteren Stempeln! Es macht mir kolossalen Spaß zu reisen, in alle Kontinente, besonders fürs BKA und insbesondere nach Beirut!»

Der Bärtige fühlt sich angesprochen, hebt drohend die MP und bringt mich mit einem «Eskut! – Shut up!» zum Schweigen.

Vergehen jetzt Minuten oder Stunden? Ich weiß es nicht. Es ist heiß, es stinkt nach Maschinenöl, die Diesel dröhnen ihren enervierenden Rhythmus. Huber wirkt apathisch. Daß sie unsere Pässe haben, hat ihn gar nicht so aufgeregt. Er lenkt die Aufmerksamkeit auf seine Fesseln und zeigt, daß die Finger abzusterben beginnen. Der Bärtige zieht ein Messer aus der Tasche und schneidet unsere Fesseln durch. Ich massiere meine steifen Gelenke, es tut furchtbar weh, als das Blut wieder zu zirkulieren beginnt. Sie fesseln uns erneut, aber nicht auf dem Rücken und nicht an das Rohr.

Wir haben Fehler gemacht!

Huber hielt erstens, entgegen meiner Empfehlung, ein Dauervisum für überflüssig, damit wäre unsere Anreise zeitlich nicht kalkulierbar gewesen. So brauchte der richtige Mann in der Bonner libanesischen Botschaft nur dem richtigen Mann in der Heimat einen Wink zu geben. Und als ich vorgestern zu Huber ins Büro kam, telefonierte er gerade mit dem deutschen Botschafter in Beirut und avisierte sehr deutlich unseren Besuch. Da fast jede Botschaft in vielen Ländern abgehört wird, war das purer Leichtsinn.

Huber, an den für ihn üblichen Service gewöhnt, wollte, daß uns ein Botschaftswagen in Nikosia vom Flughafen zum Hafen Larnaca bringt. Das habe ich dummerweise zugunsten eines Taxis entschieden. Der Botschaftsfahrer hätte aber auf sofortige telefonische Rückfrage unserer Beiruter Personenschützer wenigstens bestätigen können, daß wir wirklich an Bord gegangen sind.

Das Stampfen der Schiffsmaschinen verändert sich, reduziert sich auf halbe Kraft. Nach einer unbestimmten Zeit folgt ein leiser Ruck, vermutlich das Anstoßen an das Hafenbekken, dann geht das Geräusch in leises Vibrieren über. Ein Dröhnen in den Schiffswänden deutet an, daß Ketten abgelassen und Landebrücken manövriert werden.

Wir sind in Jounieh angekommen. Draußen stehen die Kollegen. Mit der MP 5 ‹Heckler und Koch›.

Das Schießen mit der MP 5 war mir in den letzten Jahren immer mehr zu einem Grauen geworden. Es ist laut und brutal. «Mit dem sogenannten Einzelfeuer kann man Schuß für Schuß brillant zielen», erläuterte der Ausbilder mit einem Griff an die Visiereinrichtung. Bei Dauerfeuer hingegen wandert die Waffe nach oben weg und fetzt den Kopf auf der Zielscheibe in tausend Stücke. Während der Ausbilder den Schaft der Waffe liebevoll streichelte und zeigte, wie man trotzdem die unteren Partien, also zum Beispiel Magen, Hoden oder die Kniescheibe in Einzelteile zerlegt, bin ich mit meinen Gedanken woanders und grübele über den Begriff des Dauerfeuers nach. Feuer kann wärmen, aber auch zerstören, wenn man es nicht einzudämmen weiß, besonders als Dauerfeuer. Trotzdem erwärmt das Dauerfeuer manchen Kollegen, heizt ihm ein, bereitet Lust, ist mehr als nur ein Räuber- und Gendarmspiel. Da ich nicht begriffsstutzig bin, habe ich die Teilnahme am Übungsschießen abgesagt, in einem Aufwasch auch für die Dienstpistole ‹SIG Sauer›.

Das BKA führt offensichtlich mehrere Kalender und kennt wahrscheinlich auch verschiedene Zeiteinteilungen, weil die vor 1945 in gewollte Vergessenheit geraten ist, und so verwundert es den Insider nicht, daß auch das Jahr kein einfaches Jahr sein darf, sondern zum ‹Schießjahr› erklärt wird. Ich habe also ein ganzes Schießjahr nicht am MP- und Pistolenschießen teilgenommen, bin leider auch Wiederholungstäter, und arbeitsrechtliche Konsequenzen sind mir angedroht. Vorher möge ich mich bitte dazu erklären.

Ich saß gerade an meiner Stellungnahme, des Inhalts, daß ich bei den zahlreichen Auslandsreisen ohnehin keine Waffe führe (immer in der gewünschten Diktion, man ‹führt› die Waffe wie einen Titel), daß es deshalb nutzlos sei, das Schießen zu üben, wenn man die Arbeit doch ohne die Waffe erledige – für einige Kollegen eine eher schlimme Vorstellung. Ich schrieb auch nicht ‹Arbeit erledigen›, sondern ‹Dienst verrichten›. Aber das Telefon unterbrach meine Überlegungen und bestellte mich zu meinem neuen Gruppenleiter, von allen Schorsch genannt, ein Kumpeltyp, mit dem man auskommen kann.

Schorsch, immer etwas umständlich und weit ausholend, erklärte, daß und warum er den Abteilungspräsidenten vertrete und in dieser Funktion an der Abteilungsleiterbesprechung teilgenommen habe, von der er gerade komme. Dort sei auch über mich geredet worden.

«Über mich?» Es ist ein Gremium, in dem ich am allerwenigsten im Gespräch sein möchte.

«Ja, daß es eigentlich falsch wäre, Sie in der Zentralen Lichtbildsammlung einzusetzen. Sich auf das Altenteil zurückzuziehen, dafür seien Sie viel zu jung, und auf Ihre Erfahrungen könne man nicht einfach verzichten.»

Ich war wie vor den Kopf geschlagen. Vermutlich sollte es sogar ein Kompliment sein, aber seit wenigen Wochen hatte ich endlich erreicht, der Abteilung Rauschgift den Rücken zu kehren, und jetzt schien alles neu in Frage gestellt. Die Rache Simons oder des Abteilungspräsidenten, vermutete ich.

«Nein», erwiderte Schorsch, «nicht der Leiter RG*, sondern der Leiter TE** steckt dahinter.»

Um Gottes willen, dachte ich, Terrorismusbekämpfung wäre die Potenzierung von allem, was ich bisher beim BKA erlebt hatte.

«Was haben Sie erwidert?» hörte ich mich resigniert fragen.

«Ich habe mich natürlich für unsere Abteilung stark ge-

* RG: Abteilung zur Bekämpfung der Rauschgiftkriminalität

** TE: Abteilung zur Bekämpfung des (Links-)Terrorismus

macht, wie wichtig die Zentrale Lichtbildsammlung ist und daß Ihre Erfahrungen auch dort von großer Bedeutung sind, zumal immer mehr ausländische Dienststellen unsere Lichtbilder anfordern.»

«Und weiter?» Ich befürchtete das Schlimmste, nämlich eine Versetzung zu TE.

«Huber muß dringend nach Beirut. Die Reise ist nicht ungefährlich, Sie kennen sich aus im Geschäft, haben Kontakte, waren schon da und sollen ihn begleiten.»

Ich atmete tief durch. Das wäre das kleinere Übel.

«Für wie lange?»

«Eine Woche etwa.»

«Wann?»

«Möglichst vorgestern, wie immer.»

«Und ich kann das nicht verhindern? Ich meine, das mit den Kontakten zur libanesischen Polizei, das ist doch eine Farce. Es sind Marionetten, weil die Forces Libanaises, AMAL und die anderen Milizen, die Hisbollah, die Drusen, Syrer, der Iran, SLA und die Israelis das Sagen haben.»

«Der Präsident hat schon entschieden. Außerdem meine auch ich, daß Ihre internationalen Erfahrungen bei einer solchen Reise wichtig sind. Für eine Woche können wir auf Sie verzichten.» Schorsch schlug mir freundschaftlich auf die Schulter und erklärte damit das Gespräch für beendet.

Unversehens stand ich Schulter an Schulter in einem Pulk amerikanischer und japanischer Touristen. Andrea und ich hatten uns um fünf Uhr in der Innenstadt, unweit des ‹Schwarzen Bock›, verabredet; an der Ecke befindet sich ein Andenkenladen, der sich ‹The world's biggest coocooclock› nennt. Geduldig warteten die Leute, mit gezückten Kameras minutenlang auf zwei Holztüren zielend, hinter der das Ungetüm und hölzerne Schwarzwaldpuppen lauerten. Dann endlich, zur vollen Stunde, wurde das ausgeleierte Lautsprecher-Kuckuck von dem ‹Klack-Klack› der zahlreichen Kameras empfindlich gestört, und der grobschlächtige hölzerne Kuckuck, in der Dimension eines ausgewachsenen Huhnes, entzückte die ausländischen Gäste, um nach fünfmaligem hohlen Tönen steif zu verschwinden. Damit der Zauber nicht zu früh beendet war, tanzten die Puppen noch eine Weile einen hektischen Ringelreihen. Nach diesem Happening zerstreuten sich die sichtlich zufriedenen Touristen und bekräftigten ein weiteres Mal mein Vorurteil gegen sie, erzeugt in den Hotelhallen vieler Länder.

Da Andrea noch immer nicht in Sicht war, stellte ich gelangweilte, aber erfolgreiche Vergleiche an zwischen Kitsch und Nippes im Schaufenster des Kuckucksladens und ähnlichen Gegenständen in BKA-Vitrinen und auf BKA-Schreibtischen, die ausländische Polizisten als Ausdruck der Sympathie und Hochachtung ihren Kollegen in Wiesbaden verehrt hatten.

Dann entdeckte ich den roten Fiat Uno, da war Andrea endlich! Sie kam von der Landesbibliothek, hatte das BGH-Urteil von 1956 ausgegraben, las mir empört vor, während wir im üblichen Stau auf der Schiersteiner Rheinbrücke in Richtung Mainz standen: «Die im April 1940 durchgeführte Umsiedlung von Zigeunern ist keine nationalsozialistische Gewaltmaßnahme aus Gründen der Rasse gewesen, sondern diente der vorbeugenden polizeilichen Verbrechensbekämpfung der Zigeunerplage.» Andrea steckte zu tief in ihrem Projekt, die sogenannte Wiedergutmachung an Zigeunern zu untersuchen, um meine Niedergeschlagenheit zu bemerken. Ich stimmte zu, daß sich der Verdacht aufdränge, das Urteil sei von Ex-Nazi-Richtern gefällt worden.

«Hat das BKA nicht immer noch Sonderakten über Sinti und Roma?»

«So dumm sind die nicht, das ist längst alles vernichtet worden.»

«Aber wieso weißt du es nicht genauer, haben sie die Akten oder nicht?»

«Das Amt ist riesengroß, meinst du, ich hätte den Durchblick? Selbst wenn ich in der Aktenhaltung sitzen würde, könnte ich nicht beurteilen, was für Spezialakten irgendwo liegen.»

Ich muß nach Beirut, dachte ich, ich muß es ihr sagen, sie wird nicht nur einen Wutanfall bekommen, sondern mir nie wieder etwas glauben.

«Was ist mit der EDV, sicher habt ihr doch Zigeuner-Dateien genauso wie Aids-Dateien?»

«Bitte sag nicht *ihr*, ich bin nicht das BKA», antwortete ich gereizt. Jetzt würde der Streit gleich anfangen, aber der Zeitpunkt war eigentlich egal, es lief sowieso darauf hinaus.

«Entschuldige bitte, Liebling», sagte sie, griff mit der Hand in mein Haar, zog meinen Kopf zärtlich zu sich und küßte mich. «Natürlich bist du nicht das BKA, und ich bin nicht die Uni Mainz. Aber ich war schon deine V-Frau, und jetzt bist du mein V-Mann, also was ist mit den Zigeunern?»

«Zigeuner-Dateien gibt es wahrscheinlich nicht, weil das besser kontrollierbar wäre.»

Was interessierten mich eigentlich Zigeuner, ich hatte meine eigenen Probleme. Und daß sie jetzt nett zu mir war, machte es noch schwerer.

«Also, es gab mal einen Protest des Sinti-Verbandes, weil man den Begriff Zigeuner als Rassemerkmal speicherte. Das läßt man, soviel ich weiß, jetzt bleiben. Damals haben die vor dem BKA in KZ-Kleidung protestiert.»

Der Stau begann sich aufzulösen, und mir fiel ein, daß meine Wiesbadener Wohnungsschlüssel auf ihrem Schreibtisch in der Uni lagen. «Hast du noch was im Institut zu tun?» fragte ich vorsichtig.

«Nee, wir fahren jetzt heim und machen es uns gemütlich.» Also, nach Beirut mußte ich übermorgen. Es reichte, wenn ich es ihr morgen sagte, zu blöd, das mit dem Schlüssel.

«Ich habe Gemüse gekauft, ich mache uns Ratatouille.»

Mist, sie wollte mir eine Freude machen, Ratatouille konnte sie besonders gut. Es gab höchstens fünf Gerichte, die wir gemeinsam beherrschten, und eigentlich kochten wir fast nie.

«He, du bist so zerstreut, erzähl mal weiter, wie die auf die Demo reagiert haben.»

«Ich habe damals gehört, daß die BKA-Bosse wie aufgescheuchte Hühner herumliefen, zumal die Zigeuner auch das Fernsehen mitgebracht hatten.»

Das schwere Parfum von Jorgos beherrschte noch den Flur, als wir in der Steingasse ankamen. Die Tür seines Zimmers stand offen, und entgegen meiner sonstigen Gewohnheit registrierte ich mit Unbehagen, daß er schon weg war. Obwohl er Andrea ungeniert den Hof machte und sich Andrea noch ungenierter darin sonnte, von diesem Mann – ehrlicherweise muß ich sagen, ein Bild von einem Mann, ein Grieche, wie aus dem Panthenon entsprungen – verehrt und anerkannt zu werden. Was einiges über sie aussagte, denn die Bestätigung als Frau schien ihr wichtiger zu sein, als der Tatsache ins Gesicht zu sehen, daß seine Lyrik romantischer Kitsch und sein Edelkommunismus ein verkappter Kapitalismus war. (Ja, ja, ich bin eifersüchtig auf Jorgos ...) – Aber dieses eine Mal hätte er mich von meinen Sorgen abgelenkt, Andreas Aufmerksamkeit von mir.

Von Nora, die ich in letzter Zeit bei jeder Begrüßung eine Spur zu lange umarmte, woran ein sehr harmloser, aber doch erotischer Vorfall schuld war, lag ein Zettel auf dem Küchentisch: ‹Bin bis einschließlich Wochenende in Freiburg.› Schade.

Auch kein Licht in den Zimmern von Doris und Claudia.

Wir wuschen und schnitten gemeinsam das Gemüse für die Ratatouille, während Andrea ihre Strategie entwickelte, bei dem Verband der Sinti und Roma an Material für ihr Projekt zu kommen und mit Rücksicht auf sittenstrenge Zigeuner am besten einen langen Rock anzuziehen.

Ich hatte das Gefühl, daß sie in den letzten Wochen weniger aggressiv gewesen, liebevoll auf mich zugegangen war, glücklich darüber, nicht mehr von der verhaßten Nachricht überrascht zu werden, daß ich einfach für vierzehn Tage aus ihrem Leben ausgeblendet sein würde. Mir war ganz elend vor schlechtem Gewissen.

Wir löschten das Licht, umarmten uns zärtlich, schmusten, knieten in den Kissen und zogen uns langsam gegenseitig aus. Ich streichelte Andreas Schultern und Rücken über ihrem seidenen Hemd, was sie mehr genoß als direkt auf der Haut, während sie meine Hüften zärtlich küßte, dann meinen Kopf zu ihrem Schoß zog und meinen Körper umfaßte.

«Nein! Nur das nicht! Nicht schon wieder!»

Erstarrt stieß sie mich von sich weg und verharrte reglos.

Herrgott, das Pflaster! Ich hatte vergessen, es zu entfernen, da saß es über der Einstichstelle der Reiseimpfung, diesmal einer Beriglobin-Spritze, eine Handspanne entfernt von der Hüfte zum Po. Ich kannte jede Handbewegung des Arztes auswendig. Und Andrea wußte Bescheid.

Ich zog mich an. Andreas Lähmung ging in zeitlupenartige Bewegungen über, als sie mit steinernem Gesichtsausdruck aus dem Bett stieg und alle Lampen des Raumes anknipste. Ich wußte, daß jetzt gleich die Explosion kam, kannte ihre Reaktionen nur allzu gut.

Mit der Hand fegte sie eine Reihe Bücher vom Regal, nur noch ihrem Gefühl folgend, ohne Rücksicht darauf, ob etwas zerbrach, was ihr lieb war. Sie war verletzt, und sie wollte verletzen.

«Du Scheißkerl! Du elender Scheißkerl!»

Sie riß die Tür ihres Zimmers auf. «Raus! Geh mir aus den Augen! Raus, du Scheißkerl!» Ihre Stimme war kalt, schneidend, überschlug sich fast. Bei früheren Auftritten dieser Art hatte ich immer an die anderen WG-Mitglieder, an Nachbarn, Hausbewohner gedacht.

Mechanisch und benommen rief ich aus einer Telefonzelle die Wiesbadener Polizei an, um zu erfahren, welcher Schlüsseldienst nachts Bereitschaft hatte. Dann bestellte ich ihn zu meiner Wohnung und ließ ein Taxi kommen.

Ich betrachtete die Rechnung und mußte lachen. Das Ende meiner Beziehung zu Andrea hatte, inklusive eines neuen Schlosses, 210 Mark gekostet. Wie jedesmal nach schweren Auseinandersetzungen dachte ich, daß unsere Verbindung beendet sei, immer wollte ich aufgeben und wußte doch, daß mich spätestens nach drei Tagen panikartig das Alleinsein überfiel.

Ich schrieb die ganze Nacht, dem Ratschlag Buddys, meines vietnamesischen Freunds, folgend. Eine Bilanz, die damit begann, daß ich in die Beziehung nie wirklich Vertrauen investiert hatte. Obwohl es Andrea gern gesehen hätte, hatte ich die Wiesbadener Wohnung nicht aufgegeben, als ich zu ihr in die Wohngemeinschaft nach Mainz zog. Statt dessen hatte ich sie belogen und behauptet, daß das BKA eine Residenzpflicht in Wiesbaden vorschreibe.

Als es Morgen wurde, war ich traurig und doch erleichtert. Nun stand alles schwarz auf weiß vor mir auf dem Papier und wurde greifbar. Die Gedanken hatten sich auch in meinem Kopf geordnet. Buddy wirkte zufrieden. Und plötzlich wußte ich, daß ich diese Seiten nie mehr lesen würde.

Der Immigrations-Beamte des Flughafens Hanoi schien meinen Paß endlos lange zu lesen. Dann fuhr ein kleiner Lichtblitz über sein Gesicht, und mir wurde klar, daß man meinen Paß unter dem Pult mit einem Gerät schlechter Qualität heimlich fotokopiert hatte. Das verunsicherte mich und verstärkte die düstere, unfreundliche Atmosphäre.

Ich schaute mich um, die Vietnamesin stand jetzt in einer anderen Reihe und schien mich nicht mehr zu kennen. Ich hatte ihr in Bangkok geholfen, mehrere Gepäckstücke die Gangway hochzuschaffen, und blickte dabei in das Gesicht einer etwa sechzigjährigen Frau mit lustigen Augen, leicht mongolischen Zügen und Lachfalten. Trotz der Hitze in Bangkok trug sie, ohne zu schwitzen, eine dicke Strickjacke, und ich hielt sie für eine Bäuerin. In der Maschine winkte sie mich auf den freien Platz neben sich. Wieder einmal ist auf meine Menschenkenntnis kein Verlaß gewesen, denn sie war in Wirklichkeit eine vietnamesische Ärztin, die in Algerien tätig war und einen Besuch zu Hause machte. Kurz vor der Landung eröffnete sie mir, daß wir jetzt nicht mehr weiter miteinander reden dürften, denn jeder Kontakt zu Ausländern sei hier verboten.

Vietnam – es war ein seltsames Gefühl, in dem Land zu sein, dem auch einmal meine ganze Sympathie gegolten hatte

– des Krieges wegen, den die Amerikaner geführt und verloren hatten. Wie selbstbewußt mußte dieses Volk sein!

Grau war die Grundfarbe. Grau der Himmel, die Gesichter, die Kleidung der Menschen, fast grau auch die Reisfelder, die Wasserflächen, in denen sich Wolken widerspiegelten, grau der Staub auf den Bäumen und den Häuserfassaden, deren abgeblätterter Stuck und Putz die ehemals französische Kolonialpracht nur noch vermuten ließ. Unterwegs vom Flughafen zur Stadt passierten wir eine relativ große Kirche, einst majestätisch, jetzt zu einer Lagerhalle umfunktioniert.

Ich war gewarnt worden, daß man mich wahrscheinlich lückenlos observieren würde. Wie sollte ich da etwas erfahren über den staatlich gelenkten Anbau von Mohn in unmittelbarer Nachbarschaft des ‹Goldenen Dreiecks›, was die eigene Kriegskasse aufbessern und den dekadenten Westen mit Rauschgift zersetzen sollte.

Observanten zu enttarnen, gab ich bereits an der Stadtgrenze auf. Noch nie in meinem Leben hatte ich so viele Radfahrer gesehen, zu Hunderten fuhren sie vor uns auf den Straßen, in Gruppen, sich unterhaltend, scherzend, die wenigen Autos ignorierend. Autofahrer sind in diesem Land entweder Funktionäre oder Kapitalisten, beide Spezies Mensch gleichermaßen verachtenswert, was die Fahrt zu einem mühsamen Slalom werden ließ. Und in dem Gewimmel, das sogar durch eine gelb-rote, scheppernde und quietschende Straßenbahn bereichert wurde, die Geheimpolizei zu entdecken, hätte übernatürlicher Fähigkeiten bedurft. Dafür entdeckten der mich abholende Botschaftsbeamte und ich die gemeinsame Liebe zum Jazz. Aus dem Recorder des Dienstmercedes kam der unverwechselbare Trompetensound von Miles Davis, den ich erst kurze Zeit zuvor beim VII. Festival de Jazz de Paris erlebt hatte – eine Untermalung der fremdartigen Straßenszenen, die mir unvergeßlich bleiben wird.

Vietnam – der Überwachungsstaat. Blockwartsystem, allgegenwärtige Geheimpolizei, Parteidiktatur, Reformlager. Tausende sitzen dort seit zehn und mehr Jahren: Politiker, Militärs, Buddhisten, Katholiken, Intellektuelle. Hunderttausende flüchteten als Boatpeople, kamen teils um durch Piraten. Zufällig beobachtete ich eine Kindergartengruppe: absoluter Gehorsam und Drill unter der Kommandostimme der Kindergärtnerin. Das Resultat dieser Erziehung zur Disziplin und Unterwürfigkeit sind unter anderem Soldaten. Nicht nur in Vietnam.

Ich stand auf der eisernen Brücke über den Roten Fluß, die immer wieder von Amerikanern bombardiert worden war und deren geschwungene Silhouette weltbekannt wurde, und dachte an Napalm, den Vietcong, die Kopfschüsse, die Krebskranken hier und an die Krankheitsrate bei ehemaligen US-Soldaten, verursacht durch das Entlaubungsmittel ‹agent orange›, an die hohe Selbstmordrate unter Kriegsveteranen in den USA.

Trotz der kalten Jahreszeit liefen die Leute mit nackten Füßen in Sandalen herum, die aus alten Autoreifen gefertigt waren. Und die kleinen Soldaten in ihren schlottrigen Uniformen, die mühsam ihre Maschinenpistolen schleppten – es war schwer zu verstehen. Wie konnte es ihnen gelingen, eine Weltmacht in die Knie zu zwingen.

Angeblich gab es im Hotel ‹Thang Loi›, das auf Stelzen in einem See steht und von Kubanern gebaut worden ist, Ratten. Ich habe keine gesehen, aber sie wären mir lieber gewesen als der Plastik-Luxus in Bangkok. Und wenn mein Zimmer schon verwanzt war – ich meine Wanzen mit Kupferdraht und Sender –, dann wollte ich die DDR-Polizei-Entwicklungshelfer wenigstens verwirren und sang unter der herrlich heißen Dusche laut die Internationale. Aber die Signale, welche die Völker von hier aus hörten, hießen Unterdrückung, Willkür und bittere Armut. Anders ausgedrückt: Stalinismus.

Abends wurde ich in den ‹Australischen Club› eingeladen, der das versprach, was ich vermutet hatte: eine vornehmlich aus Männern bestehende Saufgemeinschaft der Western Community.

Doch, es gab auch einige Frauen.

«Du guckst so schweinisch!» sagte die angetrunkene Holländerin und schüttete dem Briten ihr Bier ins Gesicht.

Die Stimmung schien aggressiv zu sein, was an der Isolierung der kleinen Diplomaten-Gruppe liegen mochte, die in einem Ghetto lebte und für die, wie sie sagten, Hanoi das am besten bezahlte Gefängnis sei, und deren Putzfrauen Geheimdienstoffiziere waren.

Am nächsten Tag wieder das unfaßbare Bild zahlloser Radfahrer. Eine Dampflok kreuzte die Hauptstraße hinter einer Bahnschranke, paffte grauschwarze Wolken in den grauen Himmel, dann Reisfelder, in denen Frauen arbeiteten, bis zu den Knien stundenlang im kalten Wasser stehend. Ich war mit Sonja unterwegs: Sie ist Polin, eine in Deutschland beachtete Malerin und Frau des deutschen Botschafters. Wir aßen im ‹Cha Ca›, einem der beiden Speiselokale der Millionenstadt, und Sonja bat mich, beim Durchqueren der Küche möglichst die Augen zu schließen – und sie wußte, warum sie das verlangte –, aber der Weg zur Toilette führte nun mal durch diese Örtlichkeit.

Sonjas Bilder sind großformatige surrealistische Gemälde, im grauen Hanoi besonders farbenprächtig.

Mag sein, daß wir einen Kometenschweif von Geheimdienstlern hinter uns herzogen, aber Sonja führte mich trotzdem zu Nguyen, wo man für bare Dollar zu Spottpreisen Silberschmuck kaufen konnte. Die Polin mochte aufgrund ihrer Begabung, einen guten Preis auszuhandeln, auch noch andere Vorfahren im Blut haben. Dann brachte Nguyen eine Buddha-Figur, etwa einen halben Meter groß, auf einer Lotosblüte sitzend, die eine Hand mit geöffneter Innenfläche im Schoß, die andere auf dem Knie, geschlossene Augen, friedlich in sich selbst versunken, Ruhe ausstrahlend. Es war so etwas wie Liebe auf den ersten Blick. Egal wie der Kerl in meinen Koffer paßte, ich mußte ihn haben.

Skrupellos setzte ich mich über aufkommende Bedenken hinweg, daß man alte Kulturgüter nicht außer Landes schaffen sollte. Die Figur hatte bessere Zeiten erlebt, verfügte einst über einen angemessenen Platz in einer Pagode, bis die Heiden kamen, jene Kommunisten, die auch katholische Kirchen in Lagerhallen umwandelten und religiöse Stätten plünderten. Ein kleines Loch am Hinterkopf zeugt von der Behandlung. In der schäbigen Lagerecke eines zwielichtigen Antiquitätenhändlers zu verstauben, hatte der Erleuchtete nicht verdient.

Also versprach ich ihm, ihn mit nach Wiesbaden zu nehmen, ihn immer gut zu behandeln, in Ehren zu halten und ihm einen besonders schönen Platz in meiner Wohnung auszusuchen. So entstand unser stummes Zwiegespräch. Wir einigten uns auf den Namen Buddy.

Natürlich war ich mir zu Anfang nicht ganz sicher, ob er es auch wirklich wollte. Deshalb bat ich ihn, dafür zu sorgen, daß wir alle Fallstricke des Zolls umgehen würden. Dies war ein Prüfstein, denn schon bei der Ausreise in Hanoi hätte er sich bemerkbar machen können. Aber noch gefährlicher war es in Bangkok. Dort wird mit Plakaten auf dem Flughafen vor der Ausfuhr von Buddha-Figuren gewarnt. In mehreren Sprachen, sogar in Deutsch, erfährt man, daß dies strengstens verboten ist und mit zwei Jahren Gefängnis geahndet wird. Thais erklärten mir, daß es in Deutschland Ignoranten gäbe, die Buddha-Figuren zu Lampenständern umarbeiten – eine Blasphemie. Aber das wollte ich Buddy ja nicht antun.

Wir hatten im Verlauf der Reise, die noch über Birma, Laos und Indonesien führte, Freundschaft geschlossen. Dank Buddy und Diplomatenpaß war alles gut verlaufen, wenn auch in Bangkok zugegebenermaßen mit Herzklopfen.

Der Flughafen Frankfurt bereitet mir eigentlich immer Herzklopfen. Ich traf viel zu früh ein, auf den Dienstwagen verzichtend, der mich mit Huber zusammen gebracht hätte. Ich wollte mich von der Atmosphäre einfangen lassen, die fast eine Sucht war und meinen Schmerz betäubte. Ob ich mich in den letzten Jahren im guten oder im bösen von Andrea verabschiedet hatte, es bedeutete immer Schmerz. Aber dieser verdammte Rhein-Main-Flughafen macht mich high und erzeugt eine Stimmung, die aus Abschied und Fernweh gemixt ist und in eine von mir geliebte und ersehnte Melancholie mündet. Und dabei blieb es, obwohl ich meinen Reisebegleiter Huber insgeheim als Kotzbrocken empfand.

Flug LH 698 von Frankfurt nach Nikosia. Es war mir recht, daß Huber in der Ersten Klasse verschwand. Ich ließ mir einen Cognac geben und beobachtete die mechanischen Gesten der Stewardess, die, wie an den Seilen eines Puppenspielers der Lautsprecherdurchsage folgend, die Sicherheitsbestimmungen erläuterte und auf die Notausgänge vorne, in der Mitte und hinten zeigte. Plötzlich hatte ich das Gefühl, daß diese Reise anders war als sonst. Ich empfand sie als Niederlage, wie ein Süchtiger, der rückfällig wird, weil Kräfte ihn dazu zwingen, die er nicht unter Kontrolle hat.

Plötzlich erschien Huber. «Kommen Sie, in der Ersten Klasse ist noch ein Platz frei, ich habe mit der Purserette gesprochen, sie hat nichts dagegen.» Ich wollte eigentlich weder, daß er so freundlich zu mir war, noch wollte ich in die Erste Klasse. Wenigstens saß ich nicht unmittelbar neben ihm.

«Wie kann ich Sie verwöhnen?» Das freundliche Lächeln wirkte pflichtbewußt und aufgesetzt. Die Erste Klasse ist von Machos erfunden, für Machos gemacht, und die Stewardess ist auf Machos trainiert. SIE hebt auf, wenn etwas herunterfällt, SIE macht den Weg frei, wenn man ihr im Gang begegnet, SIE legt die Speisen auf den Tellern vor, die man sich auch selbst nehmen könnte, ‹Sevruga Malossol Caviar with your choice of garnish›, SIE liest jeden Wunsch von den Augen ab, ‹Roast venison with chanterella sauce›, SIE ist Dienerin, ‹Tart Black Forest style›.

Ich grübelte, warum sie beim BKA so penetrant darauf bestanden hatten, daß Huber und ich unsere Fingerabdrücke, Fotos und Schriftproben hinterlegten.

Bei der Ankunft in Nikosia kam erstmals Mißstimmung zwischen uns auf. Huber vermißte den Wagen der Botschaft.

«Ich habe ihn nicht bestellt, wir können auch ein Taxi nehmen.»

«Wieso?»

«Es ist Sonntag abend, der Fahrer wäre sicher nicht begeistert gewesen.» Ich registrierte, daß ihm solche Überlegungen völlig fremd waren.

Völlig fremd und gleichzeitig fast schon vertraut ist mir das Gefühl des MP-Laufes im Rücken. Die Waffe ist zur Tarnung mit einer Jacke umhüllt. Man muß den Entführern zugestehen, daß sie – was die Örtlichkeiten des Schiffes angeht – sehr gut vorbereitet sind.

Beim Aufbrechen sage ich halblaut, wie zu mir selbst: «Abhauen, sobald sich eine Gelegenheit bietet.»

«Verstanden», antwortet Huber, woraufhin der Bärtige «Sakre fumute! – Halt's Maul!» poltert.

Durch verwinkelte Gänge erreichen wir eins der Zwischendecks; das helle Tageslicht schmerzt die Augen. Sie schneiden uns die Fesseln auf. Die Sonne steht senkrecht, es waren also sechs qualvolle Stunden, die wir seit Ankunft in Jounieh gewartet haben. Ich atme tief durch, ziehe die frische Luft in meine Lungen. Niemand sonst ist zu sehen. Das ist nicht verwunderlich, denn so gut wie jeder Araber ißt zu dieser Stunde, trinkt Tee und hält einen Mittagsschlaf. Ich denke verzweifelt, daß die GSG 9 und die BKA-Kollegen vermutlich ganz in der Nähe sind.

An der Reling ist eine Strickleiter befestigt, an deren Ende ein kleines Küstenboot mit Kajüte im Wasser liegt. Der Abstieg ist mühsam, die Füße finden kaum Halt, die Finger werden zwischen Seil und Schiffswand eingequetscht, die Haut abgeschürft. Huber keucht. Ich starre verkrampft immer nur auf den wechselnden Griff meiner Hände, vermeide den Blick nach unten, glaube, daß mich jeden Moment die Angst vor der Höhe überwältigt und ich abstürzen werde.

Angesichts der langen, haushohen Schiffswand und als wir in das winzig erscheinende Boot klettern – natürlich auf der zur Anlegestelle entgegengesetzten Seite –, fühle ich mich deprimierend hilflos. Wird die Fähre eigentlich nicht bewacht? Was treiben die Forces Libanaises, außer auf der faulen Haut zu liegen? Oder der Zoll? Nicht die geringste Chance zur Flucht, denke ich verzweifelt. Wieder werden uns die Hände auf den Rücken gefesselt. Das Boot tuckert los, in seine Dieselschwaden gehüllt, als wäre das zur Tarnung beabsichtigt. Verflucht! Jetzt verbinden sie uns die Augen, das Tuch riecht leicht parfümiert und nach fettigem Haar, ich stelle mir vor, daß eine Frau es getragen hat.

Ein Anflug von Panik erfaßt mich. Gefesselt, ohne das Geringste zu sehen, hilflos – es ist unerträglich! Ich zwinge mich, langsamer zu atmen, hole tief Luft, beruhige mich, hoffe, daß es nur ein vorübergehender Zustand ist, daß die Augen nicht für immer verbunden bleiben. Vielleicht fallen wir einem Küstenwachboot der Marine auf. Aber kann ich mir das wünschen? Ist das nicht gleichzusetzen mit einem Geschoßhagel? Besonders hier in Beirut? Das Tuch ist so fest um meinen Kopf verknotet, daß mein Pulsschlag schmerzhaft gegen die Schädeldecke hämmert.

Bereits nach einer Viertelstunde hält das Boot und geht längsseits zu einem anderen, wie mich Geräusche und arabische Stimmen vermuten lassen. Ich werde mit einem Fußtritt zum Aufstehen veranlaßt. Jemand führt mich – wieder die panikartige Angst, mit gefesselten Händen ins Wasser zu fallen –, dann werde ich auf den Boden des anderen Bootes gestoßen. Das neue Boot ist nach oben hin offen, ich bemerke es am ungebrochenen Schall, am Luftzug.

Dem Klang der Sätze nach verabschieden sich die bekannten und die unbekannten arabischen Stimmen. Es geht alles sehr schnell, sehr strikt, aber ohne Hektik.

Jetzt heulen zwei offensichtlich starke Außenbordmotoren auf, die bisher im Stand liefen. Ich werde gegen eine Wand geschleudert, ein stechender Schmerz breitet sich in meiner linken Schulter aus. Das Boot erreicht schnell eine hohe Geschwindigkeit. Ich denke, daß es eins der Schnellboote ist, wie sie von den Iranern benutzt werden. Ohne Zweifel dürfte unsere rasche Fahrt aus dem Machtbereich der Christen heraus in Richtung der Gewässer des Westteils von Beirut führen. Wieder orientiere ich mich an den Wellen, daß wir den

Hafen verlassen haben. Das Boot macht rhythmisch klatschende Auf- und Abwärtsbewegungen. Ich muß meinen Oberkörper aufrecht halten, um nicht mit dem Kopf auf den Boden zu schlagen. Kommt diese Regelmäßigkeit durch einen anderen Wellengang oder durch die Überdrehung eines der beiden Motoren, dessen Schraube plötzlich in der Luft ist, durcheinander, kann ich die harten Schläge nicht mehr abfangen. Mein Kopf stößt seitlich mit großer Wucht gegen eine Planke.

Ich muß bewußtlos gewesen sein, schmecke das salzige Meerwasser, das mir jemand über das Gesicht laufen läßt. Man zieht mich hoch, stellt mich auf die Füße, und durch meine Benommenheit hindurch merke ich erst jetzt, daß ich festen Boden unter mir habe und nicht mehr im Boot liege. Nun werde ich hochgehoben, fühle mich wie eine Marionette, werde grob abgelegt, und eine Klappe wird zugeschlagen. Ich stoße gegen einen Körper – Huber. Dann wird ein Motor angelassen, und es ist klar, daß wir uns im Kofferraum eines Autos befinden, es stinkt nach Abgasen und Benzin. Erstmals können wir miteinander reden.

«Wie geht es Ihnen?» frage ich flüsternd.

«Vermutlich so schlecht wie Ihnen, oder dir. Es macht keinen Sinn, wenn wir Sie zueinander sagen.»

«Ja, okay, sind Sie – bist du verletzt?»

«Nein, aber ich halte nicht mehr lange durch. Und du?»

«Ich habe was am Kopf und an der Schulter. Es klebt am Kopf, ich glaube, es blutet, tut ziemlich weh.» Ich suche mit meinem Kopf eine Unterlage, die nicht so hart ist. Ich bin jetzt zu schwach, ihn in dieser Lage hochzuhalten. Die Geschwindigkeit des Autos ist zwar mäßig, aber es gibt viele Schlaglöcher. Jetzt, wo es Huber ausgesprochen hat, merke auch ich, daß ich mit meinen Kräften am Ende bin.

Meine Beine sind angewinkelt, ich rieche den Atem von Huber, bemühe mich, in eine andere Lage zu kommen und das Tuch am Kopf zu verschieben, um etwas sehen zu können.

«Soll ich mal versuchen, mit den Händen Ihre Augenbinde wegzuziehen?» frage ich.

Huber scheint zu überlegen. «Nein», antwortet er schließlich, «es sind jetzt andere Leute, vielleicht dürfen wir sie nicht sehen. Ich habe Angst, sie erschießen uns.»

Die Aussage bringt mich erneut fast in Panik. Im selben Moment hält das Auto, und ich lausche angespannt den arabischen Stimmen. Ist es einer der üblichen Roadblocks, eine Kontrollstelle der Milizen? Dann geht die Fahrt weiter.

«Aber sie werden uns jetzt auf keinen Fall töten, weil wir für sie zu wertvoll sind», überlegt Huber weiter.

«Wenn diese Schweine von der Hisbollah sind und das eben ein Checkpoint der Amal gewesen wäre, hätten sie vielleicht schon unser Auto durchsiebt.» Eigenartig, ich habe davor weniger Angst als vor diesem Eingesperrtsein, der völligen Blindheit, der Fesselung.

Wie mit weiten Schwingen eines Ungeheuers stülpt sich die Realität über mich. Ich bin eingesperrt, ich bin im Knast, einfach so, von einem Tag zum anderen. Es ist wie die späte Rache all der von mir Eingesperrten; jetzt haben sie den Spieß umgedreht. Ihr größtes Problem war immer die Ungewißheit in der Untersuchungshaft: Wie lange würde die Qual dauern, wann endlich beginnt die Hauptverhandlung, wann würden sie das Urteil kennen und endlich das Ende in soundsoviel Jahren, Monaten und Tagen wissen? Ich dagegen werde in permanenter U-Haft auf ein Ende warten müssen. Ich erinnere mich, wie ich oft nach einer Vernehmung befreit aus der Fußgängerpforte des großen Gefängnistores trat, ein bedrükkendes Gefühl abwarf, die Sonne oder den Regen genoß und ‹armes Schwein› dachte. Ich muß weinen, schluchze in mich hinein und bin froh, daß Huber noch schläft.

Nun soll ich ihn ja Friedrich nennen, aber für mich ist er immer noch der Huber. Ich wundere mich, wie ruhig und tief seine Atemzüge sind. Ich teile eine große Matratze mit ihm, zwar hat jeder eine Decke, aber die unvermeidlichen Berührungen unserer Körper sind mir unangenehm.

Mit verbundenen Augen wurden wir gestern in dieses Haus geführt, auf der Treppe knirschte Sand unter den Schuhen.

Wir gingen runter in den Keller und erreichten am Ende eines Ganges diesen Raum, der durch eine Blechtür verschlossen ist.

Das Haus ist eine Gruft, es gibt keine Geräusche von Menschen. Wahrscheinlich ist es durch Granattreffer weitgehend ausgebrannt, baufällig geworden. Ich habe diese Ruinen voriges Jahr zuhauf gesehen, besonders in der Nähe der Greenline, das Betongerippe ist stehengeblieben, manchmal wachsen kleine Bäume aus den Fensteröffnungen.

Wir sind hier nicht gefesselt und müssen keine Augenbinden tragen. Wir legen sie nur an, wenn einer der Wächter hereinkommt. Das Fenster ist mit Holzbrettern vernagelt, durch die Ritzen fällt aber soviel Licht, daß der Raum aufgehellt wird. Jetzt wird Huber wach.

«Wie geht es deinem Kopf?» Ich registriere, daß sein erster Gedanke meinem Befinden gilt.

«Nicht mehr so schlimm, große Schmerzen sind es nicht.» Sie haben mir noch gestern ein Pflaster für die Platzwunde gegeben.

«Hoffentlich hast du keine Gehirnerschütterung.»

«Das glaube ich nicht, sonst wäre mir übel geworden. Und wie fühlst du dich?»

«Beschissen wäre übertrieben.» Huber steht auf. Er ist ein Zwei-Zentner-Mann, ich hingegen von schmächtiger Gestalt. Leider ist sein Trainingsanzug zu klein und meiner zu groß, aber es hätte auch keinen Zweck zu tauschen. Sie haben uns wirklich alles genommen, sogar die Kleider. Es ist die Frage, ob sie uns eine Flucht unmöglich machen oder unsere Persönlichkeit zerstören wollen.

«Nein», meint Huber, «wir sind für die ein Tauschobjekt. Entweder für ein paar Millionen Dollar oder gegen die beiden, die in Deutschland in Haft sitzen. Sie werden deshalb alles tun, uns sicher zu verwahren und am Leben zu erhalten. Aber Gehirnwäsche oder so was haben die nicht im Sinn.»

Es fragt sich nur, wie lange sich dieser Deal hinzieht. Zwei Jahre? Drei Jahre? Ich behalte es für mich und zeige Huber meine Verzweiflung nicht.

«Wir hatten doch die zuverlässige Information, auch von unserer Botschaft, daß die Fähre sicher sei. Daß man nicht fliegen konnte, war klar, und der Landweg von Damaskus aus kam auch nicht in Frage. Verdammte Scheiße, ausgerechnet uns muß es erwischen!»

Es tut mit gut zu wissen, daß auch Huber down ist.

«Ich möchte gerne wissen», fährt er nach einer Pause fort, «ob die es gezielt auf uns abgesehen hatten oder ob sie erst jetzt merken, daß wir vom BKA sind.»

Diese Frage ist inzwischen beantwortet, sie wissen noch nicht, daß wir vom BKA sind. Einer der neuen Wächter, der ganz gut Englisch spricht, hat versucht, uns auszufragen. Was wir bei der Botschaft in Beirut wollten, wie viele Leute dort seien, welche Waffen sie hätten. Dann sagt er zu mir und rüttelt mich dabei leicht an der Schulter: «Außerdem bist du ein Agent der CIA!»

Da raste ich aus: «Halt dein Maul, du Idiot!» Daraufhin schlägt er mich mit der flachen Hand ins Gesicht, spuckt auf den Boden und geht.

Der Schlag ist nicht besonders schlimm, das Tuch vor den Augen hatte in diesem Fall auch etwas Gutes.

«Ich finde dein Verhalten falsch», ermahnt mich Huber. «Sie sperren uns zwar ein wie Vieh in einem Kellerloch, behandeln uns wie den letzten Dreck, aber sie schlagen nicht ohne Provokation.»

«Ich hasse diese Typen!»

«Das solltest du überdenken, denn sie tun nur das, was ihnen ihre Auftraggeber befehlen.»

Nun ist schon eine Woche vergangen. Oder: erst eine Woche. Von gestern nacht bis heute mittag waren Schießereien im Gange, meistens Maschinengewehre und leichte Mörser, was meinen Eindruck verstärkt, daß wir nicht weit von der Greenline entfernt sind. Darüber macht sich Huber mehr Sorgen als ich, denn ich sage mir, daß wir in dem Keller einigermaßen sicher sind. Aber für ihn ist die Erfahrung, daß es draußen knallt, neu. Seine Kriege hat er immer vom Schreibtisch aus geführt. Ansonsten hören wir nur unsere Wächter, auch Autogeräusche gibt es nicht.

Ein Tag hier fließt zäh wie Sirup. Wie spät es ist, erkennen wir am Wandern eines Lichtstrahls an der Wand. Morgens und abends werden wir auf eine schmutzige Toilette geführt, die wir mit den Bewachern teilen. Die Dusche ist primitiv, man muß das Wasser mit einem Eimer in den Behälter über dem Kopf schütten und dann den Hahn aufdrehen. Es gibt keinen Spiegel, und wir dürfen uns nicht rasieren.

Wenn man unser Verlies, möbliert mit einer Matratze und einem Stuhl, verdreckt, verstaubt, mit Spinnweben und im Halbdunkel, betrachtet, dann ist eine deutsche Knastzelle fast das ‹Hilton›. Huber plädiert dafür, alle ausländischen Gefangenen in Deutschland so unterzubringen. Drei Tage hat er gebraucht, dem Wächter begreiflich zu machen, uns einen Besen zu bringen; unvorstellbar die Staubwolken, die wir bei der Reinigungsaktion geschluckt haben.

Jetzt sind wir eingemauert. Sie haben den Kellergang mit Hohlblocksteinen zugemauert. Auf dem Weg zur Toilette verschiebe ich regelmäßig die Augenbinde so, daß ich etwas sehen kann. Die Wächter benutzen zwei Kellerräume als eine Art Wachraum und zum Schlafen. Es steht ein Funkgerät dort, und sie kochen sich Tee. Wahrscheinlich steigen sie durch ein Fenster ein und aus. Die Tarnung unseres Verstecks ist beängstigend perfekt.

Ich habe wieder angefangen zu rauchen, was ich als Niederlage empfinde. Aber in dieser Lage ist es müßig, sich eines potentiellen Krebstodes wegen aufzuregen, es ist eher ein Gefühl des Versagens, der Frust über die Schwäche. Seit zwei Jahren war ich clean, wobei Andrea und ich uns gegenseitig unterstützten. Die Wächter geben jedem täglich fünf Zigaretten, und Huber raucht ohnehin – der Gestank ist kaum auszuhalten, weil in dem Raum keine Luft zirkuliert.

Ach ja, Andrea. Ich habe täglich an sie gedacht und es immer wieder verdrängt. Eigentlich wäre ich heute oder morgen zurückgekommen. Einen Anruf hat sie in dieser Zeit ohnehin nicht erwartet. Den habe ich mir nach einem Streit längst abgewöhnt, weil ich es leid war, erneut beschimpft zu werden. Aber sie dürfte es inzwischen in der Zeitung gelesen haben, auch Huber meint, daß unsere Entführung spätestens nach drei Tagen veröffentlicht worden ist.

Was wird ihre Reaktion gewesen sein? Genugtuung, weil es ja einmal so kommen mußte? Reue, weil wir uns im Zorn trennten? Erleichterung, endlich aus dieser Beziehung befreit zu sein?

Ich schlafe verkrampft, weil ich von Huber abgewandt liege, der Geruch seines Atems stört mich. Ihm selbst scheint meine Nähe nichts auszumachen. Privat möchte ich mit ihm nichts zu tun haben, denn es sind gerade die Hubristen beim BKA, die mich in eine Art innerer Kündigung getrieben haben. Zu allem Übel schnarcht er, während ich von meinen Gedanken geplagt werde. Und die Nächte sind qualvoll lang. Meine Gedanken schießen kreuz und quer wie bei einem Schachspiel, das Gegenüber kalkulierend, dem Geschehen vorauseilend, Rückzieher einplanend und Mut fassend, Zug um Zug schließlich doch dem Schachmatt ausgeliefert. Das Schlimmste, was ich mir im Leben bisher vorstellen konnte, war, entweder blind oder eingesperrt zu sein. Beides ist eingetreten: fast blind in diesem Kerker, von der Außenwelt abgesperrt, eingesperrt in mich selbst – Totalsperre.

Prinzip Hoffnung. Wenn alles überstanden ist, steige ich aus, vermarkte den Beirut-Horror, mache das große Geld mit Illustrierten. Aber was danach? Ich bin Polizist, etwas anderes habe ich nicht gelernt. Sicherheit an Industrie-Manager zu verkaufen, davon verstehe ich allerdings was, Kernkraftwerke demosicher zu machen. Oder die Pharma-Industrie abzuschirmen. Den Gewinn von Chemie-Multis zu schützen. Bei MBB soll zur Zeit ein lukrativer Posten frei sein. Also nichts wie rein ins Rüstungsgeschäft! Na ja.

Ich stelle erstaunt fest, wie eitel ich bin, obwohl es mir drekkig geht. Ich mache mir tatsächlich Gedanken, welches Foto das BKA ans Fernsehen gegeben hat. Nach dem Streit mit Andrea und der durchschriebenen Nacht hatte ich mich letztmalig fotografieren lassen. Wie das klingt: letztmalig.

«Zu Hause sind wir jetzt schon Helden!» meint Friedrich. «Wir werden bestimmt täglich über den Bildschirm flimmern!»

«Na ja», schränke ich etwas zynisch ein, «wenn der BKA-Terrorismus-Chef von Terroristen in Beirut als Geisel genommen wird, ist das nicht gerade die Heldenrolle der Nation. Das BKA wird politisch ins Kreuzfeuer geraten.»

Aber das ficht Huber nicht weiter an. Er legt es als höhere Gewalt aus. Augen zu und durch, lautet seine Devise. Am Ende winkt das Bundesverdienstkreuz!

So einer wie der sitzt das alles wie ein alter Knastologe auf einer konservativen Arschbacke ab, denke ich. Der hat Anpassung trainiert.

«He, Jamal!» Huber klopft an die Blechtür. Als sie geöffnet wird, hält er beide Hände vors Gesicht und blinzelt durch die Finger. «Jamal, bring meinem Freund und mir einen Extra-Tee, heute ist Sonntag.» Jamal lacht und läßt auch mich in Ruhe, obwohl ich meine Augenbinde nicht anlege, sondern nur den Kopf zur Seite drehe.

Huber erreicht bei den Wächtern fast alles, was er will, sie schätzen ihn vermutlich, weil er so ein richtiges Steh-auf-Männchen ist.

Doch so einfach ist es nun auch wieder nicht, Huber in eine bestimmte Schublade zu stecken. Als er über seine Familie spricht, wird klar, daß er mir vertraut und auch seine Gefühle vorführt – etwas, was ich ihm gegenüber niemals tun würde.

«Weißt du», sagt er, «mein Ulrich ist jetzt sechzehn und recht schwierig. Letzten Samstag kam er vom Friseur und hat sich die Haare ordentlich kurz schneiden lassen. Prima siehst du aus, habe ich gesagt, dreh dich mal rum. Ich traute meinen Augen nicht, hängt da eine kleine lächerliche Strähne und fällt wie ein Zopf auf seine Schulter. Du schneidest das Ding sofort ab, habe ich gesagt, und dann ergab ein Wort das andere. Als er mich Spießer schimpfte, habe ich ihm für das ganze Wochenende Hausarrest gegeben. Tja, und Sonntag bin ich abgereist, ohne mich von ihm zu verabschieden.»

Huber laufen Tränen über die Wangen. «Der Junge sieht mich jetzt für Monate nicht und hat mich so häßlich in Erinnerung. Zumindest auf Wiedersehn hätte ich ihm sagen können.»

Wenn ich jetzt bösartig wäre, könnte ich Huber antworten, daß sein Sohn vielleicht zwanzig ist, wenn er ihm wieder begegnet und dann hoffentlich ein Mitglied der Grünen. Aber ich schweige lieber.

Doch Huber sucht Trost. «Was denkst du?»

«Deine Reaktion war schon hart, die Haarsträhne ist genauso ‹in› wie ein Skateboard oder das Schwärmen für die ‹Toten Hosen›. Aber er wird das alles vergessen, weil er dich liebt und sich um dich sorgt.»

Huber seufzt. «Ich mache mir Sorgen, ob meine Frau mit dem Garten zurechtkommt, ich wollte nächste Woche die Hecken schneiden. Hoffentlich bestellt sie die FAZ ab, sie liest sie ja doch nicht.»

Wie sich unsere Sorgen unterscheiden!

«Eigentlich kam bei mir immer an erster Stelle der Dienst», fährt er fort, «dann die Arbeit im Haus und im Garten. Ich bin oft ja auch samstags ins Amt und habe die Fernschreibeingänge durchgeschaut. Und vorher habe ich mit dem Vohwinkel Tennis gespielt, das ist der Staatssekretär im Hessischen Innenministerium. Von dem konnte ich natürlich so viele Hundertschaften haben, wie ich wollte, wenn mal ein Einsatz war. Erst jetzt geht es mir so richtig auf, daß ich mich um Eva und Ulrich viel zu wenig gekümmert habe.» Er macht ein trauriges Gesicht und ist eine Weile still. «Meine Große, die Daniela, ist ja schon aus dem Haus, die studiert in Frankfurt Wirtschaftswissenschaften. Mit der habe ich überhaupt keine Probleme.»

Ja, denke ich, so, wie der Bundeskanzler gerne regiert, ist der Huber gerne Abteilungspräsident gewesen. Ich wundere mich, daß er nicht davon anfängt.

«Du kannst ja alles nachholen, wenn du zurück bist», sage ich kühl. Mir fällt auf, daß mir nicht über die Lippen kommt, ‹wir› zu sagen. Ich glaube nicht daran.

Später, als wir bereits das Licht ausgemacht haben, indem wir die Glühbirne an der Kellerdecke lockerdrehten, redeten wir über Musik. Huber mag am liebsten Operetten und ich Jazz, seine Lieblingsschriftstellerin ist Utta Danella, ich erzähle ihm von Alfred Döblin.

Huber schläft ein, ich denke über das Sterben nach. Ich möchte auf keinen Fall ertrinken oder ersticken. Ich habe Angst vor der Ungewißheit, möchte sanft sterben, friedlich. Vielleicht ist ein plötzlicher Tod das Beste, zum Beispiel hier in Beirut durch Erschießen. Genau, ich möchte es vorher nicht wissen. Aber den Zeitpunkt des Sterbens bestimmt man doch selbst mit, weil man fertig sein muß mit dem Leben, es darf nichts Wichtiges mehr offen sein, das man noch erledigen muß, sonst läßt man das Sterben nicht zu. Ich drehe mich im Kreis. Ich will leben.

Wenn ich hier schon sterben soll, dann möchte ich wenigstens wissen, warum. «Kannst du mir mal sagen, wieso wir diese Reise eigentlich unternommen haben?» frage ich Huber mit aggressivem Unterton.

Huber lächelt sein Ernst-Albrecht-Lächeln, das ihn auch bei den Wächtern beliebt macht. «Gute Beziehungen sind lebenswichtig in unserem Geschäft, auch zum möglichen Gegner. Ich wollte mit Berri von der Amal-Miliz reden, mit Geagea von den Forces Libanaises und mit Scheich Fadlallah, dem geistigen Führer der Hisbollah.»

«Warum dann der Aufwand mit unserer Entführung, das hätten die an Ort und Stelle einfacher haben können.»

«Das ist doch Quatsch!» Huber gibt sich jetzt ganz als weltmännischer BKA-Boß. «Natürlich können sie uns nicht bei einer offiziellen Mission kassieren, gemeinsam mit unserem Botschafter, das wäre ein Politikum.» Das leuchtet mir irgendwie ein. «Außerdem begreife ich Zusammenhänge besser, wenn ich sie selbst an Ort und Stelle erlebe», fährt Huber fort, «das war schon immer meine Methode.»

«So gründlich wäre es nicht notwendig gewesen», antworte ich sarkastisch.

Er erinnert mich wirklich an Ernst Albrecht, der Sachverhalt kann noch so ernst sein, beide lächeln. Nur ist Huber von der Gestalt her massiver, sein Gesicht aufgeschwemmter, unter den Augen hat er Tränensäcke. Aber immerhin ist er schon siebenundfünfzig, also zehn Jahre älter als ich. Für sein Alter hat er sich erstaunlich gut gehalten.

Jamal bringt uns das Mittagessen, wahrscheinlich bekommt er Prozente für Chicken-Sandwich. Huber erinnert sich, daß er mal in Wiesbaden den Interpol-Chef von Nigeria ins ‹Wiener Wald› eingeladen hat; wie unappetitlich der seine Suppe geschlürft und sich die Hähnchenschenkel durch die Zähne gezogen hat. Ich erwarte nun den Mit-der-Banane-aus-dem-Urwald-gelockt-Satz, aber er wäre wohl doch unter Hubers Niveau, und ich überlege, ob Jamal ein Wüstensohn ist. Als der Bürgerkrieg ausbrach, war er noch keine zehn Jahre alt.

«Erzähl mal was über Beirut», sagt Huber.

Ich kam aus den Chouf-Bergen und sah Beirut zu meinen Füßen, umrahmt von Meer und grünen Hügeln. ‹Schweiz des Orients›, der plakative Begriff nahm vor meinen Augen Gestalt an, nichts deutete aus der Ferne darauf hin, daß monatlich etwa zweihundert Menschen erschossen oder totgebombt wurden. In einem ‹sinnlosen Krieg›, wie ich in einem Bericht nachlas.

Andrea, die mich auf dieser Reise begleitete, war im Hotel ‹Vendome› in Damaskus zurückgeblieben. Seit wir gestern die Omaijaden-Moschee besichtigen wollten und sie als Frau keinen Einlaß fand, projizierte sie den arabischen Chauvinismus auf mich. Ich empfand das als ungerecht, aber für sie war Mann gleich Mann, und die Stimmung zwischen uns erreichte den Nullpunkt.

«Have you left your key?» fragte der Portier, als ich in das

Taxi einstieg. «Ich habe keinen Schlüssel», antwortete ich, vielleicht hat er einen Rat, wie ich mit dieser Frau leben soll.

Nach zwei Stunden Fahrt kletterte das Taxi zum Meer hinunter, auf Schleichwegen, die nur Eingeweihte wissen, denn heute war es hier und morgen dort gefährlich. Trotz der frühen Morgenstunde nahm die Hitze zu.

Sieht man davon ab, daß dies bereits die vielleicht zwanzigste Kontrolle war, erst auf syrischer, dann auf libanesischer Seite, ausgeführt von zwielichtigen Gestalten, mal mit, mal ohne Uniform, mit MP oder Panzerfäusten bewaffnet, abgesichert durch einen Lkw, auf dem eine leichte Flak montiert war, ein Engpaß der Straße, erzeugt durch aufgetürmte Sandsäcke oder einfach durch eine hingekippte Fuhre Sand – sieht man von alledem ab, verlief eigentlich alles normal.

Wie manchmal in solchen Situationen, schoß es mir durch den Kopf: Bist du verrückt, was willst du eigentlich hier? Warum sitzt du nicht in Wiesbaden in einem ruhigen BKA-Büro hinter einem sicheren Schreibtisch, anstatt irgendwelchen Typen deinen Paß hinzustrecken, die weder ein Recht zur Kontrolle haben, noch dich etwas angehen.

Bleib ruhig, sagte die andere Stimme, der ‹Rote Libanese› kommt aus der Bekaa-Ebene, jedenfalls hier aus dem Libanon oder aus der Türkei im Transit über Syrien – Haschisch in Hülle und Fülle, fast die Hälfte unserer Sicherstellungen stammte aus dieser Region. Du mußt was dagegen tun, auch gegen die Heroin-Labore, die Türken hier errichten, weil die Polizei längst abgehalftert hat und kein Gegner mehr ist. Im Gegenteil, die Flak, die MP, die Panzerfaust, das alles wird mit Rauschgiftgeld durch die Milizen finanziert, und die Polizei mischt mit.

Also beschloß ich innerlich: Du bist nicht gefährdet, du tust deine Pflicht! Und blickte trotzig in die MP-Laufmündung, die der Idiot auf meinen Kopf richtete.

«Passport?!»

Ich wähnte mich schon fast im Stadtinneren, und es sah alles so normal aus. Das bunte Bild der Menschen, viele Autos, Obststände am Straßenrand. Erst bei näherem Hinsehen erkannte man, daß sich vor allen Schaufenstern Sandsäcke oder mit Sand gefüllte Ölfässer türmten, die Geschäfte Blechrolladen hatten. Von Sekunde zu Sekunde kann sich das Bild ändern, erklärte mir der Taxifahrer, plötzlich sind die Menschen verschwunden, die haben ein Gespür dafür, und kurz darauf explodiert die Bombe oder beginnt die Schießerei.

Es war die Zeit der schrecklichen Autobomben, 50 kg oder 100 kg Sprengstoff, verheerend die Wirkung. Noch schlimmer die Kamikaze-Lkws: 60 Tote in der US-Botschaft, ein halbes Jahr später starben 70 französische ‹Friedenssoldaten›, das Hauptquartier der US-Marines wurde in derselben Nacht hinweggefegt, 241 Todesopfer, im Schlaf überrascht.

Eine Stunde später saß ich im gepanzerten Mercedes des deutschen Botschafters und fühlte mich wie in Abrahams Schoß. Ich mußte über die Greenline nach Ost-Beirut, um einen Rechtsanwalt, einen wichtigen Informanten, zu treffen.

Wäre das Bild nicht zu harmlos, hätte man sagen können: die Häuser hatten alle Sommersprossen. Alle Fassaden waren gesprenkelt von Einschlägen. Auch die deutsche Botschaft sah mächtig zerzaust aus.

Aber das war nur das Hors-d'œuvre. Wir mußten den Übergang am Hafen benutzen, der am Museum war seit einer Stunde geschlossen, weil sich Maroniten und Moslems beschossen. Der Anlaß ist oft banal, wie zum Beispiel eine Streiterei um die Vorfahrt. Die Folge nach anderthalbtägigem Gefecht sind zwanzig Tote.

Mich überwältigte die Realität des Krieges, den ich noch nie so nahe erlebt hatte. Es waren surrealistische Eindrücke, der zerschossene Baumstamm, der wie ein mahnender Finger zum Himmel deutete; der aufgebrochene Asphalt einer nicht mehr benutzbaren Straße, aus dem ein gelb blühender mannshoher Busch wuchs; das zerbombte durchsichtige Gerippe (warum bleiben eigentlich immer die Kamine stehen?) eines Hauses, eingerahmt in überdimensionale, ehemals knallbunte und jetzt vergammelte Werbetafeln ‹Coral Beach Club›, ‹Beachcomber›, Polynesian Night Club, ‹Le Cap›, Spécialités Françaises.

Wir fuhren die Rue Ahmed Chaouqi am Hafen entlang, vorbei an den Überresten ehemals glanzvoller Luxushotels, die einmal umkämpft waren. Im Wasser lagen verrostete Schiffe kieloben, ein größeres Stadtviertel folgte, das nur noch aus Ruinen bestand. Wir tauchten ein zwischen sandgefüllte Container rechts und links der Straße, die vorübergehend einen toten Winkel gegen Beschuß boten. Kontrollposten hinter Sandsacklawinen mit Maschinengewehren im Anschlag winkten uns weiter – der deutsche Stander auf dem Kotflügel war ein Freibrief im vogelfreien Niemandsland.

Das Szenarium entsprach den Wochenschaubildern des zerstörten Dresden, Frankfurt oder Berlin.

Botschaftskanzler und Personenschützer luden mich am Spätnachmittag zu einer Tasse Tee ein, aber ich war unruhig, wollte mit meinem Taxi so schnell wie möglich losfahren, um vor Einbruch der Dunkelheit die syrische Grenze zu erreichen.

Am nächsten Morgen hörte ich im ‹Vendome› während des Rasierens die Nachrichten der BBC. Am PLO-Lager Sabra in Beirut, in der Avenue Camill Chamoun, wo ich gestern gegen 17 Uhr vorbeigefahren war, hatte gegen 18 Uhr eine Schießerei begonnen, die etwa einhundert Tote forderte. Was wäre mir geschehen, wenn ich zum Tee geblieben wäre? Ich mußte mich setzen, bekam weiche Knie, kroch dann zu Andrea ins Bett, rollte mich schutzsuchend in ihren Armen zusammen, was sie sich nur widerwillig gefallen ließ.

Etwa zwei Jahre später übernahm ich die Beschützerrolle, als einer der BKA-Personenschützer in Beirut telefonisch Hilfe suchte. Ich allerdings saß an meinem sicheren Schreibtisch in Wiesbaden, hatte gut reden und hörte mit, wie ein Artillerie-Geschoß über das Dach heulte.

«Das waren nur zehn Meter, wenn der Koffer getroffen hätte, wären wir alle futsch gewesen», sagte Alfred Horn ängstlich, «seit drei Tagen sitzen wir in der Tiefgarage, alle

Übergänge zum Osten sind zu, in der letzten Nacht sollen über zweitausend Granaten auf Beirut niedergegangen sein.»

Und er zählte eine lange Liste auf, was ‹dem letzten deutschen Aufgebot› in Beirut so alles widerfahren war: Zehn von zwölf Botschaftsleuten war das Fahrzeug geraubt worden, was man dort Carnapping nennt; Milizen waren in die BGS-Unterkunft eingedrungen, hatten Geld und Dienstausweise unter Schußwaffenbedrohung mitgehen lassen; Treffer von 2-cm-Geschützen in der BKA- und BGS-Unterkunft; vier Tote bei einem Granateinschlag unmittelbar neben der Botschaft.

Also schrieb ich einen Bericht an das Innenministerium und an das Auswärtige Amt, der eigentlich hätte zur Folge haben müssen, die Botschaft Beirut aus fürsorgerischen Gründen vorübergehend zu schließen. Darüber gab es im Auswärtigen Amt unterschiedliche Auffassungen, so daß eine sogenannte Ministervorlage gemacht wurde. Genscher entschied, daß die Botschaft weiterarbeite.

Drei Monate später gerieten der Botschafter und das Begleitfahrzeug in einen Feuerüberfall an der Greenline. Ein Geschoß durchdrang den von Treffern übersäten gepanzerten Mercedes und tötete den libanesischen Fahrer.

Alfred Horn ist mit dreiundvierzig Jahren zum Frühpensionär geworden. Die Erlebnisse in Beirut bewirkten einen dauerhaften nervlichen Schaden, der ihn nicht mehr polizeidiensttauglich sein ließ.

«Interessant, was du da erzählt hast.» Huber hat gespannt zugehört, nur Andrea hatte ich ausgeklammert.

«Über die Rauschgiftlage im Libanon mußte ich einen Kurzvortrag in der Abteilungsleiterbesprechung halten, erinnerst du dich nicht?»

«Ja, ja, doch, ich hatte vorhin bereits das Gefühl, das schon einmal gehört zu haben.»

Ich denke, kein Wunder, daß er das nicht mehr weiß, da stand ein ganz anderer Punkt auf der Tagesordnung, der für ihn brisant war, wie ich zufällig mitbekommen hatte. Auf den hatte er sich konzentriert.

«Und deine Reise voriges Jahr?» will er wissen.

«Nichts Besonderes. Auf der Fähre habe ich mich unsicher gefühlt, aber es ist mir nichts passiert.»

Huber seufzt und mag sich das gar nicht ausmalen.

«Die Botschaft ist inzwischen nach Ost-Beirut umgezogen, aber auch dort explodieren häufig Autobomben, und die Christen bekämpfen sich gegenseitig, die reguläre Armee gegen die Forces Libanaises. Auf meinem Weg zum Hotel ‹Vanda› mit dem Mercedes-Panzer, gegen Mitternacht, hatte es eine Schießerei gegeben, zwei Tote lagen auf der Straße.»

Zwei BGS-Beamte, die in der neben dem Krankenhaus liegenden Botschaftskanzlei Nachtdienst versehen hatten, berichteten mir am nächsten Morgen lachend: «Vier haben sie eingeliefert und nach fünf Minuten zwei mit den Füßen voran wieder rausgetragen.» Es erheiterte sie sehr, als hätten sie eine freudige Abwechslung erlebt.

«Würdest du noch immer die Botschaft schließen?» fragt Huber.

«Natürlich nicht, wenn es Geiseln gibt. Voriges Jahr Rudolf Cordes – jetzt uns. Natürlich sollen sie unsere Freilassung aushandeln und nicht dichtmachen! Aber ohne Geiseln ist das doch idiotisch, eine kleine Streitmacht von BKA und BGS bewacht eine Handvoll Diplomaten. Die Beschützer müssen sich doch selbst wieder schützen.»

«Und die Schiiten im westlichen Stadtteil?» will Huber weiter wissen.

«Ich mußte nicht über die Greenline, aber es herrscht noch immer Chaos. Wenn sie nicht gegen die Christen schießen, kämpfen sie untereinander, das sind machtbesessene Verrückte. Oder Fanatiker. Meist stehen die schiitische Amal-Miliz (‹Hoffnung›) und die Syrer auf der einen, Hisbollah oder Drusische PSP, Libanesische Kommunisten PCL und Splittergruppen oder Familien-Clans mit ihrer Privatarmee auf der anderen Seite.»

«Was glaubst du, wer hat uns als Geisel genommen?» fragt Huber.

«Vermutlich die Hisbollah.»

Huber nickt. «Das ist auch meine Meinung, und zwar von Teheran gesteuert.»

Ich habe die ganze Zeit geredet, jetzt fehlt mir die Lust, noch was zu sagen. Ich greife zu einem der beiden Taschenbücher, die uns Jamal gegeben hat. Sie sind in Französisch geschrieben. ‹Le Chapelier et son Chateau› und ‹Le Jardinier Espagnol›, beide von Cronin. Leider kann Friedrich (zum erstenmal nenne ich ihn in Gedanken Friedrich) kein Französisch. Es tut mir auch leid, daß er seine Lesebrille nicht zurückerhalten hat. Ob ich mich doch an ihn gewöhnen kann? Jetzt geht das Licht wieder aus, wir haben fast jeden Abend Stromausfall.

«Wie war denn voriges Jahr die Lage auf dem hiesigen Drogenmarkt?» fängt Huber seine Fragerei wieder an.

«Sag doch deinem Jamal, er soll uns ein paar Gramm ‹Roten Libanesen› besorgen, dann kommt ein wenig Freude auf in unserem Knast.»

Huber besteht auf einer seriösen Antwort.

«Es leben hier 9000 Familien davon. Aber ich habe es durchaus ehrlich gemeint. Ich habe nichts gegen Haschisch, manchmal rauche ich es sogar selbst.»

Tiefes Schweigen. Der Abteilungspräsident ist schokkiert.

Schweigen ist meine Hauptbeschäftigung geworden. Es gibt viele Stunden der Leere, aber ich mag nicht über banale Dinge reden. Statt dessen wälze ich irgendwelche Gedanken. Schweigen zu können oder zu müssen, kommt meiner Natur entgegen.

Ganz anders Huber. «Um hier nicht zu verblöden, sollten wir jeden Tag mindestens zwei Stunden diskutieren. Was meinst du?»

«Über was diskutieren?» frage ich unwillig zurück.

«Egal, irgendwelche Themen.»

«Okay, dann laß uns über die große Mutter BKA diskutieren.»

«Was meinst du mit großer Mutter?»

«Ich meine, das BKA ist ja mehr als nur der Arbeitsplatz, es bietet Sicherheit, man fühlt sich geborgen, ist eingebunden in die große BKA-Familie, die den Zusammenhalt garantiert. Das ist wie bei einer Mutter. Und genauso gefährlich, wenn man sich nicht irgendwann abnabelt.»

«Ich fühle mich sehr wohl in dieser Familie», wirft Huber ein.

«Weil du ein Muttersöhnchen bist.»

Während ich das ganz cool ausspreche, beginnt sich Huber aufzuregen: «Also für mich ist es immer noch eine Ehre, für das BKA zu arbeiten!»

«Und für mich ein Fehler!»

Ich bin ganz froh, daß wir mal klare Verhältnisse schaffen. Ich kann nicht auf Dauer so nah mit ihm zusammenleben, ohne daß er meine Einstellung kennt.

«Was meinst du mit Muttersöhnchen?» fragt er.

«Ich verstehe unter einem Muttersöhnchen jemanden, der von der Mutter abhängig ist, ohne sie nicht selbständig denken und entscheiden kann. Die Mutter ist übermächtig und bestimmt sein Leben.»

«Ah ja? Und woher hast du deine Weisheit? Wie gut glaubst du denn, mich zu kennen?»

«Ich kenne das BKA-System, meine Kollegen und auch dich von früher her. Das fängt schon mit der Auswahl des Nachwuchses an. Wer sich im Gruppen- und Einzelgespräch kritisch äußert, hat doch keine Chance. Später ist jede Beförderung von Beurteilungen abhängig. Also verhält man sich opportunistisch, denn Karriere ist wichtig. Wer hoch hinaus will, muß sich erst recht anpassen, denn Kritik nach oben ist verpönt, Widerspruch unüblich. Die Amtsleitung fördert Leute, um das mal ganz klar zu sagen, die ihr nach dem Mund reden, denn die sind bequem. Sich mit Querdenkern rumzuschlagen, ist unüblich!»

Huber schnauft ärgerlich. «Das ist starker Tobak, mein

Lieber. Fühlst du dich eigentlich bei einer Beförderung übergangen?»

Nach dieser Bemerkung möchte ich die Diskussion am liebsten abbrechen. Sie ist nicht nur typisch, sondern bestärkt mich in meiner Resignation, doch nichts ändern zu können. Huber setzt sich wie die anderen mit Kritik nicht auseinander, sondern reagiert polemisch. Ich bin wütend:

«Ich will dir mal was sagen, eine Beförderung wäre für mich eine Beleidigung!»

In den nächsten beiden Stunden herrscht zwischen uns Sendepause.

Die ‹Hubristen›, die einen autoritären Führungsstil praktizieren, glauben von sich, sie verkörperten die Demokratie in Person. Aber wenn jemand sich selbst gegenüber unkritisch ist, setzt sich diese Eigenschaft im Beruf fort: Sie sind so geprägt, sich selbst nicht anzuzweifeln und auch nicht das, was sie im BKA tun. Es wäre deshalb auch nutzlos, dies Leuten wie Huber vorzuwerfen.

Irgendwann greife ich das Gespräch wieder auf. «Kennst du die Geschichte von Bert Brecht, in der sich zwei Leute längere Zeit nicht gesehen haben und der eine zum anderen sagt: ‹Du hast dich aber nicht verändert!› Worauf der Angesprochene erbleicht?»

«Jeder hat das Recht, sich zu verändern, aber was spricht gegen Kontinuität?» antwortet Huber. «Ist es nicht ein Zeichen von Zuverlässigkeit, von Ausdauer, sich selbst treu und damit berechenbar zu bleiben?»

Ja, ja, ja, Huber – ich sehe Kompanien von BKA-Leuten vor mir aufmarschieren, die noch genau dasselbe denken, so reden und so handeln wie vor zwanzig Jahren. Und ich bin allergisch dagegen, denn ich habe selbst zu ihnen gezählt. Als ich den Job dort annahm, wußte ich, daß ich die Welt kennenlernen würde, das schien verlockend und kam mir gelegen, denn es war eine Flucht vor mir selbst und meinen Problemen. Aber ich habe mir damit nur neue eingehandelt und keine gelöst. Jedenfalls habe ich der großen Mutter BKA die gewünschte Treue bewiesen, habe mich nicht getrennt, denn alles Neue bedeutet Risiko, macht unsicher, ist unbequem. Aber verändert habe ich mich trotzdem, sogar äußerlich.

«Weißt du eigentlich, daß viele deiner Mitarbeiter zu der Überlegung gekommen sind, daß man entweder sich selbst oder den Beruf aufgeben muß? Weil es bequemer ist, sprechen sie die innere Kündigung aus und ziehen sich in irgendeine Nische zurück.»

Huber lächelt, aber seine Augen bleiben kalt. «Es mag solche Ausnahmefälle geben. In meiner Umgebung kenne ich überwiegend tüchtige und eifrige Mitarbeiter.»

Das stimmt, allzu eifrige, das muß ich leider einräumen.

«Darüber hinaus», fährt Huber fort, «ist dein ganzes Gerede überhaupt nicht mit den unternehmenskulturellen Leitlinien des BKA vereinbar. Der Geist des Hauses ist ein ganz anderer.»

Diese hohlen Phrasen erschlagen mich schon in Deutschland. Aber hier in Beirut? Ich fasse es nicht. Daß mit Unternehmenskultur auch gemeint ist, eine ‹gemeinschaftliche Programmierung des menschlichen Denkens› im BKA zu erreichen, habe ich mir gut gemerkt, das haben sie sogar laut verkündet. In ihren Augen muß es positiv sein.

«Der Geist des Hauses ist die Linie der Amtsleitung, der alle kritiklos zu folgen haben», sage ich zornig.

«Hör mal, was willst du eigentlich?» erwidert Huber jetzt wütend. «Wir müssen das Haus der Kripo wieder in Ordnung bringen. Das Ethos der Kriminalpolizei von einst ist doch hin, demontiert von politischen Traumtänzern, von Kleingeistern. Die Forderung muß sein, im politischen Raum endlich eine Allianz praktischer rechts- und kriminalpolitischer Vernunft an die Stelle von Ignoranz zu setzen. Dieses unheilvolle Getümmel von mittelmäßig begabten linkslastigen Sozialromantikern muß aufhören. Damit meine ich die Beweihräucherung von Liberalität...»

«Starker Tobak jetzt von deiner Seite, was?»

«Wenn sich schon Richter und Staatsanwälte an Sitzblockaden beteiligen und sich von Polizeibeamten wegtragen lassen, die auch nicht ihr Leben durch Raketen vernichtet haben wollen, sind wir weit genug. Diese Herren mißbrauchen ihre Macht, um unseren Staat von innen zu bekämpfen!»

«Du rufst nach immer härteren Gesetzen und willst auch noch die letzte Bürgerinitiative kriminalisieren!»

Ich bin wohl etwas zu laut geworden, denn Jamal kommt herein, geht aber wieder, da wir nicht auf ihn reagieren.

Huber sagt jetzt betont ruhig: «Mich würde interessieren, was du dir konkret vorstellst. Willst du vielleicht das BKA abschaffen?»

«Nein, aber ich würde Aufgaben verändern, reduzieren.»

«Welche, zum Beispiel?»

«Man könnte aus 25 Prozent des Personals zwei neue wichtige Abteilungen schaffen: eine zur Bekämpfung der Umweltkriminalität, die andere zur Bekämpfung der Rüstungs- und Atomkriminalität.»

Huber lächelt mit eisigen Augen.

«Da wir in alle Welt Verbindungsbeamte schicken, sollten wir auch welche austauschen mit Amnesty, Greenpeace, Komitee Notärzte Cap Anamur, Robin Wood und Medico International.»

Huber lächelt weiter sein Ernst-Albrecht-Lächeln.

Ich sage: «Im diplomatischen Schriftverkehr der Staaten ist es Brauch, ein Schreiben mit der üblichen Höflichkeitsformel abzuschließen ‹Im übrigen versichert der Staat X der Bundesrepublik Deutschland seine Hochachtung› oder so ähnlich. Ich schlage vor, daß wir jedes Telex, welches wir an Folterregime schicken, mit einer anderen Formel abschließen: ‹Im übrigen protestiert das BKA dagegen, daß in Ihrem Staat gefoltert wird.›»

Huber meint, immer noch lächelnd: «Phantast! Damit wäre doch die Zusammenarbeit gleich Null, das erste wäre das letzte Mal gewesen.»

«Eben», antworte ich. «Und es würde denen mehr schaden als dem BKA.»

«Sei froh, daß du mit deiner Einstellung im zivilisierten Deutschland lebst. Bei den Hottentotten hätte man dich längst erschossen, einfach so.»

Einfach so sind jetzt die Fronten zwischen uns geklärt. Ich bin erleichtert darüber, denn er soll wissen, wie ich denke, ich habe mich oft genug beim BKA angepaßt, damit ist seit einiger Zeit Schluß. Auch unter den besonderen Bedingungen dieser Geiselhaft will ich keine Kumpanei eingehen. Daß wir ‹Du› zueinander sagen, erscheint mir merkwürdig genug, sein Vorname Friedrich will mir dabei gar nicht über die Lippen kommen; er vermeidet meinen übrigens auch.

Bei Gelegenheit werde ich ihn darüber aufklären, was es mit den Hottentotten auf sich hat. Sie sind praktisch in Südafrika ausgerottet.

Einen Tag später tut Huber so, als sei gestern zwischen uns nichts vorgefallen. Entweder nimmt er mich nicht ernst, oder er hält mich für einen Exoten, den das BKA verkraften kann, es gibt ja noch über dreitausend Linientreue, auf die Verlaß ist. Vermutlich meint er auch, daß es hier und jetzt ums Überleben geht, aber trotzdem gedenke ich nicht zu heucheln.

Im übrigen ist sein Gedächtnis manchmal recht kurz, seine Schwerpunkte liegen halt woanders. Nicht nur, daß er sich nicht an meinen Vortrag in der Abteilungsleiterbesprechung erinnert, vermutlich erinnert er auch nicht mehr, in der Prüfungskommission gesessen zu sein, die mich nach einer Art Kreuzverhör als unfähig für den Höheren Dienst einstufte.

Ja, Buddy, ist schon recht, zwischen unfähig und ungeeignet ist ein Unterschied, wenn auch nur ein winziger. Und daß ich damals die ganze Prüfungskommission als befangen ablehnte, verstehst du, kann ich heute nicht einfach vergessen. Huber war doch Partei, also ergreife auch ich Partei! Er steht auf der anderen Seite, ist überzeugt von sich und seiner Ideologie. Ja, ich kapiere schon, daß es wichtiger ist, mit solchen Leuten zu reden, sie ganz genau zu studieren, als den halben Vormittag rumzumotzen.

«Meinst du, wir sollten ein Brett am Fenster etwas lokkern», frage ich, «ich würde zu gerne die Spatzen auch sehen, die wir hören.»

Wir haben nur unsere Finger, der Holzrahmen ist eingedübelt, und die Bretter sind aufgenagelt. Wir arbeiten lautlos und verbissen, rütteln und ziehen, bis zwei Nägel gelockert sind. Ein Blick durch den jetzt größeren Spalt bestätigt, was wir schon vorher zu sehen glaubten: hinter dem Fenster sind Gitter. Dann kommt ein Lichtschacht, der halb eingefallen ist, auf dem aber ein Metallrost hängt. Und auf dem sitzen manchmal Spatzen. Obwohl ihr Leben aufgrund der Schießerei auch nicht angenehm sein dürfte, freue ich mich über ihr anscheinend unbekümmertes ‹Zirp, Zirp›. Außerdem ist jetzt der Raum etwas heller. Das Brett kann man, wenn notwendig, ohne Mühe in die alte Lage zurückdrücken.

«Sollten wir nicht mal verlangen, daß sie uns morgens Kaffee statt Tee bringen», sagt Huber, «auf dem Anlegen der Augenbinden bestehen sie ja auch nicht mehr, ich meine...»

Er stockt und auch ich erstarre. Im Kellergang plötzlich laute Stimmen in Arabisch! Mehrfaches Klacken, eindeutig das Einrasten der Magazine in die MPs. Nochmals Stimmen und andere Geräusche.

Jeden Moment fallen Schüsse! denke ich. Die Amal wollen uns befreien, sie haben das Versteck gefunden. Vorher werden uns die Hisbollah-Schweine erschießen, wenn sie noch können!

Jetzt mehrere eilige Schritte mehrerer Personen, dann wird unsere Tür aufgerissen. Mein Herzschlag stockt...

«Verdammte Idioten!» raste ich aus. «Könnt ihr euch nicht normal benehmen!»

In der Tür steht, dem Gehabe nach zu urteilen, eine Art Oberboss der Wächter, schaut sich prüfend um, während ihm der Chef der Wächter eine Art Meldung zu machen scheint. Ein anderer, den wir ‹Gaddafi› nennen, will mit den Worten «Da kalam wasisch!» – «Das ist eine dreckige Rede!» nach mir schlagen, um mich zum Schweigen zu bringen, wird aber vom ‹Chef› zurückgehalten. Der Oberboss nickt, offenbar zufrieden mit seiner Inspektion, und der Spuk ist vorbei.

Es kostet uns den restlichen Tag, diesen Schrecken zu verdauen.

Der Schrecken des Terrorismus ist Hubers Domäne, und da er unbedingt die Zeit durch Diskutieren ‹totschlagen› will (ich bin momentan sehr empfindlich solchen Ausdrücken gegenüber, er denkt sich überhaupt nichts dabei und schüttelt verwundert den Kopf), diskutieren wir weiter.

«Nun», antwortet er auf meine Frage, «für mich ist das banale Kriminalität, und Terroristen sind Kriminelle, die man mit kriminalpolizeilichen Mitteln bekämpfen muß.»

«Kriminalpolizeilichen oder kriminalpolitischen?»

Nun ist er wieder ganz Leiter TE: «Ich bin kein Politiker, sondern Polizist, aber natürlich braucht man die Politik dazu, gottlob haben wir den besten Innenminister aller Zeiten. Aber um darauf zurückzukommen: Ich habe seinerzeit dafür gesorgt, daß die Baader-Meinhof-Gruppe zur Baader-Meinhof-Bande wurde, was sollte der Etikettenschwindel? Das ist ganz einfach Bandenkriminalität; Gruppenkriminalität kennt das Gesetz nicht.»

«Ja, ich weiß» ergänze ich bereitwillig, aber nicht ohne Hintergedanken, «und du hast im amtlichen Sprachgebrauch aus dem Bekennerschreiben bei Anschlägen ein Selbstbezichtigungsschreiben gemacht.»

«Genau, sich zu etwas zu bekennen, ist ja etwas Edles, ‹bezichtigen› bezeichnet das Verwerfliche.»

«Mhm», überlege ich laut, «genau wie die Nazis jüdische Ärzte in Heilbehandler und jüdische Rechtsanwälte in Rechtskonsulenten umtauften.»

«Das ist pure Polemik!» erwidert Huber scharf.

Vorsicht! mahnt mich Buddy. Mach an diesem Punkt nicht weiter, du liegst schief!

«Das räume ich ein, aber es ist ein ähnlicher Geist.»

«Das heißt, du unterstellst mir nationalsozialistische Denkweise?» Er sagt es mit einem gefährlich klingenden Unterton und lächelt trotzdem dabei.

«Nein, ich wollte nur andeuten, daß du alles durch eine sehr konservative Brille siehst.»

«Ach ja, und ich habe einen jungen Mann in Erinnerung, der immer mit der Frankfurter Rundschau unter dem Arm durch die Flure eilte, recht lange Haare hatte und im BKA als Grüner verschrien war!»

...und der in einer für das BKA amoralischen und politisch suspekten WG wohnt und eine Freundin hat, die mal beim ‹MSB Spartakus› war, könnte ich ergänzen. Die überraschende Gedächtnisleistung von Huber erstaunt mich, scheine ich für ihn nun doch kein Nobody zu sein. Wie gut oder wie schlecht erinnert er sich eigentlich wirklich?

«Wieso ein Grüner?» hake ich nach.

«Du hast doch zu der Gruppe gehört, die Umweltschutz beim BKA praktizieren wollte?»

«Ja richtig, daß der BKA-Rasen nur einmal im Jahr geschnitten wird.»

«Und die eine Ausstellung im Casino organisiert hat?»

«Stimmt auch, über schädliche Waschmittel der BKA-Putzfrauen und so.»

«Und die ein Umweltmagazin ausgestellt hat, wo zum Widerstand gegen Wackersdorf aufgerufen wird. Ist dir eigentlich klar, daß ihr damit die RAF unterstützt?»

So einfach ist das alles. Der BKA-Präsident hatte uns übrigens aufgefordert, uns von besagtem Heft zu distanzieren. Gleich wird Huber mir die Frage stellen, ob ich überhaupt noch auf dem Boden der FDGO* stehe, auf der ich doch offensichtlich herumtrampele.

«Was hat das eigentlich mit unserem Thema zu tun?» will ich statt dessen wissen.

«Es braucht alles seinen Nährboden, ohne das Umfeld würden Terroristen austrocknen wie eine Pflanze ohne Wasser. Deshalb vertrete ich die ganzheitliche Strategie, schließlich geht es bei dieser Form Bedrohung nicht um Eier-Diebstähle!»

«Die Ganzheitsstrategie, wie du es nennst, erzeugt das Katharina-Blum-Syndrom. – Würde man übrigens Tempo 100 einführen, hätte man in einem Monat mehr Menschenleben gerettet, als zwanzig Jahre Links-Terrorismus in der BRD gekostet haben. So ist alles relativ.»

* FDGO: Freiheitlich-demokratische Grundordnung

«Das heißt Äpfel mit Birnen vergleichen», sagt Huber, «außerdem hätte ich gegen ein Tempolimit nichts einzuwenden.» – Na, wenigstens ein Konsens, denke ich. – «Aber», fährt er fort, «man kann Terrorismus nicht mit pazifistischer Blauäugigkeit bekämpfen!»

Uff, ich muß mich erst von dieser Aussage ein wenig erholen, bevor ich sage: «Trotzdem ist das BKA auf dem rechten Auge blind!»

«Was soll denn das schon wieder?» tut Huber überrascht.

«Weil über Jahrzehnte gegen die Linken mit 300 Beamten einer Abteilung und gegen die Rechten mit 30 Mann eines Referates vorgegangen, Verzeihung, gekämpft wurde, würdest du sagen, es ist ja ein Krieg – dein Krieg.»

«Rechtsextremisten und Rechtsterroristen haben eben eine geringere Bedeutung...»

«Für das BKA!»

«Nein, von ihrer Zahl und den Straftaten her.» Huber wirkt keineswegs unsicher.

«Da ist das Katharina-Blum-Syndrom dran schuld», erkläre ich.

«Warum wiederholst du diese idiotische Bezeichnung?»

Sie scheint ihn zu ärgern. «Das ist doch der Teufelskreis: Je höher der Verfolgungsdruck, um so größer die Solidarisierung. Das fördert die Zahl der Anhänger, und provoziert als Gegenreaktion noch härtere Maßnahmen. Und so weiter und so weiter.»

Huber antwortet schlau: «Nach deiner Logik ist es dann aber richtig gewesen, gegen die Rechten nicht so viel zu unternehmen, denn nach deiner Auslegung wäre ja dann die Polizei daran schuld, wenn sie sich wie die Karnickel vermehren.»

Oh, là, là, Huber, denke ich, wenn du doch zugeben könntest, daß bis zu einem gewissen Grad den extremen Rechten die Sympathie der Rechten gehört, und daß ein BKA aus diesem Grund sehr zurückhaltend ist. Und je weiter einer rechts steht, um so früher beginnt für ihn links... Ich mache eine Pause, muß mich sammeln, mir überlegen, was ich sage, denn Huber und Leute wie der Generalbundesanwalt oder der Innenminister, sein Staatssekretär haben sich gewiß um den Fortbestand der RAF verdient gemacht. Ihnen verdankt die RAF ihren Zulauf und ohne sie wäre ihre Existenz gefährdet.

«Das ist absurd», antwortet er darauf erstaunlich gelassen.

So einfach kommt er mir aber nicht davon. «Druck erzeugt Gegendruck! Und die Terrorismushysterie bei uns wird auch vom BKA geschürt und treibt die Leute ins andere Lager; aus empörten Bürgern werden Extremisten, aus Extremisten werden Terroristen!»

Es entsteht wieder eine Pause. Aber ich will jetzt nicht aufhören: «Eigentlich nimmst du doch nie an Einsätzen unmittelbar teil, sondern sitzt im Lagezentrum im Trockenen.»

«Als Polizeiführer ist das mein Platz.»

«Du solltest dir mal ansehen, wie deine Männer, wie du immer sagst, mit den Leuten umspringen. Deine Frauen übrigens nicht minder.»

«Wir ermitteln immer nach dem schwersten Delikt», antwortet Huber, «dieser Grundsatz sollte dir auch nicht fremd sein. Und wenn jemand als schießwütiger Mörder gesucht wird, gehen wir keine Risiken ein, sind Samthandschuhe fehl am Platz. Das verantworte ich auch!»

«Und schon sind wir wieder beim Katharina-Blum-Syndrom!» sage ich provozierend.

«Du gehst mir damit auf den Geist! Ich lese Böll zwar nicht, aber mir ist schon klar, was du sagen willst.»

«Kannst du dich an Hanna König erinnern, die Lehrerin aus Trogdorf?» frage ich. «Ihre Kinder wurden im Kindergarten bespuckt, der Elternbeirat der Schule forderte ihre Entlassung, und vor die Tür hat sie sich kaum noch gewagt, weil deine Männer und Frauen ihr das Ehrengeleit gaben. Sie hatte nämlich das Pech, die Schwester von Waltraud Hilsenberg zu sein, und die wiederum wurde als RAF-Mitglied mit Haftbefehl gesucht. Deine Abteilung hat natürlich unterstellt, daß sich die beiden Schwestern treffen werden. Das hatte allerdings den Schönheitsfehler, daß man in einem so kleinen Ort nicht observieren kann, ohne daß die dort Tag und Nacht herumlungernden fremden Fahrzeuge auffallen, nicht nur Frau König, sondern allen Dorfbewohnern. Spätestens als ihr auch noch eine Durchsuchung bei ihr inszeniert habt – nach dem Motto: Vertraulich wurde mitgeteilt... –, haben die braven Bürger gewußt: Die König unterstützt die RAF, vielleicht ist sie sogar selbst so eine! – Das ist das Katharina-Blum-Syndrom in der Praxis!»

Huber hat geduldig zugehört. «Und sie ist noch weiter im Staatsdienst, ich meine als Lehrerin?» fragt er trocken.

«Ich nehme an, ja.»

«Na bitte! Ansonsten kann ich nur sagen: ‹Barmherzigkeit gegen Wölfe ist Grausamkeit gegen die Schafe!›»

2. Kapitel

Bei dem Sprengstoffanschlag auf den Parkplatz einer amerikanischen Wohnsiedlung in Frankfurt ist eine Person schwer verletzt worden und hoher Sachschaden entstanden. Zur Tatzeit wurde ein verdächtiger roter Opel Kadett mit weißen Streifen gesehen. Aufgrund der Öffentlichkeitsfahndung ging heute gegen 17 Uhr ein Hinweis ein, wonach heute nachmittag ein solches Fahrzeug vor Haus Nr. 14 der Stelzenbachstraße in Rüsselsheim gestanden hat. Zwei männliche Personen, die nicht näher beschrieben werden konnten, sollen die Wohnung des Peter Leutsch aufgesucht haben. Leutsch ist wegen wilden Plakatierens in Erscheinung getreten. In dem Haus befinden sich sechs Mietparteien, bei drei von ihnen handelt es sich um Wohngemeinschaften. Das Haus war einmal illegal besetzt gewesen, ist aber inzwischen von der Stadt Rüsselsheim an die Bewohner vermietet worden. Im Rahmen des von dem Herrn Generalbundesanwalt dem BKA erteilten Ermittlungsauftrags für den Gesamtkomplex haben wir den Auftrag, die Wohnung aufgrund eines Beschlusses des Bundesgerichtshofes zu durchsuchen. Die Durchsuchung zur Nachtzeit ist wegen Gefahr im Verzuge angeordnet. Uhrenvergleich: Es ist jetzt 21.46 Uhr. Die Durchsuchung beginnt um 22.30 Uhr.»

Der Einsatzleiter in der Einsatzbesprechung gibt die Abfahrtszeit bekannt.

Die Antwort auf die Frage, warum nicht wenigstens alle Wohnungen des Hauses durchsucht würden, rief ein vielfaches Murren hervor: Der Richter hatte das abgelehnt.

Außerdem wurde aufgrund einer weiteren Frage nachgetragen, daß der rote Kadett inzwischen nicht mehr dort stehe.

Es folgte die Einteilung der Kräfte. Ich gehörte zum Durchsuchungstrupp.

Mit einem Bauch voller Wut saß ich im Dienstwagen auf dem Weg zum Einsatzort. Wut darauf, daß neuerdings auch meine Abteilung RG die Abteilung TE unterstützen mußte. Wut, daß Simon mich eingeteilt hatte, was eine persönliche Boshaftigkeit war. Wut auf die Bombenleger und daß jemand verletzt worden war. Wut, daß der Staat von seinen Gegnern so schön manipulierbar ist und mit den Muskeln spielt, wie man es von ihm erwartet. Wut auf speziell diesen Einsatz. Instinkt, Erfahrung oder so was ähnliches sagten mir, daß die Begründung recht windig war, so als habe man einen Vorwand gesucht, den Leuten in diesem Haus mal auf die Füße zu treten.

Die Positionen wurden nahezu geräuschlos und gleichzeitig eingenommen: Straßenabsperrung, äußere Grundstücksabsperrung, innere Hausabsperrung, Festnahmetrupp, Durchsuchungstrupp. Zwei Fahrzeuge mit Lichtmasten rollten an die Vor- und Rückseite. Ein junger Mann wollte das Haus betreten und wurde lautlos festgenommen.

Ich war perplex. Sind es fünfzig Beamte oder sechzig?

Als ich dann die MEK-Typen sah, mit Panzerwesten, Kopfschutz und wollenen Gesichtsmasken, fühlte ich mich zunächst in einen Psychothriller versetzt. Da man mit dem schweren Zeug nur unbeholfen laufen kann, hatte ich anschließend die Vision eines Angriffs von Marsmenschen auf die Station eines unbekannten feindlichen Planeten.

Gleißendes Licht der Spezialmasten hüllte urplötzlich das Haus in künstliches Weiß, von dem sich die Schatten der Beamten unwirklich abhoben. An einem Fenster klebte der Button ‹Stell dir vor, es ist Krieg, und keiner geht hin›. Die Situation kam mir wie Satire auf diese Satire vor.

Mit der MP im Anschlag klingelten die MEK-Mars-Männer im 1. Stock rechts. Als innerhalb von zehn Sekunden nicht geöffnet wurde, es war immerhin gegen elf Uhr abends, splitterte die Tür unter den Fußtritten, und sie stürmten die Wohnung, sich gegenseitig mit der Waffe sichernd. Ich folgte als einer von sechs des Durchsuchungstrupps.

Im Schlafzimmer Mann und Frau im Bett, blankes Entsetzen im Gesicht. Mit Plastikfesseln wird beiden in Sekundenschnelle an Händen und Füßen jegliche Bewegungsmöglichkeit genommen. Im Kinderzimmer ein jämmerliches Schreien. Sonst war niemand in der Wohnung anwesend.

Beamtinnen übernahmen dann die Frau und die zwei Kinder. Peter Leutsch durfte sich in einem anderen Zimmer, weiterhin mit einer Pistole bedroht, anziehen.

Danach begannen wir mit der Durchsuchung. Ich hatte vermutet, daß jetzt die Schubladen einfach umgedreht würden, aber ich täuschte mich, die TE-Kollegen gingen langsam, gründlich und korrekt vor.

Einer von ihnen steckte den AI-Jahresbericht in eine Plastiktüte, ein anderer kam mit einem unbenutzten Stück ‹Die Seife Fa› aus dem Bad.

«Was soll denn das?» fragte ich irritiert.

«Die gesuchte Waltraud Hilsenberg benutzt ‹Die Seife Fa›, das wissen wir.»

Nie fühlte sich das Schwein so fremd, als in des Bauern Oberhemd, war ich versucht, frei nach Wilhelm Busch festzustellen, als ich in der TE-Frühbesprechung, ‹Lage› genannt, saß und darüber nachdachte, wie ich Andrea begreiflich machen sollte, ihre ‹Seife Fa› wegzuwerfen. Denn so eine Rasterfahndung hat es in sich. ‹Die Seife Fa› plus WG plus Alter der Bewohner plus Miete in bar im voraus plus Kauf von ‹Frankfurter Rundschau› und manchmal der ‹TAZ› am Kiosk um die Ecke, da kommt ein Rasterpunkt zum anderen und schon ist man drin im Räderwerk des BKA. Und wie man weiß, gehen die nicht einfach hin und sagen: «Grüß Gott, wohnt hier die Terroristin Waltraud Hilsenberg?» Nein, können sie auch nicht, denn die würde sich sofort rücksichtslos und brutal den Weg freischießen, also fällt ihnen nur noch die Katharina-Blum-Methode ein, weil ihnen für den goldenen Mittelweg das Gespür und die Phantasie fehlt, sie einen anderen Weg auch gar nicht wollen, da sie die Macht haben. Die sollte sich eigentlich auf Autorität gründen, aber dieses Wort wird bei TE wie «autoritär» buchstabiert. Legitimation der Macht ist das Recht, das wiederum haben sie auf ihrer Seite, schöpfen es voll aus, und für eine Durchsuchung genügt der einfache Verdacht, womit wir wieder bei den Rasterfahndungspunkten sind, die alle auf unsere WG zutreffen. Etwas aus dem Rahmen falle ich selbst, aber bei über dreitausend BKA-Leuten gibt es mit statistischer Wahrscheinlichkeit einige Schwule, sexuelle Nötiger von Kolleginnen, Mitglieder der Arbeitsgemeinschaft kritischer Polizisten, Alkoholiker, Lesben, Extremisten wie die Grünen, Diebe, Haschischraucher – also warum nicht auch Terroristensympathisanten? Andrea allerdings würde sich, wie ich sie kenne, die Durchsuchung nicht gefallen lassen, würde kratzen und beißen und sich prompt eine Anzeige wegen Widerstands gegen die Staatsgewalt einhandeln. Wir alle werden natürlich in APIS erfaßt, also auch Jorgos, Doris, Claudia und Nora. Es handelt sich um eine Potenzierung der Macht mittels Technik, für die man nicht mehr persönlich verantwortlich, sondern deren Ausübung anonym ist. APIS ist die Arbeitsdatei für Terrorismus und Extremismus. Da werden sogenannte ‹andere Personen› nach einem Jahr wieder gelöscht, nicht aber Andrea, denn sie ist ja Beschuldigte, und mit ihrer Habilitation in ein paar Jahren ist es Essig, denn daß sie früher beim ‹MSB Spartakus› war, haben sie inzwischen auch herausgefunden. Zwischen solchen Leuten und Terroristen besteht ein differenziertes Beziehungsgeflecht, welches – wie man weiß – von der Diskussion ideologischer Positionen über logistische Unterstützung bei Anschlägen bis hin zur Häftlingsbetreuung reicht.

Während sich meine Phantasien in der TE-Morgen-Lage verselbständigt hatten, registrierte ich trotzdem mit halbem Ohr, daß Abteilungspräsident Friedrich Huber den Einsatz in Rüsselsheim als einen Erfolg bezeichnete. So habe man das auf dem Index stehende Buch ‹Besser krank feiern als gesund schuften›, welches zum Betrug gegenüber Krankenkassen auffordert, Flugblätter gegen die Startbahn West

West und Informationsmaterial der Grünen gefunden. – Der Erfolg hat nicht nur viele Väter, sondern auch seltsame Ursachen.

So ist man also jeden Morgen in der ‹Lage› vereint, man ist mitten drin, Bestandteil von ihr, sie ist Ausgang, Ziel und Wendung, Lage wird zum Lager, Lagertheorie. Es ist das eine Lager, ihr Lager, das BKA-TE-Lager in der Lage. Was wäre, wenn es eines Morgens in der ‹Lage› nichts zu berichten gäbe? Ich begriff plötzlich, daß vieles, psychologisch gesehen, mit dieser Lagebesprechung zusammenhängt, wenn das Schlimme zum Normalen wird, wenn man in der Lage ist, sich Feinde auszudenken, so sie nicht gerade ‹greifbar› sind, wenn ein Popanz aufgebaut wird, wenn man dreihundert Beamte bei Laune halten will in langen Zeiten terroristischer Inaktivität, wenn man den Launen von dreihundert Beamten nachgibt, wenn der Erfolg gezeugt werden muß durch Inzucht. Die ‹Lage› ist die Blackbox der bundesrepublikanischen Terrorismusbekämpfung, ein Regelkreis, der sich aus sich selbst heraus immer wieder neu optimiert.

«Wieso wird eigentlich ein Anwalt von Terroristen in eurer Denkweise mit Terroristen auf eine Stufe gestellt?» fragte ich Volker, mit dem ich eine Stunde später unterwegs war nach Karlsruhe.

«Weil es Gesinnungsgenossen sind», antwortete er ohne lange Überlegung.

«Also ist nach deiner Ansicht Gesinnung strafbar?»

Volker drückte unwillig seine Zigarette im Aschenbecher aus. «Es bleibt ja nicht dabei, wie man weiß. Erinnerst du dich an diesen Croissant?»

«Ich erinnere mich an einen BKA-Beamten», sagte ich spitz, «der illegale Waffengeschäfte gemacht hat. Deshalb sind sie nicht alle beim BKA Waffenhändler.»

«Warum bist du eigentlich so aggressiv», wunderte sich Volker, «stört es dich, daß ich rauche?»

«Ja, das auch.» Dabei wedelte ich Rauch von meinem Gesicht weg, der dort gar nicht mehr vorhanden war. «Aber», fuhr ich fort, «ich wehre mich dagegen, daß ihr aus dem Recht auf Verteidigung euer Kapital schlagt. Der Verteidiger eines Räubers wird von dir auch nicht verdächtigt, selbst einer zu sein.»

«Das ist im politischen Bereich alles ein bißchen anders...»

«Und leichter manipulierbar...»

«Laß mich doch bitte ausreden – eben anders, weil es keine klaren Fronten gibt, wie bei Einbrechern oder Betrügern. Wer heute bei einer Demo Steine schmeißt, kann morgen schon in der Regierung sitzen.»

«Also heute Terrorist und morgen Minister?»

«So ungefähr.»

«Aber du meinst, wir leben nicht in einer Bananenrepublik?»

«Worauf willst du eigentlich hinaus?» fragte Volker.

So langsam kam ich in Fahrt. «Sag mal, merkst du eigentlich nicht, wie ihr alles in einen Topf werft, zum Beispiel Grüne, Demonstranten, Amnesty – und diese Leute, wenn es euch paßt, auf die terroristische Ebene hebt. Und läßt sich ein Beweis nicht erbringen, tut ihr so, als sei nichts gewesen oder ihr verkauft es sogar als Erfolg. Und keiner wagt es, euch zu bremsen, denn wer stellt sich schon gegen Terrorismusbekämpfung, jeder hat Angst, automatisch in der Karriere, politisch oder sonstwie Schaden zu erleiden. Offenkundig habt ihr Narrenfreiheit!»

Auch Volker hob jetzt seine Stimme. «Du hast leicht reden, in der Rauschgiftbekämpfung sind sich nahezu alle Lager einig. Was meinst du, unter welchem Erfolgsdruck wir stehen, zum Beispiel jetzt nach dem Anschlag in Frankfurt. Und wie schwer es ist, gegen RAF, Rote Zellen oder Autonome etwas auszurichten.»

«Und dann macht ihr eben in Aktionismus wie in Rüsselsheim», erwiderte ich.

«Es beruhigt die Öffentlichkeit, außerdem bleibt im Schleppnetz immer etwas hängen. Ich gebe zu, es dient der Ablenkung, bis der große Erfolg eintritt.»

«Und im Schleppnetz», antwortete ich empört, «zappeln die kleinen Fische, die baut ihr auf zu großen, bis sie die

Schnauze von diesem Staat voll haben und eurer Rollenerwartung tatsächlich entsprechen.»

Volker gab ärgerlich Gas und beschleunigte den Dienst-Mercedes auf 160. «Du, deine Theorie ist mir zu hoch, erzähl das besser meinem Abteilungsleiter.»

Er hätte auch sagen können, ich solle es seinem Friseur erzählen. Ich versuchte es aber noch einmal.

«Volker, kannst du als Sachbearbeiter bei TE begründen, wieso ihr den Amnesty-Jahresbericht als Beweis beschlagnahmt?»

«Ich habe ihn nicht beschlagnahmt. Amnesty, das sind eben Linke.»

«Und die Grünen, die mehr Wählerstimmen haben als die FDP. Alles Extremisten, Terroristen?»

Volker schaute mich halb spöttisch und halb mitleidig von der Seite an. «Nein, natürlich nicht Oma oder Pfarrer, die gegen die Startbahn West demonstrieren. Aber viele Grüne haben eine eindeutige Karriere. Und wir wissen das. Meinst du, aus Wölfen werden plötzlich Schafe?»

«Warum nicht, wenn sie die Chance haben, Verantwortung zu übernehmen und etwas zu bewegen? War es nicht vielleicht ihre Ohnmacht, die sie zu Mitteln greifen ließ, die unser Staat als ungesetzlich definiert?»

Ein Gefühl der Ohnmacht befällt mich immer, wenn ich Sicherheitskontrollen über mich ergehen lassen muß. Stammheim BKA – Stammheim GBA.* Obwohl der BKA-Dienstausweis wie ein Sesam-öffne-dich wirkt. Volker und ich waren ein ungleiches Paar. Er im dunkelblauen Anzug, weißem Hemd und dunkelblauer Krawatte, so wie es einer der TE-Bosse seinen Leuten vorschreibt, ich mit schwarzem Pullover und Lederjacke.

Erste, zweite, dritte Panzertür, Fernsehauge, Lautsprecherstimme. Durchsucht wurden wir nicht, weder Höhlen der

* GBA: Generalbundesanwaltschaft

Taschen noch Höhlen des Körpers. Das liegt an der Bruderschaft, man vertraut sich unter Verbündeten, jedenfalls im Innenverhältnis. Wenn es um die Öffentlichkeit geht, buhlt man um den Erfolg. Dann gibt der Herr Generalbundesanwalt bekannt ... – Nicht die Behörde, sondern ihre Personifizierung spricht, Personenkult par excellence, feudalistisch organisiert. Manchmal ist es ein Wettlauf gegen die Zeit, wer nach einem Ereignis am schnellsten die Presse um sich zu scharen weiß. Hat der Herr Generalbundesanwalt gewonnen, kommt es schon mal zu Irritationen beim BKA, weil wichtige Ermittlungsdetails nicht stimmen oder aus kriminaltaktischen Gründen zu früh ... – Nach außen betont der Herr Generalbundesanwalt natürlich auch gern, daß er der Herr des Ermittlungsverfahrens ist. Nach innen und in Wahrheit ist es eher umgekehrt, aber sie ergänzen sich gut, stehen sich nicht nach in ihren Denkweisen und Handlungen, sind gemeinsam unschlagbar gnadenlos. Als Verteidiger des Rechts-Staates. Und Terroristen sind gnadenunwürdig.

Wir mußten in dem häßlichen Gebäude in ein oberes Stockwerk. ‹1. Treppe› war zu lesen, sie haben sogar die Treppen numeriert. Ein brüchiger Aktenwagen, durch Isolierbandwicklungen zusammengehalten, stand in dem nackten Gang wie ein Kunstwerk von Beuys, und der hätte sich dabei auch etwas gedacht.

Ich deutete auf die kahlen Wände: «Hier gehört es eigentlich hin!»

«Was gehört hier hin?» Volker verstand nicht.

«Ich meine dieses Ölgemälde, für zehntausend Mark im Bundesjustizhaushalt genehmigt, würde den Flur mit Leben erfüllen. Der Herr Generalbundesanwalt, in seiner Uniform, wie aus dem richtigen Leben.»

«Laß doch den Quatsch», sagte Volker unwillig und klopfte an eine Tür.

Bundesanwalt Schroer, etwa sechzig, stand hinter seinem Schreibtisch auf und ging uns zwei Schritte entgegen, nahm dann eine Habachtstellung ein und streckte gleichzeitig marionettenhaft seinen angewinkelten Arm zum Gruß nach vorne. Ich stellte mir vor, daß auch die Hacken seiner Schuhe zusammenschlugen, aber dies geschah dann wohl lautlos.

Wir waren angemeldet und er wußte, daß Volker wegen der Verlängerung der Telefonüberwachung von Clemens Appenrath gekommen war. Schroer überflog den Bericht, ab und zu nickte er leise mit dem Kopf.

«Ich denke, unser Ermittlungsrichter wird in Anführungs- und Ausführungszeichen nicht umhin kommen, meinem Antrag auf Fortsetzung der Telefonüberwachung gemäß § 100b StPO Absatz 2 in Verbindung mit § 100a und enumerativer Aufzählung Ziffer 1c sowie § 129a Absatz 1 Ziff. 3 StGB zu entsprechen.»

Ich registrierte aufmerksam, daß Schroer den Ermittlungsrichter beim Bundesgerichtshof mit einem Possessivpronomen bedachte und hatte eigentlich keine Lust, dem Paragraphen-Zahlenspiel weiter zu folgen. Dann fiel aber das Stichwort terroristische Vereinigung, jener Gummiparagraph, der mich doch interessierte und unter den der Bundesanwalt jenen Clemens Appenrath subsumierte, der Mitglied einer ‹SRBH›, Sozialrevolutionären Bewegung Hannover, sein soll.

«Zwar hat der intelligent taktierende Beschuldigte bei Telefongesprächen bisher mit Anführungs- und Ausführungszeichen keine ihn belastenden Angaben gemacht, stelle ich aber fest, daß eine nochmalige Verlängerung der TÜ* erforderlich und angemessen ist, weil die von ihm eingegangenen persönlichen Verbindungen den Verdacht begründen, daß er an gemeingefährlichen Straftaten wie der Herbeiführung von Sprengstoffexplosionen beteiligt ist oder sich beteiligen wird.»

Schroer sprach wie eine Valium 10. Meine Aufmerksamkeit erlahmte deshalb erneut. In seinem jahrzehntelangen staatsanwaltlichen Beamtendasein hatte er sich eine Sprechweise angewöhnt, als würde er permanent druckreif in ein Mikrophon diktieren. Damit auch jede Formulierung saß und juristisch unangreifbar war, ging jedem Satzteil eine Pause vor-

* TÜ: Telefonüberwachung

aus, nach der dann gründlich abgewogene Worte penibel und umständlich ihren Weg über seine Lippen fanden.

Mein Blick aus dem Fenster endete auf massiven Stacheldrahtrollen; das half mir auch nicht weiter. «Besuche und Briefe belegen eindeutig den Kontakt Appenraths zu dem in Celle einsitzenden Nolding und begründen Tatsachen, die in Anführungs- und Ausführungszeichen den Verdacht überzeugend belegen.»

Ich war unangenehm berührt davon, daß er auch noch das Diktieren von Satzzeichen so verinnerlicht hatte, daß sie sich mit seiner persönlichen Ausdrucksweise vermischten und als lächerliche Eigenart wirkte. So hat er alles Lebendige und Spontane, so er je darüber verfügt haben sollte, dem Beruf geopfert.

Mit weit ausholenden Schritten stürmte ich aus dem Dienstgebäude der Bundesanwaltschaft. Es war kein Fluchttrieb, wohl aber ein unbewußter Betätigungsdrang, der sich Luft verschaffte.

Natürlich fragte mich Volker, warum ich es so eilig habe. Statt einer Antwort entwickelte ich ihm meine Idee, daß sich doch der Präsident des BKA unbedingt auch in Öl verewigen lassen müsse und daß es keine große Mühe bereiten dürfte, im Haushalt des Bundesinnenministeriums auch zehntausend dafür locker zu machen. Dies erfordere die Ausgewogenheit zwischen den beiden so effizienten Strafverfolgungsbehörden, was dem einen sin Uhl, ist dem anderen sin Nachtigall. Gemalt von demselben Künstler, natürlich, die Ähnlichkeit würde frappierend sein. Tiefschwarzer Hintergrund mit stilisiertem Heiligenschein durch aufgehendes Licht. PR BKA trägt eine rote Alibi-Krawatte und den indonesischen Hosenbandorden, GBA das große Bundesverdienstkreuz am Bande. GBA hält jovial ein Weinglas in der Hand, PR BKA blickt distanziert in die Ferne.

Volker wußte nicht, ob er lachen oder weinen sollte und beschleunigte den Dienst-Mercedes wieder auf 160.

Alle lachten, denn Waltraud Hilsenberg war festgenommen worden! Als wir nach Wiesbaden zurückkehrten, waren zwei BGS-Hubschrauber über dem BKA im Landeanflug, und Volker wußte, daß etwas Besonderes vorgefallen sein mußte. Die TE-Büroetagen glichen einem summenden Bienenstock. Jeder zweite, der uns im Flur begegnete, stellte die freudige Frage: «Habt ihr schon gehört?» Den Männern vom Zielfahndungskommando Hilsenberg wurde gratuliert, sie fanden das nicht mal komisch, obwohl sie mit der Festnahme überhaupt nichts zu tun hatten.

In einem Eissalon in der Darmstädter Fußgängerzone sitzend, war sie von einem Passanten aufgrund eines Fahndungsplakates erkannt worden. In einem Soforteinsatz der Kripo Darmstadt wurde sie überrumpelt und ließ sich widerstandslos festnehmen. In ihrer Handtasche befand sich ein schußbereiter Revolver 9 mm ‹Smith and Wesson›, aber zur Gegenwehr hätte sie keine Chance gehabt.

Mir ging auf, wie persönlich sie sich mit ihrer Aufgabe identifizieren. In ihrem Gruppenbewußtsein betrachtete jeder die Festnahme der Terroristin gleichzeitig als einen Erfolg für das Ganze und als ureigenes Erlebnis. Es hat mit dem Makel zu tun, eigentlich nicht erfolgreicher gegen den harten Kern zu sein und mit dem Feindbild, endlich wieder eine Bresche in das andere Lager geschlagen zu haben. Welcher gewaltige Aufwand steht seit Jahren im Widerspruch zum Erfolg! Wie muß es an den Nerven zehren, wenn die zehn des harten Kerns die dreihundert der harten Verfolgung an der Nase herumführen. In welche irrwitzige Lage hat man sich hineinmanövriert, den Terrorismus überhaupt so aufgewertet zu haben, indem der Staat – vor und nach der Wende – nicht Besonnenheit zeigte. Das BKA hat bereitwillig mitgemischt, die Gunst der Stunde genutzt, sich personell aufgebläht wie eine Kröte. Und antizyklisches Verhalten haben sie nie gelernt, nämlich in scheinbar ruhiger Phase eigene Aktivitäten zu erhöhen. Somit reicht ein Zufallstreffer bereits als Anlaß zum Jubel, der Gratulation, des dankbaren Händeschüttelns. Eigener Beitrag war ein schlichtes Fahndungsplakat.

«Ja, freuen Sie sich denn nicht?» fragte mich einer der TE-Bosse.

Wenn Waltraud Hilsenberg wüßte, welche Reaktionen sie hier auslöste. Ich dachte an sie und ihr verkorkstes Leben, an die Verzweiflung, die dahinter steht, abzutauchen und so radikal zu werden, an die lange Haftzeit, die vor ihr lag, und daß sie mit ihrer Schwester nie alleine wird sprechen können, weil immer zwei Aufpasser da sein werden, aber wenigstens ist Schwester Hanna König nun nicht weiterhin Katharina Blum.

Und wenn es stimmt, ist Waltraud Hilsenberg zur Mörderin geworden, am Anschlag gegen den Industrie-Manager Dr. Molzberg beteiligt, hat kaltblütig das Töten befürwortet, hat sich angemaßt, Richterin über Leben und Tod zu sein, statt moralisch zu argumentieren, politisch zu kämpfen. Sie hat sich verrannt in ihre Ideologie, die für den Widersacher keine Menschlichkeit kennt, und somit selbst unmenschlich gehandelt.

«Ob ich mich freue? Nein, ich bin eher traurig.» Der Kollege stutzte und schwieg.

Wenn ein gewisser Grad an Plumpheit überschritten ist, gibt es selbst bei TE einige, die nicht mehr schweigen. Der Woche meiner Abordnung dorthin verdanke ich wenigstens die Erkenntnis, daß Kritik nicht total unterbunden wird und wie man damit umgeht.

Warum Clemens Appenrath verdächtig war, der ‹Sozialrevolutionären Bewegung Hannover› (SRBH) und einer terroristischen Vereinigung anzugehören, entsprach einer gewagten Kausalkette: Im Gefängnis Celle saß Nolding ein, den man den Revolutionären Zellen zurechnete und der mit einem Sprengstoffanschlag auf das Gebietsrechenzentrum Bremen in Verbindung gebracht wurde. Clemens Appenrath besuchte Nolding gemeinsam mit dessen Freundin Sabine zweimal im Gefängnis und schrieb ihm in acht Monaten drei Briefe. Sabine ist angeblich Angehörige der SRBH. Die Anschläge der

RZ* und der ‹Roten Zora› setzten sich im norddeutschen Raum fort, nicht allerdings in Hannover. Diese Zusammenhänge begründeten den Tatverdacht gegen Appenrath.

Seit etwa einem halben Jahr wurde das Telefon Appenraths abgehört, ohne daß sich irgendwelche Anhaltspunkte ergaben. Die Briefe an Nolding waren harmlosen Inhalts. Das Landeskriminalamt Niedersachsen hat Appenrath mehrfach ergebnislos observiert.

Als jetzt erneut eine Verlängerung der Telefonüberwachung durch den Generalbundesanwalt beantragt wurde, gingen die beiden Kollegen, welche seit Wochen die Tonbänder auszuwerten hatten, auf die Barrikaden. Sachbearbeiter Volker hielt sich übrigens völlig raus, eine bewährte BKA-Methode.

Ort des ungewöhnlichen Geschehens: Die ‹Lage›.

«Ich bin zu der Auffassung gekommen», sagte der eine, «daß bei der TÜ Appenrath mit gezinkten Karten gespielt wird. Es war von Anfang an bekannt, daß Nolding und Appenrath als Studenten fünf Semester gemeinsam studiert haben, sich Appenrath also aus Freundschaft um ihn gekümmert haben könnte. Ich habe gestern die Akte gelesen, davon steht kein Wort drin!»

«Außerdem», fuhr der zweite fort, «hat Appenrath für den Sprengstoffanschlag auf Garagen der Deutschen Bank Hildesheim ein Alibi, da er etwa zur Tatzeit am Grenzübergang Goldene Bremm registriert wurde, als er, wie aus der TÜ bekannt ist, seine Schwester in Metz besuchte. Trotzdem ist der Anschlag Hildesheim weiter in der Akte zu seinen Lasten aufgeführt, über das Alibi steht nichts drin.»

Und der erste: «Wenn jetzt die TÜ zum zweitenmal verlängert und auf neun Monate ausgedehnt werden soll, ist dies eine Täuschung des Richters.»

«Die Zusammenhänge sind konstruierte Scheinbeweise und durch nichts aus der bisherigen TÜ zu belegen!» schloß der andere.

Abteilungspräsident Huber ließ jetzt nicht etwa eine Dis-

* RZ: Revolutionäre Zellen

kussion zu, sondern bedankte sich bei den beiden und erklärte, daß er die Sache prüfen werde. Dies ist die erste Form der Konfliktbewältigung beim BKA.

Am nächsten Tag war mein ‹Zwangsaufenthalt› bei TE beendet.

Ort des erstaunlichen Geschehens: Die ‹Lage›.

Abteilungspräsident Huber erschien verspätet – und in Begleitung von Bundesanwalt Schroer. Der Verspätungsgrund lag auf der Hand, denn ein Bundesanwalt gehört der Besoldungsgruppe B 6 an, in die auch der Vizepräsident des BKA eingestuft ist. Also läßt sich der Mann erst vom Vize, also auf seiner Ebene, ‹empfangen›...

Huber brauchte Schroer nicht vorzustellen, der «fast auf der Durchreise» sei und sich «über den aktuellen Stand von Frankfurt und Darmstadt informieren möchte».

Der Anschlag von Frankfurt und die Festnahme der Waltraud Hilsenberg waren schnell abgehakt, als Schroer das Wort ergriff: «Ich bin in etwa zwei Stunden mit meinem ‹General› im Polizeipräsidium Darmstadt verabredet, um den Beamten, die Waltraud Hilsenberg festgenommen haben, den Dank der Bundesanwaltschaft abzustatten. So lag Wiesbaden fast am Weg. Aber ich möchte die Gelegenheit nutzen, hic et nunc, zu einem Dissenspunkt Stellung zu nehmen, der eine Entscheidung meiner Behörde respektive meiner Person in Frage stellte. Nehmen Sie bitte zur Kenntnis, daß es Aufgabe des GBA ist, rechtlich die Voraussetzungen einer Telefonüberwachung zu prüfen und dies zu verantworten. Ihre Aufgabe als BKA besteht darin, die notwendigen Ermittlungen durchzuführen. Wenn in Anführungs- und Ausführungszeichen meine Subsumtion dazu führt, daß jemand Mitglied einer terroristischen Vereinigung und eine Telefonüberwachung als adäquates Mittel einzusetzen ist, dann sollten Sie sich nicht weiter meinen Kopf zerbrechen!» – Sprach's in langsam gesetzten Worten und verschwand nach einigen Höflichkeitsfloskeln.

Sich kritiklos der Entscheidung einer anderen kompetenten oder übergeordneten Stelle (meist einem Erlaß) anzuschließen, ist in Verbindung mit Kompetenzverleugnung zweite Form der Konfliktbewältigung beim BKA.

Ich wurde sofort an meinen Vorgesetzten Simon erinnert, der ebenfalls die Macht der Definition für sich gepachtet hat. Wer oder was ist ein Terrorist? Ab wann, wie lange, wann noch? Simon sah eine wichtige Aufgabe darin, meine Dienstreiseberichte zu zensieren und nicht mit der Denkweise des BKA oder der vermuteten Denkweise des BMI konform gehende Begriffe zu eliminieren. So konnten Terroristen keine Freiheitskämpfer, Guerillas keine Oppositionelle, Insurgenten keine Aufständischen gegen Folter und Unterdrückung sein. Dagegen ist der BKA-Personenschützer in Santiago de Chile lobenswert zu erwähnen, in dessen Monatsbericht nur die Schandtaten der ‹Subversiven›, nicht aber die des Pinochet-Regimes, angeprangert wurden.

Vorauseilender Gehorsam ist die dritte Form der Konfliktbewältigung beim BKA.

Das Harmloseste, was den beiden zitierten Kollegen widerfahren konnte, war, als Kritikaster abgetan zu werden. Sie erfuhren weder, was sich hinter den Kulissen mit Schroer abgespielt hatte, noch wie ihre Vorgesetzten über das unübliche Verhalten dachten. Es wird sich wohl negativ auf ihre nächste Beurteilung auswirken, aber auch das ist nicht sicher. So müssen sie sich wie zwei Tauben fühlen, die von Krallen und Schnäbeln vieler Falken bedroht sind. Man läßt sie im Ungewissen hängen. Das ist die vierte Form der Konfliktbewältigung beim BKA.

Wenn ich jetzt in meinem Beirut-Knast über die Bewältigung meiner TE-Zeit nachdenke, fallen mir dazu noch drei Dinge ein, die ich eigentlich mit Andrea in unserem Kabarettprogramm hätte verarbeiten können:

Erstens hat der Generalbundesanwalt mit seinem TÜ-Sachwalter die Beamten in Darmstadt zu ihrem mutigen und erfolgreichen Einsatz beglückwünscht. Anschließend öffnete der General einen großen Briefumschlag, entnahm ihm großformatige Fotos und verteilte sie an die Beamten. Die Fotos zeigten ihn in voller Lebensgröße, gleich einem im Vatikan hängenden Gemälde, in purpurner Amtstracht als oberster Ankläger der Republik – mit Unfehlbarkeitsanspruch.

Zweitens wollte ich Volker mit einem nicht ernst gemeinten Hinweis ärgern, als wir über das Parkdeck des BKA gingen.

«Weißt du, warum ihr so wenige Terroristen fangt?» fragte ich harmlos.

«Nee», antwortete er unwillig.

«Dann schau dir mal die Sterne an den Windschutzscheiben der vielen Privatwagen an.»

«Was meinst du?»

«Nun, die grünen Polizeisterne, die Gewerkschaftsaufkleber.»

«Na und?»

«Ist doch klar, die hat sich die RAF auch besorgt!»

Volker machte sich sofort übereifrig eine Notiz, die möglicherweise ein Schreiben an die GdP* auslöst, auf derartige Eigenwerbung künftig zu verzichten. Auf die Idee, daß Polizisten statt dessen Fahrzeugkontrollen ohne Ansehen der Person durchführen sollten, kam Volker erst gar nicht. Denn neben Tauben und Falken gibt es noch Krähen, die sich bekanntlich nicht gegenseitig die Augen aushacken.

Drittens saß ich meiner Reisekostenabrechnung wegen gelangweilt im TE-Geschäftszimmer und zog neugierig ein paar Ordner aus dem Aktenschrank. Dabei fiel mir ein Kinderbuch in die Hand: ‹Die Apotse kommen›. Nanu, dachte ich, welch überraschende Entdeckung an diesem Ort, hat da wohl die Sekretärin ihre Tochter oder ihren Sohn zu Besuch gehabt und irrtümlich …?

Amüsiert las ich, wie sieben kleine bunte Wollmännchen ihre Nasen in Gullis, Schornsteine, Polizeireviere, Schulen, Krankenhäuser von Berlin steckten und was ihnen alles komisch vorkam, nach dem Motto ‹Gibt's kein Vanille-Eis zu lutschen, muß man auf Gummiknüppeln rutschen.›

* GdP: Gewerkschaft der Polizei

Doch der ersten folgte eine zweite Überraschung: Es gab zu diesem Kinderbuch einen richtig amtlichen BKA-TE-Vorgang.

Havner, KI 12

An
Präsident
im Hause

Beim Versuch, ein Kinderbuch für ein Enkelkind zu kaufen, entdeckte ich in der Buchhandlung Staadt in der Langgasse das beigefügte Buch ‹Die Apotse kommen› aus dem Parabel-Verlag, München. Der Text über die Polizei verdient m. E. Aufmerksamkeit. Erbitte Rückgabe des Buches.
gez. Havner

Präsident

Danke!
Verfasser Karsunke ist Beiratsmitglied des ID!
Ich bitte das Buch zu erwerben (Auswertung, Strafanzeige usw.)
gez. P.

Havner, KI 12

1. Ich stelle das Buch im Werte von 4,60 DM dem Amt zur Verfügung (um den Absatz nicht weiter zu fördern).
2. Stabsstelle Organisation

gez. Havner
Stabsstelle Organisation

Weitere Sachbearbeitung sollte durch TE erfolgen.
gez. Fr.

Eingangsstempel
TE 13

TE 13

1. Die Passage über die Polizei erfüllt m. E. den Tatbestand der Verleumdung gem. Par. 187 StGB.
2. Ein TE-Bezug besteht nicht!
3. Abteilungsleiter TE über Gruppenleiter TE 1
   m. d. B. um Prüfung, ob der Auftrag Präsident zu unserer Entlastung an Stabsstelle Organisation zurückgegeben werden kann.

gez. Manns

TE 13

Weisung Gruppenleiter TE 1:
Das Buch vorerst liegen lassen!
gez. Ma.

TE 13

Vermerk

1. Bei dem verwandten Begriff «die Polizei» (S. 20) handelt es sich um eine allgemeine Formel, die keinen fest umgrenzten Personenkreis umfaßt.
   Dies reicht zur Verleumdungsfähigkeit i. S. § 187 StGB idR nicht aus (BGH St 11, 207, 209).
2. Im übrigen wird keine bestimmte, nachprüfbare *Tatsache* i. S. § 187 StGB angesprochen.
   Die Behauptung, die Apotse (Puppenmännchen) würden ‹im vergitterten Wagen ins Gefängnis gebracht›, ‹die Polizei tut immer bloß, was ihr befohlen wird› und ‹die Polizei entschuldigt sich in den seltensten Fällen› ist keine Tatsache, die m. E. in einem Verfahren gegen den Verantwortlichen einem stichhaltigen Beweis zugänglich wäre.

3. Ungeachtet dessen verdient der Abschnitt des Buches eine kritische Aufmerksamkeit.

gez. Hausmüller

4. An Berlin
(Kfz. Berliner Polizei)

TE 13

1. Vermerk:

Betreff
Kinderbuch: «Die Apotse kommen»

Auf einer nicht numerierten Seite des Buches ist ein Planierraupenfahrzeug mit dem amtl. Kennzeichen B – N 2531 abgebildet. Nach Auskunft des PP Berlin – Abtl. Staatsschutz – ist dieses Kfz.-Kennzeichen für einen Pkw der Marke Opel, Typ Rekord, Modell 1973, ausgegeben.

Halter dieses Fahrzeugs ist

Walter Fein
10.05.47 Berlin
Buttmannstr. 21, 1000 Berlin 65.

Über den Fahrzeughalter sowie über das Kfz.-Kennzeichen liegen hier keine Erkenntnisse vor.
Über eventuelle Erkenntnisse aus Berlin wird von dort per FS nachberichtet; Fehlanzeige erfolgt nicht.

gez. Waldmann

2. *Zusatz:*
PIOS-Eingabe ist vorerst entbehrlich, da – vorbehaltlich einer eventuellen Erkenntnismitteilung aus Berlin – weder ein TE-Bezug noch die Erfüllung sonstiger Straftatbestände zu erkennen sind.
gez. Waldmann

3. z. d. A.
Waldm.

Irgendwann werde ich Friedrich Huber sagen, daß ich damals Jutta Ditfurth geschrieben habe:

«Liebe Jutta Ditfurth,

Deine Aussage, daß unser Staat den Terrorismus sehnsüchtig braucht, ist falsch. Richtig ist, daß er ihn nicht braucht, aber gründlich mißbraucht – mehr Personal, aufwendige Technik, härtere Gesetze, dubiose Methoden (Kronzeuge), Einschränkung von Grundrechten. Dies alles ganz im Sinne von ‹Old Schwurhand›.

So geht das Kalkül von RAF, RZ, Autonomen pp. auf. Sie provozieren mit Mord und Anschlägen, und unser Staat provoziert mit seinem Gewaltmonopol, ganz so, wie sie es gerne hätten. Hysterie anstelle souveräner Überlegenheit. Ich denke, unser Staat ist eine ausgezeichnete Werbeagentur für die RAF.

Liebe Jutta, jetzt hagelt es Proteste. Deine Aussage sei an Realitätsferne und Zynismus kaum zu überbieten, aber Du spielst ja auch Deine Rolle vor Deinen Leuten. Schade, daß Du nicht zu den Realos gehörst!!!

Deinen Vater verehre ich auch, und wenn Andrea nicht so eifersüchtig wäre – mit Dir würde ich schon gern mal ein Apfelbäumchen pflanzen. Leider ist es nicht so weit – nichts für ungut!»

Um mich herum sind pastellfarbene Hügel einer gleichmäßigen Landschaft und auch Bäume, meist Birken, die nicht mächtig, aber doch sehr zäh sind, deren Blätter ein so zartes Grün haben. Ich fühle mich in dieser Landschaft meistens wohl.

Dann treffe ich den Tod und erschrecke. Er ist so schwarz, daß ich ihn beinahe und gern übersehen hätte. Er paßt nicht in die Landschaft, und doch ausgerechnet deswegen paßt er dazu.

Ich denke, was willst du hier, warum kommst du bis hierher in diese milde, sanfte und ruhige Landschaft?

Er denkt zurück: Ich komme nicht, ich gehe nicht, was fürchtest du?

Ich fürchte deinen Schlag und die Qualen und die Angst. Ich fürchte zu verschwinden, diese schöne Welt nicht mehr zu sehen, nicht mehr atmen zu können, nicht mehr zu sein. An deiner Hand geht die Angst.

Die Angst geht da, wo du sie siehst, du lebst in der falschen Dimension. Nicht in der Zukunft, nicht in der Vergangenheit und auch nicht auf der Oberfläche der Gegenwart solltest du leben, sondern hinter die Wand Gegenwart solltest du dich fallen lassen, um die Intensität des Daseins zu erleben, die dich unsterblich macht.

Ich kehre aus dem Wachtraum zurück, höre auf die tiefen Atemzüge Hubers, bin froh, dem phantastischen Eindruck, der mir angst macht, zu entfliehen, begreife erleichtert, daß ich in dem neuen Gefängnisraum liege, aber am Leben bin. Die Bilder von gestern tauchen wieder auf, jene Schreckensfahrt vom alten in das neue Gefängnis, die Panik, das Erstickungsgefühl, die Todesangst. Man könnte das alles ertragen, wenn es nicht den Absturz in das Nichts bedeuten würde. Was ist mir verstellt, weil ich mich in die Welt verklammere, mich in ihr verliere? Hinter die Wand fallen lassen, hat der schwarze Tod gesagt – aber wie komme ich dahinter? Wenn der Tod das Leben abrundet und ihm so seinen letzten Sinn gibt, wenn es falsch ist, ihn zu fürchten, wenn ich meine Seele und meine Seele ich bin und wir beide eins bleiben und nicht sterben können, dann sollte man sich auf den Tod freuen können, voll neugieriger Erwartung sein, was danach kommt. Denn was mir der Traum-Tod verheißt, ist den Schritt vom endlichen zum unendlichen Sein frei von Angst erleben zu können, weil mein Sein zeitlos ist.

Die schöne Landschaft als Symbol aus meinem Unbewußten, sie bedeutet das Leben, also auch mein Leben jetzt, hier in Beirut. Mein Unterbewußtsein will mir sagen, daß ich ruhig und gleichmütig sein, die Erfahrungen nutzen soll. Denn der Mensch macht zwar viele Erfahrungen, aber sie bringen ihn nur weiter, wenn er sie zur Einsicht erhebt. Oder hat sich Buddy zu Wort gemeldet? Natürlich, zu ihm paßt es absolut, denn für ihn ist es Bestandteil der Vollkommenheit, alle Arten von Leiden und Feindseligkeit geduldig zu ertragen und keinen Zorn oder Mißmut zuzulassen.

Du hast noch zuviel Staub auf den Augen, sagte mir Buddy immer wieder. Aber wie bekomme ich ihn runter?

Ich fühle, daß der gestrige Tag einen langen Schatten auf mich werfen wird.

‹Gaddafi› riß die Blechtür auf, mit der Maschinenpistole im Anschlag forderte er uns in seinem gebrochenen Englisch auf, die Augenbinden anzulegen, wir müßten hier weg. Mit einem mehrfachen «Yalla! Yalla! – Quick! Quick!» trieb er uns zur Eile an.

Mit Friedrich Huber vereinbarte ich schnell, daß jeder von uns beiden nach eigener Einschätzung mit dem Stichwort ‹Abhauen!› einen Fluchtversuch initiieren darf, wenn er die Gelegenheit für günstig erachtet.

Man kann sich in sechs Wochen sogar an ein düsteres Kellerloch gewöhnen. Da waren vor allen Dingen die Spatzen, denen ich meine Sehnsüchte mit auf den Flug gab, deren Flügelgeräusch ich genau kannte, wenn sie sich auf dem Rost des Fensterschachts niederließen, deren Zwitschern ungebrochenen Lebenswillen selbst in einer Ruinenwelt signalisierte, die ich um ihre Freiheit beneidete, eingeschränkt allerdings auch sie durch Granateinschläge, Explosionen des Kriegs draußen. Man sollte meinen, daß ich andere Sorgen als die Lebensgefahren von Spatzen hätte, aber außer Huber und den Wächtern waren sie die einzigen Lebewesen um mich herum.

Auch das Negative bewirkt offenkundig einen Gewöhnungseffekt. Und wenn der Strafvollzug für Terroristen in der BRD vorschreibt, daß ihnen alle paar Wochen eine andere Zelle zugewiesen wird, dann ist das neben dem eigentlichen Freiheitsentzug auch eine die Persönlichkeit zerstörende Maßnahme, aber das nimmt man ja bewußt in Kauf, geht es doch nicht nur um Sicherheit, sondern eben auch um Vergeltung.

So schäbig unser Verlies sein mochte, ich hatte mich die ganze Zeit über versucht zu arrangieren, und Veränderungen bedeuten neue Unsicherheit, obwohl es doch eigentlich eher besser als schlechter werden konnte. Wesentlich ist sicher, daß – wie die Geiselhaft überhaupt – auch diese Veränderung aufgezwungen wurde von Kräften, die Gewalt über uns hatten. Und nicht zuletzt, weil jede äußere auch eine innere Veränderung bewirkt, sperrte ich mich gegen die Fremdbestimmung. Und zu den Wächtern hatte ich keinen Funken Vertrauen. Skrupellosigkeit war bei ihnen genauso möglich wie eine Kurzschlußreaktion.

Wie bereits vermutet, führte der Ausstieg aus dem Keller durch ein Fenster. Da ich mir die Augenbinde selbst angelegt hatte, konnte ich bei einer bestimmten Kopfneigung ganz gut sehen.

Die vier Wächter führten Huber und mich in die ausgebombte Eingangshalle des Hauses im Erdgeschoß. Unsere Hände waren vor dem Körper gefesselt.

Mich erfaßte schreckliche Angst. Dort standen zwei Särge und vor der Tür ein Leichenwagen! Wellen von Panik durchschwappten mein Hirn und verhinderten jeden klaren Gedanken. Ich nahm an, daß wir jetzt erschossen würden.

Sie klappten die Sargdeckel auf, packten mich von hinten und legten mich in einen der Särge. Ich erwartete jede Sekunde das Aufsetzen der Waffe auf meinen Kopf, dachte gleichzeitig an nichts und alles, wünschte bewußtlos zu werden, das Bild Andreas vor Augen.

Aber es fiel kein Schuß. Statt dessen hörte ich das Zuschlagen des Deckels und das Drehen von Schrauben. Ich riß mir das Tuch von den Augen. Der Sarg wurde hochgehoben, schwankend getragen und in dem Leichenwagen abgestellt. Das Auto fuhr los.

Also werden sie mich lebendig begraben! Ich glaubte, wahnsinnig zu werden. Mein eigener Leichentransport!

Spät, viel zu spät, entdeckte ich an beiden Seiten in Kopfhöhe einen Kreis frisch gebohrter Luftlöcher. Langsam, viel zu langsam, begriff ich, daß es nur ein getarnter Transport war, der die Pietät aller verfeindeten Beiruter Milizen ins Kalkül zog.

Natürlich hatten sie uns über die Transportmethode nichts gesagt, weniger aus Zartgefühl, sie gingen davon aus, daß wir ohnehin nichts sehen würden.

Um gegen die verschiedenen, mich fast überwältigenden Phobien anzukämpfen, klammerte ich mich an die Argumente, die eine Lebensgefahr ausschlossen: daß in Beirut täglich ge- und erschossen wird, man also kein Federlesens mit dem Töten machen würde. Daß man Leichen wie uns einfach liegen ließe, also nicht durch ein Bestattungsunternehmen luxuriös zu einem Friedhof führe. Und daß man keine Luftlöcher bohrt, wenn man jemanden umbringen will. Die verdammte Todesangst begann zu weichen, und das Glück des neuen Überlebensgefühls half gegen die Phobie, in dem engen Raum eingesperrt zu sein und gegen die angstbesetzte Vorstellung, daß es ausgerechnet ein Sarg war und irgendwann unwiderruflich genau so ein Sarg sein wird.

Eingesperrt und ausgeliefert fühlte ich mich allerdings auch im BKA. Ich ließ mich korrumpieren durch die Chance, in alle Kontinente reisen zu können. Der Preis, die Welt kennenzulernen, war hoch und mußte mit Anpassung bezahlt werden. Ich hatte ihre Regeln zu spielen und so lange ich diese nicht verletzte, so glaubte ich jedenfalls, konnte ich wenigstens meine Reiselust befriedigen. Das wiederum ging aber nicht ohne Skrupel ab, weder in den fernen Ländern noch zu Hause. Je mehr man mich im BKA dafür beneidete, einen so ‹tollen Job› zu haben, um so mehr fühlte ich mich isoliert. Andrea verspottete mich als Jetsetter, war eifersüchtig auf die Reisen und auf exotische Schönheiten, die mir in ihrer Phantasie zuhauf ins Hotelbett hüpften. Ich wiederum fürchtete, daß sie ihre angedrohte Rache wahrmachen werde, nämlich ‹gleichzuziehen›. In meiner Einbildung zog es sie mit unwiderstehlichen Kräften in das Bett des verdammten Griechen Jorgos.

Meine erste BKA-Reise führte mich nach Indonesien. Zwischen Abschiedsschmerz und Reiselust hin- und hergerissen, wurden mir so deutlich wie nie zuvor die wunderlichen psychosomatischen Fallstricke vor Augen geführt: Einige Tage vor der Abreise konnte ich nicht mehr mit dem rechten Fuß auftreten. Der Arzt diagnostizierte einen Fersendorn und kurierte das Übel rechtzeitig.

Die Bundesrepublik beabsichtigte, einige Millionen Mark als polizeiliche Entwicklungshilfe für Indonesien auszugeben. Der Deal war von dem indonesischen Botschafter in Bonn eingefädelt worden, kurz bevor er nach Jakarta zurückkehrte, um Polizeiminister zu werden. Ich sollte herausfinden, wie dieses Geld sinnvoll angelegt werden könnte, denn der Schwerpunkt mußte auf Rauschgiftbekämpfung liegen, weil man es anders ‹politisch nicht hätte verkaufen können›, so wurde ich instruiert.

Bereits bei den Reisevorbereitungen stellte ich fest, was sich auch im Lande selbst bestätigte: Es gab in Indonesien überhaupt kein Rauschgiftproblem. Einer Bevölkerung von 147 Millionen standen 491 Rauschgiftfälle gegenüber. Zum Vergleich: In der Bundesrepublik gab es damals 62395 Fälle bei 61 Millionen Einwohnern. Und als im Folgejahr die Rauschgiftkriminalität in Indonesien auf ganze 901 Fälle kletterte, konnte man, ohne zu lügen, von einer Steigerung um fast 100 Prozent sprechen. Statistisch gewaltig, aber in absoluten Zahlen ein Witz.

Mit meiner Hilfe wurden also die Millionen im Staate der Todesschwadronen investiert; der Polizeiminister sagte schmunzelnd, daß die Begründung den ‹Umbrella› Rauschgift haben müsse. Wie von mir erwartet, schrieb ich also den Umbrella-Bericht. Er basierte auf einer Lüge, denn er enthielt den gewünschten politischen ‹Schirm›, was dem indonesischen Sicherheitsapparat nur recht sein konnte; denn was man von unserer Polizei lernen konnte und welche Technik nach Indonesien geliefert wurde, war und ist ganz bestimmt nicht nur in der Rauschgiftbekämpfung nützlich. Zwar habe ich die lächerlichen Zahlen nicht unterschlagen, aber es verstieß gegen mein Gewissen, darauf ein voluminöses fachliches Ausbildungs- und Ausrüstungsprogramm aufzupfropfen. Zufrieden haben BMI- und BMZ*-Chefs den Bericht zur Kenntnis genommen. Wie erwartet hatte das BKA die politischen Vorgaben erfüllt und der BKA-Präsident inzwischen den zweiten indonesischen Orden empfangen. Rauschgift ist in Indonesien noch immer kein ernstes Problem – wohl aber die Todesschwadronen.

Der erste Orden heißt ‹Bhayangkara Pratama Medal› und wurde dem BKA-Präsidenten von der indonesischen National-Polizei am Rande der Interpol-Generalversammlung in Bangkok verliehen.

Staatspräsident Suharto soll laut seiner nicht veröffentlichten Autobiographie die aus Eliteeinheiten der Sicherheitskräfte bestehenden Todesschwadronen persönlich legitimiert haben.

Bei dem zweiten Orden, den die Regierung stiftete und den indonesische Botschaftsangehörige ins BKA brachten, stand der BKA-Präsident wegen einer Grippe bei der Empfangs-Zeremonie unter Fieber.

«Wir wurden von bösen Menschen bedroht, von Mördern», soll Suharto geschrieben haben. «Diese Menschen hatten die Grenzen der Menschlichkeit überschritten, wer gegen uns war, mußte erschossen werden, überall lagen Leichen herum, sozusagen als Schocktherapie.»

Zwischenlandung in Bombay, Ortszeit 6.00 Uhr, Außentemperatur 26 Grad, an der Gangway Luft geschnappt, eine undefinierbare Mischung aus Mief und Kerosin. In der Dämmerung waren am Rande des Rollfeldes die armseligen Hütten eines Slumgebietes zu sehen, wie grau-schmutzige Pappschachteln aneinandergeklebt: Dies war meine erste Begegnung mit dem Elend der Dritten Welt.

Bittere Armut hat überall auf der Welt einen ähnlichen

* BMZ: Bundesminister für wirtschaftliche Zusammenarbeit

Geruch. Ich hatte ihn eineinhalb Tage später erneut in der Nase, in Glodock, einem Elendsviertel von Jakarta. Man kann ihn am besten als Mischung zwischen dem Gestank einer schwelenden Müllkippe und Verwesungsgeruch beschreiben, er ist auch in Afrika anzutreffen ebenso wie in Südamerika.

Glodock – auf der einen Seite eines kloakenhaften Baches verrichtete ein Mann seine Notdurft, gegenüber spülte eine Frau in demselben Wasser eine Kaffeekanne, und etwas oberhalb von ihr wusch eine andere Frau ihre Füße und Beine, die von tiefen Entzündungen übersät waren.

Mehrere Männer klopften vor ihrer Hütte gebrauchte Nägel zurecht, eine Frau saß vor einem mit Zigarettenkippen gefüllten Zentnersack und stellte aus den Tabakresten neue Zigaretten her, Halbwüchsige suchten mit papierkauenden Ziegen um die Wette auf Abfallhalden nach etwas Eßbarem. In Jakarta vegetieren fünfhunderttausend Menschen nur vom Müll dahin.

‹City of beautiful happenings› verhieß der offizielle Jakarta-Führer. Vor meinem klimatisierten Hotel ‹Indonesian Sheraton› lag schlafend ein Bettler auf dem Gehweg. Wie stumpf, gleichgültig, sorgenvoll, verzweifelt war er wohl? «How are you tonight, darling?» flüsterte eine Prostituierte auf der Suche nach Freiern. Die Nacht war warm und schwül, es gewitterte. Ich duschte mir den Gestank von der Haut, trank im ‹Nirwana Supper Club› des Hotels ein Bier. Als es später regnete, hatte ich den Bettler vergessen. Die angebliche ‹Miss Jakarta Photogenic› hauchte mit rauchiger Kehle eine Schnulze ins Mikrophon: «I am a woman in love.»

Auf Kurzwelle die ‹Deutsche Welle› geortet – Nachrichten – das Wetter – Lotto-Zahlen. Es war alles so weit weg.

Die Fahrt zum Polizeihauptquartier am nächsten Morgen führte vorbei an den Denkmälern, die Sukarno für den ‹neuen indonesischen Menschen› errichten ließ: revolutionärer Realismus, kitschig, protzig, Flammen lodern gen Himmel, Muskelmenschen greifen nach der Freiheit, aber sie greifen ins Leere.

Zwanzig ölgötzenhafte, goldbehelmte Wachsoldaten, aufgereiht wie Holzkegel, wurden durch einen lauten Kommandoton aus ihrer sitzenden Starrheit geweckt, sprangen auf und salutierten. Beim erstenmal am Kasernentor war ich erschrocken, beim zweitenmal am Gebäudeeingang peinlich berührt, beim drittenmal vor dem Ministerbüro konnte ich kaum das Lachen unterdrücken.

Der Minister, ein Patriarch, umgeben von vier Generälen und zwei Obristen, sprach mit diplomatisch geschulter Verbindlichkeit von Mißständen bei der Polizei hinsichtlich Niveau, Ausbildung und Ausrüstung und daß sich in Indonesien Atomzeitalter und Steinzeit begegnen. Er parlierte lange, die Generäle hingen an seinen Lippen, bereit, jede gottvaterähnliche Anweisung sofort in die Tat umzusetzen. Wenn nicht das Katzbuckeln gewesen wäre, hätte ich den Ex-Botschafter vielleicht sympathisch finden können, wäre bereit gewesen, ihm zu unterstellen, daß er über Todesschwadronen in seinen Reihen auch nicht begeistert war.

«Liebste Andrea,
es ist schon spät in der Nacht, aber ich muß mir meinen Frust von der Seele schreiben. Komme direkt aus dem ‹Hilton›, der Rotwein war wohl temperiert, der Big General hatte zum Empfang geladen, und alle kamen. Da bin ich also gestern in dem Elendsviertel herumgelaufen und habe heute mit den Generälen gespeist. Immerhin, es waren fünf an der Zahl, das Sirloin-Steak well done und der deutsche Botschafter auch dabei. Ich habe gestern einem Mann ein 100 Rupiah-Stück, das sind 30 Pfennig, geschenkt, er hat sich voller Demut vor mir verneigt und das Geldstück geküßt. Heute hatte jeder

Bissen dieser Mahlzeit einen Wert von vielleicht 1000 Rupiah. Ich komme mir so beschissen vor, weil ich heute abend ein freundliches Gesicht gemacht habe, von Amts wegen sozusagen. Ich saß da, hörte mir ihre selbstgefällige Zufriedenheit an und wann sie wieder die Deutsche Klinik für Diagnostik in Wiesbaden aufsuchen werden.

Korruption muß angeblich sein in diesem Land. Wie sonst soll man sich und die vielen Münder, es hängt die ganze Sippe an dem Hauptverdiener, satt kriegen. Aber mit dem Gegenwert einer Hammond-Orgel, Geschenk einer namhaften deutschen Firma an den General, könnte man den Hunger eines ganzen Stadtviertels in Jakarta vorübergehend stillen.

Solltest Du jemanden kennen, der hier wegen Rauschgifthandels festgenommen wurde (falls es das Delikt überhaupt gibt), dann überweise bitte ein paar tausend Dollar, er geht in Erwartung der Transaktion ohnehin schon mit seinem Wärter in der Stadt spazieren.

Willst Du aber ein handfestes Urteil erreichen, dann mußt Du mit dem richtigen Politiker reden, er wird den Richter entsprechend anweisen.

Aber ich kenne ja die Verhältnisse in diesem Lande nicht, und Gewaltenteilung, Rechtsstaat, gibt es das bei uns zu Hause?

Generäle haben in der BRD auf der Skala des Sozialprestiges einen hohen Stellenwert. Was Deutschland recht ist...

Gute Nacht, mein Liebling!»

Mit dem Georg-Kreisler-Lied ‹Der Junge ist ein General...› im Ohr, hatte ich in den nächsten Tagen das Problem, mit Generälen umzugehen, auf meine Art gelöst: Ich behandelte sie ihrem Niveau gemäß wie eitle Oberkellner, provozierte mit ‹Hallo›, anstatt zu sagen ‹Good morning, General›, oder bat einen Wachsoldaten, der vor mir aufsprang, doch bitte Platz zu behalten, begrüßte den Fahrer, diesen ‹Untermenschen›, mit Handschlag, ließ einem ‹simplen› Sergeant den Vortritt, weil er älter war. Ich registrierte, daß höhere Offiziere ihre Dienstgradembleme auch an der zivilen Kleidung anbrachten und jeder Polizist unterhalb des Leutnantranges offiziell als Subordinierter bezeichnet wurde. Die ständige Katzbuckelei hatte bei mir die psychische Auswirkung, daß ich unbewußt wie mit einem Besenstiel im Kreuz herumlief.

Als Gunung, einer der Obristen, das für sie typische hauptfeldwebelhafte Gehabe zeigend, mit den Namen Rommel, Guderian und einiger Nazi-Größen prahlte, ließ ich ihn mit der Frage auflaufen, warum in der im Hotel zu kaufenden jüngsten Ausgabe des ‹Spiegel› das Titelbild geschwärzt und zwei Seiten entfernt worden seien.

Nein, ich wollte nicht weiterhin ein von Amts wegen freundliches Gesicht machen. Mir war natürlich klar, warum ich in ihren Kriminal-Labors verstaubtes Gerät antraf und höchstens ein Glas mit Goldfischen, denen man auf Gift zu untersuchende verdächtige Substanzen zu fressen gab, um im Falle des tragischen Ablebens der Tiere einen gerichtsverwertbaren Beweis erhoben zu haben: Man wendet hier andere Methoden an. Sie pfeifen auf den Sachbeweis, ihre Indizien finden sie durch Schläge und Folter, oder sie schaffen die Angelegenheit durch geeignete Zuwendungen aus der Welt. Dies war und ist die Krux unserer polizeilichen Entwicklungshilfe in Indonesien und vergleichbaren Ländern: Anstatt die Garantie für Menschenrechte zur Voraussetzung zu machen, liefern wir Know-how und Technik und helfen, die Menschenrechte auf noch subtilere Art zu verletzen. Wichtigste Bedingung ist, von wenigen Ausnahmen abgesehen, dem westlichen Lager anzugehören.

Man hatte mir Oberst Gunung als ständigen Begleiter zugeteilt. Ich nannte ihn Genug, denn er hatte alsbald genug von mir – von meiner Art zu arbeiten gleichermaßen wie von meinen Ansichten. Aber ich lernte seine Überzeugungen kennen. So genießt die dem Militär angegliederte Polizei in Indonesien seiner Ansicht nach höchstes Ansehen, wie überhaupt das Militär die eigentliche Macht im Staate ist, weil es 75 Prozent der Parlamentsabgeordneten stellt und die Schlüsselstellungen in Politik, Wirtschaft und Verwaltung innehat. Daß 1965 über eine Million angebliche Kommunisten massakriert worden sind, fand Genug genauso in Ordnung wie die sogenannte ‹soziale Betreuung› der Bevölkerung durch die Polizei mittels Infiltration und Unterwanderung, «um die Bürger zu lehren, wie Gesetze zu befolgen sind und der Staat zu akzeptieren ist». Auch war Genug fest davon überzeugt, daß die im Land lebenden Chinesen für die Kriminalität verantwortlich seien (in Wahrheit werden sie ihrer Geschäftstüchtigkeit wegen beneidet und zu Sündenböcken gestempelt). Ja, und daß die größte Gefahr von den Kommunisten ausgeht, diese Einschätzung teilt Genug wohl mit dem Bundesverteidigungsministerium, welches auch eine erkleckliche Summe in das Insel-Reich investiert.

Daß drei der Kellner im ‹Indonesian Sheraton› Polizisten sind, hatte ich bereits am zweiten Abend ohne Mühe herausgefunden.

In Anlehnung an Bert Brecht will ich ihn Johnny nennen. Er ist einer der Polizeibosse in Surabaya. Nur einer Laune des Schicksals ist es zu verdanken, daß er auf der anderen Seite steht, aber wer kann schon mit Sicherheit sagen, was ein Ganove ist und wo man ihn findet?

Surabaya-Johnnys Chef war General, ein ‹easy going man›, wie Johnny meinte.

Mein Gott, Surabaya, der Name klingt wie Musik und Exotik, wer weiß schon, daß es eine dreckige unromantische Industriestadt ist. Genug hatte offensichtlich noch nicht genug von mir, er wollte sogar, daß ich mich in Surabaya wohl fühle. Johnny hatte ständig ein Walkie-Talkie dabei und simulierte Funkverkehr mit seiner Zentrale, um sich wichtig zu machen. Irgendwann taten Johnny und Genug sehr geheimnisvoll, sprachen von ‹special entertainment› und daß man nicht immer nur arbeiten könne, vor allem fern der Heimat, man müsse auch etwas für das Vergnügen tun. Die Funkdurchsagen wurden hektischer, und Genug schlug vor, einen Drink in seinem Hotelzimmer zu nehmen. Man ließ mir den Vortritt, der Anblick von drei Halbweltschönen, die in glitzernder Garderobe auf dem Bett saßen, bleibt mir unvergeßlich. Auf den zweiten Blick entdeckte ich in der Ecke einen spindeldürren Mann mit Ziehharmonikahosen und schmuddeligem Polohemd, öligen schwarzen Haaren bis auf die Schultern: ein Zuhälter par excellence. Alle Augen richteten sich erwartungsvoll auf mich, und die Mädchen kicherten. Die Situation war grotesk. Zunächst betretenes Schweigen. Dann setzten wir uns. Auch Genug wirkte etwas verlegen. Schließlich erklärte er mir im Flüsterton, die Kosten würde das Headquarter tragen, die Mädchen seien in Ordnung und Verschwiegenheit Ehrensache. Weiteres Gekicher. Der Loddel fixierte mich. Da ich nicht gerade freudige Erregung ausstrahlte, meinte Genug, ob ich denn ein Priester sei. Während meiner langatmigen Begründung, daß mich das Gastgeschenk ehre, ich es aber ablehne, wurden die Gesichter der Männer immer länger, während die Mädchen weiter kicherten. Nun steckten Genug, Johnny und der Zuhälter die Köpfe zusammen, dann unternahm der Oberst einen neuen Versuch, weil sie vielleicht glaubten, daß ich mich nur ziere. Ich bat darum, die Leute wegzuschicken. Genug wirkte daraufhin enttäuscht, Surabaya-Johnny böse, der Loddel schüttelte verständnislos den Kopf, die Mädchen kicherten.

Genug hatte jetzt endgültig genug von mir, in unserer Beziehung war ein Bruch entstanden. Irgendwo tat er mir dennoch leid, denn er hatte die Liebesdienste organisieren lassen und durch mein Zurückweisen des Geschenks Johnny gegenüber nach indonesischer Sitte sein Gesicht verloren. Das übliche Verabschiedungskomitee erschien am nächsten Morgen nicht auf dem Flughafen, Genug war einsilbig und setzte sich im Flugzeug nicht neben mich.

Bleibt nachzutragen, daß wie von Zauberhand, wo immer wir in den beiden Tagen mit Johnny gegessen oder getrunken hatten, die Zeche bereits bezahlt zu sein schien.

Auf dem Weiterflug nach Bali beobachtete ich aus dem

Flugzeugfenster ein Hochhaus, aus Wolken gebildet, in dem ein Gewitter tobte. Blitze zuckten durch imaginäre Etagen, flammten aus glaslosen Fenstern, die Maschine wurde geschüttelt, wir mußten Sicherheitsgurte anlegen. Ich genoß das Naturspiel, leise den Refrain des Brecht-Songs summend:

Surabaya-Johnny, warum bist du so roh?
Surabaya-Johnny, mein Gott, warum liebe ich dich so.
Surabaya-Johnny, warum bin ich nicht froh?
Du hast kein Herz Johnny, und ich liebe dich so.

Ich sah Bali und Teile von Sumatra und dachte an Andrea und unsere Liebe, ich litt unter der Trennung und verzehrte mich vor Eifersucht, ich sog Eindrücke in mich auf und war traurig, sie nicht mit ihr teilen zu können, ich raste mit Flugzeug und Auto durch eine fremde Welt, die so groß ist wie Europa, wollte Szenen festhalten, genauer hinschauen, doch sie flogen vorbei wie Schatten, die ziehende Wolken werfen, und die Reise ging weiter – wohin geht ihre Reise, unsere Reise? Ich wünschte mir manchmal, sie weniger zu lieben, wollte keine Palmen mehr sehen, dachte wütend, man sollte Eichen dort pflanzen. Ich weinte bei der Vorführung des Kecak-Tanzes auf Bali, wollte nicht auf der Straße von Mädchen und Kindern mit ‹Hallo, Mister› angesprochen werden, die meine Haare auf dem Arm streichelten, weil indonesische Männer dort unbehaart sind. Ich sah in dem feinen balinesischen Sand unzählige Liebesperlen und onanierte lustlos in einsamen Hotelnächten. Ich erfuhr von einem Hindu, daß im ewigen Leben den Straßenmädchen ein Feuer in der Vagina brennt, kämpfte im Traum wie die Kecak-Tänzer mit dem Dämonenkönig Rawana, bis mich das Affenheer befreite, ich spielte mitten auf einer Landstraße auf Bali mit einer halbwilden Affenfamilie und ließ mir das ‹Affentheater› der Polizeischule in Singaradja vorführen, wo sie in glühender Mittagshitze mit Stahlhelm und Gewehr exerzierten und über eine hohe Bretterwand klettern mußten, ließ meine wuscheligen Haare vom Wind zerzausen, wo doch ein ‹high ranking German police officer› gefälligst einen kurzen Haarschnitt aufzuweisen hat. Ich stapfte in die heiligen Fladen heiliger Kühe und erfuhr, nachdem mir Genug die Freundschaft gekündigt hatte, von meinem neuen Begleiter auf Sumatra, daß er als Major nicht mehr befördert werden könne, da er nicht genug Geld habe, um seinen unmittelbaren Vorgesetzten zu schmieren. Ich bewunderte den großen schwarzen Schmetterling und schimpfte zurück, als der Mauergecko an der Wand in meinem Hotelzimmer bösschnarrende Laute ausstieß. Ich besichtigte die Buschtrommel des Polizeipostens am Lake Toba: drum, drum, drum – der Dieb sitzt nebenan –, und fotografierte in einer Batak-Siedlung Frauen, die sich gegenseitig entlausten, hatte die Assoziation an genau dieses Bild auf dem Affenfelsen im Frankfurter Zoo und schämte mich gleichzeitig für meine rassistische Denkweise, die ich überwunden glaubte.

Zurück in Wiesbaden, stürzte ich mich mit der Unschuld des Anfängers in die Rauschgiftbekämpfung, führte V-Leute, observierte Dealertreffs, steuerte den Einsatz von Undercover Agents und handelte nach der BKA-Devise, dem Markt die größtmögliche Menge von Suchtstoff zu entziehen, egal an welchem Ort der Erde. Dabei machte ich zunächst keinen Unterschied zwischen Marihuana, Haschisch, Heroin und Kokain, übernahm kritiklos die Behauptung, daß es sich bei Cannabis* um eine Einstiegsdroge handelt und stellte auch nicht den Vergleich zwischen legalem Alkohol und kriminalisierten anderen Suchtstoffen an. Entscheidend für mich war der Erfolg. Und der galt als um so bedeutungsvoller, je größer die beschlagnahmte Menge war.

Kein Zweifel, daß ich damals hinter der Rauschgiftbekämpfung stand, Widersprüchlichkeiten sind mir erst später bewußt geworden. Eine Lektion hatte ich allerdings durch die Indonesien-Reise gelernt: Zum Werkzeug wollte ich mich nicht mehr degradieren lassen. Ich beschloß, diese subtile

* Cannabis = Hanfpflanze (Marihuana, Haschisch)

Form der Zensur nicht mehr hinzunehmen, meine Berichte nicht mehr ‹mit der Schere im Kopf› zu schreiben. Es sollte mir nicht noch einmal passieren, einer sogenannten gelenkten Demokratie (schmeichelhaft umschrieben) Polizeientwicklungshilfe zu verkaufen, damit sie noch besser gelenkt werden kann. Ich konnte nicht mit zwei Gesichtern leben. Diese Identitätskrise vertuschte ich vor Andrea, denn die Reise belastete unsere Beziehung ohnehin schwer, so daß ich nicht zugeben mochte, daß sie außerdem ein beruflicher Flop war.

Einfach die Wahrheit zu schreiben, hat etwas sehr Befreiendes. Keine Winkelzüge, kein Taktieren, keine Lüge durch Verschweigen, keine politischen Überlegungen – ich genoß die Ehrlichkeit.

Aber das BKA wäre nicht das BKA gewesen, wenn dies nicht Konsequenzen gehabt hätte.

Ich war der Auffassung, daß man effiziente Rauschgiftbekämpfung nur erreicht, wenn man die Korrelation zwischen innenpolitischer Lage eines Staates, Einsatzwert der Polizei und eigenen Maßnahmen herstellt und beachtet. Würde man die innere Sicherheit durch Weglassen von Tatsachen verharmlosen, erhielten die beiden anderen Parameter zwangsläufig eine Schieflage. Mit dieser professionellen Binsenweisheit sind wir zum Beispiel wieder bei den Todesschwadronen angelangt. Diesmal in El Salvador.

Ich war zweimal dort und hatte in San Salvador Gespräche geführt, so auch mit dem Chef der Nationalpolizei, der sich – welche Groteske – in eine Menschenrechtskommission seiner Regierung berufen ließ. Nicht den Bock zum Gärtner machte man bei der erzbischöflichen Rechtsschutzstelle (Tutela Legal), wo Opfer der Guerilla genauso erfaßt werden wie die von Todesschwadronen, oder wo man Verschwundene registrierte. Immerhin hielt ich diese Daten für bemerkenswert in einem Land, das in drei Jahren 25044 Ermordete und 4276 Verschwundene zu beklagen hatte.

An meinen Schreibtisch in Wiesbaden zurückgekehrt, schrieb ich ‹nichts als die Wahrheit›. Aber es gibt verschiedene Formen der Wahrheit, so die einfache Wahrheit, die qualifizierte, die christliche, die gerichtsverwertbare und noch andere. Ich entschied mich für die reine Wahrheit, das BKA für die notwendige Wahrheit. Mein Chef Simon ging zeitweise sogar so weit, unter Wahrheit die Differenz zwischen der großen und der kleinen Lüge zu sehen. Sachlicher war die einstündige Diskussion mit dem BKA-Vizepräsidenten, der die Zustimmung der Amtsleitung verweigerte, meinen Bericht an das BMI passieren zu lassen, wo er möglicherweise dem Minister in die Finger fallen konnte.

Ich unterstellte, daß dem Vize meine Argumentation sehr wohl einleuchtete, zum Beispiel den Zusammenhang zwischen Todesschwadronen und Sicherheitsbehörden nicht einfach unterschlagen zu dürfen, ohne die Analyse der Sicherheitslage in El Salvador zu verfälschen und die Unzuverlässigkeit der Polizei zu kaschieren. Dies bewies seine Aussage, daß dies ja nicht unbedingt in einem BKA-Bericht drinstehen müsse, denn so ein Pamphlet könne ja auch, in falsche Kanäle geleitet, plötzlich im ‹Spiegel› zitiert werden.

Mein Chef Simon saß während des wortreichen und manchmal heftigen Disputs still und stumm neben mir. Außer «Guten Tag, Herr Vizepräsident» und «Auf Wiedersehen, Herr Vizepräsident» und zwei höflichen Dienern hatte er nichts beizutragen.

Da ich mich weigerte, meinen Bericht zu ändern, wurde ich, sicherlich nicht ohne Frust über so viel Sturheit und ungewohnten Widerstand, wenige Tage später vom Vize schriftlich angewiesen, Korrekturen gemäß nachfolgendem Originalwortlaut in folgenden Punkten durchzuführen:

- Auf die Aussage, daß die Todesschwadronen auch aus dem Bereich des Militärs und anderer Sicherheitsbehörden Unterstützung erfahren, sollte verzichtet werden.
- Der Hinweis auf «Willkürmaßnahmen von Militär und Sicherheitsbehörden» sollte entfallen.
- So wie nunmehr ausgeführt ist, entsteht der Eindruck, auch ‹amtliche Stellen› seien für Massengräber verantwortlich. Ausführungen dieser Art sollten vermieden werden.

- Die Todesopfer militärischer Operationen zwischen den Mordfällen von Todesschwadronen und Guerilla zu nennen, ist nicht sachgerecht.
- Im Gefängnis bzw. in Polizei- oder Militärhaft befindliche Personen als verschwunden oder entführt zu definieren, ist unzulässig.
- Auf die Ausführung, daß die Verhaftung/Entführung von Personen, ohne daß deren Aufenthaltsort bekannt wird, Kräften von Militär und Polizei zugeschrieben wird, sollte verzichtet werden.
- Die Ausführungen und die Zitierungen von amnesty international über Folter in Militär- und Polizeihaft sind in einem Sicherheitsbericht nicht erforderlich.

«Meines Erachtens können über Sicherheitsfakten hinausgehende politische Wertungen mehrfach Ärger bereiten», schrieb der Vize an den Präsidenten des BKA, um sich abzusichern und dessen ‹Auffassung zum sachlichen Inhalt dieser Berichte zu kennen›. An einem dünnen roten Strich ist festzustellen gewesen, daß der Präsident Kenntnis genommen hatte. Welche Meinung er seinem Vize gegenüber vertrat, blieb verborgen. Sodann kam das Schriftstück zu mir, die Weisung war auszuführen. Die Formulierung ‹dieser Berichte› bedeute zudem eine Verallgemeinerung; es ging nicht alleine um diesen einen El Salvador-Bericht, sondern generell um alle künftigen Analysen dieser Art. Ich weigerte mich empört, schickte den Vorgang mit einer an die Amtsleitung gerichteten Gegendarstellung an Simon zurück und schrieb auf einen angehängten Zettel, daß ich mich auf diese Art nicht disziplinieren lasse.

Allerdings bewunderte ich auch den Mut des Vize, denn sein Papier konnte ja gleichfalls in falsche Kanäle geleitet und im ‹Spiegel› zitiert werden.

Entnervt flog ich mit Andrea, Fahrräder im Fluggepäck, über Ostern nach Mallorca. Es wurde unser schönster Urlaub.

Als ich nach zehn Tagen zum BKA zurückkehrte, war mein

Bericht dem BMI übersandt worden. ‹Die Neufassung ist vom Unterzeichneten erstellt, da der Verfasser in Urlaub ist.› Simon hatte alle Zensurwünsche berücksichtigt, ich erkannte meinen Bericht nicht wieder.

«Dies ist nicht *Ihr* Bericht!» wurde ich scharf abgewiesen. «Sondern ein Bericht des Bundeskriminalamtes!»

Ja doch, ich hatte verstanden. Die Wirkung war so ungeheuerlich auf mich, daß ich ganz leise reagierte. Ich wußte schlagartig, daß etwas zersprungen war, etwas, das man nicht mehr würde kitten können. Und es brannte sich seit dieser Zeit ein Gedanke in mein Hirn ein: Das könnt ihr nicht mit mir machen!

Wann immer in einem Unrechtsstaat Zensur ausgeübt wird, so könnte sie aussehen – das BKA hat mit einem Lehrbeispiel dazu beigetragen:

Originalfassung
Über die Anzahl der Todesschwadronen und ihrer Mitglieder gibt es keine zuverlässigen Angaben. Von Botschaftsangehörigen wird die Auffassung vertreten, daß die Todesschwadronen auch aus dem Bereich des Militärs und anderer Sicherheitskräfte Unterstützung erfahren.
Zensurfassung
Über die Anzahl der Todesschwadronen und ihrer Mitglieder gibt es keine zuverlässigen Angaben.

Originalfassung
Als Folge der von staatlicher Seite geförderten Terrorismuserscheinungen sind Verletzungen der Menschenrechte zu sehen, wie sie sich Militär und Sicherheitsbehörden zuschulden kommen lassen.
Zensurfassung
gestrichen

Originalfassung
Die Spirale von Gewalt und Gegengewalt vollzieht sich auf Kosten der Bevölkerung, die aufgrund der Willkürmaßnahmen von Militär und Sicherheitsbehörden, der Schreckensherrschaft der Todesschwadronen, der ständigen Angst vor einer Denunziation sowie aufgrund der Terrormaßnahmen der Guerilla einer permanenten psychischen Verunsicherung und physischen Gefährdung ausgesetzt ist.
Zensurfassung
Die Spirale von Gewalt und Gegengewalt vollzieht sich auf Kosten der Bevölkerung, die einer permanenten psychischen Verunsicherung und physischen Gefährdung ausgesetzt ist.

Originalfassung
Die Praxis, Personen zu verhaften oder zu entführen, ohne daß deren Aufenthaltsort bekannt wird, wird Kräften von Militär, Polizei, den Todesschwadronen oder paramilitärischen Gruppen zugeschrieben.
Zensurfassung
Personen zu verhaften oder zu entführen, ohne daß deren Aufenthaltsort bekannt wird, ist häufige Praxis.

Originalfassung
Das Handeln der Sicherheitskräfte sei politisch dahingehend gesteuert, daß sie in erster Linie aktiv werden, wenn ein linksextremer Hintergrund vermutet werde.
Zensurfassung
Eine gesteigerte Aktivität sei dann festzustellen, wenn ein linksextremer Hintergrund bei der Straftat vermutet werde.

Originalfassung
Politische Morde, an denen Sicherheitskräfte direkt oder im Zusammenwirken mit den Todesschwadronen beteiligt sein sollen, werden als Formen des von Staats wegen geförderten Terrorismus bezeichnet.
Zensurfassung
gestrichen

Originalfassung
Die UNO-Menschenrechtskommission und vergleichbare Institutionen erheben immer wieder den Vorwurf der Folter, insbesondere in Militär- und Polizeihaft.
Zensurfassung
gestrichen

«Du kannst nun wirklich nicht behaupten», sagt Friedrich Huber, «daß im BKA jemals davon gesprochen wurde, daß Folter und Erschießen ein Mittel der Terrorismusbekämpfung sein sollen.» Widerwillig beißt er in sein Chicken-Sandwich, denn auch in der Nähe des neuen Gefängnisses scheint Jamal eine Quelle aufgetan zu haben, die ihn am Gewinn beteiligt.

«Nein», erwidere ich, «das habe ich dort so noch nicht gehört, wohl aber soll der Strauß im Schleyer-Krisenstab solche Ideen gehabt haben, nur der Generalbundesanwalt war nicht so richtig bei der Sache.»

Huber übergeht meine Feststellung. «Außerdem sind unsere Terroristen ganz einfach Kriminelle.»

«Wenn du ‹unsere› sagst, dann meinst du gewiß deine, also die des BKA?» Ich bin gespannt, ob er sich jetzt zum Disput aufrafft.

«Meine, deine, die deutschen Terroristen, du weißt schon, was ich sagen will. Sie haben doch keinerlei Rückhalt in der Bevölkerung, keiner will eine Revolution bei uns, niemand versteht ihr ideologisches Chinesisch. Das ist in El Salvador schon anders, da ist es die echte Opposition.»

Jetzt bin ich wirklich erstaunt und frage mich, warum ich im BKA zensiert worden bin.

Huber fährt fort: «In Mittel- und Südamerika, da wird von beiden Seiten gefoltert und gemordet. Die einen sind von der Guerilla, die anderen vom Militär, sie sind austauschbar, denn wer gerade an der Regierung ist, bezeichnet den anderen als Terroristen. Und in Teilen des Ostblocks ist es ähnlich, nur heißen sie dort Konterrevolutionäre. In allen Fällen kennen sie keine freien Wahlen und wenden Gewalt an, um sich an der Macht zu halten oder sie zu erobern, jeder hat einen Teil der Bevölkerung hinter sich. – Unsere Terroristen dagegen sind fanatische Verbrecher, die sich kaum selbst verstehen und einen Staat wollen, in dem sonst niemand leben möchte.»

Ich muß an die Ohnmacht besonders sensibler Menschen denken, Christen oder einfache Bürger bei uns in der BRD, die sich ausgeliefert fühlen, deren Kritik das Hohngelächter der Etablierten erntet, die von der Polizei niedergeknüppelt werden, weil sie sich gegen Atomkraftwerke wehren oder sich über die Vergiftung des Rheins durch Hoechst, BASF oder Sandoz empören – ich habe Leute vor Augen, die tolle Ideen entwickeln und doch fast alle in eine Ecke gestellt werden, als Spinner, als Linke, als Extremisten und gar so schnell auch als Terroristen, so wie man auch im BKA zu einem Sympathisanten der RAF werden kann, nur weil man ein Heft der Zeitschrift ‹Natur› ausstellt, in dem sich Artikel gegen die Aufbereitungsanlage Wackersdorf wenden. –

Huber hat mit seiner Aussage recht, und doch stimmt sie hinten und vorne nicht, weil die Dinge so einfach nicht liegen, die Schwarzweiß-Argumentation zu simpel ist. Ich kehre jedoch zurück zu der für mich momentan zentralen Frage. «Wieso», will ich wissen, «hat man meinen El Salvador-Bericht zensiert?»

Huber lächelt. «Die CDU unterhält enge Beziehungen zur salvadorianischen Regierungspartei. Auch die Konrad-Adenauer-Stiftung ist dort sehr aktiv. Meinst du, man will das im Bonner Innenministerium lesen?»

Ich verstehe, aber begreife nicht. Sie müßten es doch erst recht wissen wollen, wenn ihnen an dem Land etwas liegt! Ist vielleicht das BKA mit seinem vorauseilenden Gehorsam nur so naiv anzunehmen, daß man so was im BMI nicht lesen will, unterscheiden wir uns nicht von Indonesien, wo Negatives nicht nach oben weiterberichtet wird, weil es die Staatsdoktrin der alles nivellierenden inneren Harmonie verletzt – wollte das BKA etwa verhindern, daß mir als dem Boten der schlechten Nachricht der Kopf abgeschlagen wird? Ich bin ganz gerührt über so viel Fürsorge.

Das kann jedoch nur die halbe Wahrheit sein, denn die gegen mich erlassenen Zensurbestimmungen erstreckten sich ja auch auf künftige Berichte über andere Länder. Also lag es auch an ihrer Gesinnung. Ich muß darüber noch nachdenken, ‹vielfachen Ärger› hatte der Vize befürchtet.

Ich greife den Einwand von Huber zu Anfang des Gesprächs nochmals auf. «Folter und Erschießen, solche Töne habe ich nur im Ausland von deutschen Berufsdiplomaten gehört. ‹Ein bißchen Foltern kann auch Menschenleben retten›, hat ein deutscher Botschafter in Santiago de Chile gesagt. Oder der Stellvertreter des Botschafters in Lima, als er mich zum Flughafen brachte: ‹Wie soll man das überhaupt in Peru in den Griff kriegen, ohne die Verbrecher erst zu foltern und dann zu erschießen?› Aber so weit entfernt von der Unmenschlichkeit sind wir bei uns nun auch wieder nicht, wenn man an die Isolationshaft deutscher Terroristen denkt!»

Jetzt habe ich bei Huber einen empfindlichen Nerv getroffen. «Du sprichst wie ein Blinder von der Farbe!» ruft er erregt aus.

«Hast du denn überhaupt schon jemals einen Knast von innen gesehen?» erwidere ich. Er bleibt mir die Antwort schuldig.

Der ‹Chef› stößt die Tür auf. Wie immer ist er kurz angebunden, cool und hat Forderungen, wenn er persönlich erscheint. Den Streit von heute morgen läßt er sich nicht anmerken. Immerhin ist er mir lieber als der ‹Zwinkerer›, bei dem man nie weiß, wo man dran ist. Ich hasse diesen nervösen Typ, zumal er kein Wort Englisch oder Französisch spricht, was eine Verständigung ohnehin auf Mimik und Gesten reduziert. Aber das wäre nicht so schlimm, das ist beim ‹Nasenbohrer› auch so, der wenigstens öfter ‹shukran› (danke) sagt. Wir haben den ‹Zwinkerer› so genannt, weil er mit seiner linken Gesichtshälfte zuckt. Wie schnell und heftig das jeweils geschieht, läßt auf den Grad seiner Erregung schließen. Von unseren fünf Bewachern sind ‹Gaddafi› und der ‹Nasenbohrer› am unauffälligsten und Jamal derjenige, der am häufigsten unmittelbar mit uns zu tun hat, er spricht auch am besten Englisch. Vor allen Dingen zeigt er sich menschlich, aber vielleicht denke ich das nur, weil er uns zumeist das Essen bringt.

«You have to write a letter addressed to your government!» ordnet der ‹Chef› an und legt den vorgegebenen Wortlaut in Englisch, ein Blatt Papier und einen Kugelschreiber auf den Stuhl. Der Text ist kurz: ‹Sehr geehrter Herr Bundeskanzler, wir bitten Sie dringend zu veranlassen, daß Rachid Hanife und Youssef Koubra, die in Schwalmstadt und Zweibrücken gefangengehalten und gefoltert werden, in den Libanon zurückkehren. Sollte dies nicht innerhalb von zwei Wochen geschehen, sind wir mit dem Tode bedroht. Zur Zeit geht es uns gut.›

Ich lese den Text nochmals vor, weil man Huber noch immer nicht seine Brille zurückgegeben hat.

«Die Schweine», sage ich spontan, «ich schreibe nicht mein eigenes Todesurteil! Seit Schleyer geben sie bei uns keiner Erpressung nach!»

Ich bemerke, daß Hubers Hände leicht zittern, für einen kurzen Moment verliert er die Fassung, scheint von der bedrohlichen Situation beeindruckt, versucht sich wieder zu fangen.

«Wir müssen diesen Brief schreiben, es ist das übliche Ritual, der Inhalt ist eigentlich unwichtig.» Aber sehr überzeugt klingt das nicht.

«Friedrich», sage ich, weil er mir plötzlich nah ist, «sie werden einen Teufel tun, die beiden gegen uns auszutauschen.»

«Das mag ja sein», antwortet er, «aber der Brief ist ein Lebenszeichen von uns, und er löst Verhandlungen aus. Nur darauf kommt es an. Der Brief bringt Bewegung, nichts schadet gerade uns mehr als Stillstand. Das bedeutet nur Verlängerung der Haft. Außerdem bringen sie uns so schnell nicht um, seit sie wissen, wer wir sind. Dafür sind wir zu wertvoll für sie.»

«Okay, und was ist mit dem Inhalt? Daß es uns gut geht, unterschreibe ich auf keinen Fall.»

«Wenn wir schlau sind, lassen wir den Text, wie er ist. Die wissen das im Krisenstab schon zu interpretieren.»

Ich will mich darauf nicht einlassen und wundere mich, daß er an der Folter-Passage keinen Anstoß nimmt. «Was ist eigentlich mit den beiden Typen, kennst du den Fall?»

«Ich glaube, sie wurden wegen Sprengstoffbesitzes und Vorbereitung eines Sprengstoffverbrechens zu vier Jahren oder so verurteilt. Sie kamen vom Frankfurter Flughafen und wollten mit dem Pkw nach Frankreich. Sie transportierten hochexplosiven Flüssigsprengstoff in zwei Korbflaschen, und jeder von uns hat sich gewundert, daß sie nicht selbst damit in die Luft geflogen sind.»

«Sitzen die im Normalvollzug oder in Isolationshaft? Im letzteren Fall wäre ich mit der Formulierung ‹gefoltert durch Isolationshaft› einverstanden.»

«Du bist verrückt!» Huber ist empört, sicher ausgelöst durch die Vorstellung, daß dies letztlich sein Brief an den Bundeskanzler ist. «Außerdem sind sie im normalen Strafvollzug.»

Ich bin mißtrauisch, ob Huber das überhaupt weiß. «Hör zu, ist das hier etwa keine Folter, ohne Kontakt zur Außenwelt?»

«Es ist furchtbar, aber keine Folter!» antwortet er energisch.

«Ich glaube, wir sollten mal in Ruhe über Folter reden. Später.» Es sieht fast so aus, als ob er als TE-Abteilungspräsident so allergisch gegen den Foltervorwurf durch Haftbedingungen geworden ist, daß er seine zahlreichen BKA-Dementis verinnerlicht hat.

Wir diskutieren noch eine Weile und einigen uns darauf, in dem Brief das Wort ‹gefoltert› einfach wegzulassen und an den Schluß des Schreibens ‹Zur Zeit geht es uns den Umständen entsprechend› zu setzen. Ich bringe den Text zu Papier. Im BKA existieren Schriftproben von mir. Huber setzt seine Unterschrift neben meine.

Kurze Zeit später – es ist bereits gegen Abend – geht das Licht aus, wir haben mal wieder Stromausfall. Eine Neonröhre verbreitet sonst den ganzen Tag über ihr kaltes Licht in der einen Hälfte der Doppel-Garage, die jetzt unsere Bleibe ist. Das blecherne Rolltor ist immer verschlossen und verschraubt, jeder von uns beiden besitzt seine eigene Matratze und einen Stuhl, das ist alles. Der Zementboden ist ölgetränkt, und es stinkt. Bei Stromausfall herrscht auch am Tage fast Dunkelheit.

Beide Garagen sind durch eine Tür verbunden. Im anderen Teil sitzen die Wächter. Seit ich meine eigene Matratze habe, kann ich Hubers Atem ausweichen, dafür sehen wir uns jetzt bei der Verrichtung unserer Notdurft zu. Früher nannte man es im Knast Kübeln, wir haben keinen Kübel, sondern einen Blecheimer, in dem, den Abbildungen nach, einmal Gurken gewesen sind. Aber dieser Kübel wird nicht wie vor Erfindung des Wasserklosetts in deutschen Knästen von uns Knastologen ‹entsorgt› (Originalton Friedrich Huber), und dieser Ausdruck ist auch lächerlich angesichts der uns zugemuteten mittelalterlichen Verhältnisse – unser Kot wird von den Wächtern weggeschafft. Sie hassen das. Ich kann das nur noch mit Sarkasmus aushalten, um nicht in einen Schreikrampf auszubrechen oder zu kotzen. Aber das ist noch nicht alles, denn in die Nachbargarage haben sie einen Wasserschlauch gelegt, die einzige Möglichkeit, uns zu waschen. Natürlich unter ihren Augen, einige schauen weg oder sind gleichgültig, aber der ‹Zwinkerer› scheint sehr interessiert zu sein. Ich merke, wie meine Toleranzbereitschaft immer mehr abbröckelt, denn es gab einmal Zeiten, in denen ich für Schwule eher Sympathie hegte. Und wenn Huber von Entsorgen spricht, habe ich in meiner Wut ganz andere Phantasien, dann sehe ich Atommanager beim Kübeln, wie sie eigenhändig aus ihrem Allerheiligsten, dem Reaktorkern, Brennelemente aus Uran kübeln müssen, damit sie endlich lernen, wie groß das Restrisiko ist. Und während Huber mich zu beruhigen versucht, regt mich seine Art, mit jeder noch so wahrlich beschissenen Situation gelassen umzugehen, nur noch mehr auf, bis ich nach dem ‹Chef› rufe, ihn anschreie, daß er gefälligst eine menschenwürdige Unterbringung schaffen soll, was er sich so nicht gefallen läßt, mir mit den Worten «Ibn al kâlb!» – «Hundesohn!» einen Stoß versetzt, daß ich gegen die Wand taumele und der ‹Nasenbohrer› erscheint, seine MP auf mich richtet, Huber dazwischentritt und die beiden Wächter rausgehen, mich einfach stehenlassen.

Das war heute früh kurz nach der ‹Morgentoilette›.

Jetzt kommt der ‹Chef› wieder, blendet uns mit einer starken Taschenlampe und holt sich vom Stuhl unseren Brief und seine englische Fassung. Den Kugelschreiber übersieht er, ich angele ihn mir sofort lautlos und lege ihn auf den Mauersockel unter dem Garagendach.

«Da wird ja ‹Old Schwurhand› mit seinen Helden zufrieden sein», sage ich, spöttisch auf den Brief anspielend, merke aber, daß Huber bereits eingeschlafen ist.

Ich weiß, Buddy, meine impulsiven Ausfälle finden deine schärfste Mißbilligung. Aber bitte, tu mir den Gefallen und stell mir nicht Huber als Vorbild hin, denn dann behalte ich lieber den Staub auf meinen Augen. Wahrscheinlich bin ich sowieso ein hoffnungsloser Fall für dich.

Doch Buddy will mich gar nicht bekehren, er hat, wie ich merke, etwas anderes im Sinn, als er mir zum wiederholtenmal sagt, daß ich noch viel zu verlernen hätte. Ihn stört dieses ‹Old Schwurhand›. Jeder mache Fehler, hält er mir vor, habe seine größeren und kleineren schwarzen Flecken auf der sonst weißen Weste, manchmal seien es Jugendsünden, oft vom strengen Überich in Erinnerung gerufen und Beschämung auslösend, bereut, verziehen, am liebsten vergessen, verjährt. Kurzum, ich soll diesen Typ nicht mehr ‹Old Schwurhand› nennen.

Streben nach Macht bedeutet gleichzeitig Knechtschaft der Macht, halte ich Buddy seine eigenen Worte vor. Wer sich in diesen Teufelskreis begibt, hat sich, wie ich meine, nicht geschämt, hat nicht bereut, höchstens verdrängt, aber wahrscheinlich nicht einmal das, er hat schlicht keine Skrupel, hat sich darüber hinweggesetzt. Verzeihen und Vergessen sind bei einem Wandel, noch besser bei Wiedergutmachung, angesagt. Das ist unvereinbar mit neuem Machtstreben, Ämterpatronage, Lust an der Macht, Abhängigkeit von ihr und bedeutet letztlich, ihr Opfer zu werden. Es tut mir leid, mein Freund, ich bleibe bei ‹Old Schwurhand›! Und das erst recht, seit ich weiß, was er und das BKA sich gegenseitig bedeuten.

Die große Mutter BKA ist eine machthungrige Frau. Sie hat ihr Haus am Stadtrand von Wiesbaden gebaut, an einem Taunushang, der sich Geisberg nennt. Es soll ehemals der Galgenhügel gewesen sein.

Stacheldraht, Licht, Beton, elektronische Überwachungstechnik – mein Stammheim.

Rund um das Gelände Sicherheitszonen, deren Bedeutung mir immer eigenartig zweideutig erschien. Soll die Außenwelt vor dem BKA gesichert werden oder umgekehrt?

Das überdimensionale Steinrelief am Eingang zeigt die fünf Erdteile. Der Hang zum Gigantismus ist unverkennbar, in einer Welt aus Stein das BKA als Mittelpunkt, die heimliche Zentrale.

Der Weg führt vorbei an Vitrinen, gefüllt mit Pokalen, Tellern, Ehrenpreisen, Pars pro toto: Der Männerchor des BKA gewann beim Schießen um die Weihnachtsgans des Jahres 1964 den ersten Preis. Doch auch der Polizeisängerchor Bamberg versichert dem BKA auf einer Holzstatuette seine sangesbrüderliche Verbundenheit. Eine Plastik, dem legendären Richard Kimble nachempfunden (immer auf der Flucht), zeugt von einem 10. Internationalen Polizeimarsch. Schließlich fehlt auch nicht der Ehrenteller des Polizeilichen Staatsschutzes Berlin, welch ehrenwerte Suppe auch immer daraus zu löffeln wäre.

Mit einem Rechtsschwenk gerät man in die Kantine, die hier Casino heißt, benutzbar ohne Klassenunterschiede, weil es ausschließlich Offiziere gibt. Teppichboden an der Wand vermittelt eine besonders gedämpfte Atmosphäre. Die

‹Frankfurter Rundschau› ist künstlich verknappt und leider immer ausverkauft.

In der Bibliothek jedoch liegen die tägliche FR, ja sogar die TAZ aus.

Bei so viel Freiheit kann man sich doch wirklich geborgen fühlen, denn entscheidend ist das Bewußtsein der Freiheit, die Freiheit nicht wirklich nutzen zu wollen. Auf diese subtile Art unbewußt gesteuert, greift dann der resistente Kollege zur ‹FAZ›.

Im Gegensatz zur Polizeiführungsakademie in Münster wehen im BKA-Ländersaal keine Fahnen, folglich bringt sie auch nicht der Odem der Geschichte zum Flattern. Dafür existiert aber irgendwo beim BKA ein Sternenbanner, das schon auf dem Mond war und das zwei stolze Vertreter der Bonner US-Botschaft nach dem Astronautenflug – Stars and Stripes forever – feierlich überreichten. Das wäre mir eigentlich egal gewesen, wenn ich nicht mit Simon an der Übergabe hätte teilnehmen müssen.

Die Nerven der 154 BKA-Dateien laufen im Computersaal zusammen, dem Allerheiligsten, ausschließlich mit Sonderausweis zu betreten, damit dem normalen Sterblichen für immer verwehrt. Nur ein einziges Mal war es mir vergönnt, für zehn Minuten dort zu verweilen. Zwar stimmt der Vergleich nicht ganz, und in der Dimension der Gefahr sollte man Unterschiede machen, aber die sterile Technik, das verharmlosende klimatisierte Summen, die menschlichen Arbeitsbienen, die aussehen wie du und ich, diese verständliche Selbstverständlichkeit, all das kam genauso über mich bei der Besichtigung des KKW Biblis. Ein Supergau der BKA-Computer, totale Unfreiheit als Fallout ...

Die Wände des Interpol-Flures sind gepflastert mit Wappen und Emblemen, bunt gemischt, je kleiner der Staat, um so kostbarer die Arbeit. Vielleicht ließe sich für Folterstaaten eine Extra-Abteilung aufmachen?

So hat denn Simon, wie manch anderer Beamter des Hauses, seine Kitschecke im Büro, ausgestattet mit Trophäen der Polizeien bereister Länder, garniert mit Medaillen, Emblemen, fremdländischen Dienstgradabzeichen oder Uniformmützen, umrahmt von Fotos bedeutungsvoller Momente seines dienstlichen Lebens (so ist z. B. Simon in der 8. Reihe hinter J. F. Kennedy vor dem Rathaus Schöneberg mit einem Drittel seiner linken Gesichtshälfte zu sehen) und gewichtigen Urkunden hinter Glas, die zum Beispiel ausweisen, daß der Besitzer am FBI-Hundeführerlehrgang Nr. 83a erfolgreich teilgenommen hat.

Entsetzt soll sich einmal ein Abteilungsleiter in der Abteilungsleiterbesprechung über mich geäußert haben: «Wie sieht der denn aus?!» Und der Vize hat mich gebeten, doch meine Haare etwas kürzer zu tragen. Nun habe ich es nie mit meinem Aussehen übertrieben und mich beispielsweise nicht von Andreas Kollegen an der Uni unterschieden, aber für das BKA war das schon eine Provokation. Ich nannte es ‹Kostüm-Spiel›. Mal trug ich Jeans und Pullover, dann vielleicht Cordhose und offenes Hemd, sportlich, lässig, einen farbenfrohen Schal als I-Tüpfelchen. Ich ging durch die verwinkelten Gänge des BKA, immer eine ähnliche Wirkung erzielend: kurzer Blick auf mich, wegschauen, ungläubiges Überlegen, nochmals schauen, sehr knappes Grüßen. Aber wirklich sehr von oben herab. Oder: Erfassen der Erscheinung, betretenes Gesicht, peinlich berührt zur Seite schauen, und dann vorbei gehen.

Anderntags kostümierte ich mich anders: Dunkelblauer Anzug, weißes Hemd, dezente Krawatte. Ich ging durch die verwinkelten Gänge des BKA... Freundliches Grüßen, fast jeder, auch mir völlig unbekannte Leute, sie nahmen sogar die Hände aus den Taschen, Frauen grüßten zuerst...

Sie sind geprägt wie die kleine Ente auf die Entenmutter.

Mein Erscheinungsbild entspricht dem Prägemuster: Die Ente quakt freudig und rennt hinter der Entenmama her.

Erscheinungsbild gestört: Das Entchen ist hilflos und unglücklich, sucht nach dem richtigen Bild, um wieder froh zu sein.

Kostümieren spielte ich oft; es tat mir gut.

Anhängern des Rechts-Staates wird das Lesen der BKA-Broschüre guttun. So ganz im High Tech-Look stellt sich die Institution als modern, progressiv und professionell dar. Der Erfolg ist der Organisation immanent. In kernigen Sätzen wird beschrieben, was sein soll. Da Selbstkritik ein Fremdwort und sich selbst anzuzweifeln nicht Sache des BKA-Mannes ist, strotzt das Heft vor Eigenlob – jawohl, ihre Gerechtigkeit muß siegen! Die markige Sprache ist verräterisch, wenn es beispielsweise gilt, die ‹Schlagkraft› der Polizei zu erhöhen. Millionen von Unterdrückten und Leidenden müßten in ein Hohngelächter ausbrechen, könnten sie lesen, daß die Interpol-Zusammenarbeit ‹im Geiste der Erklärung der Menschenrechte sichergestellt ist›. Und einer Freudschen Fehlleistung gleich ist in dem Kapitel ‹Chronik› vor 1947 ein weißer Fleck geblieben.

Immer höher, immer weiter – der BKA-Olymp in Zahlen. Statistische Fieberkurven zucken in schwindelerregende Höhen, Stillstand wäre Rückschritt, immer mehr Personal, immer größeres Haushaltsvolumen. 272 Millionen DM immer noch nicht genug, im nächsten Jahr vielleicht Schallmauer von 300 Millionen durchbrochen, wann bitte schaffen wir endlich 4000 Mitarbeiter, wenn man bedenkt, was der Jäger 90 kostet...

Goldmedaille für 2,12 Millionen Kriminalakten (‹Bild am Sonntag›: Sind wir ein Volk von Kriminellen?), Bronze für 160000 Interpol-Fahndungen, Silber für 2,3 Millionen Interpol-Sachfahndungsausschreibungen – Olympische Fanfaren!!! Weltrekord!!! Die Sammlung der Fingerabdruckblätter wächst monatlich um achtzehntausend!!!

Meine ‹Zentrale Lichtbildsammlung› birgt 2,2 Millionen Fotos.

Das Berufsbild des Kriminalbeamten ist in leuchtenden Farben gemalt. ‹Schnelle Auffassungsgabe, mit geschultem Verstand folgerichtig denken, zielbewußt handeln, gesundes Selbstbewußtsein›, im übrigen von den Verfassern alles Männern zugeschriebene Attribute, denn Kriminalbeamtinnen bleiben schlichtweg unerwähnt. Schockfarben wie Duckmäusertum, Anpassungsfähigkeit bis zur Selbstaufgabe, Servilität bereichern das Gemälde genausowenig wie Pastellfarben, als da wären Menschenliebe, Zivilcourage oder zum Beispiel die Fähigkeit, Gigantismus zu verdammen, bei immer höheren Quoten nicht Stolz, sondern Bedrückung zu empfinden, hinter jeder neuen Akte, Fahndung, Fingerabdrucknahme auch den Menschen zu sehen, der weiß Gott nicht immer durch eigenes Verschulden in eine Krise geraten oder vielleicht überhaupt unschuldig ist oder erst durch staatliche Überreaktionen kriminalisiert wurde.

Buddy meint, man brauche die Dunkelheit, um das Licht zu erkennen. Als Simon eines Tages den Jahresbericht von amnesty international auf meinem Schreibtisch liegen sah, nahm er das Buch, schlug das Inhaltsverzeichnis auf und sagte: «Solange die DDR mit zwei Seiten und die Bundesrepublik (BRD käme ihm nie über die Lippen) mit drei Seiten drinstehen, lese ich einen solchen Jahresbericht nicht!»

Es ist eine Eigenschaft des autoritären Führungsstils, daß man sich auf formale Vorschriften zurückzieht. Damit konnte Simon mich und andere meisterhaft maßregeln, denn auf diesem Gebiet war er immer überlegen. Eine andere Form der Überlegenheit ist Gewalt. Wenn er sich einen hölzernen Polizeiknüppel schenken läßt und ihn in seinem Büro an die Wand hängt, dann ist das eine tiefenpsychologische Studie wert. Und wenn er, von einer Dienstreise aus Paris zurückgekehrt, in einer Kaffeerunde lächelnd erzählt, wie die deutsche Beschuldigte keine Angaben zur Person machen wollte, aber nach dem ersten Faustschlag ins Gesicht durch den französischen ‹Kollegen› sehr schnell wieder wußte, wie sie hieß, dann setzte sich das verständnisvolle Lächeln auch auf anderen Gesichtern fort. Und die einmütige Heiterkeit, die ein Türkenwitz erzielt, oder die Diskussion über die Todesstrafe...

Das BKA ist eine Männergesellschaft. Natürlich gibt es eine große Zahl weiblicher Arbeitsbienen, aber in den Chefetagen sucht man Frauen vergeblich, nicht einmal eine Alibi-Abteilungsleiterin existiert. Und um auf einem Referatsleiterposten ausnahmsweise als Frau zugelassen zu werden, muß man abtrainiert haben, sich wie eine solche zu verhalten. Es kotzt mich wirklich an, wieso braucht es für alles und jedes in diesem Haus Anpassung? Ich schwor mir damals, im Ausland nicht mehr vorschnell die Nase zu rümpfen, wenn es um Männergesellschaften geht, wie vor einiger Zeit im Jemen, einem Land, in dem die Frau bei einem tödlichen Unfall die Hälfte wert ist wie ein Mann.

Ich sehe, daß Huber eingeschlafen ist. – Meine Gedanken bleiben im Jemen hängen, verhaken sich wie auf einem Förderband, werden nach Sanaa gezogen.

Der Wert eines Mannes beträgt umgerechnet 40000 DM, das erfuhren wir bereits auf der Fahrt vom Flughafen zum Hotel ‹Sheba› in Sanaa vom Taxifahrer, der, nach seiner Fahrweise zu urteilen, ein reicher Mann sein mußte, denn seine Überholmanöver waren mehr als riskant, während er alle paar Sekunden auf die Hupe drückte. Gleichzeitig offenbarte er alle seine jemenitischen Gerichtskenntnisse, zum Beispiel daß dieses Blutgeld zu zahlen ist, auch wenn man keine Schuld habe, daß die Zeugenaussage von zwei Frauen soviel wert sei wie die eines Mannes und daß das auch in Ordnung so sei. Aber nicht nur er hupte wie verrückt, jeder Autofahrer auf dieser verdammten Straße tat es, völlig sinnlos, wie ein permanenter Identifizierungscode. Mir brummte der Schädel und ein leises Ziehen im rechten unteren Backenzahn quälte mich. Das hatte schon auf dem Flug von Tel Aviv nach Kairo begonnen, als der offensichtlich Sechstagekrieg-erfahrene israelische Pilot in engen waghalsigen Schleifen über der Wüste die Landung einleitete, und zwar mit der silberfarbenen Maschine eines Fluges, der auf keinem Flugplan stand und trotzdem existierte. Dieser pragmatischen Politik zwischen Israel und Ägypten verdankten wir das Erreichen des Anschlußfluges in die Arabische Republik Jemen. Erschöpft nickte ich ein, im Halbschlaf abwechselnd das Hupkonzert und die Stimme des Taxifahrers im Ohr, der erzählte, daß die Familie des Opfers nach hiesigem islamischem Recht über den Tod des Mörders entscheidet. Da aber ein Frauenleben nur halb soviel wert sei, müsse in einem solchen Fall die Familie des Mörders zusätzlich den halben Personenwert drauflegen. Und dann träumte ich, daß sich alle Frauen Sanaas erheben, angeführt von Andrea, die aus ihrem Schleier einen Krummdolch zog und mir seine Spitze genußvoll und immer wieder in den Körper bohrte. Ich wachte auf, lag längst im Hotelbett, Andrea beugte sich besorgt über mich: «Was hast du denn, du stöhnst so furchtbar?»

«Zahnschmerzen!» Ich schluckte hintereinander Spalt, Aspirin, Dolviran, mußte mich übergeben, nahm Buscopan-Zäpfchen, aber der Zahn bohrte und bohrte!

Am nächsten Morgen stand ich im Vorgarten der deutschen Botschaft, der Kanzler machte ein bedenkliches Gesicht. «Hier arbeiten zwar Zahnärzte, aber er würde Ihnen sofort den Zahn ziehen, außerdem fangen Sie sich automatisch eine Hepatitis ein. Sie können nur nach Djibouti fliegen, dort gibt es einen französischen Militärarzt.»

Ich schüttelte den Kopf, denn das würde meinen Reiseplan total durcheinanderbringen und alle o. k.-gebuchten Flüge platzen lassen.

«Tja», meinte daraufhin der Kanzler, der in seinem früheren Beruf Hauptmann der Bundeswehr gewesen war, «gelobt sei, was hart macht.» Er wollte sich zum Gehen wenden, als auf der Straße ein schwarzer Mercedes vorfuhr, aus welchem vier würdig aussehende Jemeniten ausstiegen.

«Der Innenminister», murmelte der Kanzler, «der ist ja gar nicht angemeldet.»

Derjenige, den ich für den Innenminister hielt, trug einen Baseball-Schläger und machte keine Anstalten, hereinzukommen. Vielmehr ging er mit seinen Begleitern energisch auf mehrere vor dem Botschaftsgrundstück geparkte Autos zu, erhob zu meinem Erstaunen den Knüppel und begann die Scheiben der Fahrzeuge einzuschlagen. Der ist betrunken oder übergeschnappt, dachte ich aufgeregt und blickte den Kanzler an, der genauso perplex schien. Aber die Begleitpersonen feixten, das Zertrümmern des Glases wurde begleitet von lachenden Kommentaren, zwischendurch wischte sich der Minister den Schweiß mit einem Lappen in der Größe eines Handtuches ab und vollendete dann das Werk. Schließlich winkte er uns zu und rief mit seiner Baß-Stimme: «They will never park again in this restricted area!» Dann ließ er mit ‹Compliments to his Excellency› den Botschafter grüßen und rauschte im Mercedes von dannen.

«Na, das ist ein Ding!» entfuhr es dem Kanzler.

«Sind das eure Fahrzeuge?» wollte ich wissen.

«Nein, wir haben uns vor ein paar Tagen zum zweitenmal mit einer Verbalnote darüber beschwert, daß immer fremde Autos in der Halteverbotszone stehen, weil wir darin ein Sicherheitsproblem sehen. Na, das ist ein Ding!»

Das Ziehen in meinem Backenzahn ging in Klopfen über, das wiederum dem Rhythmus meines Pulsschlages folgte, und dieser war nicht gerade langsam, weil Sanaa 2400 Meter hoch liegt. Andrea war im Hotel zurückgeblieben, denn eigentlich wollte ich die Polizeiführung besuchen, aber ich beschloß, mich erst einmal mit meinem Dolmetscher Abdulkarim, einem etwas zwielichtig wirkenden Rechtsanwalt, anzufreunden. Angeblich war er im gestürzten Regime des Süd-Jemen einmal Staatssekretär gewesen.

Die Zubeir-Straße erlaubte nur an den Stellen ein Überqueren, wo sich kleine Inseln zwischen aufgestauten Wassermassen gebildet hatten. Aber auch das war tückisch, weil man ihnen nicht immer ansah, ob sie aus Schlamm bestanden. Auf dem Gehsteig, schmal und hoch, waren in erster Linie Männer unterwegs zu Banken, Stores, Teehäusern. Es gefiel mir, daß sie, die allesamt den Djambia, einen Krummdolch mit Silbergriff und kunstvoller Lederscheide, in einem breiten Gürtel in der Mitte vor dem meist stattlichen Bauch trugen, nicht im Traum daran dachten, mir, dem Fremden, Platz zu machen.

Wir schlenderten in den alten Suk Bab al-Jemen. Erschrokken sah ich die erste Frau auf mich zukommen. Eigentlich war es ein Kleiderbündel, ein total in Tüchern eingehüllter Körper, klein und rundlich, aber was vorne oder hinten sein mußte, konnte man nur aus der Richtung erahnen, in die sie ging. Dann folgten zwei hochgewachsene mumienhafte Frauen in totalem Schwarz, sie strahlten etwas Bedrohliches, Rächendes aus. Eine andere Frau, einen Blechtopf auf dem Kopf balancierend, machte einen zyklopenhaften Eindruck, denn die Tücher vor dem Gesicht waren asymmetrisch so verschoben, daß sie scheinbar in der Mitte die Öffnung für ein Auge freigaben.

Tausendundein neuer Eindruck im Labyrinth des Suk. Knöcheltiefer Schlamm, durch den dreirädrige Lieferwagen pflügten, schwer beladen mit Kisten, die die Aufschrift ‹Diamond Pears› trugen; schnelles Beiseitespringen, um nicht den Schwall Urin abzubekommen, der aus dem Rohr des oberen Stockwerks direkt auf die Gasse lief; schlafender Turbanträger, friedlich an seinen ebenfalls müden Esel gelehnt; im neuen Bildausschnitt um die Ecke Licht und Schatten, wie für ein Meisterfoto arrangiert, dazwischen ein spielendes Kind und ein bunter Hahn, die Farben des Hahns im Rock und T-Shirt des Mädchens wiederkehrend.

«Hier begegnen sich Mittelalter und Moderne», merkte Abdulkarim wie ein polyglotter Reiseführer an, auf die von Umweltschäden schwer gezeichnete acht Meter hohe Stadtmauer aus Lehm deutend. Dominierend die Farben des Lehms überall, erdverbunden und warm, berühmt die Architektur der Lehmhäuser, an denen jeder Quadratmeter ein anderes weißes Passepartout aus Arabesken, Schnörkeln, filigranen Ornamenten oder arabischen Inschriften aufweist. Aus dem Mittelalter stammend und, wie Königsgräber und Sphinx, Kölner Dom und Kolosseum, der unaufhaltsamen Zerstörung durch unsere Zivilisation preisgegeben. Unter uraltem Stadttor ein brandneuer Chevrolet, in der Gasse das Aufheulen einer nachtblau-metallic lackierten 1000 ccm-Kawasaki, neben dem Hühnerstall der Farbfernseher und dröhnende Disco-Musik aus Fensterhöhlen, so daß man befürchten mußte, daß der Lehm weggefetzt wird. Leere Cola-Dosen und eine tote Ratte, an der Wand Reklame für Nestlé-Babynahrung, allerdings werden weder die Flaschen sterilisiert, noch das Wasser vor der Milchzubereitung abgekocht, weil niemand die Gebrauchsanweisung lesen kann; Säuglingssterblichkeit je nach Gebiet zwischen 60 und 90 Prozent. Und ist ein Mädchen ernsthaft erkrankt, dann verbietet die Keuschheit den Gang zum Hospital.

«Wie steht es mit Rauschgifthandel im Jemen?» fragte ich harmlos.

«Es heißt bei uns Khat, wir erreichen gleich den Teil des Marktes, wo es verkauft wird.»

«Und andere Kriminalität?»

«Khat ist keine Kriminalität, sondern ein Volksgenußmittel, es ist der Jemen-Whisky, Ersatz für Alkohol. Und sonst passiert nicht viel, weil die Stammesführer das regeln, die Polizei erfährt das nicht. Im übrigen hat das islamische Recht eine vorzügliche präventive Wirkung: öffentliche Hinrichtungen, Amputation von Gliedmaßen, Prügelstrafe.»

Für diese Zwecke finde ich das vom BKA hier eingerichtete teure Kriminallabor besonders effizient, dachte ich süffisant.

Da ich auf dem Markt unter Abdulkarims fachkundiger Beratung für umgerechnet 20 DM ein Bündel Khat-Blätter bester Provenienz aus dem Wadi Dahr erworben hatte, lud er mich zu sich nach Hause ein. In den Nachmittagsstunden fällt der Jemen in eine Khat-Lethargie, es ist eine nationale Lust und für viele einziges Vergnügen in einem kurzen Dasein mit durchschnittlicher Lebenserwartung von 42 Jahren.

Das Lehmhaus der Familie Abdulkarim wies eine bemerkenswerte Raumaufteilung auf: Zu ebener Erde hauste das Vieh, die darüber liegenden kargen Stockwerke waren von Frauen bewohnt, und ganz oben, in den schönsten und klimatisch günstigsten Räumen, ausgelegt mit Teppichen, in einen Zauber von Spektralfarben getaucht durch bunte Scheiben in den Maueröffnungen – machten es sich die Männer bequem.

Abdulkarim hatte Ärger mit seinen zwei Töchtern, es ging um das Brautgeld, denn die beiden Familien, in die sie einheiraten sollten, genössen zwar hohes Ansehen, wollten aber nur umgerechnet 40 000 DM bezahlen.

Wie alt die Töchter denn seien, wollte ich wissen.

«Zwölf und dreizehn.»

«Und sie suchen sich nicht selbst einen Mann?»

«Den bestimme ich!»

Ich tat es Abdulkarim gleich, schob das Bündel Blätter in meinem Mund von einer Backe in die andere, trank Tee, wurde immer müder, empfand den sich im Mund ansammelnden Schleim als lästig, schluckte ihn runter, hatte Magenschmerzen, die sich mit meinen Zahnschmerzen paarten, von Euphorie keine Spur, wahrscheinlich weil Backenzahn und Khat sich gegenseitig zu neutralisieren versuchten und meine Glücksgefühle Opfer dieses Kampfes waren.

Später durchstöberte ich erneut die Reiseapotheke und stieß auf Amoxillat, ein Breitspektrumpenicillin, dessen Beizettel von Infektionen der Harn- und Gallenwege sprach. Von Zahnschmerzen stand natürlich nichts drin, aber ich schluckte es in meiner Verzweiflung, gegen den inneren Rat, nicht mit Kanonen auf Spatzen zu schießen, denn auf Spatzen werde ich nie im Leben mehr anlegen, das war mir schon einmal restlos danebengegangen. Jedoch, es geschah ein Wunder. Als gegen 22 Uhr wegen des Ausnahmezustandes der Fahrzeugverkehr und das damit einhergehende Wetthupen zum Erliegen kamen, kehrte auch in meinen Backenzahn, rechts unten, Ruhe ein. Und als am nächsten Morgen um 6 Uhr die tausendfachen Hupsignale in sich überdrehenden Dissonanzen erneut einsetzten, schlief mein Backenzahn, rechts unten, genau wie auch Andrea, friedlich weiter.

Das Gespräch mit der Polizeispitze (dieses Wort ist auch eine Betrachtung wert) mußte bis gegen Mittag beendet sein wegen der üblichen Khat-Sitzung.

Die Beamten bestätigten, was ich schon wußte, daß Täter wegen Mordes oder Hiraba (Raubüberfalls) öffentlich hingerichtet, ihnen wegen Sariqa (Diebstahls) oder Alkoholmißbrauchs (Shurb al-Khamr) Gliedmaßen amputiert werden und daß die Prügelstrafe üblich sei – 80 Stockschläge erhält zum Beispiel eine Frau für Ehebruch – und daß sich daran bis in alle Ewigkeit nichts ändern wird.

«Haben Sie übrigens gehört, wie unser Innenminister...?» Wie ein Lauffeuer schien sich der Vorfall vor der deutschen Botschaft in dieser relativ kleinen Stadt von 160000 Einwohnern herumzusprechen.

Das vom BKA eingerichtete Labor, ihr Lieblingsspielzeug, Demonstrationsobjekt für das Fernsehen, entbehrt jeden kriminalistischen Sinns, denn der Sachbeweis, im Labor untermauert, wäre dem nach mohammedanischer Gesetzgebung urteilenden Gericht völlig fremd, weil der Prozeß nach uralten Traditionen abläuft. Und wenn das Labor bei einer möglichen Modernisierung der Gerichtsverfassung den Zweck hat, den Dieb um so besser zu überführen, damit man ihm die Hand abhacken kann, ist es genauso fehl am Platz. Ergo sollte man nicht um den heißen Brei herumreden und das Kind beim Namen nennen: Die Millionen, die Polizei und Bundeswehr hier investieren, dienen einzig dazu, das Land dem westlichen Lager zu erhalten. Das mag politisch Usus oder verwerflich sein, die Armen käuflich und erpreßbar machen, das mag der Osten auch so praktizieren: Aber warum gibt sich das BKA für diesen Etikettenschwindel her, und was, bitte schön, habe ich damit zu schaffen?

Nachmittags fuhren wir mit dem Kanzler über Land. Er kommentierte übrigens die Wahrscheinlichkeit der Bestrafung des weiblichen Ehebruchs gelassen: «Die Frauen sehen in ihrer totalen Vermummung alle gleich aus und sind doch überhaupt nicht zu identifizieren, wenn sie ein Haus zum Schäferstündchen betreten.» Schade, ein jemenitisches Vermummungsverbot hätte ich dem Interpol-Chef vorschlagen können, es wäre endlich ein konstruktiver Beitrag des BKA zur dortigen Verbrechensbekämpfung gewesen.

Die Architekten des Jemen haben mit dem natürlichen Architekten der Landschaft offensichtlich Hand in Hand gearbeitet, eine Bergwelt in warmem Lehmbraun, das Material des Bodens und der Gebäude von Dörfern identisch, ineinander überfließend, aus der Ferne wie eine Tarnfarbe wirkend. Es bedarf der Telewirkung einer langen Brennweite, um die Konturen der turmartigen Häuser von einer Felsgruppe zu unterscheiden, wie die Ruinen mittelalterlicher Burgen, unerreichbar von der Straße, eingebettet in eine Talsenke oder trutzig auf der Spitze des Hügels, verlassen aussehend und unwirklich.

Gewitterstimmung über Sanaa. Dunkle Wolken ballten sich vor der Hügelkette, ein Regenbogen verkitschte das Bild, durch einen Wolkenspalt legte sich wie ein Megafotoblitz ein breites Sonnenband über einen Teil der Stadt, brachte die weißen Gebäudeverzierungen zum Erblühen, eine Momentaufnahme, in sich zusammenbrechend durch ziehende Wolken, heftige Regenschauer.

An der Hotelrezeption: «Haben Sie schon gehört... German Embassy... niemand wird dort jemals wieder parken...»

Spätnachmittags am Pool.

Wir hatten uns mit der Schriftstellerin Martha Mamozai verabredet und sprachen mit ihr, die in Djibouti eine Frauen-Selbsthilfegruppe berät, auch über jene schrecklichen Klitorisbeschneidungen, die den Frauen, neben allen anderen Diskriminierungen, auch noch ihre sexuelle Erlebnisfähigkeit nehmen soll. Es sind Frauen, die Frauen so verstümmeln. Oft hatte Martha die Meinung gehört: «Ich fühle mich so sauberer.» Aber es geschehe auch ohne Einverständnis, zum Beispiel im Krankenhaus in Narkose bei einer Blinddarmoperation. Die Erbärmlichkeit, die in der Erniedrigung des eigenen Geschlechts liegt, interpretierte Martha als ‹Ausdruck von Sadismus, gekoppelt mit dem Wunsch, anderen möge es nicht besser gehen als einem selber›.

Aufbruch zum Flughafen, verbunden mit einiger Konfusion, denn der Botschafter lehnte jede Verantwortung für die Weiterreise nach Südjemen ab, da das Fernschreiben an die dortige deutsche Vertretung irrtümlich nicht verschlüsselt worden sei, und wenn die DDR dort meinen Beruf mitlese, sei meine Festnahme vorprogrammiert. Wir stiegen trotzdem in das Flugzeug ein, zuvor hatte ich angestrengt überwacht, daß unser schwerer Koffer auf den Karren tatsächlich verladen und Richtung Flugzeug transportiert wurde.

Das immer wieder neue Abenteuer des Fliegens, hier auf die Spitze getrieben. Vor uns ein unbefestigter Kofferstapel, der bei kleinsten Turbulenzen auf uns fallen konnte, neben mir im Mittelgang eine Ziege, angebunden mittels Hanfseil an meinen Sicherheitsgurt, der dadurch nicht mehr zu benutzen war, etwas weiter entfernt ein großer Pappkarton mit lebenden Hühnern, die so eingeschüchtert wirkten wie wir und denen das Gackern verging. Nur mühselig quälte sich die zweimotorige und hoffnungslos überladene Propellermaschine auf Höhe, die Angst vorm Fliegen, ein Leiden vieler Tiere und Menschen, knisterte in der heißen Luft, und ich dachte zum x-tenmal mit geschlossenen Augen darüber nach, welcher Teufel mich immer wieder reitet und warum ich mir nicht an einem ruhigen Schreibtisch in Wiesbaden einen Dauerarbeitsplatz verschaffe.

Aden, 47 Grad im Schatten. Alle Koffer waren da, nur unserer nicht. Hätte ich zu diesem Zeitpunkt gewußt, daß drei Wochen später dieses Flugzeug der ‹Yemenia› in den Golf von Aden stürzt, wäre mir vermutlich der vermißte Koffer egal gewesen.

Aden scheint von der Hölle nicht allzu weit entfernt zu liegen, die Hitze war satanisch.

Das Hotel ‹Gold Moher› ist eine künstliche Oase in dieser ausgedörrten Stadt, internationaler Treffpunkt (sicher auch der Spionage), Regierungshotel, Luxusbleibe für höhere Experten der Ostblock-Entwicklungshilfe zum sozialistischen Einheits- und für kapitalistische wie mich zum gepfefferten Wucherpreis. Das kalte Buffet, so wurde mehrfach angeraten, dürfe man nicht versäumen.

Nach allen Regeln der Bonne cuisine de Madame Saint-Ange begann es mit einem wundervoll dekorierten, buntgefiederten Fasan und endete nach was weiß ich wie vielen Freß-Metern mit einem Spanferkel, dessen stupider toter Gesichtsausdruck mir den Appetit verdarb.

Das ist sie, die Nomenklatura, die Welt der Funktionäre. Draußen die hungernde Bevölkerung in der Höllenhitze am Südzipfel der Arabischen Halbinsel, streng erzogen in reiner sozialistischer Ideologie und rigide kontrolliert, drinnen klimatisierter Überfluß.

Das Who's who dieser Abendgesellschaft war schwer auszumachen, aber sicher handelte es sich bei den Einheimischen um Regierungsbeamte, im übrigen überwiegend in Begleitung einer Frau, höchstwahrscheinlich stammte der Herr mit sächsischer Mundart aus der Gegend von Dresden, und ganz bestimmt war das lustige Dutzend am Nachbartisch in Rußland zu Hause. Nur ihr Politoffizier blieb stocknüchtern, kontrollierte alles und organisierte den Abtransport, sobald einer wodkaselig unter den Tisch sank. Tapsig wie ein Bär, sehr freundlich und immerzu verschmitzt lachend, tanzte einer der Russen mit Andrea, während ich mich einer sentimentalen Stimmung und der Vision überließ, daß ‹alle Menschen Brüder› seien, die Völker nichts als Frieden wollten, wenn das die Regierenden nur begriffen – so ein Quatsch, rief ich mich zur Ordnung, das alles hier ist Schein, weil die Welt nun mal so nicht ist.

Friedrich Huber ist zwischendurch wieder aufgewacht und hat meinem Bericht über Schein und Sein sehr aufmerksam und, wie ich merke, beeindruckt zugehört.

«Da kann man ja richtig neidisch werden, unsereiner als Abteilungsleiter hat keine Möglichkeit, solche exotischen Länder kennenzulernen.»

«Dafür hast du eben andere Privilegien», antworte ich nicht unfreundlich.

«Aber die Datscha auf Regierungskosten, wie dort üblich, soweit geht's bei uns nun doch nicht», meint Huber.

Ich habe sogleich die Wohnsiedlungen rund um das BKA vor Augen, BKA-Ghetto genannt, die allesamt im sozialen Wohnungsbau errichtet wurden, obwohl kaum einer der sich in der Nähe des Mutterhauses wohl fühlenden Kriminalkommissare und Kriminalräte tatsächlich die Voraussetzungen für verbilligte Mieten erfüllt. Aber ich erzähle Huber etwas anderes:

«Da steht morgens immer ein roter Mercedes in der Sicherheitszone, wenn ich vom Parkplatz komme, der holt jemanden ab, der direkt gegenüber vom BKA-Eingang in dem Haus für Bundesbedienstete wohnt. Neugierig habe ich den Fahrer einfach gefragt, es ist einer der Chefs eines anderen Bundesamtes, Besoldungsgruppe B-8 oder so, ungefähr zwölftausend brutto.»

«Und du meinst, das ist sozialer Wohnungsbau?»

«Ja, was denn sonst?»

«Das finde ich eine Sauerei.» Huber läßt die sonst übliche Solidarität der B-Gruppen-Bonzen vermissen und überrascht mich, auch wenn ihm nicht aufstößt, wie unangenehm es eigentlich sein muß, vis à vis des BKA zu leben.

«Wo wohnst du eigentlich?» fragt er mich.

«In der Innenstadt von Mainz.» Ich habe nicht vor, ihm mehr darüber zu offenbaren.

«Warum in Mainz und nicht in Wiesbaden?»

«Weil Wiesbaden eine protzige Beamtenstadt ist, wo die Hundescheiße auf dem Gehweg die Hauptsorge der Bürger zu sein scheint.»

Ich stelle mir Huber im Wiesbadener Kurpark vor. Sonntagnachmittagsspaziergang in Krawatte und Anzug, Rudern auf dem Kurparkweiher, Wasserfontäne. Heile Welt des Bürgertums. Wege ohne Hindernisse (man geht rechts), Wiesbaden ohne Schmutz, Beete ohne Unkraut, Menschen gesund und sauber, dezent, Kinder dressiert, kein lautes Wort, keine Emotionen, satte Zufriedenheit, peinliche Wohlhabenheit, Kurorchester, Kurhaus, Spielbank, Feuerwerk. – Erinnerungen tauchen auf:

Die vornehme Atmosphäre von Zürich, Ottawa oder Boston, teils auch Washington, aber ganz besonders Südafrika: Pretoria, Kapstadt, Durban. Jene Potemkinschen Kulissen der Privilegierten, vorgeschoben auf Staatstheater-Bühnen, schreiende Ungerechtigkeit verdeckend ...

Nur die frechen tschilpenden Spatzen stören die Ordnung des Kurparks. «Schau, die Sonne ist warm, und die Lüfte sind lau, geh' mer Tauben vergiften im Park ...»

Hinterlistig frage ich Huber: «Gehst du gern in den Kurpark?»

«In den Kurpark? Um Himmels willen, das ist mir zu langweilig!»

Der ‹Zwinkerer› kommt rein, bedeutet mir, mich auf den Stuhl zu setzen, er wolle mir die Haare schneiden. Er hat eine kleine Schneidemaschine dabei, vielleicht bei einem Friseur ausgeliehen, und bei dem weiteren Hin und Her mit Zeichen stellt sich heraus, daß Kopf- und Barthaare gemeint sind. Ich weigere mich, er holt Jamal zum Dolmetschen. Ich verlange einen Spiegel, dann könne ich das selber machen. Das wird abgelehnt. Dann schlage ich vor, Huber und ich könnten uns gegenseitig die Haare schneiden, auch das wollen sie nicht. Nun versuchen sie es bei Friedrich, aber auch er verweigert sich. Wir verlangen nach dem ‹Chef›, doch der ist nicht da. Der ‹Zwinkerer› geht in die andere Garage und bedient in aufgeregtem Arabisch ein Funkgerät, während Jamal uns sagt, das sei ein Befehl von ganz oben, und wir sollten keine Schwierigkeiten machen.

Ich fühle mich schlecht. Dies ist ein weiterer Eingriff in meine Intimsphäre, es ist ein neuer Schritt zur Entpersönlichung und endet bei Gehirnwäsche.

«Das glaube ich auf keinen Fall», meint Friedrich, «es hat nichts damit zu tun, sondern sie wollen nur dokumentieren, daß wir Gefangene sind, daß sie die Macht über uns ausüben, und vielleicht denken sie auch an Flucht, wollen uns vorbeugend ‹zeichnen›.»

Ich frage mich, wie eine Flucht möglich sein soll, wir sind hier ‹geparkt›, dürfen die eine Garage nie verlassen, nicht einmal, um unsere eigenen Exkremente wegzubringen. Mindestens zwei der Wächter sind immer schwerbewaffnet da, tagsüber oft alle fünf. Das Tor ist ohne Werkzeug nicht zu öffnen, das Wellblech des Daches ebenfalls verschraubt. Ich habe es schon überprüft, die Muttern sind eingerostet und lassen sich auf keinen Fall mit Fingern allein drehen.

Die Ohnmacht kocht eine unheimliche Wut in mir hoch. Ich fühle mich geistig vergewaltigt, es passiert etwas mit mir höchstpersönlich, was nur mich etwas angeht und worüber nur ich zu entscheiden habe. Ob meine Haare lang oder kurz sind, ist meine ureigene Sache, auch vom BKA habe ich mir da nicht reinreden lassen.

Es dauert fast zwei Stunden, bis der ‹Chef› erscheint, schwitzend und kurzatmig. Die lange Wartezeit ist ein Glück, denn inzwischen hat mir Friedrich klargemacht, daß es schwachsinnig sei, zusammengeschlagen zu werden, also wertvolle Kräfte zu vergeuden mit dem Ergebnis, daß sie sich notfalls doch durchsetzen, und sei es im Stadium unserer Bewußtlosigkeit.

Der ‹Chef› beruft sich auf einen Befehl und ordnet an, daß der ‹Zwinkerer› erst Friedrich und dann mir die Haare schneidet, sofort und auf der Stelle.

Die Erledigung der Sache grenzt ans Groteske und nimmt den restlichen Tag in Anspruch. Der Apparat muß nämlich aufgeladen werden und macht alle paar Minuten schlapp. Es gibt aber kein Ladegerät, und offensichtlich ist es dort nicht entbehrlich, wo sie ständig zum Aufladen hinfahren müssen. Ich habe sogar die Kraft zu sagen: «Du wirkst auf mich wie einer, der in Sing-Sing entsprungen ist», als Huber endlich fertig ist, und muß etwas lachen, in erster Linie, weil er so gar nicht mehr aussieht wie ein BKA-Abteilungspräsident.

Während der Prozedur an mir selbst habe ich Phantasien von Zwangsernährung hungerstreikender Häftlinge oder gewaltsamer erkennungsdienstlicher Behandlungen, eine Gewalt, die die verzerrten Gesichter auf den dreifachen Fotos meiner ‹Zentralen Lichtbildsammlung› vermuten ließen, auch wenn sie auf dem Bildausschnitt nicht sichtbar wurde und nur hier und da eine abgebildete brutale Hand im Haarschopf mich ins Bild setzte. Als das peinigende Werk vollendet ist, spucke ich dem ‹Zwinkerer› vor die Füße. Ich merke, wie Friedrich die Luft anhält, aber die drei Wächter lassen es geschehen.

Der Akt des Spuckens ist eine Erleichterung für mich, ich habe sozusagen das letzte Wort in einer Sprache, die sie verstehen.

Fast grenzt es an Wiedergutmachung, als uns Jamal am nächsten Tag eine ältere Zeitung mitbringt. Ich übersetze Friedrich jede Zeile aus ‹Le Reveil›, sauge jede Nachricht auf, in welcher Gegend der Welt der Papst gerade den Ärmsten der Armen zuruft: «Seid fruchtbar und mehret Euch!», daß Deutsche Indien beim Bau der Wasserstoffbombe, Libyen beim Bau einer Giftgasfabrik und dem Irak mit der Lieferung von Bio-Giften helfen und daß die Liebe zwischen Richard Burton und Liz Taylor eine verzehrende war. Von uns beiden steht natürlich nichts drin, wir sind so wichtig wie ein Sandkorn in der Bekaa-Ebene. Dafür gibt es aber eine Jahresübersicht 1988, nach welcher der Bürgerkrieg im Libanon insgesamt 3758 Tote und 5419 Verletzte forderte, 3127 Autobomben mit einer Sprengkraft von 20688 kg explodierten, 7396 Autos geklaut oder geraubt, 2677 kg Haschisch und 50 kg Heroin sichergestellt sowie 1433000 falsche US-Dollar konfisziert wurden. Von 14 Aidsfällen (hier heißt es Sida) verliefen 8 tödlich. ‹Huit des quatorze personnes atteintes du sida sont décédées.›

Unbedruckte Teile des Zeitungspapiers trenne ich säuberlich ab und beginne mit Notizen über unsere bisherige Geiselhaft, wobei ich mir ausmale, wie eines Tages ein Ausriß davon im ‹Stern› abgedruckt wird. Kugelschreiber und Papier deponiere ich in meinem bewährten Versteck auf der Mauer unter dem Wellblechdach.

«Wir sollten mal wieder diskutieren», schlägt Friedrich vor, «dann vergeht die Zeit sinnvoller.» Ich habe wenig Lust, bin müde, auch tagsüber, aber er erwähnte neulich den ‹Weißen Ring›, ist ja auch ziemlich egal, was wir machen, also frage ich danach.

«Ich arbeite für den ‹Weißen Ring›, und es macht mir Spaß, weil man wirklich etwas bewirken kann.»

«Aber», entgegne ich, «da steckt der XY-Zimmermann dahinter, der ‹Denunziant der Nation›, der vermarktet doch alles und jeden, da bin ich sehr mißtrauisch.»

«Die XY-Sendung hat sich doch als Fahndungsmittel bewährt, ich weiß gar nicht, was du willst.» Huber ist mal wieder an dem Punkt angekommen, mich als Menschen von einem anderen Stern zu sehen, jedenfalls was kriminalistische Fachurteile angeht. Er kenne niemanden im BKA, der die Sendung nicht gut findet.

«Weißt du, im Dritten Reich gab es das Blockwartsystem, da war man auch dazu aufgerufen, den Nachbarn zu bespitzeln.»

Aber er läßt sich nicht auf die Vergangenheit ein, lächelt in bekannter Weise und meint: «Im ‹Weißen Ring› kümmern wir uns um die Opfer, das ist eine dankbare Aufgabe.»

Mehr des Kontras wegen, es gäbe dazu eigentlich Differenzierteres zu sagen (zum Beispiel könnte man einen Strafgefangenen sehr wohl beeinflussen, wenn man ihm Zeit, Aufmerksamkeit und Zuwendung ‹opfern› würde, statt dessen werden Leute nur ‹verwahrt›, auf 80 Gefangene kommt ein Anstaltspsychologe), erwidere ich: «Es wäre besser, intensiver den Tätern zu opfern, dann hätten wir weniger Opfer für die Opfer nötig.»

Jetzt rastet er aus, weil Grundsätzliches berührt, Gesinnung angesprochen ist, und kramt seine Worthülsen hervor, bezeichnet mich als ‹politischen Salonkriminalisten›, von denen es viel zu viele gebe, die die ‹Harfe der Kriminalitätsbekämpfung spielen wollen, ohne es zu können›, spricht vom ‹moralischen Niedergang beträchtlicher Bevölkerungskreise, was nur durch polizeiliche Kontrolle und Abschreckung abgewehrt werden könne›. Seinen Standardspruch wandelt er leicht ab: «Barmherzigkeit gegen Täter ist Grausamkeit gegen Opfer.»

Jetzt ist er mir so fern wie die Milchstraße, aber ich bin müde, will mich nicht auf dummes Zeug einlassen, frage ihn statt dessen: «Wie sieht es denn konkret aus, dein Engagement für die Opfer?»

«Da gibt es zum Beispiel eine ältere Frau, die bei einem Handtaschenraub so schwer stürzte, daß sie querschnittsgelähmt ist. Ich habe ihr, übrigens in Mainz, eine neue rollstuhlgerechte Wohnung besorgt, erforderliche Umbauten hat der ‹Weiße Ring› übernommen.»

Nun muß ich zugeben, daß es mich doch beeindruckt, was er als TE-Abteilungspräsident, quasi ohne eigenen Vorteil, bewirkt hat.

«Wärst du schon mal Opfer gewesen, würdest du anders daherreden!» meint Huber.

«Wenn ich Opfer war», überrasche ich ihn mit der Antwort, «habe ich das meist als meinen Beitrag zur Entwicklungshilfe angesehen, wie die Dollars auf dem Indio-Markt in Quito oder auf dem Flug von Port Moresby aus in die Highlands in Papua-Neuguinea, da haben mich arme Leute beklaut. Böse war ich eher der Airline-Crew, die im ‹Sheraton› Nairobi hinter mir an der Hotelkasse stand und meinen (mir von Andrea geschenkten) silbernen Kugelschreiber verschwinden ließ, vermutlich sogar der Chef-Pilot höchstpersönlich. Und als in Uganda geschossen wurde, das war auch nicht gerade angenehm.»

«Auf dich geschossen?»

«Das ließ sich nicht feststellen. Ich stand in Kampala mit dem Botschafter im Garten, als zwanzig Meter von uns weg zwei Feuerstöße aus einer MP abgegeben wurden. Wir sind sofort in Deckung hinter eine Mauer gesprungen.»

«Es ist dir aber nie was Schlimmes passiert?»

«Weniger schlimm als aufregend, da war die Sache mit dem Impfausweis, eine längere Geschichte.» Ich habe eigentlich keine Lust, sie jetzt zu erzählen, aber Huber will sie unbedingt hören, nachdem er kleinlaut zugibt, daß seine Eigenerfahrungen als Opfer eher gering sind.

«Also gut», fange ich an, «die Story mit dem Impfausweis nahm ihren Anfang in Brazzaville. Jeder warnte mich vor der Fähre über den Kongo, sie war restlos überfüllt, überwiegend Diamantenschmuggler aus Zaïre, rough people, die Spannung war fast mit den Händen zu greifen, sie standen immer kurz vor einer Schlägerei. Ich beobachtete den Tiefgang des Schiffes, nicht ohne Sorge wegen der zahlreichen, aber unsichtbaren Krokodile in dem rotbraunen Wasser. An der Anlegestelle in Kinshasa wurde ich ungewollter Zeuge erst einer Prügelei und dann eines Raubes. Vier Männer schlugen einen anderen zusammen, um dann aus seiner Jackentasche eine Stange Zigaretten zu ziehen. Zwei Polizisten in der Nähe drehten sich um und schlenderten davon.»

«Unglaublich!» entfährt es Huber, weil es ihn persönlich verletzt, wenn jemand sein Berufsbild trübt.

Ich halte inne, meine Gedanken schweifen ab: Zaïre ist fest verankert im westlichen Bündnis, Zaïre wird regiert von einem korrupten Diktator. Dies ist kein Widerspruch, wie ich in einem mühseligen Denk- und Lernprozeß zu begreifen suche. Und wenn sich Diktatur und westliches Bündnis nicht gegenseitig ausschließen, ist Logik im Spiel. Also bin ich gezwungen zu folgern, daß die Millionen an Polizei- und Militärhilfe für Folterknechte Sinn machen. Wenn es ferner richtig ist, was ich lese, daß die bayrische Polizei Zaïre beim Aufbau einer Anti-Terror-Einheit geholfen hat, dann ist logisch, daß die Schergen des Diktators, die sich ‹Agence nationale de documentation – AND› oder ‹Service d'action de Renseignements militaires – SARM› nennen, zum Beispiel Demokraten als Terroristen bekämpfen, die der ‹Union pour la démocratie et le progrès social – UDPS› angehören, was zwangsläufig zu einem Zirkelschluß führt und meine Sicherungen durchbrennen läßt, denn vermeintlich sind die vom westlichen Bündnis doch auch Demokraten, und wo bleibt da die Logik?

Oder ganz profan ausgedrückt: Wenn die bayrische Polizei indirekt dazu Hilfe leistet, daß einem UDPS-Anhänger in einem SARM-Gefängnis die Haare am Kopf mit einer Glasscherbe geschoren werden, dann ist das eine Ungeheuerlichkeit.

Und noch anders durchdacht: Unsere Wächter verhalten sich im Vergleich dazu wie ein Nobel-Coiffeur in der Wiesbadener Wilhelmstraße.

Aber es gibt noch weitere Dinge, die mein schlichter Polizistenverstand nicht begreifen will. In Zaïre und anderen afrikanischen Staaten gilt Südafrika als Erzfeind. Das hindert Zaïre aber nicht, sich südafrikanischer Experten, ausgestattet mit britischen Pässen, sehr freundschaftlich im Diamantenabbau zu bedienen. Genauso bleibt mir die Freundschaft zwischen Südafrika und Israel ein Rätsel, dessen Volk unter ähnlichen Rassegesetzen, wie sie der Apartheid-Staat anwendet, fast ausgerottet wurde. Allerdings kann Freundschaft auch auf Rüstungsindustrie gründen, und alle Militärs der Welt sprechen, wie auch Polizisten, dieselbe Sprache.

Ich bin müde, ich will das alles mit Huber nicht diskutieren, ich klammere es ganz einfach aus und begebe mich wieder auf die Rückreise von Kinshasa nach Brazzaville, meine Armbanduhr vorläufig weiter in der Hosentasche, damit sie mir nicht brutal vom Arm gerissen wird, ein in Zaïre alltäglicher Sport.

«Aber ich wollte dir eigentlich erzählen, wie mein Impfpaß geklaut worden ist.»

«Ja, genau, deine Opfer-Rolle», sagt Huber, der sich über mein langes Schweigen gewundert haben mag.

«Das muß sich auf der Fähre zugetragen haben, nachdem mir der Grenzbeamte endlich meinen Paß ausgehändigt hatte, aber erst nachdem ich ihm ein Geldgeschenk gemacht hatte.»

Dies quittiert Huber mit einem unwilligen Murren.

«Daß der Impfpaß fehlte, merkte ich erst zwei Stunden später auf dem Flughafen Brazzaville beim Einchecken zur Weiterreise nach Luanda. Mir war klar, so streng wie das damals in Afrika gehandhabt wurde, daß ich ohne Impfpaß in Angola nicht einreisen konnte. Dicke Schweißtropfen rannen mir zwischen den Schulterblättern hinunter, noch eine halbe Stunde bis zum Start des Flugzeugs! Ich suchte und fand den Chef der Gesundheitspolizei, schob ihm ohne große Skrupel einen 20-Dollar-Schein über den Schreibtisch, woraufhin er sich sofort hinsetzte und handschriftlich bestätigte, daß und wann ich gegen Cholera, Gelbfieber und sonstige Unarten geimpft worden bin. Der Stempel ‹Le Chef de Service de Police Sanitaire aux Frontières de l'Aéroport International de Maya-Maya République Populaire de Congo Brazzaville› war genauso eindrucksvoll wie die Unterschrift groß.

Während des Fluges schaute ich mir das Papier näher an und mußte die Fälschung nochmals fälschen, weil ich laut meiner Paßdaten zum Zeitpunkt der einen ‹Impfung› bereits unterwegs auf Reisen war. Diesmal hatte ich ein schlechtes Gefühl, der in der DDR ausgebildete angolanische Staatssicherheitsdienst hatte vielleicht gerade auf eine solche Gelegenheit gewartet. Mit schlotternden Knien quittierte ich bei der Health-Control des Flughafens Luanda dankbar die durchwinkende Handbewegung eines schlaksigen Angolaners.

Bei der Botschaft stellte ich mir dann selbst mit Botschaftssiegeln eine Totalfälschung des gelben Impfbuches aus. Es gab keine Beanstandungen auf der Weiterreise, und ich genoß das Triumphgefühl, das ein Betrüger hat, wenn seine Masche zieht.»

«Hhm.» Huber akzeptiert vielleicht, daß es auch von Vorteil sein kann, wenn man sich durch Bestechung aus der Klemme hilft, wird aber einer Antwort durch Jamal enthoben, der das Abendessen ‹serviert›, nein, kein Chicken-Sandwich, sondern Käse mit Tomaten. Ich denke an das geheime Folter-Zentrum Deuxième Cité de l'Ova in der Nähe des Präsidentensitzes in Kinshasa, wo man in dieser Sekunde vielleicht gerade UDPS-Leute quält, ‹weil sie Krawatten trugen›, was nach Ansicht des Nationalen Sicherheitsdienstes gegen die Landessitten verstieß. Ich gestehe mir ein, daß Isolationshaft im Vergleich dazu eine leichte Form psychischer Folter ist.

Später, kurz vor dem Einschlafen, geht es mir wieder schlechter. Die quälende Ungewißheit über die Dauer unserer Haft, das Zurückhalten jeder Nachricht aus Deutschland durch die tatsächlich oder vermeintlich unwissenden Wächter, dieser zähe teigige Ablauf der Tage, der es verbietet, das Wort Freiheit auch nur zu denken, weil man sonst verzweifelt, dieses Wort, das trotzdem wie eine Flammenschrift ständig an der Wand der schmuddeligen Garage leuchtet. Dann kriecht wieder der schwarze Wurm der Eifersucht in mich, ich sehe Andrea im Bett von Jorgos, es kann ja nur so sein, wie soll sie bei ihrem Temperament denn auch ohne Mann leben. Ich reiße mich von dem Bild los, da ist es fast noch besser, sich mit dem BKA zu beschäftigen.

Es mag in anderen Berufen auch vorkommen, mir jedenfalls versaute das BKA den ganzen Tag. Ich fühlte mich wie ein weißer Rabe unter vielen schwarzen Raben, die mich anschauten und wissen wollten: «Warum bist du nicht so wie wir?»

Voller Selbstzweifel fragte ich mich ab und zu, ob es vielleicht an mir liege, aber dann hörte ich zum Beispiel Walter sagen, der eine Gruppe kenianischer Polizeioffiziere in Frankfurt abgeholt hatte: «Ich habe die Angebrannten ins Konferenzzimmer gebracht!» Oder Lothar über die Wahl des chilenischen Geheimdienstchefs in das Interpol-Exekutivkomitee: «Martinez ist ein gestandener Polizist!» Auch Jens über seinen Flug von Amsterdam nach New York: «Also stellt euch vor, das Flugzeug war zur Hälfte mit Schwarzen besetzt – also nicht, daß ich etwas gegen Neger hätte!» Sprache ist verräterisch.

Da waren auch die Widersprüche zwischen den Worten und den Taten. Man sprach sich auf der einen Seite für die Friedensbewegung aus und kommentierte beim MP-Schießen, genüßlich auf die Scheibe haltend, das Trefferergebnis mit «Jetzt habe ich ihm die Eier weggefetzt!» Ganz zu schweigen von Simon, der jeden Sonntag in die Kirche rannte, aber die Todesstrafe für Terroristen als einzig adäquate Reaktion vertrat.

Und da war der Fall von Manfred.

Manfred gehörte der IDKO an, jener Identifizierungskommission des BKA, die bei Katastrophen zum Einsatz kommt. Ich konnte mich immer davor drücken, denn nach offizieller Behauptung ist die Mitgliedschaft freiwillig, aber in Wahrheit bestimmt es oft einfach ein Vorgesetzter, und es wundert mich eigentlich, daß sich Simon diese Gelegenheit hat entgehen lassen.

Manni hatte geholfen, die Leichen bei den Flugzeugabstürzen in Nairobi und Zagreb zu identifizieren, und 1978 flog er mit nach Spanien, wo ein Tanklastzug auf den Campingplatz Los Alfaques gerast und explodiert war. Bei der tagelangen grauenvollen Arbeit in brütender Hitze wurde massenweise das Desinfektionsmittel ‹Formalin› verwendet.

Ein Jahr später erkrankte Manni an Krebs. Sechs Jahre lang kämpfte der ehemalige deutsche und europäische Judomeister zäh und geduldig gegen die Krankheit an, zuerst durch Bestrahlung, dann durch Chemotherapie und zum Schluß mit Interferon, zweimal in der Woche von künstlich erzeugtem hochgradigem Fieber geschüttelt und gebeutelt. Die Krankheit kam mehrmals zum Stillstand, brach wieder aus und hat zum Schluß gesiegt.

Es ist schwer, mit jemandem umzugehen, der vom Tod gezeichnet ist. Manni litt unter der Gleichgültigkeit und Oberflächlichkeit der anderen. Sie waren zwar freundlich, aber er fühlte, daß er ihnen zur Last wurde, daß sie sein Leiden im Grunde nicht sehen wollten, weil sie zum Mitleid nicht bereit waren. Er spürte, daß er ihre seelische Ausgeglichenheit, böser gesagt, ihre ‹Bierruhe› störte. Manni sollte zu Hause bleiben und die Krankheit mit sich alleine ausmachen, auch wenn ihm das schwerfallen mußte, zumal er die Abwechslung des Dienstes brauchte, um von seinen Schmerzen abgelenkt zu werden.

Das Desinfektionsmittel ‹Formalin› gehört zur ‹Formaldehyd-Gruppe› und ist als krebserregend hochgradig verdächtig. Die Krebsbildung bei Tierversuchen mit Ratten ist nachgewiesen («Die durch stark schleimhautschädigende Konzentrationen von ‹Formaldehyd› nach chronischer Exposition im Nasenepithel bei Ratten verursachten Tumoren...»). Die krebserzeugende Wirkung auf den Menschen gilt als umstritten, weil die Zahl bisher untersuchter Probanden sehr gering ist, Menschenversuche zu gefährlich wären und industrielle Interessenvertreter die Harmlosigkeit des Stoffes zu beweisen versuchen.

Manni hat auch den Kampf verloren, seine Krankheit als Dienstunfall anerkannt zu bekommen. Allerdings hat ihn das BKA vorzeitig befördert.

Zwei Jahre nach Manni starb der Leiter der IDKO ebenfalls an Krebs.

Irgendwann hatte ich die Besuche in Folterstaaten genauso satt wie diesen Simon und die Rauschgiftbekämpfung. Ich wollte nicht mehr ‹Mr. BKA› im Ausland sein, ich wollte nicht mehr Beweisen als Beruf ausüben und keine Karriere machen, auch nicht den ‹Marsch durch die Institutionen›. Ich resignierte an einem bestimmten Tag.

Wir suchten damals eine bestimmte Statistik, Simon war in Urlaub, seine Sekretärin durchstöberte die Schubladen seines Schreibtischs, ich stand daneben. Zufällig hielt sie ein Papier in den Händen, ich erkannte sofort das Schriftbild, es war mein Original-Bericht an die Amtsleitung, nunmehr neun Monate alt, meine Reaktion auf den Zensur-Erlaß, mein Protest, daß man nicht Hintergründe von Todesschwadronen, Massengräber, Folter, Mord und Verschwundene in El Salvador unterdrücken könne, ohne eine Fälschung zu begehen. Simon hatte den Bericht einfach nicht weitergeleitet.

Ich warf das Handtuch und bat um meine Umsetzung.

Zunächst bot man mir eine Tätigkeit in der Besucherbetreuung an. (1. Gebot des BKA: Du sollst deine Besucher ehren, auch wenn es Polizisten aus Südafrika sind.)

Dann wollte man mich für Personenschutzaufgaben erwärmen, schließlich landete ich bei der zentralen Lichtbildsammlung, die, weil sie eine Institution sein will, sich eigentlich mit großem Z schreibt.

Das also war mein neuer Arbeitsplatz! Sie wandern alle über meinen Schreibtisch, die bundesweit von der Polizei Fotografierten, es ist eine große Familie. Ich dachte, jetzt meine Ruhe zu haben, nicht mehr ‹Mr. BKA› zu sein und mich zurückziehen, raushalten zu können. Aber es ging nicht. Ich fing an, in ihren Gesichtern zu lesen, versuchte, ihre Gedanken zu erraten, ahnte, was alles bis zu dieser Momentaufnahme geschehen war, was nie zur Sprache kam, weil es weder die Polizei noch den Staatsanwalt, noch den Richter interessierte. Oft sah ich es den Augen an, was sie fühlten, besonders denen, die das Etikett kriminell erhielten, aber in Wahrheit kriminalisiert wurden: der Marihuanaraucher, der schwangerschaftsunterbrechende Arzt, der Nötiger, der für fünf Minuten durch Sitzen vor dem Tor in Mutlangen zwei Lkws blockiert hatte, weil er gegen Atomraketen protestierte.

«Und du bist der geborene Idiot!» beschimpfte ich den mir über die Schulter schauenden Kollegen, der meinte, es gäbe ihn doch, den geborenen Verbrecher.

Ich suchte und suchte. Verdammt noch mal, es gibt doch Richtlinien für erkennungsdienstliche Behandlung, Beschuldigte muß man doch ... Lichtbilder, Fingerabdrücke, das Übliche. Ich fand die Bilder nicht: Graf Lambsdorf, Fridrichs, Flick, von Brauchitsch. Ich war deprimiert. Die Zentrale Lichtbildsammlung mit großem Z taugt nichts, sie ist wertlos, wenn sie solche Lücken aufweist! Und das, wo ich ein Perfektionist bin! Ach so, und der Zimmermann, objektiv hat er doch ... Den fand ich auch nicht!

Ich liege wach, Gedanken über den Innenminister und unseren Rechts-Staat gehen mir durch den Kopf, Huber schnarcht, daß die Wellblechplatten des Garagendachs zu vibrieren scheinen. Die Haft, die Isolierung, das Fixiertsein auf Huber und die Wächter als einzige Lebewesen rückt Deutschland weit, weit weg. Aber gerade deswegen ist die Konzentration auf bestimmte Punkte möglich, verschärft und nicht abgelenkt von Reizüberflutung, Überfütterung mit Nachrichten, dem Problem der Selektion des Wichtigen vom Unwesentlichen zu Hause.

Korrelationen werden mir klarer. Da erklärte der Regierungssprecher in Bonn, die Waffen-SS sei eine kämpfende Truppe und keine Verbrecher gewesen, und erhielt Beifall von der NPD in ihrem offiziellen Organ ‹Die Stimme› ... Da wurde die ‹Hilfsgemeinschaft auf Gegenseitigkeit der ehemaligen Soldaten der Waffen-SS e.V. (HIAG)› vom Innenminister im Verfassungsschutzbericht nicht mehr als rechtsextremistisch aufgeführt ... Da ist der Schriftleiter der HIAG-Zeitschrift ‹Der Freiwillige› vom Bundestagspräsidenten mit dem Bundesverdienstkreuz 1. Klasse geehrt worden ... Da wurde der Lageradjutant des KZ Maidanek wegen Beihilfe zur Vergasung von mindestens 70, aber wahrscheinlich 380 Personen mit Zyklon B zu nur vier Jahren Haft verurteilt, ein Haftbefehl gegen ihn nicht erlassen... Da bestätigte der Bundesgerichtshof das «Lebenslang» gegen einen anderen auf freiem Fuß befindlichen Nazi-Verbrecher und ließ ihn vorher untertauchen... Da setzte sich ein junger Mediziner in einem Vortrag mit der Rolle der Ärzte im Dritten Reich auseinander und wurde von Ärztekammern diffamiert und fast in den Ruin getrieben... Da liefen Polizeibeamte scharenweise zu den ‹Republikanern› über... Man braucht sich auch nicht zu wundern, wenn der ‹Fahndungswert› flüchtiger Terroristen vier Millionen und der eines flüchtigen NS-Verbrechers zehntausend DM beträgt.

Wenn die Verhältnisse nun mal so sind, warum rege ich mich überhaupt auf, daß Bonn das Recht zur Telefonüberwachung ausweiten und verdeckte Ermittlungen auch ohne konkreten Tatverdacht einführen will? Die Pläne hierzu stammen vermutlich aus dem BKA. Jedoch funktioniert das Innenministerium mit seinen Bundeswehroffizieren der Reserve genauso wie das BKA unabhängig von politischen Wenden, ein interessantes Phänomen.

In der Nähe unseres Gefängnisses liegt eine Moschee. Es ist jetzt gegen fünf Uhr früh, der Muezzin beginnt seine Aufforderung zum Gebet in einer für meine Ohren klagenden Monotonie, die allerdings eine Tonkonserve von schlechter Qualität erzeugt, bei der mit einem lauten ‹Knack› das Ein- und Ausschalten ebenfalls über die Lautsprecher tönt. Immerhin hört Huber jetzt zu schnarchen auf, wälzt sich unruhig hin und her. Ich habe keine Vorstellung, in welchem Teil von Beirut unser Versteck liegt. Schießereien und damit die Greenline sind weiter entfernt, manchmal habe ich das Gefühl, daß wir nur wenige hundert Meter vom Meer weg sind. Ich will mich jetzt über meine Schlaflosigkeit nicht ärgern, eigentlich ist es in meiner Situation egal. Ich merke, wie meine Gedanken springen, möchte mich konzentrieren, zum Beispiel auf das BKA.

Das Reichssicherheitshauptamt (RSHA) ist Vorgänger des

BKA gewesen, doch darüber redet keiner, die Vergangenheit ist bei der Polizei tabu, eine Diskussion findet nicht statt, schon gar nicht im BKA.

In der ‹BKA-Hauslese-Zeitschrift für Mitarbeiter und Pensionäre› wurde zum 40. Jahrestag der ‹Reichskristallnacht› eine Meldung des Chefs der Sicherheitspolizei vom 11.11.1938 veröffentlicht, die das Ergebnis des Pogroms zusammenfaßt; purer Alibismus, eine kommentarlose Veröffentlichung, die keine Verbindung zur Rolle der Polizei herstellte – eine verpaßte Chance.

Die Gewerkschaft der Polizei griff das Thema auf, aber sie hätte es besser gelassen, denn sie schrieb, daß ‹die Polizei ja nicht einschreiten durfte, ihre Pflicht zu tun, sondern tatenlos zuschaute, wie gemordet, geprügelt, gebrandschatzt wurde..., denn DER FÜHRER WÜNSCHT, DASS DIE POLIZEI NICHT EINGREIFT›.

Es waren zwei Männer, die alle Fäden spannen zwischen Besatzungsmacht und neuer Bundesregierung, bis das BKA 1951 aus der Taufe gehoben werden konnte: Paul Dickopf und Rolf Holle. Später schrieben sie ein Buch über das BKA, in dem über die Nazizeit auf knappen Seiten lediglich dargelegt wird, wie die Reichskriminalpolizei organisiert war. Aus gutem Grund haben sie ihre eigene Rolle verschwiegen, nämlich gemeinsam den 13. Kommissarlehrgang 1938/39 zusammen mit Gestapo-Leuten in der ‹Führerschule der Sicherheitspolizei Berlin-Charlottenburg› erfolgreich absolviert zu haben; dort wurde SS-Uniform getragen, und automatisch wurden sie SS-Untersturmführer. Versteht sich, daß sich zu ihnen nach 1945 weitere alte Kameraden gesellten, die dann auch wichtige Führungspositionen im neuen BKA besetzten und wiederum alte Kameraden nach sich zogen. Immerhin avancierte Dickopf später zum BKA- und Interpol-Präsidenten und Holle zum Abteilungs-Präsidenten. Das BKA wurde von alten Nazis aufgebaut, geführt und teilweise personell besetzt.

Sicher, es gab die sogenannte Entnazifizierung. Aber Fachleute wurden gebraucht...

Huber phantasiert, er murmelt den Namen seines Sohnes Ulrich, ich überlege, ob ich ihn lieber wecken soll, inzwischen atmet er aber wieder ruhiger. Jetzt beten der ‹Chef› und der ‹Nasenbohrer› Verse aus Koran-Suren, daneben klappert der Wasserkessel, mit dem sie auf einem Camping-Herd Teewasser bereiten.

Ich erinnere mich, daß sich Mitte der siebziger Jahre ein Abteilungspräsident des BKA an die Vergangenheitsbewältigung machte und den umfangreichen schriftlichen Nachlaß des inzwischen verstorbenen Paul Dickopf auswertete. Zutage trat eine zwielichtige Persönlichkeit, die in den Diensten der Nazis und der CIA gestanden und, gemeinsam mit Rolf Holle, durch intrigante Beeinflussung der Entscheidungsgremien und raffinierte Steuerung der Personalpolitik das BKA aufbaute und später führte. Veröffentlicht hat die Arbeit jedoch mehr als zehn Jahre später der Mainzer Kriminologe Armand Mergen, der zufällig auf das Manuskript stieß, in seinem Buch ‹BKA-Story›.

Endlich, so könnte man glauben, hatte sich ein BKA-Mann mit der NS-Zeit auseinandergesetzt. Der aber erklärte, dies sei nicht für die Öffentlichkeit bestimmt gewesen, sondern für seine Vorgesetzten, um sie wissen zu lassen, daß ‹die Gründungsgeschichte des BKA dringender und schwerwiegender Korrekturen bedürfe›. Die Vorgesetzten ließen das Material verschwinden. Das Wissen ruht im Bundesarchiv Koblenz unter Verschluß.

Jetzt höre ich nebenan die freundliche Stimme von Jamal, die Begrüßung in Arabisch, er ist früher als sonst üblich gekommen, ich sehe die ersten sich grau verfärbenden Lichtspalten an den Seiten des Garagentores. Man kann durch diese Spalten ins Freie schauen, der Blick endet jedoch auf einem nahen felsigen Abhang. Adam, der so von mir getaufte Esel, der dort nach Futter sucht, ist in der Nähe und läßt kurz hintereinander seinen Ruf hören, der nur entfernt etwas mit ‹Iah› zu tun hat und aus der Tiefe eines scheppernden Blecheimers zu kommen scheint. Friedrich Huber ist immer noch nicht aufgewacht. Ich hänge weiter meinen Gedanken nach.

Unvorstellbar, was man mit dem BKA-Apparat und seiner Technik, allem voran der EDV, anrichten könnte, würde man eine Schraube in Richtung Diktatur drehen. Und ist ein Spezialist nicht in erster Linie an optimalen Arbeitsbedingungen interessiert, sieht darin seine Lebensaufgabe, sichert seine Existenz, ist, wie Dickopf und Holle exemplarisch zeigen, sehr wandlungsfähig, so wie Ärzte und Richter, schadlos aus der Weimarer Republik kommend, die NS-Zeit durchwanderten, um dann in der Nachkriegszeit Richter, Oberstaatsanwälte oder Ordinarien an Universitäten zu werden, in Ausnahmefällen vom NS-Marinerichter bis zum Ministerpräsidenten oder vom Oberleutnant im Partisaneneinsatz bis zum UN-Generalsekretär und österreichischen Staatsoberhaupt zu avancieren?

Meine pessimistische Phantasie basiert auch auf diesen typisch deutschen Eigenschaften, die es wirklich zu geben scheint und für die man mir im Ausland oft schulterklopfende Komplimente machte, so als wären sie auch mein Verdienst und uneingeschränkt positiv: Fleiß, Selbstdisziplin, Pflichtbewußtsein, Hang zur Perfektion, Ordnung, Pünktlichkeit. Und wenn ich es recht bedenke, diese Wesensmerkmale finden sich im BKA wieder: Es bestreitet z. B. weltweit 35 Prozent des Interpol-Schriftverkehrs.

Huber streckt sich und öffnet die Augen. Er findet mich hellwach und nicht wie oft morgenmuffelig vor.

«Morgenstund hat Gold im Mund?» sagt er gähnend. Das meint er ironisch, denn der Moment des morgendlichen Aufwachens ist eher ein Horror, weil wieder ein hoffnungsloser Tag beginnt, der das eigene Elend so recht bewußt werden läßt.

«Ich bin schon seit zwei Stunden wach.»

«Und ich habe schlecht geschlafen.»

«Du hast dich herumgewälzt und von deinem Sohn Ulrich gesprochen.»

«Wir haben uns gestritten, wollten mit dem Auto wegfahren, Ulrich bestand darauf, sich ans Steuer zu setzen, obwohl er doch noch gar keinen Führerschein hat. Ich habe ihm das ruhig erklärt, aber er ist immer frecher geworden, so daß ich ihn vom Lenkrad wegschubsen mußte, da ist er ausgestiegen und weggerannt.» Huber schüttelt den Kopf. «Der Junge hat nichts als Flausen im Kopf.»

Mir ist der Traum auf Anhieb klar. «Es geht nicht ums Auto fahren, das hat dein Unterbewußtsein nur verschlüsselt. Der Traum will dir sagen, daß dein Ulrich das Steuer für sich selbst in die Hand nehmen möchte.»

«Meinst du wirklich?»

«Er will selbständig sein, aber du läßt ihn nicht, gebrauchst sogar sanfte Gewalt, schubst ihn weg, machst es von Formalien abhängig.»

«Und das Wegrennen?» fragt er unsicher.

«Er entzieht sich dir, weil du ihn rumschubst. Du bist ruhig und überlegen, während er aus Schwäche frech wird.»

«Meinst du, daß er sich von mir abwendet?» fragt Huber ängstlich.

«Davon sagt der Traum nichts, und ich glaube das auch nicht.»

«Scheiße», sagt Friedrich deprimiert, «ich denke, ich habe viel falsch gemacht.»

«Ich vermute, du bist ein ziemlich autoritärer Vater.»

«Aber es geschieht doch aus Liebe zu dem Jungen, um ihn vor Schaden zu bewahren!»

«Wenn er sich nicht zur Selbständigkeit entwickeln kann, ist der Schaden für deinen Ulrich viel größer. Und mit der Liebe, das ist so eine Sache, dahinter verbirgt sich häufig Egoismus.»

Daß Friedrich jetzt weint, macht mich etwas betroffen. Aber es ist auch gut so, vielleicht nützt es was. Wieder registriere ich, daß ich mich dem Gedanken verweigern möchte, zu ergänzen: wenn er wieder zurück bei seiner Familie ist. Denn ich glaube nicht an diese Rückkehr. Aber ich habe dann für einen kurzen Moment die Ahnung, daß ich gar nicht den tödlichen Ausgang dieser Geiselhaft meine, sondern daß der, der die Reise angetreten hat, nicht zurückkehrt. Dann verwischt der Gedanke, ich fühle mich verwirrt und bin ganz froh darüber, daß Jamal reinkommt, gut gelaunt und etwas aufgeregt, mit der Mitteilung, seine Frau bekomme ein Kind, die Wehen hätten eingesetzt, und noch heute werde er zum zweitenmal Vater werden. Zur Feier des Tages hat er Croissants mitgebracht.

Friedrich hat sich auch wieder gefangen und findet, daß wir im großen und ganzen mit unseren Wächtern zufrieden sein könnten, «dafür, daß sie junge Burschen sind, die nichts als Bürgerkrieg kennengelernt haben».

Mir ist das einerseits auch klar, aber ich denke mit Grausen an das bevorstehende Waschen nebenan und daß mir die Typen, von Jamal abgesehen, so sympathisch auch wieder nicht sind. «Sicher, sie handeln auf Befehl», räume ich ein, «aber der ‹Zwinkerer› ist ein Schwein, ‹Gaddafi› und der ‹Nasenbohrer› sind nicht viel besser.»

«Ich glaube, daß man automatisch zu verrohen beginnt», meint Friedrich, «mir macht das Auf-den-Eimer-Gehen und das Waschen inzwischen weniger aus.»

Ich kann ihn darum nur beneiden.

Später, als ich das hinter mich gebracht habe, unterhalten wir uns über die quälende Ungewißheit, was sich überhaupt in unserer Sache bewegt.

«Meinst du, daß zu Hause wirklich ein Krisenstab existiert?» frage ich.

Huber lacht über so viel Dummheit. «Beim Bundeskanzleramt, darüber gibt's nun wirklich keinen Zweifel. Und unser Präsident fährt da mindestens einmal in der Woche hin, der vom BND auch.»

«Und am Wochenende findet die Krise nicht statt.»

«Wenn sich am Wochenende etwas tut, tritt er auch dann zusammen. Die bemühen sich wirklich, so viel Einblick habe ich die ganzen Jahre über gehabt!» versichert er.

«Ich habe gehört, wenn der Wischnewski von der SPD aktiv wird, erhält das BKA Anweisung zur Zurückhaltung, damit die SPD nicht einen Erfolg verbucht, den sie politisch ausschlachten könnte.»

«Das ist doch dummes Zeug!» Huber ist empört, aber ganz sicher bin ich mir nicht, ob da nicht doch was dran ist.

Huber beschäftigt etwas ganz anderes: «Ich würde gerne mal wissen, ob es Lösegeldforderungen gibt und wieviel Millionen wir wert sind.»

Ich fände es sehr seltsam, wenn der Staat für mich so viel Geld zahlte, das wäre mir gar nicht recht, ich will den Betrag weder schuldig noch abhängig oder dankbar sein, außerdem will ich überhaupt nicht in Geld aufgerechnet werden, es verletzt mich.

«Meinst du, sie werden uns das Bundesverdienstkreuz gleich bei der Ankunft im Flughafen Frankfurt umhängen, vor laufender Fernsehkamera?»

Ich gebe keine Antwort. Meine Gedanken schweifen ab zu Andrea. Ich hatte ihr einmal mein Auto geliehen, weil sie irgendwo Jorgos abholen wollte. Sie kam verspätet zurück, ich fuhr mit dem Wagen weiter und sah an allen Scheiben innen die Wischspuren, wie wenn man durch Schwitzen bedingtes starkes Anlaufen der Scheiben beseitigt hätte. Mit Gewalt reiße ich mich aus den Erinnerungen und beginne mit zwanzig Kniebeugen, mache dann die gleiche Zahl Liegestütze und noch ein paar Freiübungen. Der ‹Zwinkerer› verfolgt meine neue Aktivität mißtrauisch, denkt vielleicht, daß ich mich für eine Flucht fit mache. Huber weigert sich, es mir gleichzutun, ich nehme an aus Bequemlichkeit.

«Sag mal, du bist doch Jahrgang 1932, wie hast du denn die Nazi-Zeit erlebt?» Huber überrascht die Frage. «Mich beschäftigt jetzt schon stundenlang dieses ‹Faszinosum›», erkläre ich ihm, «und, frei nach Heine, denke ich an das BKA in der Nacht, dann bin ich um den Schlaf gebracht.»

«Ich verstehe zwar nicht, was du willst, aber seinerzeit war ich drei Jahre bei der HJ. Warum?»

«Es interessiert mich, erzähl doch mal genauer», bitte ich.

«Zuerst war ich Pimpf und ganz scharf drauf, endlich die Uniform der Hitler-Jugend zu tragen. Sie hatten mir ein Segelflugzeugmodell geschenkt, und ich war begeistert, Segelfliegen zu lernen, das war schon sehr geschickt. Aber aus irgendwelchen Gründen entschieden sie, daß ich nicht der Flieger-Gruppe, sondern einer Kanu-Gruppe zugeteilt wurde. Wir fuhren auf dem Rhein, dem Main, der Lahn, aber es war für mich sehr enttäuschend, mein Herz hing am Segelfliegen, und schwimmen konnte ich nur schlecht, ich hatte immer Angst. Aber entscheidend war, daß man HJ-Führer nur werden konnte, wenn man eine Sportgröße war. Ich bin eine ausgesprochene Niete gewesen. Und diese Supersportler in meiner Klasse waren außerdem die geistigen Tiefflieger, von denen wollte ich mir nichts befehlen lassen, also ging ich in die innere Opposition. Dort bin ich auch geblieben.»

«Und dann?»

«Erst Abitur in den Nachkriegsjahren, dann Banklehre, dann eine Weile in dem Beruf gearbeitet. Als die Bundeswehr aufgebaut wurde, wollte ich dort Offizier werden, habe mich aber für die Polizei entschieden. Das war 1955 – über 30 Dienstjahre, von der Pieke auf, verstehst du jetzt, warum meine Ansichten nicht zu denen heutiger Sozialromantiker passen, das ist alles über Jahrzehnte gewachsen.»

Sehr von sich überzeugt lehnt er sich zurück und schaut mich lächelnd an, als wolle er mir indirekt zu verstehen geben, daß er mich zu diesen Spinnern zähle.

«Und NPD und Republikaner, sind das keine Sozialromantiker?» frage ich.

«Nein, da wäre ich etwas vorsichtiger, aber verglichen mit der RAF sind diese Neo-Nazis die reinsten Milchbuben.»

«Auch die Polizisten, die dorthin abdriften?»

«Das sind Protestwähler, wenn CDU/CSU wieder eine bessere Politik machen, erledigt sich das Problem von selbst. Steuer- und Gesundheitsreform waren vielleicht notwendig, aber das wurde dem Wähler schlecht verkauft. Und was sonst noch so alles schieflief: Ausländer, Asylanten, Aussiedler.»

Langsam beginne ich, in dieser Unterhaltung meine Gelassenheit zu verlieren. «Das ist mal wieder die typische BKA-Brille, die Gefahr von rechts zu verharmlosen und die von links zu übertreiben! Das war schon bald nach 1945 so, da fing die Kommunisten-Hysterie an, so daß man den Nazi-Bonzen schnell alles vergeben und vergessen hat, die Braunen wurden im Kampf gegen die Roten gebraucht und brachten ihre Erfahrung ein. Soweit sie nicht in Südafrika, Chile und Paraguay die Polizei aufgebaut haben, taten sie es im BKA!»

Lächelnd, aber scharf kontert er: «Und du mit deiner Brille schielst genau in die entgegengesetzte Richtung, aber zusätzlich bist du beleidigend!»

«Daß alte Nazis das BKA aufgebaut haben, ist eine Tatsache – und der Geist der Vergangenheit weht dort noch immer!»

«Das sind doch heute Mumien!» höhnt Huber.

«Reaktionäre Väter erziehen reaktionäre Kinder!» erwidere ich und denke: auch Terroristen!

«Ich weiß nicht, was du willst» (ich merke, jetzt hat er wieder den Abteilungsleiter-Sound drauf), «das Klima beim BKA ist nicht anders als bei der Bundeswehr oder in der Wirtschaft. Geh doch mal zur Allianz-Versicherung, dort ist es genauso.»

Ich ärgere mich immer, wenn jemand ein Übel mit einem anderen erklären oder sogar entschuldigen will. «Das ist doch kein Argument.»

«Oder Juristen, Ärzte ...»

«Eben, keiner setzt sich doch mit der eigenen faschistischen Vergangenheit auseinander, das BKA sowenig wie Juristen oder Ärzte. Statt dessen verstecken BKA-Bosse die Dokumente im Bundesarchiv.»

«Aber dort werden sie doch für die Nachwelt aufbewahrt!» ruft er kopfschüttelnd aus.

«Die Nachwelt, das bin doch auch ich!»

Huber will mich nicht verstehen. «Warum denn überhaupt? Wem soll das nutzen? Du tust gerade so, als sei jeder Polizeibeamte im Dritten Reich ein Verbrecher gewesen. Du hast leicht urteilen, Jahrgang 1942, mit der Gnade der späten Geburt, wie es unser Bundeskanzler so schön formuliert hat.»

«Das hat der nicht erfunden, sondern dem Gaus geklaut, auf so was Schlaues kommt man nämlich in Oggersheim nicht so ohne weiteres!»

«Ich finde deine Art penetrant!»

Das war deutlich! Ich frage mich, ob ich in meiner Hitzköpfigkeit tatsächlich unsachlich werde? Sind meine Argumente falsch, bin ich überempfindlich, mir ein Gewissen aus Dingen zu machen, die ich selbst gar nicht zu vertreten habe? Aber es ist doch richtig, nach allem, was geschehen ist, nicht einfach zur Tagesordnung überzugehen. Ich versuche, in einem ruhigen Ton fortzufahren: «Ich behaupte nicht, daß alle Polizisten damals Nazis waren, und selbst wenn sie es gewesen wären, haben sie sich nicht alle unmenschlich verhalten. Ich bin sogar davon überzeugt, daß viele nur Mitläufer waren, ohne sich besonders zu engagieren. Ich räume auch ein, daß viele geblendet, verführt waren, zunächst den Durchblick nicht hatten und später nicht wußten, wie sie da herauskommen sollten. Ich weiß, daß viel Mut dazu gehörte, daß man die Familie nicht gefährden wollte, daß man vielleicht überhaupt ein ängstlicher Mensch war. Ich lasse mir sogar den Vorwurf gefallen, das alles im nachhinein nicht beurteilen zu können, dazu muß man vielleicht in dieser Zeit gelebt, die Verhältnisse erlebt haben. Bitte, ich kann das alles nachvollziehen. Nur, wenn mir der Polizist von damals als Kollege von heute sagt: ‹Ich habe das alles nicht gewußt!›, dann raste ich aus!»

«Du vergißt, daß die Nazis großen Wert auf Geheimhaltung legten und jeder möglichst nur über den Teil informiert wurde, den er wissen mußte.»

Ich merke, ich kann mit diesem Menschen nicht ruhig reden. «Jetzt fängst du auch schon an! Dasselbe hat mir Albert Speer aufgetischt, als ich mit ihm gestritten habe!»

Huber ist echt verblüfft. «Du hast mit Speer gesprochen?»

«Ja, aber das erzähl ich dir ein andermal.» Ich will darauf nicht eingehen, denn es hängt mit Andrea zusammen. Außerdem ist Speer inzwischen tot und mir eigentlich nur wichtig, daß diese Ehemaligen zumindest die Pflicht zur Wahrheit haben. Wenn es ihnen leid tut, sollen sie nicht versuchen, sich rauszureden, wenn sie bereuen, sollen sie es wirklich tun und keine durchsichtigen Verdrängungstaktiken anwenden. Und wenn man bei der Polizei des NS-Regimes eine gewisse Rolle gespielt hat, sollte man nicht Posten wie Dickopf und Holle anstreben. Genausowenig, wie man nach einem Meineid nicht Verfassungsminister oder nach rechtskräftigem Gerichtsurteil nicht Parteivorsitzender werden sollte.

Ich wende mich wieder Huber zu: «Ich habe oft Diskussionen mit Kollegen geführt, die sich selbst gerne als ‹alte Kämpfer› titulierten und mir dann weismachen wollten, sie hätten von nichts gewußt, besonders nicht, daß es eine Judenverfolgung gab und daß Konzentrationslager existierten. Dabei findest du kaum jemanden, in dessen Nachbarschaft oder Straße nicht Juden abgeholt wurden, dazu mußte man nicht bei der Polizei sein.»

«Aber nicht alle waren bei der Gestapo», meint Huber, «es gab auch die ganz normale Kripo, befaßt mit normaler Verbrechensbekämpfung.»

«Normal war in dieser Zeit kaum etwas, schon gar nicht die Verbrechensbekämpfung.»

«Woher sollten sie denn etwas über KZs wissen, das war doch streng geheim!»

Ich grinse Huber unverschämt an. «Diese Behauptung höre ich so gut wie jedesmal, deshalb bin ich der Sache nachgegangen. Jede Kripo-Dienststelle konnte Vorbeugehaft anordnen und veranlaßte sodann die Einweisung in ein KZ. Die Durchführung oblag ebenfalls der Kripo oder der Schutzpolizei. Das alles war durch den ‹Reichsführer SS und Chef der Deutschen Polizei› in unzähligen Erlassen geregelt. Und weil Meister der Organisation am Werke waren, gab das Reichskriminalpolizeiamt eine fünfzehnbändige Schriftenreihe heraus, gebunden im SS-Schwarz. Und die habe ich zu Hause in Wiesbaden im Regal stehen, genauso wie sie damals jedem Polizisten zur Verfügung stand. Und jeder Polizist war im Bilde, es war sein Handwerkszeug. So erfuhr er zum Beispiel auch, daß im Totenschein für die Angehörigen ‹auf der Flucht erschossen› oder ‹gestorben an Lungenentzündung› drinstehen sollte, oder er konnte Band 15 die Anschriften aller Konzentrationslager einschließlich der Telefonverbindungen entnehmen.»

Huber schweigt.

«Wenigstens sagst du jetzt nicht, was ich auch schon zu hören bekam: ‹Wenn du so was behauptest, mußt du erst mal da hinriechen, wo ich schon hingeschissen habe!›»

«Es war eine schlimme Zeit und für die Polizei ein düsteres Kapitel.»

Dafür könnte ich Friedrich umarmen. «Ja, und ich bin allergisch gegen die Scheinheiligkeit, wenn zum Beispiel einer behauptet, wegen seines Ausspruchs ‹Auf das Wort eines SS-Führers scheiß ich!› ein Verfahren am Hals gehabt zu haben, er sei jedoch einer Verhaftung ‹wegen meiner dienstlichen Erfolge› entgangen und wegen des Umstandes, ‹daß ich perfekt Polnisch sprechen konnte und einfach dienstlich nicht zu ersetzen war›. Da läuft es mir kalt den Rücken runter.»

Friedrich sagt nichts, legt sich auf seine Matratze und ist in Gedanken versunken.

Ich hole Papier und Kugelschreiber aus dem Versteck, der Muezzin ruft zum Mittagsgebet, die Wächter sind beschäftigt, und ich schreibe auf, was mir zu NS-Zeit, Polizei, BKA alles durch den Kopf gegangen ist und daß Friedrich jedenfalls kein Nazi ist.

Der Anlaß ist mir nicht klar, vielleicht hat Allah seine Schritte gelenkt, jedenfalls kommt ‹Gaddafi› überraschend rein und sieht mich an einem Lichtspalt des Garagentors sitzen, stutzt und fragt, was ich da schreibe, ich soll es ihm geben. Ich reagiere nicht besonders schnell, so daß er mir das Papier entreißen kann. Wegen des Kugelschreibers kommt es zu einem kurzen Gerangel, der Stift fällt zu Boden, er tritt mit seinem Stiefel drauf. «Chinzir!» – «Schwein!» sagt er. Während ich ihn lautstark beschimpfe, hebt er den Kugelschreiber auf. Ich verlange den ‹Chef› zu sprechen, was er mit einem zynischen ‹inshala› beantwortet.

Der Vorfall, auch wenn er nicht gravierend war, bringt mich erneut aus dem Gleichgewicht. Die Notizen waren nicht so wichtig, ich denke, das meiste sowieso in meinem Gedächtnis speichern zu können, entscheidend ist der Eingriff in meine Freiheit.

Wir protestieren am nächsten Tag gemeinsam beim ‹Chef›, er ist eigentlich freundlich und erklärt fast bedauernd, daß uns das unkontrollierte Fertigen von Schriftstücken untersagt sei, ein Befehl von oben. Er bietet an, mir täglich Papier und Bleistift zu geben, wenn ich beides abends wieder abliefere. Darauf verzichte ich, nicht aber Friedrich, der die Idee hat, wir könnten uns Spiele ausdenken. Die Stimmung bei den Wächtern ist insgesamt vielleicht deshalb so gut, weil Jamal Vater eines zweiten Jungen geworden ist.

Ich habe einen längeren Gedankenaustausch mit Buddy, der es bedauert, daß ich mir keine Notizen machen kann, und mir rät, es erneut heimlich zu versuchen. Er meint, daß es doch später auf viele Details ankomme, was ich erlebt, gesagt, gedacht habe, wie Huber reagierte, was das BKA wirklich bedeutet, für mich und für uns alle. Mir leuchtet zunächst der Sinn nicht ein. ‹Du mußt das Psychogramm des BKA schreiben›, sagt er dann. ‹Für mich, um alles zu verarbeiten?› frage ich vorsichtig und ahnungsvoll. ‹Nein, für die Öffentlichkeit!› Es wundert mich nicht, daß Buddy das sagt, denn um ehrlich zu sein, ich habe das selbst schon unzählige Male gedacht, und jedesmal begann mein Herz zu rasen. Zuletzt, als ich Stefan Heym las. ‹Er hatte geschwiegen, das war alles, und war doch, wenn man sich's überlegte, ungeheuerlich.› Collin hatte damit Verrat an sich selbst begangen, das ist genau auch mein Konflikt. Soll ich mich selbst oder das BKA verraten? Und ist nicht, so überlege ich weiter, Schweigen wider die eigene Gesinnung gleichbedeutend mit Lüge? Und ist nicht der Gehorsame auch korrupt? Was wird mir auf Dauer größere Probleme bereiten, Heuchelei im BKA und damit Selbstaufgabe oder Aufgabe des Berufs mit allem, was die mächtige Mutter BKA uneingestanden auch für mich, den verlorenen Stiefsohn, bedeuten mochte?

Ich schüttle den Kopf. ‹Nein, Buddy, das ist zuviel für mich!› Aber mein Freund läßt nicht locker. ‹Du kannst schreiben, du denkst kritisch und du hast die Einblicke von innen und außen, also prüfe dich. Du brauchst nur sachlich zu berichten, was du erlebt hast, denn es steht nichts über und nichts unter der Wahrheit.›

Ich winde mich. ‹Nein, Buddy, ich kann das nicht machen!›

Er antwortet: ‹Du mußt noch viel verlernen. Der Tropfen mag schon wissen, daß er im Ozean ist, aber weiß er auch, daß der Ozean in ihm ist?›

Ich versuche, Buddy zu entfliehen, schwinge mich auf mein Zeitpferd und presche mit ihm zurück ins BKA, ins ‹Mutterhaus›.

Ich saß an meinem Schreibtisch in Wiesbaden und starrte auf die Zahlen jener Statistik, die ich soeben zusammengestellt hatte, eine Statistik, wie sie bestimmt nirgends existiert, weil sich niemand dafür interessieren würde, schon gar nicht das sonst so zahlengierige BKA. Ich gab ihr den Titel ‹Schlagkrafterhöhung von Folterregimen› und stelle hiermit den (nachträglichen) Antrag auf Übernahme in die Broschüre ‹Das BKA in Zahlen›.

Nach meinem Überblick wurden 52 Staaten, denen international der begründete Vorwurf der Folter und Mißhandlung durch Sicherheitskräfte gemacht wird, in den letzten Jahren mit vielen Millionen für Polizei- und Militärhilfe beglückt, insgesamt weit über eine halbe Milliarde DM.

Aber die Zahl 52 ist eigentlich klein und mickrig und multipliziert sich mit X = Folterfällen, und was da rauskommt, ist vielleicht immer noch – gemessen an der halben Milliarde – in den Augen mancher unscheinbar, aber das Leid jenes unverwechselbaren einzelnen Menschen, der hintübergebeugt in einer Position, die den Spitznamen ‹Mig› trägt, mit Knüppeln geschlagen worden ist, den man dann kopfüber ins Wasser tauchte, bis er beinahe ertrank, und weil es immer noch nicht genug war, an einen Stahlrahmen fesselte und seine Geschlechtsorgane mit Elektroschocks quälte, dessen Leid ist so unermeßlich groß, wie eine halbe Milliarde Mark nicht mehr vorstellbar ist.

Mag sein, daß in den zehn Staaten, die ausschließlich mit Militärhilfe bedacht wurden, die Planung eines Hafens für die Marine oder Ausgaben im Sanitätswesen für meine Statistik nicht so relevant sind. Auch sei eingeräumt, daß die eine oder andere Investition zur Rauschgiftbekämpfung trotz aller Fragwürdigkeiten auf diesem Gebiet ihren Sinn hat. Aber was bleibt, ist massenhafte Lieferung des Instrumentariums, welches Polizei und Militär in die Lage versetzt, ihr schlimmes Handwerk um so erfolgreicher auszuüben. Auch harmlos erscheinende Ausrüstung, wie Foto- oder Funkausstattung, Geländefahrzeuge oder Einsatzzentralen, sind gleichermaßen verwendbar, Verbrechen zu bekämpfen oder zu begehen, ganz zu schweigen von Video- oder Nachtsichtgerät, Observations-Basis-Kfz oder Abhörgerätschaften.

Und wenn der Innenminister, BKA-Präsident oder Vize um den Erdball reisen, um mit der Floskel ‹als Beitrag zur Demokratisierung Ihres Landes› die ‹Hilfs›güter überreichen, mit festem männlichem Händedruck, Aug' in Auge mit einem, der foltern läßt, dann frage ich mich, was in diesem Moment in deren Köpfen vorgeht: Kommen sie sich vor wie der Weihnachtsmann, der sich selbst genauso durchschaut wie die Beschenkten ihn? Oder sind sie von ihrer Rolle so überzeugt, daß sie Realität und Märchen in einer Person vereinen können?

Und wenn ein armer Teufel irgendwo in Mittelamerika gnadenlos als Terrorist verfolgt wird, der nicht mehr will als ein bißchen mehr Freiheit, ein wenig Demokratie, dann ist die Ausbildung seiner Peiniger bei der GSG 9 oder durch Terrorismusspezialisten deutscher Länderpolizeien (oder beim BND) entweder ein Skandal oder entspricht dem, was man leider unter ‹Politik› versteht.

Aber ich brütete noch immer über meiner Statistik. Zum Beispiel flossen in fünf Staaten mit Todesschwadronen die Mittel, unbeeindruckt davon, daß diese Killerkommandos mit Polizei und Militär unter einer Decke stecken.

Auch die argentinischen ‹Abduelas de Plazo de Mayo› (Großmütter der Plaza de Mayo), welche die Aufklärung des Schicksals von Kindern fordern, die während der Zeit der Militärjunta verschwunden sind (¿Donde Estan?), erregten nicht Mitleid genug, um zu verhindern, daß in 14 Staaten Polizei- und Militärhilfe geleistet wird, obwohl dort Menschen einfach spurlos ‹verschwinden›. Genausowenig gab es Bonner Skrupel, 16 Staaten zu unterstützen, die Menschen in Incomunicado-Haft halten, das heißt, ohne Kontakt zur Außenwelt, weder zu Familienangehörigen noch zu einem Rechtsanwalt. Fast ist es sinnlos zu erwähnen, daß 36 mit Bundesmitteln beglückte Folterregime öffentliche Hinrichtungen oder extralegale Hinrichtungen, worunter standrechtliches Erschießen ohne Gerichtsverhandlung zu verstehen ist, praktizieren.

Cui bono? Deutschen Wirtschaftsinteressen nützt es, dem Einfluß des westlichen Bündnisses, dem langen Arm des BKA.

Deprimiert zerriß ich das Papier. Meine Forderungen, jene Länder sollten doch bitte erst Menschenrechte garantieren und dann um Unterstützung nachsuchen, meine Ansicht, es sei auch nicht zu verantworten, Folterregime zu stabilisieren und intelligenter zu machen – solche Gedanken waren wohl genauso unrealistisch wie deutsche Wirtschaftsbeziehungen zu Südafrika weiterhin intakt.

Mehr noch, Bonn blieb nach allen Seiten offen:

1985 wies das Innenministerium (BMI) das BKA an, eine restriktive Haltung gegenüber dem Irak einzunehmen.

Dann muß ein Gesinnungswandel eingetreten sein, dessen Stringenz wirklich beachtlich ist:

Februar 1986	Beginn der irakischen Großoffensive gegen den Iran.
März 1986	UNO bestätigt den Einsatz von Senfgas durch den Irak.
April 1986	Erlaß BMI, gegen gewünschte Ausbildung irakischer Polizeibeamter beim BKA bestehen keine Bedenken.

Dieselbe Offenheit, diesmal in Paraguay.

Dorthin machte Innenminister Zimmermann 1985 eine Dienstreise. Er besuchte den alten Strauß-Freund und Diktator General Alfredo Stroessner (man spricht deutsch) und erklärte anschließend: «Dies ist ein kleines befriedetes Land, das einen sehr ordentlichen Eindruck macht und in dem es politische Gefangene praktisch nicht mehr gibt, das diktatorische System ist weniger diktatorisch, als vielfach behauptet.»

Nur ein bißchen Diktatur, wie Regina Chaparro bezeugen kann, die wegen Diebstahlverdachts festgenommen und zur polizeilichen Ermittlungsabteilung DIPC (Departamento de Investgaciones de la Policia) in Asunción gebracht wurde: «...nachdem ein Polizeibeamter mir meine Uhr, Brille und Schuhe abgenommen hatte, befestigte er die blanken Enden zweier Kabel an meinem kleinen Finger. Obwohl ich wiederholt zu erklären versuchte, daß ich nichts gestohlen hatte, wurden mir zahlreiche Elektroschocks verabreicht, die in meinem Körper Krämpfe und Zuckungen auslösten.» – Nicht mehr reden kann der kleine dreizehnjährige Guillermo Florenciagni, festgenommen von der Polizei in Yby Yau wegen Fahrraddiebstahls, der nach Folterung im Polizeigewahrsam verstorben war, ohne daß hierüber je eine Untersuchung eingeleitet oder jemand strafrechtlich belangt worden wäre.

Oder die Türkei.

Mein BKA-Auftrag lautete, eine Situationsbewertung über Heroin-Schmuggel auf der Balkan-Route zu schreiben. Damals erschien ein «Spiegel»-Artikel über Folter in türkischen Gefängnissen. Als Gegenleistung für Schlafentzug, Abspritzen mit heißem Wasser aus einem Schlauch, Injektion von Drogen, Elektroschocks, Einflößen der eigenen Exkremente und Mißhandlungen mit glühenden Zigaretten wurden bisher über 20 Millionen Mark aus deutschen Steuermitteln in schmutzige Polizistenhände gelegt. Genauso wie die Presse in dem NATO-Land, dessen Recht Beleidigung der Streitkräfte mit Haft zwischen einem und sechs Jahren bedroht, zensiert wird, erfolgen in der Regel Verfahrenseinstellungen aus Mangel an Beweisen gegen Polizisten, die wegen Anwendung der Folter angeklagt worden sind. Dafür wurden zwei Brüder, die sich eine Kassette mit kurdischen Liedern und Reden angehört hatten, vom Staatssicherheitsgericht in Istanbul rechtskräftig zu je vier Jahren und zwei Monaten Gefängnis verurteilt.

Szenenwechsel Guatemala.

Er heißt Claus und legt Wert darauf, daß sein Vorname mit C geschrieben wird, aber ansonsten ist er, was für einen Kriminaloberrat beim BKA nicht selbstverständlich sein dürfte, ein echter Kerl. Als aufrechter Demokrat übernahm er den Auftrag eines Langzeitberaters, um dem guatemaltekischen Innenministerium ‹bei dem Aufbau einer rechtsstaatlichen Polizei› zu helfen. Voller Idealismus hatte er deutsche Verfassung, Rechtsbestimmungen und Polizeidienstvorschriften sowie den ernsten Willen im Gepäck, in dem mittelamerikanischen Land etwas bewirken zu können, dessen Regierung der CDU nahesteht. Er bereitete sogar einen Besuch des BKA-Personalratsvorsitzenden in Guatemala City vor, ‹um den Jungens da drüben klarzumachen, daß sie eine Personalvertretung brauchen›.

Als er drüben eintraf, fand er bereits Teile des Demokratie-Vorschusses in einem Gesamtvolumen von 10,6 Millionen DM vor: 55 Mercedes-Geländewagen, 5 Mercedes-Busse, 60 BMW-Motorräder und 84 tragbare Funksprechgeräte. Gleichzeitig traf er eine menschenunwürdige Unterbringung von Polizeischülern an und erlebte bei einer Besichtigung der Schule für die Nationalpolizei, wie ein Ausbilder einen einfachen Polizisten wegen eines Fehlers verprügelte. «So geht das nicht!» entrüstete sich Claus und sorgte für die Entlassung des Offiziers. Als Konsequenz mußte er sich nun gegen dessen Rache mit einer ständigen Bewachung seiner Wohnung und Anschaffung einer Alarmanlage schützen.

Als Claus dem Innenminister vorschlug, vor der Polizeiführung des Landes einen Grundsatzvortrag zu halten, wie eine demokratische Polizei organisiert ist und arbeitet, wurde ihm erwidert, daß dies nicht ohne Einwilligung des Militärs gehe und er doch das Manuskript vorlegen möchte. Dies tat er dann auch und hörte nichts mehr davon.

Auch meinte Claus, die Polizisten brauchten für ihr Einschreiten eine Rechtsgrundlage, unterschieden nach Strafprozeßrecht und Polizeirecht, um nicht wie bisher willkürlich zu handeln. Es müßte auch geregelt werden, daß bei Freiheitsentzug spätestens am nächsten Tag ein Richter entscheidet, Voraussetzungen für eine Durchsuchung gehörten festgelegt. Also unterbreitete er dem Innenminister einen schriftlichen Vorschlag und hörte nichts mehr davon.

Er machte Reformvorschläge zum Aufbau der Kriminalpolizei, zur Abwicklung von Großeinsätzen, zur Stabsarbeit, zu neuen Führungsstrukturen, zur Tatortarbeit... und hörte nichts mehr davon.

Statt dessen hörte er, daß die Polizei sich nur so weit vorwagen darf, wie es das Militär duldet, daß auf dem Lande unter dem Deckmantel der Guerillabekämpfung die Schrekkensherrschaft von Polizei und Militär fortgesetzt wird, daß Todesschwadronen ihr Unwesen treiben, daß Menschen weiterhin verschwinden, daß gefoltert und gemordet wird, daß Menschen hingerichtet werden oder Todesdrohungen erhalten.

Besprechungstermine beim Innenminister oder Polizeichef waren für Claus nur noch schwer zu erreichen, man verschob, ließ platzen, verleugnete sich, ließ warten... Aber er erhielt auch gutgemeinte Ratschläge von Landeskennern, er möge sich nicht zu weit aus dem Fenster lehnen... Daß er aufgebrochen war, der guatemaltekischen Polizei etwas über kooperativen Führungsstil zu vermitteln oder gar einen Personalrat zu ‹verkaufen›, darüber konnte er inzwischen nur noch traurig lächeln.

Als er zuverlässige Erkenntnisse darüber erhielt, daß mitten in Guatemala City ein Folterzentrum existiert, warf er endgültig das Handtuch, brach seine Arbeit, die nie richtig begonnen hatte, vorzeitig ab und kehrte desillusioniert nach Wiesbaden zurück.

Einige Zeit später wurde der als zu liberal geltende Innenminister genauso abgelöst wie der Direktor der Nationalpolizei, ersetzt durch Männer der Armee.

Militär und Polizei sind nun mit 60 Mercedes-Fahrzeugen, 60 BMW-Krädern und 84 Funksprechgeräten um so beweglicher, ihr Folterhandwerk zu erledigen. Völlig risikolos, wie bereits zwei Amnestien bezeugen, spätestens beim kommenden Regierungswechsel wird die nächste fällig sein.

3. Kapitel

Mogadischu Fensterplatz. Blick hinaus, als die Maschine ausrollte, ein unvorstellbares Gewusel auf dem Vorfeld, das ja aus Sicherheitsgründen abgesperrt sein sollte, hier einem Volksfest gleich zum Empfang von Mensch, Tier und Gepäck. Die Hitze stand trotz des frühen Abends wie eine Wand, Hunde pinkelten an die Koffer, ausgelassene Fröhlichkeit der Somalier, mittendrin ein sauertöpfischer großer Blonder, unzweifelhaft von der deutschen Botschaft, Herr Maier, der mich abholte. An seinem Jeep der Aufkleber ‹Atomkraft – na klar!› Also Maier – nein danke!

Ich ließ mich ins Hotel bringen und verabschiedete mich sehr schnell.

Im Gegensatz zum europäisierten Beton-Nairobi nun diese urige, schlaglochübersäte, staubige afrikanisch-arabische Stadt, ich sog die Atmosphäre in mich ein, sie beruhigte mich trotz des Gewimmels in den Straßen, denn die Häuser schienen alle männlichen Einwohner ausgespuckt zu haben, lange Schlangen vor einem Kino, begierig auf den Film ‹Karate›. Dann kam doch ein Lüftchen auf, streichelte die Haut.

Mein Kreislauf protestierte: Chaos in Kampala, Höhe 1200 m; Ratten im Hotelzimmer in Daressalam auf Meereshöhe 0; Kriminalität in Nairobi, Höhe 1600 m; nunmehr Turbulenzen meiner Gefühle in Mogadischu, Meereshöhe 0. Das Bild von Andrea auf meinem Nachttisch wurde vom Ventilator umgeweht, ein schlechtes Omen. Es war Freitag, hier aber Sonntag, ich erfuhr, daß mein Rückflug über Jeddah unmöglich war, da man bei Einreise ohne Transitvisum trotz Diplomatenpasses unbesehen eingesperrt werde, aber ich mußte tatenlos warten, Hitze und Luftfeuchtigkeit über 90 Prozent beutelten mich, die Nerven waren nach drei Wochen arg strapaziert, statt Reiselust hatte ich die äquatorialen Tropen restlos satt.

Da ich anderentags auf Atomkraft-na-klar-Maier verzichten wollte, versuchte ich einen Taxifahrer davon zu überzeugen, daß ich nicht an dieser oder jener Kaserne interessiert war, sondern zum CID Headquarter mußte, was beim dritten Anlauf und nach halbstündiger Verspätung klappte, so daß drei somalische Polizei-Generäle eben warten mußten, was angesichts millionenschwerer deutscher Militär- und Polizeihilfe als Dank ‹für Mogadischu› zumutbar war. En passant ließ ich mir das vom BKA eingerichtete Kriminallabor zeigen und bestaunte fingerdicken Staub, Flugrost, Feuchtigkeit, Schimmelbildung, defekte Fotoapparate, gerissene Seilzüge an Aggregaten, korrodierte Batterien, alles in allem ein Gerätemuseum. Als braver Interessenvertreter deutscher Entwicklungshilfepolitik und in Dankbarkeit ‹für Mogadischu›, brachte ich das hiesige Foltergefängnis ‹Godka› (das ‹Loch›) genausowenig zur Sprache wie die über einhundert öffentlichen Hinrichtungen. Mein Körper jedoch rächte sich anschließend mit heftigen Stichen im Herzbereich.

Schließlich stand ich wieder auf dem Flughafen, dem Ort des Beginns deutsch-somalischer Freundschaft, und stellte mir die Situation vor, ließ mir die Parkposition der ‹Landshut› zeigen, hatte den in Aden getöteten Flugkapitän Schumann vor Augen, die Todesangst der Passagiere in dieser flimmernden Hitze und dachte an Troubleshooter Wischnewski, erinnerte mich an mein Gespräch mit ‹Ben Wisch› in Wetzlar und wie er schilderte, welche Nervenanspannung die Verhandlungen mit den Somalis zur Genehmigung des Einsatzes der GSG 9 bedeuteten, ihr heimliches Einfliegen, die Einsatzvorbereitung, die nächtlichen letzten Minuten vor dem Losschlagen, in denen die Ohnmacht des untätigen Wartens jenen Filmszenen entsprach, in denen einer sich mit letzter Kraft an das Dach eines Wolkenkratzers klammert, darunter nichts als bodenlose Tiefe. Dann das Ablenkungsmanöver, die Schüsse,

Schreie und noch immer die Ungewißheit. Schließlich der triumphale Erfolg, die Fernsehbilder beim Empfang in der BRD, der Stolz der Nation, Bundesverdienstkreuz, bewundert in aller Welt, später in einem Atemzug genannt mit dem Coup der Israelis in Entebbe und dem gescheiterten Jimmy Carter-Unternehmen zur Befreiung der Geiseln in der US-Botschaft Teheran.

Nie wieder spektakulär zum Einsatz gekommen, eifersüchtig verdrängt von Mobilen Einsatzkommandos und Spezial-Einsatzkommandos der Länderpolizeien, lebt die GSG 9 weiter von ihrem Ruhm, kämpft mit dem Problem, die Gruppe zu motivieren, sie ständig in Hochform zu halten, und verlegt sich darauf, Renommierobjekt des BMI zu sein und ihr Know-how weiterzugeben, auch an Folterstaaten. Während einer Übung, an der ich teilnahm, sprach der damals stellvertretende Chef der GSG 9 den ungeheuerlichen Satz: «Wenn mehr als die Hälfte meiner Leute lebend aus einem Einsatz zurückkehren, war der Einsatz für mich ein Erfolg!» Seither hoffe ich, daß sie auch noch in fünfzig Jahren von Mogadischu träumen, ohne Chance, ihr Leben aufs Spiel zu setzen.

Der heiße Wüstenwind wehte über das Rollfeld, während ich auf die Kenya-Airways wartete. Ich erinnerte mich an den ähnlich trostlosen Flughafen Aden, ausgebrannt wie die gesamte Region am Horn von Afrika, und daß hier ein anderer deutscher Unterhändler einst seine Mission erfüllte, Pfarrer Heinrich Albertz, ‹als habe eine große Hand nach mir gegriffen, und sie ließ mich nun laufen, sehr allein, und nur auf diese gestellt›. Er flog mit fünf freigepreßten Terroristen nach Aden, im Austausch gegen Peter Lorenz, Geisel der ‹Bewegung 2. Juni› in Berlin, ‹es waren Stunden, in denen mich die Furcht überfiel wie ein böses Tier›. Auch seine Verhandlungen waren erfolgreich, Südjemen zur Aufnahme zu bewegen als Bedingung der Freilassung von Peter Lorenz, und erst da versagten die Nerven, und ich weinte wie ein Kind›.

Zwischenstation in Nairobi. Aus dem Fenster meines Hotelzimmers in Nairobi sah ich eine Frau, vielleicht Mitte Zwanzig, die sich wie ein Tier bewegte. Sie ‹ging› mit den

Händen und einem Fuß, das zweite Bein hielt sie gestreckt nach hinten. Ihr Anblick erschütterte mich, es war so, als sei sie ein kafkaeskes Insekt. Ihre Beine waren ganz dünn, der Kopf dicht über dem Boden. Sie bewegte sich relativ schnell, wieviel Dreck, Staub, Abgase muß sie schlucken, aus welcher Perspektive sieht sie ihre Umwelt, wie kann sie das verkraften? Die Aufzüge waren besetzt, ich hastete die Treppen hinunter, lief um das Häuserquadrat, aber sie war verschwunden. Jedoch, meine Schritte schienen gelenkt zu werden, ich ging auf ein Gebäude zu und betrat es. Drinnen Polizeiposten, wartende Menschen, ein Innenhof, auch dort Polizei. Ich las ‹Juvenile Court› auf einem Schild. Dann entdeckte ich sie in dem Innenhof, sie saß dort und begann, auf eine mit Gittern versehene Baracke, in der sich vermutlich Haftzellen befanden, zuzukriechen. Ohne mich um den Posten, der den Zugang zum Innenhof kontrollierte, zu kümmern, lief ich zu ihr und drückte ihr einen Geldschein in die Hand. Sie war überrascht, ich ging schnell weg.

Ich spüre, daß die Wächter heute anders sind, hektischer, nervöser. Aber Friedrich Huber bezeichnet das als Hirngespinste, und tatsächlich geschieht auch den ganzen Tag über nichts, also gebe ich mich zufrieden. Es ist seit der letzten Woche heiß geworden in Beirut, ich erzähle ihm von der Hitze am afrikanischen Äquator, ich komme auf Aden, auf Mogadischu zu sprechen und auf den Urlaub mit Andrea in Äthiopien, bei den Affen im Awash-Nationalpark, in Dire Dawa und Harer bis in die Nähe der somalischen Grenze im Ogaden. Wie immer verschweige ich ihm Andrea.

«Sag mal», fragt er mich, «hast du eigentlich schon einmal Urlaub in Österreich gemacht?»

Ich weiß, was er damit sagen will. «Ich kann es auch nicht erklären, aber irgendwas treibt mich immer wieder weit weg.» Ich denke wehmütig daran, daß ich mich ja inzwischen zu einem Wandel entschlossen hatte, und ausgerechnet danach hat es mich erwischt.

«Und was hast du davon?»

«Zumindest haben mich die Reisen Zusammenhänge kapieren lassen, wie sich zum Beispiel der Westen und der Osten die Welt aufteilen, dem anderen reinzupfuschen versuchen, so am Horn von Afrika. Als sich die Kommunisten mit Äthiopien, dem Erzfeind Somalias, verbündeten, hat der Westen sogleich seine Chance in Somalia genützt, besonders auch die Bundeswehr.»

Huber ist ganz gut im Bilde, so daß ich mich fast wundere: «Das ist bei der geo-strategischen Bedeutung am Horn von Afrika auch gut so. Wo der eine seinen Hafen, seine Flugbasis hat, muß sich in der Nachbarschaft auch der andere plazieren. Nur daß die Sowjets außer Militärhilfe nichts zu bieten haben, im Gegensatz zum Westen.»

Wir nähern uns den üblichen Gegensätzen und damit dem Streit. «Ja», sage ich, «allerdings werden in westlichen Entwicklungsländern die Reichen immer reicher und die Armen immer ärmer, während der Osten etwas für Alphabetisierung, für das Gesundheitswesen, für die Emanzipation der Frauen tut. Alles in allem jedenfalls mehr Gerechtigkeit.»

«Dafür sind sie eben alle arm und haben Hunger», erwidert er, «da kannst du dir aussuchen, ob es nicht besser ist, wenigstens ein paar Mäuler zu stopfen und dafür ein bißchen weniger Gerechtigkeit zu haben.»

Mich packt Zorn, denn er hat recht, er funktioniert nicht, der real existierende Kommunismus, schon gar nicht unter dem Druck der Parteidiktaturen, der Unfreiheit. Und weil der Mensch nicht edel, hilfreich und gut ist, tritt allgemeiner Schlendrian ein, während die Sache eher klappt, wenn dem Egoismus eine Chance gegeben wird. Aber ich will das nicht zugeben. «Ich würde schon ein paar Entbehrungen in Kauf nehmen, wenn es bei uns weniger Mercedesfahrer, dafür aber weniger Arbeitslose geben würde.»

Er lacht höhnisch. «Erkundige dich doch mal bei Mercedes, wie viele Autos sie in diese Länder liefern, damit die einflußreichen Parteimitglieder und ihre Ehefrauen einen Daimler fahren können.»

Ich will erwidern, daß aber Gorbatschow auf dem richtigen Weg sei, als der ‹Chef› unsere Garagenhälfte betritt, wie immer entschlossen und rücksichtslos, daß man erschrickt. Jedoch sein Gesichtsausdruck kündigt an, daß etwas passiert ist oder passieren wird.

«Sie werden woanders untergebracht!» bedeutet er uns in seinem schlechten Englisch. Mein Herz beginnt zu rasen, mein Gott, nicht schon wieder, bitte nicht diesen Sarg! Lieber auf lange Zeit in dieser häßlichen Garage, aber nur das nicht! Ich merke, daß ich nicht durchatmen kann, daß mir die Luft ausgeht. Als jetzt Jamal und der ‹Nasenbohrer› erscheinen, jeder mit einem kleinen Koffer, auf dem ‹First Aid› steht, fährt mir ein weiterer Schrecken durch alle Glieder. Offensichtlich kalkulieren sie Zwischenfälle ein, rechnen selbst mit dem Schlimmsten. Aber Jamal grinst, öffnet den Koffer, holt Armschienen und Binden heraus, beginnt laienhaft, meinen Kopf zu umwickeln, sagt, daß wir gleich einen Krankentransport erleben werden. In meiner Aufregung, und nicht weit entfernt von Panik, verstehe ich nicht sofort, reiße mir die idiotischen Binden vom Kopf, was Jamal ärgert, so daß er aufsteht, in die andere Garage geht und mit Plastikfesseln zurückkehrt.

«Laß ihn machen!» sagt Friedrich, der sich unter den Händen des ‹Nasenbohrers› in einen Schwerverletzten zu verwandeln beginnt. «Sie verlegen uns und tun so, als seien wir verletzt.»

Endlich verstehe ich, der Sarg wird mir erspart, ich atme tief durch, werde etwas ruhiger, sage Jamal, daß ich einverstanden bin, woraufhin dieser wieder freundlich reagiert. Auf weitere Fragen, wie wir transportiert werden, wie lange und wohin, wickelt er stumm Mullbindenbahnen erst um meinen Kopf, später um beide geschienten Arme, während Friedrichs Beine herhalten müssen. Meine Lebensgeister kehren so weit wieder zurück, daß ich realisiere, eine Flucht sei wohl mit diesen Behinderungen unmöglich, was auch Friedrich so sieht.

Dann hören wir ein Auto näherkommen, das Fahrzeug wird

in die Nachbargarage eingewiesen, begleitet von einem Schwall arabischer Wörter, während wir vorübergehend in stinkende Auspuffgase eingehüllt sind, bis jemand auf die glückliche Idee kommt, den Motor abzustellen. Das Garagentor wird geschlossen.

Es ist ein Krankenwagen, der Fahrer und ein zweiter Mann tragen weiße Kleidung, der ‹Nasenbohrer› zieht ebenfalls eine weiße Jacke über und steigt hinten zu uns ein, wo Huber zu liegen hat und ich sitze. Jetzt hängen sie sogar einen Tropf auf und befestigen das Ende der Leitung unter meinen Binden am Handgelenk. Es sieht alles ziemlich echt aus, als die Fahrt beginnt.

Alle Spalten zwischen den Milchglasscheiben sind abgeklebt, aber wenn ich den Kopf etwas seitlich drehe, kann ich nach vorne durch die Frontscheibe schauen. Auch sehe ich, daß zu Füßen von Fahrer, Beifahrer und ‹Nasenbohrer› Maschinenpistolen liegen. Unsere restlichen Wächter sind in einen Ford-Kombi eingestiegen, ich höre, daß sie unmittelbar hinter uns fahren.

Wir starten langsam, gewiß der tiefen Schlaglöcher wegen. Etwas abgesetzt neben der Garage steht ein einzelnes Haus. Hinter dem Felsabhang, den ich immer durch einen Ritz des Tores habe sehen können, öffnet sich die Landschaft tatsächlich zum Meer hin, was ich manchmal zu riechen glaubte. Ein letzter Blick auf Adam, den Esel, der gerade noch in der Abenddämmerung auszumachen ist.

Das befreiende Gefühl, der Enge dieser schrecklichen Garage zu entrinnen, wird von Angst überlagert. Als größtes Risiko schätze ich ein, daß es bei einer Kontrolle zu einer Schießerei kommt. Alle Milizen von Beirut nehmen sich das Recht heraus, feste und wechselnde Checkpoints zu errichten. Am besten ist die mit Syrien verbündete schiitische Amal-Miliz organisiert. Manchmal befinden sie sich nicht in offener Feindschaft zu den Hisbollah, dann wieder liefern sie sich Gefechte. Und je nachdem wie gut oder sehr gut gerade die Syrer zu Genscher stehen, unterstützen die Amal auch syrische Truppen bei Razzien nach Geiseln. Eine solche Befreiung möchte ich mir aber nicht wünschen, da ich sie wahrscheinlich nicht überleben würde.

Noch bewegen wir uns im Bereich von Sand und Dünen auf Feldwegen. Da uns, was einigermaßen sicher ist, Hisbollahs in der Hand haben, kommt es auch darauf an, wie deren geistiger Führer, Scheich Fadlallah, momentan zu Syrien steht und Syrien zum Iran. Ich habe keine Ahnung, wie die Karten in diesem Dreiecksverhältnis gerade gemischt sind.

Wir fahren jetzt vom Meer weg in östliche Richtung, wo ich nicht weit entfernt eine belebte Straße erblicke. Spätestens dort wird es gefährlich werden. Es gibt noch ein gutes Dutzend andere, oft kleine Milizen, die unberechenbar sind. Sie alle gelten als Unsicherheitsfaktor, weil selbst kleinste Anlässe zu Schießereien führen. Dazu gehört beispielsweise auch, daß unser Fahrer eine Kontrolle einfach ignoriert.

Jetzt biegen wir auf die asphaltierte Straße ein. Sofort beschleunigt der Fahrer das Tempo, der Beifahrer schaltet die Sirene mit ihrem auf- und abschwellenden Heulton ein. Ich versuche, mich damit zu beruhigen, daß rasende Krankenwagen in Westbeirut eigentlich zum alltäglichen Straßenbild gehören. Aber der Sirenenton wühlt mich auf, steigert meine Aufregung. Irgendwoher weiß ich, daß sich Minister aus Sicherheitsgründen auch als getarnte Krankentransporte fahren lassen, was unser Risiko erhöht. Ich lese den Straßennamen Rue Habib Abi Chahla. Wir fahren jetzt Höchstgeschwindigkeit, das Blaulicht erzeugt einen gespenstisch flackernden Widerschein an den Hausfassaden. Noch geht es nach meinem Gefühl weiter Richtung Osten. Vor einem Pinienwald biegen wir links ab. Wenn etwas passiert, Friedrich könnte mit seinen verbundenen Beinen nicht einmal weglaufen, aber auch mich machen die steifen Arme unbeweglich. Diese Sirene versetzt meine Nerven in überspannte Schwingungen. Die Hisbollahs sind bei vielen wegen ihrer fundamentalistischen Radikalität unbeliebt. Unser Transport könnte deshalb ja auch verraten worden sein. Mehrfach sind Häuser, die rechts und links der Straße vorbeihuschen, zerschossen.

Mir stockt der Pulsschlag! Weiter vorne ist tatsächlich ein Roadblock! Mittels Blechtonnen wurde die Straße verengt. Mit unveränderter Geschwindigkeit rast der Typ darauf zu. Jetzt müßte er endlich das Gas wegnehmen. «He, du Idiot!» rufe ich. Ist der Kerl wahnsinnig? Dieser Kamikaze-Fahrer ist verrückt. Die Blechtonnen fliegen auf mich zu. «Anhalten!» schreie ich. Aber er rast durch. Ich ziehe das Genick ein, als ob das was nutzen würde. Jetzt kommt sie, die MP-Salve?! Jetzt?! – Aber es passiert nichts!

Erschöpft hänge ich in meinem Sitz, verbunden mit einem sinnlosen Tropf. Ich lese ein verrostetes Schild ‹Collège Makassed›. Vorbei. Rechts abbiegen, links abbiegen, nochmals links, ausgebrannte Häuser mehren sich, dazwischen ein Geschäft, Sandsackberge, mit Sand gefüllte Öltonnen vor bewohnten Häusern. Wir halten an. Der ‹Nasenbohrer› kramt zwei Tücher hervor und verbindet erst Friedrich, dann mir die Augen. Die Fahrt geht ein Stück weiter, ich registriere nochmals eine Rechtskurve, dann stehen wir. Sie warten einen Moment, dann führen sie uns schnell in ein Haus. Dort gibt es sogar einen Aufzug. Wenn der Aufzug sehr langsam fährt, sind wir im zweiten Stock ausgestiegen, bei normaler Geschwindigkeit war es wohl die vierte Etage oder höher. Ich höre Stimmen im Haus, Geklapper von Geschirr. Ich freue mich, daß es nicht wieder eine Gruft zu sein scheint.

Als mir Simon den Auftrag gab, aufgrund meiner letzten Reise in der nächsten Abteilungsleiterbesprechung einen Kurzvortrag über die Rauschgiftsituation im Libanon zu halten, kam nicht gerade Freude bei mir auf. Ich war für 10.30 Uhr bestellt und ärgerte mich über mich selbst, daß ich doch etwas aufgeregt war, erstens weil ich wußte, daß ich selbst bei weniger Vorbereitung gut referieren kann, aber vor allem, weil ich doch eigentlich vor diesem Kreis keinen Respekt habe (haben will?). Ich stand auf Tagesordnungspunkt 7, bei meinem Eintreffen war TOP 5 noch gar nicht abgeschlossen. Also setzte ich mich nach hinten und hörte zu.

Das also ist der Braintrust des BKA. Dieses Dutzend zeichnet sich vor allen Dingen dadurch aus, Durchschnitt zu sein. Sie verstanden und verstehen insbesondere eins meisterhaft: nach oben nicht aufzufallen, an der Spitze keine Kritik zu üben, Informationen mit vorauseilendem Gehorsam zu filtern, Anordnungen ängstlich umzusetzen. Sie sind keine Intellektuellen, beherrschen ihr Handwerk, aber eben nur durchschnittlich. Diese Mittelmäßigkeit überraschte mich zwar nicht, weil sie im Hause bekannt ist. Trotzdem fragte ich mich nach den Gründen. Kritiklose Durchschnittsbegabungen mit Hierarchiedenken in ein solches Amt zu berufen, bedeutet für den Präsidenten und das Innenministerium, Ärger zu vermeiden. Konkurrenten werden so «rechtzeitig» eliminiert.

Aber ja doch, Buddy, natürlich ist das gut! Wenn sie genial wären – was alles könnten sie dann mit ihrer Macht anstellen, um wieviel effizienter würde das BKA durch ihre Kreativität!

Präsidenten kommen und gehen. Der eine ist schillernd und offen, der andere kontaktarm und Meister im arroganten Hochziehen einer Augenbraue. Isolation des Lebens in totaler Überwachung, was für ein Dasein, freiwillig auf sich genommen, warum? Nur im BKA-Gebäude kann er sich frei bewegen (bei mir ist das umgekehrt). Aber muß dieser Mann nicht auf Dauer die Scheinwelt als die echte sehen? Gibt es nicht mit der Zeit trügerische Bewußtseinstrübungen? Und mit dem Ende des Jobs ist damit keineswegs Schluß. Der Lebensabend umrahmt von Personenschützern. Aber das ist auch Statussymbol, und nie hat man Parkplatzsorgen. In meinen Augen ist der BKA-Präsident zu bedauern. Noch schlimmer ergeht es der Ehefrau, sie genießt nicht einmal die Freuden der Macht.

Ich machte mir Gedanken, wie ich meinen Vortrag beginnen sollte. Vornehm würde klingen: «Herr Präsident, meine Damen und Herren!» Aber Damen gab es leider keine auf dieser Führungsebene. Und mit «Herr Präsident» wurde ich an Simon erinnert. «Meine Herren»? «Sehr geehrte Kollegen»? Letzteres wäre ganz und gar unmöglich. Also beschloß ich, gar keine Anrede zu benutzen. Und wenn die Abteilungspräsidenten oder Simon bei jeder passenden Gelegenheit «Herr Präsident» oder «Herr Vizepräsident» sagten, Simon beim Telefonieren wie eine Witzblattfigur sogar aufstand, müßten die so Angesprochenen doch eigentlich denken: ‹Was bist du für ein devotes Würstchen!› Warum fordern sie dann nicht, eine solche Anrede zu unterlassen?

TOP 6 wurde aufgerufen unter der Überschrift ‹Zusammenlegung von Extremismus und Terrorismus›. Da spitzte ich sofort meine Ohren. Der Präsident gab im Einvernehmen mit dem Innenminister und dessen Staatssekretär bekannt (jenem Staatssekretär, der auch schon mal nebenbei den Verfassungsschutz mit dem Erarbeiten von Dossiers über grüne Abgeordnete beauftragte), den bisher getrennt bearbeiteten Extremismusbereich aus kriminalistischen und kriminologischen Gründen in einer Hand zu vereinen, weil sich der terroristische Nachwuchs sowieso aus dem Extremismus rekrutiere und eine Trennung bisher im BKA zu Kompetenzgerangel und Doppelzuständigkeiten geführt habe.

«Das ist eine Sauerei», entfuhr es mir fast hörbar.

Eine Diskussion kann man es nicht nennen, höchstens ergänzende Beiträge, besonders von TE-Huber: «Ein gefällter Strommast gehörte bisher in die Bearbeitung des Extremismus, wurde ein RAF-Emblem gefunden, war die Abteilung ‹Terrorismus› zuständig.» Das offenbare den ganzen Blödsinn, denn das linksextremistische Spektrum, wie Anti-AKW, Friedensbewegungen und Hausbesetzer ließen sich doch gar nicht mehr eindeutig von Terrorbanden wie RAF, Revolutionäre Zellen, Rote Zora und Militanten aus dem RAF-Umfeld trennen.

Damit war die Sache abgehakt, und TOP 7 wurde aufgerufen. Helle Empörung stieg in mir hoch, während ich zum Pult ging. Sie stecken alle in einen Sack und schlagen drauf, es wird nach ihrer Heilslehre sowieso den Richtigen treffen.

«Ich habe den Auftrag, über die jüngste Rauschgiftlage im Libanon zu sprechen.»

Statt dessen hätte ich sagen sollen: ‹Ihr wißt doch ganz genau, daß der Einstieg zur RAF direkt erfolgt, wie die Untersuchung von 78 RAF-Karrieren ergab.›

«Der Libanon gehört zu den nach wie vor wichtigsten Cannabiserzeugern der Welt, unberührt vom Bürgerkrieg.»

‹Vor ihrem Abtauchen hatten von bisher 78 festgenommenen Terroristen bis auf eine Ausnahme keiner einen Vorlauf in Hausbesetzer-Szene oder Antikernkraft- beziehungsweise Startbahnbewegung.›

«Beim Transport spielt insbesondere der Schiffsweg über Zypern und Süditalien eine Rolle.»

‹Im Gegenteil, als neue Mitglieder der RAF-Kommandoebene tauchten Personen auf, die bisher völlig unauffällig oder sogar unbekannt waren.›

«Als Verteilerzentrale des libanesischen Cannabis gelten die Niederlande.»

‹Sogar das BfV* verspricht sich nichts davon, die linksextremistische Demonstrantenszene zu beobachten, um an die RAF heranzukommen.›

«Im unzugänglichen Bekaa-Tal sollen weitere türkische Heroin-Labors eingerichtet worden sein.»

‹Und weil ihr das alles wißt, halte ich euch für einen verlogenen Haufen, der nur einen Vorwand gesucht hat, wirkliche und vermeintliche Extremisten, also im Zweifel jede Bürgerinitiative, zu kriminalisieren und mit Maßnahmen zu bekämpfen, die eigentlich nur gegen Terrorismus angewandt werden sollen. Und absurderweise merkt ihr, die ihr den Terrorismus bezwingen wollt, nicht, daß ihr dazu beitragt, ihn zu erzeugen. Und irgendwann werdet ihr vielleicht sagen, daß ihr das nicht gewollt habt!›

Drittes Gefängnis nach drei Monaten. In einem Haus voller Leben, in dem gelacht und geliebt wird, in dem Kinder spielen, Türen knallen, wo Autos vorfahren, gefeiert wird. Aber es wird dadurch auf andere Weise schwerer, macht wehmütig,

* BfV = Bundesamt für Verfassungsschutz

läßt Normalität fühlen und Entbehrung um so deutlicher werden.

Wir sind in einer Etagenwohnung eingesperrt, den Geräuschen nach im obersten Stockwerk. Man geht durch einen Flur, es gibt drei Zimmer, Bad, WC und Küche. Wir dürfen das Bad morgens und abends benutzen, es hängt dort sogar ein Spiegel, ich bin glücklich über diesen Komfort. Vielleicht ist es das ehemalige Schlafzimmer, in dem man uns verwahrt, jedenfalls spricht die Tapete mit großen roten Blumen, die wie überdimensionale Pfingstrosen aussehen, dafür. Die beiden Fenster sind mit Brettern sehr massiv verschlossen. Wir haben jeder eine Matratze, es gibt sogar einen Tisch und zwei Stühle. Da, wo vielleicht einmal Betten und ein Schrank gestanden haben, ist die Tapete heller. Die Tür haben sie zum Flur hin mit einer Sperrkette versehen. Nach Kellerloch und Garage sind wir beide recht zufrieden, schlimm ist das fehlende Tageslicht. Auch können wir die an der Decke hängende Glühbirne nicht selbst bedienen, sie wird von einem primitiven Kabel gespeist, das in den Flur gelegt ist. So gibt es doch störende Kleinigkeiten, auch daß sich der Raum tagsüber vom Dach her ziemlich aufheizt und eine Belüftung nur vom Flur aus erfolgen kann.

Wir erfahren nichts darüber, wie es weitergeht. Unsere Wächter sind mit umgezogen, zucken mit der Schulter, wissen vielleicht tatsächlich nichts, sagen ‹ma lêsh› (egal, macht nichts) oder vertrösten mit einem ‹bukra› oder ‹inshala› auf morgen, irgendwann. Welche Reaktionen gibt es auf unseren Brief? Welche Bedingungen stellt der Krisenstab in Bonn? Der ‹Chef› verspricht, sich zu erkundigen, dann tut sich wieder tagelang nichts.

Ich träume, im Krankenhaus zu sein, die Gründe sind mir nicht klar, auch fühle ich mich nicht krank. Ich gehe durch einen Flur, der irgendwann endet, aber ich weiß, daß ich den Weg fortsetzen muß, daß es einen Ausweg gibt. Ich suche und finde schließlich eine versteckte Tür. Hinter ihr ein ganz schmaler Gang, so eng, daß ich nur seitlich gewendet gehen kann. Ich fühle mich eingeengt, habe Atemnot, Erstickungsgefühle, Angst. Endlich bin ich durch und wieder in einem normalen Flur. Trotzdem wiederholt sich im Traum die Situation mehrfach. Zuletzt aber ist der Gang weit und offen, ich bin sehr erleichtert.

In dem Krankenhaus erhalte ich die Aufgabe, Bedürftige oder Obdachlose zu versorgen, die ich aber nie zu Gesicht bekomme. Aber ich bin der Meinung, daß es besser ist, sie dort zu haben, als sie auf der Straße liegen zu lassen.

Ein Mann, den ich nicht näher kenne, ist mit seinem Arzt unzufrieden und hat irgendwelche Probleme. Um sie zu lösen, braucht er unbedingt Unterlagen vom Innenministerium.

Dann liege ich wach, versuche den Traum zu deuten, bringe ihn nicht mit meiner Haftsituation in Verbindung, sondern bin mir ganz sicher, daß das BKA gemeint ist. Und daß ich da durch muß, zwar gegen Wände stoße, oft keinen Ausweg mehr sehe, aber trotzdem einen Weg finde, meine große Angst überwinde, es auch schaffe. Ferner sagt mir der Traum, daß der Außenseiter, nämlich ich, eigentlich der Normale ist und daß man etwas verbessern könnte, aber das Wie bleibt offen. – Mit den beiden anderen Traumteilen komme ich nicht zurecht, finde keine Erklärung. Auch vermisse ich eine Antwort, wie der Weg aussieht, wohin er führt.

«Kennst du das Spiel ‹Schiffe versenken›?» fragt Huber, der sich vom ‹Chef› Bleistift und Papier hat geben lassen.

Ich versenke seinen Vierer und er mir zwei Einer, was ihn freut wie ein Kind, bis ich ihm sage: «Ich habe keine Lust mehr, es ödet mich an, außerdem ist es ein Kriegsspiel, ich weigere mich, Schiffe zu versenken, auch nicht auf dem Papier.»

Er versteht mich mal wieder nicht. «Wir können es ja anders nennen, zum Beispiel ‹Figuren treffen›.» Ich finde es trotzdem langweilig, da in erster Linie der Zufall ausschlaggebend ist.

Statt dessen spielen wir dann ‹Stadt, Land, Fluß›. Das macht Huber weniger Spaß, weil ich öfter gewinne, denn mir fällt die Stadt mit Q natürlich auf Anhieb ein, weil ich eben in Quito war.

Nach und nach häuft sich unser Papierverbrauch, und das ist gut so, denn die Wächter behalten nicht den Überblick. So kann ich mir einen Vorrat anlegen und auch unbemerkt ein Stück des Bleistifts abbrechen.

Wir stellen uns ein Kartenspiel her, und Friedrich lehrt mich Skat, wir lassen uns kleine Münzen geben, spielen ‹Mühle› und ‹Dame›.

Von unseren Wächtern, die sich ja auch langweilen und uns öfter zuschauen, wird es wahrscheinlich als entlastend empfunden, daß wir uns spielend beschäftigen, denn eines Tages bringen sie uns ein Schachspiel mit. Ich bin zu nervös und fahrig, denke zu kompliziert voraus und übersehe die von Friedrich gelegten Fallen, mache plumpe Fehler, so daß er meistens als Sieger hervorgeht. Aber ein Teil der Zeit verrinnt.

Ich habe damit begonnen, über jeden Tag Notizen zu fertigen. Ich merke, daß es mir hilft, meine Gedanken aufzuschreiben. Die Gefahr entdeckt zu werden ist durch die äußere Kette an der Tür reduziert, die zuerst geräuschvoll entfernt werden muß, so daß sie nicht überraschend im Raum stehen können.

Ohne Zweifel verläuft die Greenline nicht weit entfernt von diesem Haus, denn immer wieder fallen einzelne Schüsse. Manchmal geht es auch über eine halbe Stunde hin und her, wie tödliche Fragen und tödliche Antworten.

Wenn ich zu Hause öfter vom BKA als ‹meinem Stammheim› gesprochen habe, muß ich das jetzt revidieren. Ich konnte gar nicht ermessen, was es bedeutet, einfach physisch einen Ortswechsel vornehmen zu können, wann immer man Lust dazu hat. Einsperren ist sonst eine Strafe. Wofür bestraft man mich? Es heißt, daß man irgendwann für alles zahlen muß, aber wer kann schon ständig nach der Idealform des kategorischen Imperativs leben? Welchen Sinn hat sonst der Verlust meiner Freiheit? Rückbesinnung auf mich selbst? Ich erkenne, daß man doch präziser differenzieren muß. Also laß ich ein ‹geistiges Stammheim› gelten; werde ich nicht gezwungen, in dem bedrängenden, kalten Amts-Klima täglich acht

Stunden zu verbringen? Aber wer zwingt mich eigentlich, warum fühle ich mich gezwungen, wieso lasse ich mich zwingen?

Ich rauchte wie süchtig Pfeife. Der Vize hatte allerdings damit aufgehört, was ihm nicht leicht fiel. Deswegen kaufte er sich auch keinen Tabak, um nicht in Versuchung zu geraten. Trotzdem kam er, da sein Büro nicht weit entfernt von meinem gelegen war, ab und zu bei mir Tabak ‹schnorren›. Anläßlich einer solchen Gelegenheit berichtete ich ihm, kurz zuvor von einer Dienstreise aus Südafrika zurückgekehrt, über die Verhältnisse dort. Er nahm sich Zeit, hörte mir zu, stopfte erst seine Pfeife, rauchte dann, schüttelte den Kopf, war entrüstet – ich hatte das Gefühl, daß er so empfand wie ich, und war überzeugt, daß ihn mein Bericht beeindruckt hatte.

Dann meldeten per Fernschreiben zwei Offiziere der südafrikanischen Polizei beim BKA ihren Besuch an, zwei Brigadiers, denen nicht etwa eine Absage erteilt wurde, sondern die auch von der Amtsleitung empfangen werden sollten. Und weil ich erst vor kurzem dort war, wurde ich trotz meines Protestes verpflichtet, an der Begrüßung teilzunehmen. Nun hielt sich der Präsident im Urlaub auf, was mich etwas versöhnte, da ich ja den Vize ausreichend eingestimmt zu haben glaubte.

Aber seine Freundlichkeit unterschied sich nicht von der, die einem Besucher von New Scotland Yard entgegengebracht worden wäre, man ist sich ja seiner internationalen Verpflichtungen bewußt, könnte sich vielleicht gegenseitig brauchen, Menschenrechte hin und Apartheid her, entweder hatte er bei mir geheuchelt, oder er tat es jetzt; ein Heuchler war er auf jeden Fall. Und ein Satz brannte sich ein in mein Gedächtnis, wird dort haften bleiben: «Man muß sich vor seinen Besuchern für die deutsche Presse schämen, was da Häßliches in den Zeitungen über Südafrika steht.»

Vizes kommen und gehen. Schade, dieser war mir bis dahin ganz sympathisch gewesen.

Als ‹Mr. BKA› wurde ich im Ausland so gut wie immer mit Sympathie aufgenommen, der Ruf der Deutschen ist um so legendärer und der des BKA um so sagenhafter, je weiter weg von der BRD und je unterentwickelter das Land ist. In Pretoria hätten sie mich am liebsten umarmt, denn mein Besuch wurde von ihnen, die unter Isolierung leiden, als eine Ehre empfunden.

Jedenfalls fand ich mich mit einem Generalleutnant, zwei Generalmajoren und zwei Brigadiers an einem Tisch wieder, die Satire Georg Kreislers blieb mir im Halse stecken, es war die Polizeiführungsspitze, die Verantwortlichen, die das Apartheids-System mit aller Brutalität und Menschenverachtung durchsetzen.

Welcher Teufel hatte mich nur geritten, den Posten beim BKA anzunehmen!? Nach meiner indonesischen folgte die südafrikanische Krise. Natürlich wollte ich sie studieren und wissen, was sie anrichten, aber ich wollte sie doch nicht so hautnah erleben! Ich wollte wissen, wie sie denken, wie sie argumentieren, wie sie aussehen, ihre Physiognomie kennen, aber ihnen doch nicht die Hand geben! Solchen Leuten die Hand zu geben, gewann für mich eine andere, symbolisch-belastende, ihrer Erwartung entsprechende Dimension.

Es folgten in den kommenden Jahren noch kleinere Krisen, Rückschläge, immer wieder haben mich Andrea, später auch Buddy, aufgebaut – aber Südafrika, das war das Härteste, was ich in dieser Hinsicht je erlebte!

Ein freundliches Gesicht machte ich nicht. In dem Waffenhandelsfall kam ich auch nicht weiter, sie baten um Verständnis, das weltweite Embargo, da müßten sie alle Quellen ausschöpfen, auch wenn es in der BRD unter Strafe stünde, aber sonst, auf jedem anderen Gebiet, von Herzen gerne, jede Form der Unterstützung...

«Wie lange bleiben Sie, wann fliegen Sie zurück?»

«Am Dienstag.»

«Aber dann sind Sie ja über das Wochenende da, dürfen wir Sie zu einem Ausflug in den Krueger-Nationalpark einladen?»

«Ich habe schon andere Pläne.»

«Mit welcher Gesellschaft fliegen Sie denn zurück?»

«Mit der KLM.»

«Schade, daß Sie nicht mit den South-African Airways fliegen, wir hätten Ihnen selbstverständlich einen Platz in der Ersten Klasse reserviert. Aber wenn Sie noch einmal kommen, müssen Sie sich mehr Zeit nehmen, damit wir Ihnen unser schönes Land zeigen können.»

Wie ihr schönes Land aussieht, habe ich lieber auf eigene Faust erkundet. Als ich in Kapstadt eintraf, hatte die Polizei in einer Nacht-und-Nebel-Aktion mit Hunden und Tränengas eine Razzia durchgeführt, um die Schwarzen der Townships Nyanga und Langa in die Homelands Transkei und Ciskei zwangsumzusiedeln. Die Wohnberechtigung wurde ihnen einfach entzogen, indem man die Townships zum ‹weißen Gebiet› erklärte. Damit war der Aufenthalt von etwa viertausend Schwarzen illegal geworden. Hinter den Polizeikräften kamen Bulldozer, die alle Hütten und Wohnbaracken einfach niederwalzten. Mütter mit Babies standen ohne jede Habe und Schutz plötzlich im naßkalten Regen, so daß sich weiße Anwohner erbarmten und die Kleinkinder versorgten, womit sie sich selbst strafbar machten. Die Schwarzen ließen alle Maßnahmen ohne Widerstand über sich ergehen, tanzten, beteten und sangen ‹Some people say we are not people, but on this earth we are all God's people.› Später las ich bei Sartre: ‹Weil keiner Seinesgleichen ausplündern, unterjochen oder töten kann, ohne ein Verbrechen zu begehen, erheben sie es zum Prinzip, daß der Kolonisierte kein Mensch ist.› Als Titel ein südafrikanisches Sprichwort zitierend, ‹Der beste Freund der Schwarzen ist der Mensch›, schrieb ich zu Hause in einer Gewerkschaftszeitung: «Ein Land, das seine Mitbürger so erzogen hat, daß vor dem Hotel, das man nach 18 Uhr in Jeans nicht mehr betreten darf, ein ‹Mohr› mit schwarzem Zylinder unterwürfige Verbeugungen zelebriert und dessen Zimmermädchen einen Knicks macht, wenn man ihm ein Trinkgeld gibt, in dessen Fernsehen man jeden Tag ‹das Wort zum Sonntag› hört und sieht, dessen christliche Nächstenliebe aber so ausschaut, daß der ‹schwarze Notfall› in dem ‹weißen Krankenhaus› nicht aufgenommen wird, so daß der Verletzte inzwischen verblutet.»

Die Bekanntschaft mit Daniel Nicholson verdankte ich Sarah, Englischlehrerin an einer Junior Primary School in Soweto. «Er erwartet dich Ecke Meintjies-/Schoemannstreet in Pretoria.» Das fast konspirative Zusammentreffen diente seinem Schutz, denn man hatte ihn als Studentenführer an der Uni Kapstadt exmatrikuliert und ihm Bannung angedroht.

Strahlend blauer Himmel, und trotz des afrikanischen Winters ließ die Sonne das Thermometer auf über 20 Grad klettern. Wir fuhren durch die sauberen Straßen der ‹Gartenstadt› Pretoria, geschäftiges Innenstadtleben, wie es sich kaum von Hamburg oder München unterscheidet. Daniel zeigte mir im Burgerspark die für Schwarze und Weiße getrennten Toiletten (Nie-Blanke Mans, Bantoe Vrouens), die ausschließlich Schwarzen zugewiesenen Taxis und Busse, ich wurde an den Strand von Durban erinnert, der in Abschnitte für Schwarze, Coloureds, Indians und Weiße eingeteilt ist – ganz anders die offizielle Touristik-Broschüre: ‹Der saubere weiße Sand eines Nataler Strandes, glückliche Menschen unter knallbunten Sonnenschirmen, eine üppige subtropische Kulisse; das Prickeln der salzigen Gischt, die von den Kämmen der tiefgrünen Wellen des Indischen Ozeans geblasen wird...› Danach fuhren wir nach Soweto.

Township Soweto.

Die depressive Wirkung dieser Johannesburger Vorstadt stülpte sich über mich. Eine unübersehbare, schmutzig-staubige rotbraune Fläche mit Abertausenden von kleinen, ungepflegten ‹Gartenhäuschen›, Internierungslager für 860000 erfaßte und 1,2 Millionen geschätzte schwarze Bewohner, die als Arbeitnehmer dort leben müssen, aber als Menschen keine Freizügigkeit genießen dürfen.

Soweto,

das bedeutet 15 Morde pro Woche (Mitscherlich: ‹Je repressiver, je triebunterdrückender, je stärker ritualisierend eine Gesellschaft ist, je kastenhafter ihre Organisation, desto mehr wird ihre Struktur durch unbefragbare strikte Autorität bestimmt, einen desto größeren Triebüberschuß hat sie.›);

Soweto,

in der Weltöffentlichkeit bekannt für gnadenloses Vorgehen der Polizei, die auf demonstrierende Kinder und Schüler schoß, 600 von ihnen tötete, und der ein offizieller Untersuchungsausschuß bescheinigte, sich ‹einwandfrei› verhalten zu haben;

Soweto,

das steht für fehlendes soziales Gewissen der Verantwortlichen, unterschiedliche Löhne für schwarze und weiße Arbeitnehmer, zehnfacher Betrag für ein weißes gegenüber einem schwarzen Schulkind;

Soweto,

die Stadt der 300 Kirchen, aber der fehlenden Elektrizität und sanitären Einrichtungen;

Soweto,

eine Stadt, die nach Meinung der offiziellen Touristikinformation ‹Afrika Mosaik› einen erstklassigen Lebensstandard bietet;

Soweto,

das ist die Grenze der persönlichen Leidensfähigkeit und Zelle des zu erwartenden Widerstands, wenn sich junge Menschen nicht mehr mit der Erlaubnis abspeisen lassen, mit Weißen den gleichen Postschalter benutzen zu dürfen;

und Soweto

wird schließlich den fast schon vergessenen Denker des Antikolonialismus, Frantz Fanon, bestätigen: ‹Die Gewalt, mit der sich die Überlegenheit der weißen Werte behauptet hat, die Aggressivität, die die siegreiche Konfrontation dieser Werte mit den Lebens- oder Denkweisen der Kolonisierten gezeichnet hat, führt durch eine legitime Umkehr der Dinge dazu, daß der Kolonisierte grinst, wenn man diese Werte vor ihm heraufbeschwört.›

Widerwillig habe ich Jahre später erneut südafrikanischen Boden betreten, unfreiwillig und ‹gestrandet› infolge fehlerhafter und geplatzter Flugverbindungen in der Region bei dem Versuch, nach Mosambik zu gelangen. Darüber habe ich einen kleinen Artikel in der BKA-internen ‹Hauslese› geschrieben und darin Formulierungen wie ‹das bedrückende Gefühl, wieder im Apartheid-Staat zu sein› benutzt.

Hierzu traf dann ein Leserbrief ein:

‹Mit großem Interesse lese ich regelmäßig Ihre Zeitschrift, die mir von einem Kollegen... zugeschickt wird. Ich selbst bin Polizeimajor in der südafrikanischen Polizei, und da ich in Deutschland geboren wurde, beherrsche ich die deutsche Sprache ziemlich gut.

In den letzten drei Jahren habe ich wenigstens 60 bis 70 Polizisten aus verschiedenen Ländern hier bei Kapstadt getroffen – wovon, nebenbei gesagt, die meisten aus Deutschland kamen! Kein einziger dieser Kollegen oder ihre Familien haben mir erzählt, daß es ein ‹bedrückendes Gefühl› war zu wissen, daß sie in einem ‹Apartheidsstaat› landeten – nein, sie waren eher beeindruckt zu sehen, wie es in Wirklichkeit in Südafrika zugeht, nach ein paar Wochen Urlaub hier.

... Apartheid bedeutet in Wirklichkeit aparte Entwicklung der verschiedenen Völker, die in Südafrika leben... Hier in Südafrika geht es der schwarzen Bevölkerung besser als in irgendeinem anderen Staat im ganzen Afrika – zeigen Sie mir ein einziges Land, wo es den Schwarzen besser geht!...›

Des weiteren schrieb der Verfasser, er sei froh, daß mir nicht der Kopf geplatzt sei, als ich den Flug nach Maputo nicht bekommen konnte, sonst hätte Südafrika für meine Beerdigung aufkommen müssen. Er fragt, warum ich denn nicht von Moskau aus nach Mosambik geflogen sei und daß ich wirklich klug reden hätte und ihm leid tue. ‹... Ich möchte eine offene Einladung an die Polizei in Ihrem Land richten. Kommen Sie auf Besuch in unser schönes Land und überzeugen Sie sich selbst...›

Mein Artikel und die Reaktion aus Südafrika hatten in zweifacher Hinsicht Zensur-Konsequenzen im BKA:

Noch bevor der Brief aus Kapstadt eintraf, verfügte der Vize wegen der von mir gebrauchten Formulierungen, daß künftig Veröffentlichungen in der ‹Hauslese› nur noch erfolgen sollen, wenn sie vorher durch den für den Verfasser zuständigen Abteilungspräsidenten geprüft worden sind. Als ich um Veröffentlichung des Leserbriefes in der ‹Hauslese› bat, wurde dies abgelehnt.

Ich kann das Glücksgefühl gar nicht beschreiben, heute meine ‹Frankfurter Rundschau› in den Händen zu halten! So, als sei das Abonnement nur vorübergehend unterbrochen gewesen, ist sie plötzlich da. Wie sonst immer Tag für Tag, liegt sie vor mir. Es hat etwas Anheimelndes, ein Rückfall in die alte Gewohnheit, so als sei die Welt wieder wie früher. Aber ich will der Reihe nach berichten:

Wir hatten heute morgen geduscht, was hier wieder möglich ist und was ich nach den Garagenerfahrungen im höchsten Maße schätzte, als uns Jamal das Frühstück brachte: Baguette, Schafskäse, zwei Äpfel und Tee. Die Äpfel waren bereits eine nicht selbstverständliche Zugabe. Dann erschien der ‹Chef›, hatte einen Fotoapparat dabei und erklärte, daß uns Jamal fotografieren solle. Gleichzeitig legte er die ‹Rundschau› auf den Tisch, was mich fast umgehauen hätte. Ich griff sofort nach der Zeitung, aber er nahm sie wieder an sich und sagte, die solle mit auf das Bild wegen des Datums.

«Was meinst du?» fragte Friedrich.

Ich überlegte, daß die Fotos wohl nach Deutschland geschickt werden sollen, weil der Krisenstab ein Lebenszeichen von uns verlangt. «Wir sollten einverstanden sein, da es in unserem Interesse ist. Offensichtlich bewegt sich was.»

«Das ist auch meine Auffassung, aber wir sollten Bedingungen stellen.» Friedrich wandte sich an Jamal. «Hör zu, sag dem ‹Chef›, daß wir keine Lust haben, uns fotografieren zu lassen, weil wir zu schlecht informiert werden.»

Daraufhin folgte ein arabisches Hin und Her, als dessen Ergebnis uns der ‹Chef› erklärte, er wisse auch nichts.

«Dann soll uns einer der oberen Hisbollah-Chefs aufsuchen», verlangte Friedrich.

Ich fand das recht geschickt von Friedrich, und da ein Dementi ausblieb, hatten beide entweder indirekt eingeräumt, zur Hisbollah zu gehören, oder sie wollten uns in dem Glauben lassen.

«Sag deinen Leuten, erst wollen wir einen Verantwortlichen sprechen, und dann lassen wir uns fotografieren.»

Der ‹Chef› schüttelte den Kopf. Der Mann, den wir meinen, sei zur Zeit in Deutschland und brauche dringend die Fotos. – Na bitte, das war doch eine Information!

«Okay, wir lassen uns fotografieren, wenn du uns versprichst, daß uns der Unterhändler nach seiner Rückkehr aufsucht und wenn wir die Zeitung behalten können.» Friedrich nickte zu meinen Worten.

«Okay», sagte der Chef und reichte mir die ‹Rundschau›.

Es handelt sich um eine Polaroid-Kamera mit Blitzlicht. Zwar weiß Jamal sie zu bedienen, aber die Fotos werden zu dunkel. Also müssen sie uns notgedrungen aus unserem Gefängnis rausholen und bringen uns in die Küche, im deutschen Strafvollzugsjargon hätte man es ‹umschließen› genannt. Ich kann aus dem Fenster in den Hinterhof schauen, wir sind im 5. Stock, es gibt ähnliche Häuser in der Nachbarschaft, offensichtlich eine Wohngegend, ein Haus schräg gegenüber ist ausgebrannt.

Das nächste Foto wird wieder nicht gut, weil es gegen das Licht des Fensters aufgenommen worden ist. Jetzt postieren wir uns nebeneinander vor der Küchentür und halten die Zeitung zwischen uns. Das Ergebnis ist brauchbar, Friedrich hat sein Ernst-Albrecht-Lächeln aufgesetzt, so als wäre es ein Erinnerungsschnappschuß aus libanesischer Urlaubsidylle. Ich kann nur staunen.

«Du kannst doch nicht lächeln, als sei dies ein Erholungsurlaub!»

«Ich bitte dich, bei dem Haarschnitt!» Jetzt wird uns auch klar, warum sie uns die Haare geschoren haben. Mir wird bewußt, daß dieses Foto in Zeitungen um die Welt gehen wird. Ich zeige Jamal, daß man das Datum der ‹Rundschau› auf dem Foto nicht lesen könne, wir sollten es nochmals versuchen. Das ist eigentlich überflüssig, weil die Ausgabe durch ein Bild auf der ersten Seite identifizierbar ist, welches einen jungen Chinesen zeigt, kurz vor seiner Exekution.

Die nächsten beiden Fotos sind endgültig brauchbar, und Friedrich hat seine Gesichtszüge unter Kontrolle.

Wie wir auf dem Foto wirken, kann man von verschiedenen Gesichtspunkten her beurteilen. Aus Sicht der Geiselnehmer müssen wir leidend aussehen, um den Krisenstab in Aktion zu versetzen. Dazu trägt unser Sing-Sing-Look sicher bei. Für Friedrichs Frau wäre es besser, wenn er lächelt. – Ach so, was ist eigentlich mit Andrea? Hat sie überhaupt noch Interesse an mir? Meine Stimmung verdüstert sich, ich will die Gedanken wegwischen, es gelingt mir nicht so recht. Bisher war ich ganz euphorisch, weil nach über drei Monaten ein Indiz vorhanden ist, daß wir nicht lebendig begraben sind. Aber was bedeuten Andrea und ich uns gegenseitig überhaupt noch? Steht sie inzwischen vor einer Entscheidung zwischen Jorgos und mir? Hat sie sich entschieden? Werden wir uns nicht mit jedem Tag fremder? Muß ich mich nicht auch irgendwann entscheiden? Will ich überhaupt noch? Kann man auf so viel Eifersucht oder Mißtrauen überhaupt eine Beziehung aufbauen? Es gibt nur Fragen, keine Antworten.

«Vielleicht wird es doch nicht mehr so lange dauern?» hofft Friedrich. Objektiv besteht eigentlich kein Grund zu neuer Hoffnung, es vollzieht sich alles in den bekannten Riten eines Beiruter Geiselfalles. Entscheidend ist die Abschlußphase. Wann es dazu kommt und wie und ob bis dahin die Kraft reicht. Für Cordes waren es zwanzig Monate, Jean-Paul Kauffmann mußte drei Jahre leiden, der Brite und die Amerikaner, auch Belgier, Iren, Italiener und Franzosen, sind immer noch Gefangene, seit vier Jahren einige, entsetzlich. Ich darf gar nicht weiter denken, erst drei Monate und doch wie eine Ewigkeit, und schon jetzt scheint mir nichts mehr so zu sein wie früher.

Ich stürze mich auf die ‹Rundschau›. Zuerst prüfe ich begierig, ob etwas über uns drinsteht. Ich finde nichts, aber das ist normal, es gibt ja auch nicht jeden Tag eine Pressemitteilung, schon gar nicht, wenn Entscheidungsphasen anstehen. Und doch entdecke ich eine kleine Notiz, die mich elektrisiert. Der vor 13 Monaten von Geiselnehmern verschleppte belgische Arzt Jan Cools ist im südlibanesischen Sidon freigelassen worden. Diese Entscheidung sei von Abu Nidal auf Druck des libyschen Revolutionsführers Gaddafi hin getroffen worden. – Ich zeige die Stelle Friedrich.

«13 Monate, mein Gott!»

«Nur ein Jahr», sage ich fatalistisch, «recht kurz, gemessen an anderen Fällen.»

«Meine größte Hoffnung ist Genscher, der hat gute Beziehungen zu Syrien, wenn nur das mit Rushdie und den ‹Satanischen Versen› nicht passiert wäre!»

«Und was ist mit Abu Nidal?» frage ich.

Da ist Friedrich als ‹TE-Boss außer Diensten› besser im Bilde: «Die Abu Nidal-Organisation sitzt im Südlibanon und auf Zypern, sie wird von Gaddafi unterstützt. In Beirut hat der nichts zu melden. Er ist Gegner von Arafat und der PLO. Als die PLO aus dem Libanon rausflog, haben sich ja viele PLO-Kämpfer an Westbeiruter Milizen angeschlossen. Abu Nidal will Israel vernichten und ist gegen die Annäherung seitens Arafat. Auf sein Konto geht beispielsweise der Anschlag auf Rhein-Main 1985 und voriges Jahr auf das Kreuzfahrtschiff in Griechenland.»

Titelseite der ‹Frankfurter Rundschau›. Folterspuren im Gesicht des jungen Lin. Platz des Himmlischen Friedens, welche Absurdität, durch Panzer zusammengeschossen. Nun herrscht die Ordnung eines Friedhofs. Und die halbherzige Reaktion der deutschen Linken, zum Kotzen. Chinesen wurden auch vom BKA beraten und von der GSG 9. Hätte man das voraussehen können? Otto Schily hat im Bundestag gesprochen, er vermißt eine große Demonstration.

Meine Gedanken wandern zu ihm. Wir diskutierten den ‹langen Marsch durch die Institutionen›, die Rudi Dutschke-Vorstellung, und daß es doch gut sei, wenn es so Typen wie mich beim BKA gebe. Ich habe ihm gesagt, daß ich mich so lange nicht verbiegen könne und daß das mit dem Marsch ein Flop gewesen sei, denn die meisten, die sich aufgemacht hätten, seien als Angepaßte oben angekommen, und das wolle ich nicht.

Schönhuber (‹die Deutschen haben der Menschheit viel mehr gegeben, als Auschwitz kaputtmachen kann›) sei ein Neo-Nazi, sagt Lambsdorff. Und einer der Republikaner in Oberbayern ergänzt, ‹das WAA-Gelände in Wackersdorf zu einem Arbeitslager für politische Gegner, den Abschaum und das Gesindel, machen zu wollen›. – Mit Afrikaans tun sich die oppositionellen Zeitungen in Südafrika schwer. – Auf dem Flughafen Frankfurt kann man jetzt ‹last minute› direkt buchen, wie wäre es mit zweimal Beirut–Frankfurt einfach? – In Frankenberg ist Hessentag, das Leben draußen geht komischerweise weiter, welch unsinnige Ereignisse können eine Relevanz haben, wenn Miss Germany zum Fünfkampf ins Waldstadion kommt. – Im ‹Jazzkeller› spielt die…, nein, ich lese nicht weiter, es tut zu weh, ich war fast jede Woche dort. – Sozialarbeiterinnen in Mexiko kämpfen um sexuelle Selbstbestimmung der Frauen, ‹die größtenteils gar nicht wissen, was ein Orgasmus ist, ihre Beine öffnen und völlig vergessen, daß sie mehr sind als ein Instrument der Lust des Mannes›… Jetzt habe ich meine Zeitung fast ausgelesen.

Mexiko – klassisches Exilland, traditioneller Sozialismus, geschichtsträchtiger Boden der Urvölker Maya, Tolteken, Azteken; Land der Fußball-WM; Mexico City, Stadt der Smogglocke, des würgenden Abgasgestanks in den Straßen; des Anthropologischen Museums, dessen jahrtausendealte Exponate Henry Moore beeinflußten und die um so erstaunlicher sind, je kleiner die Figuren; Stadt der 18 Millionen Einwohner, davon 3 Millionen in Slums vegetierend, größte Stadt der Erde, die bei anhaltender Geburtenrate und Landflucht nach Berechnungen der WHO Ende des Jahrhunderts 35 Millionen erreichen wird, falls nicht ein weiteres noch schrecklicheres Erdbeben...

Der Landeanflug auf den Flughafen Benito Juarez war ein Alptraum. Erster Versuch, Landebahn verfehlt wegen dichten Smogs, durchstarten und zweiter Versuch, Landebahn zu kurz genommen und durchstarten, die Nervosität des Piloten teilte sich in den engen hektischen Kurven mit, Übelkeit erzeugend. Beim drittenmal wollte er es erzwingen, knallte die Maschine aus fünf Metern Höhe auf die Piste, daß ich glaubte, sie werde auseinanderbrechen, Aufschrei der Passagiere, zerberstendes Geschirr, wir rollten aus, beim Aussteigen stand das Cockpit offen, der Pilot hing völlig entnervt über dem Steuerknüppel.

Die Polizei von Mexico City – ein zweiter Alptraum. Der Staatspräsident ließ den Polizeipräsidenten, wieder mal ein General, einsperren, der sich an der Pazifik-Küste eine 10-Millionen-Dollar-Villa aus Bestechungsgeldern gebaut hatte. Und er löste die Division de Investigaciones de la Prevencion de la Delincuencia – DIPD – und die gefürchtete Brigada Blanca auf und entließ 1700 Beamte, damit die Anzahl der Kriminellen des Landes genau um diese Zahl erhöhend.

Die vier geheimen Gefängnisse der DIPD, in denen sie Entführte bis zum Zahlen des Lösegeldes festhielten, wurden geschlossen. Aber das Problem, daß Polizeibeamte an Banküberfällen, Rauschgifthandel und Kfz-Verschiebungen zwischen den USA und Mexiko beteiligt sind, ist dadurch nicht erledigt worden.

Ich erfuhr, daß man einen Einbruchdiebstahl lieber nicht anzeigt, weil dadurch der nächste bereits initiiert werde, indem die Beamten den Tatort ausbaldowern.

Und mir wurde von Gesprächspartnern gesagt, daß der schlecht bezahlte Streifenbeamte zum Eintreiben von Schmiergeldern (Mordida) geradezu gezwungen sei, weil er täglich an seinen Vorgesetzten eine Summe zwischen umgerechnet 5 und 15 Mark abführen müsse, andernfalls drohte ihm die Entlassung.

Wieder mal zeigte ich keine freundliche Miene, in diesem Fall beim BKA-Counterpart Interpol Mexico, weil mir schwante, daß hinter ihrer Doppelgesichtigkeit die Grenzlinie zwischen Verbrechensbekämpfung und Verbrechertum verschwamm.

‹Die Wiedergabe der Auffassung, Korruption sei bei den Sicherheitskräften weit verbreitet, erscheint entbehrlich›, hatte mir der Vize ins Stammbuch geschrieben und der BKA-Präsident die Verfügung abgezeichnet, somit gebilligt. ‹Weil mehrfach Ärger entstehen könnte›, hatte der Vize seiner Zensur angemerkt. Mir erschien es aber keineswegs entbehrlich, war es doch für das BKA von Bedeutung zu beurteilen, wieviel man von der Zusammenarbeit mit einer korrupten Polizei erwarten könne. Also habe ich weitergemacht, die Wahrheit über die korrupte Polizei immer wieder in meine Berichte aufgenommen, gegen den Widerstand von Simon, am Vize vorbei oder mit seiner Tolerierung; doch mit der Zensur-Drohung mußte ich leben.

Und trotzdem habe ich im Nachhinein festgestellt, daß die Zensur nicht ohne Wirkung auf mich blieb, als ich zum Beispiel in einem Bericht über Ecuador entdeckte, daß ich formuliert hatte, ‹die Terrorgruppe Alfaro Vive Carajo (AVC) sei von den Sicherheitskräften weitgehend aufgerieben worden› – das liest sich glatt, so wie gewünscht. Die Wahrheit hätte lauten müssen, daß die Sicherheitskräfte bei Verdacht erst einmal geschossen und dann gefragt haben, ob der Getötete der AVC angehörte, so wie im Zweifel für die GIs jeder im Dschungel angetroffene Vietnamese erst einmal ein Vietcong gewesen ist.

Nicht über Korruption der Polizei zu schreiben, war schier unmöglich.

Daß ich über Willkürmaßnahmen, wie zum Beispiel auf Haiti – wo zwei Polizisten in der Nähe der deutschen Botschaft einen wehrlos auf dem Boden liegenden Flüchtigen einfach erschossen – nicht schreiben sollte, hat nicht nur etwas mit vorauseilendem BKA-Gehorsam gegenüber Bonn zu tun, auch nicht damit, daß ein solcher Bericht der Presse in die Hände gespielt werden könnte. Man will das daheim nicht lesen, man identifiziert sich mit seinem Beruf, ist beim BKA ganz gewiß nicht korrupt, hält sich an das, was man unter Recht und Ordnung versteht, steht ein für unsere Demokratie aus seiner Sicht. Man will die Verbrechen der Kollegen in der Ferne nicht wahrhaben, man fühlt sich mit in den Schmutz gezogen.

Buddy findet es richtig, daß ich mir täglich Notizen mache, er freut sich, dann könne ich später alles der Öffentlichkeit mitteilen. Ich tue so, als meine er, streng genommen, nur den Ablauf der Geiselhaft. Aber er läßt mich nicht entkommen, hätte ich mir ja auch denken können. Nein, alles heißt alles über das BKA!

Buddy quält mich, und ich habe Angst. Ich weiß, das BKA fürchtet, öffentlich ins Gerede zu kommen. Sie werden sich dafür rächen. Auch werde ich wieder an die Barschel-Affäre erinnert, an diesen Pfeiffer, der eigentlich die Wahrheit gesagt hat und doch dann die «Ratte» war, ich möchte kein Pfeiffer sein, kein Verräter, keiner, auf den sie mit den Fingern zeigen, weil sie ihn für einen Nestbeschmutzer halten!

Du hast zuviel Staub auf den Augen, mein Freund, ihr Nest ist doch bereits schmutzig, sie haben das selbst getan, du kannst es allenfalls säubern helfen.

Ich möchte mich verkriechen, laß mich in Ruhe, Buddy, du bist mir ein schöner Freund, es geht mir doch schlecht genug, ich will nichts mehr hören!

Ich halte mir die Ohren zu, ich wälze mich hin und her, Hubers Geschnarche stört mich mehr als sonst, mein Gott, das ist eine Nacht, und der Tag, der folgt, wird nicht besser sein.

Am nächsten Tag tauchen nicht wie gewöhnlich zwei, höchstens drei Wächter auf, sondern alle fünf. Sie sind sehr hektisch, es werden Gegenstände rein- oder rausgetragen, irgendwas ist los, und Jamal antwortet lediglich ‹Allahu Akbar›, aber daß Allah groß ist, haben wir schon gewußt.

«Meinst du, sie werden uns wieder verlegen?» fragt Friedrich besorgt.

«Das wäre das letzte», denn dieses Gefängnis ist besser als die beiden zuvor und wer weiß, was sie sich schon wieder für den Transport einfallen lassen.

Besorgt lauschen wir den ungewohnten Geräuschen, bis Ruhe eintritt, die nach Beginn der Dunkelheit merkwürdig unterbrochen wird.

«Mir scheint, sie schleppen einen Schrank rein», rätsele ich.

«Nein, das sind nur die Schritte mehrerer Personen», meint Friedrich.

Mein abendlicher Toilettengang läuft auch anders ab als sonst. Der ‹Zwinkerer› nimmt mich nicht einfach mit, sondern geht nochmals weg, kommt zurück und erst dann läßt er mich in den Flur. Alle Türen sind zu, jedoch höre ich in dem einen Zimmer ganz eindeutig Stimmen. Das also war es! Sie sprechen englisch, aber ich bin mir ganz sicher, es ist amerikanisch! Sie haben, so vermute ich, amerikanische Geiseln hierher verlegt.

«Es könnten neue Geiseln sein, die sie heute erst entführt haben.» Friedrich hat die Stimmen ebenfalls registriert, und zwar von drei Personen.

«Was meinst du, was das für Konsequenzen für uns hat?» frage ich.

«Wahrscheinlich keine, jedenfalls keine positiven. Bestimmt werden wir uns nicht gemeinsam die Zeit vertreiben dürfen.»

Die Zeit vertreiben, ja, ich möchte sie vor mir hertreiben, damit sie sich eilt, sie antreiben, verhindern, daß sie stillesteht, sehe mich auf einem Pferd sitzen, mit einer Peitsche, lasse den langen Riemen knallen, treibe sie immer schneller, im Galopp, bis sie rennt, verrinnt, ich sie kaum noch anhalten kann, auch nicht will, nicht mehr mitkomme, sie vergeht, vergangen ist – dann plötzlich ist alles zeitlos und umsonst gewesen.

Ich stelle mir vor, wie man mit den Amerikanern diskutieren oder ein Schachturnier veranstalten könnte, ob sie nett sind oder nicht, ob ihre erste Frage wie üblich auch hier lauten würde: «Oh I see, you're German, east or west?», damit sie gleich die richtige Schublade auf- und zumachen können, die für die bösen und die für die guten Deutschen, damit ich ihr ‹nice guy› sein darf. Aber sicher wäre hier alles ganz anders als ‹drüben in Amerika›, hier sitzen wir alle in einem Boot.

Im Flur unseres Gefängnisses wird jetzt laut gebohrt, Friedrich meint, daß sie außen an der Tür der neuen Gefangenen eine Kette anbringen. Nach einer Weile geht die Bohrerei irgendwo in einem Raum weiter, aber es interessiert mich nicht besonders.

«Sag mal, findest du diese Bohrerei nicht merkwürdig?» fragt Friedrich. Ich schrecke aus meinen Gedanken hoch, tatsächlich, sie bohren immer noch, aber es berührt mich nicht.

«Vielleicht müssen sie die Fenster noch mit Brettern verschrauben, waren auf die neuen Gefangenen nicht vorbereitet», antworte ich gedankenlos und schicke sie lieber weiter auf Gedanken-Reisen in die USA, wo ich einst Jim kennenlernte, einen dubiosen Doppelagenten, jetzt seine CIA-Pension beziehend und nur noch ein Nervenbündel, der mir sein verkorkstes Leben erzählte und mir sein unter Pseudonym geschriebenes, triviales, von der CIA zensiertes Buch ‹In den Klauen des KGB› (‹In the Claws of the KGB›) schenkte.

Friedrich ist weiter besorgt. «Ich möchte gerne wissen, was die machen.»

«Schau dich doch hier um», beruhige ich ihn, «welche Arbeit es sein muß, die Fenster zu vernageln.»

Jetzt kommen sie zu uns, der ‹Zwinkerer› und der ‹Nasenbohrer›, haben an einem langen Elektrokabel die Bohrmaschine dabei, öffnen einen Werkzeugkasten, entnehmen vier größere Dübel, fangen an, links neben Friedrichs Matratze ein Loch in den Fußboden zu bohren, der offensichtlich aus Beton ist. Wir schauen uns ratlos an.

«He, was soll das?» frage ich recht grob. Aber der ‹Zwinkerer› bohrt ungerührt weiter, während der andere uns und ihn beobachtet. Im Abstand von vielleicht vier Zentimetern entsteht das zweite Loch, dann dasselbe auch neben meiner Matratze.

«Ihr beiden, was habt ihr vor?» versucht es Friedrich etwas höflicher, aber sie reagieren wieder nicht. Ich ahne etwas, will es nicht weiter denken, schon gar nicht aussprechen.

Sie setzen die Dübel ein, verbinden jeweils beide Löcher mit einer Metallschelle, unter der ein massiver Eisenring sitzt, und schrauben alles fest.

«Seid ihr verrückt, wir sind weder Kettenhunde noch ist das hier ein Kuhstall!» Ich gebe dem Werkzeugkasten einen Tritt, aber er ist schwer und bewegt sich höchstens einen halben Meter von der Stelle, dafür zuckt ein stechender Schmerz in meinem Fuß. Die linke Gesichtshälfte des ‹Zwinkerers› arbeitet heftig.

Der ‹Nasenbohrer› nimmt seine Maschinenpistole hoch, richtet sie auf mich, zischt: «Emshi! – Hau ab!» Er deutet mit dem Lauf durch mehrfache energische Bewegungen in eine Zimmerecke, Friedrich nimmt mich am Ärmel, zieht mich dorthin.

«Warte doch erst einmal, es muß ja nicht sein, daß sie uns jetzt festbinden, vielleicht bereiten sie es nur für den Notfall vor.»

Ich hadere mit mir, was für ein Träumer ich gewesen bin, statt mich meinen nutzlosen Erinnerungen hinzugeben, hätte ich besser aufpassen sollen, was hier vorgeht, hätte mich vorbereiten, den Chef holen lassen müssen. Mir ist es ganz einfach zu gut gegangen, in diesem dritten Gefängnis, man stellt sich ja so gern auf das Angenehme um, lullt sich selber ein, vergißt, was vorher war. Ich ziehe den Strumpf aus, mein Fuß schmerzt, er ist bereits angeschwollen. Friedrich verlangt einen nassen Lappen, der ‹Zwinkerer›, dessen Gesichtszukken langsamer geworden ist, lehnt mit schadenfroher Miene zunächst ab, nicht, bevor sie fertig seien.

Der ‹Nasenbohrer› ruft etwas in Arabisch, ‹Gaddafi› kommt mit zwei etwa drei Meter langen Ketten. Sie beginnen, diese an den Eisenringen zu befestigen.

«Siehst du, daß sie uns anketten, und zwar jetzt!» sage ich zu Friedrich.

«Wir wollen sofort den ‹Chef› sprechen!» fordert Friedrich.

Doch der ist nicht da, es sei ein Befehl von oben, keiner könne daran etwas ändern, auch der ‹Chef› nicht.

«Ist ja klar, warum sie das machen», sagt Friedrich, «fünf Gefangene in der kleinen Wohnung wachsen ihnen über den Kopf. Uns beide, da hatten sie immer den Überblick. Jetzt sind sie halt vorsichtig.»

Diese Gemeinheit, denke ich, das gibt es in keinem deutschen Knast, die schönen Zeiten sind vorbei, ich war ein bißchen aufgelebt, hatte ganz zaghaft Hoffnung geschöpft, diesen Rückschlag verkrafte ich nicht! Ich weiß nicht, wie ich die lange Zeit angekettet verbringen soll, in völliger Ungewißheit, zwei, drei oder vier Jahre, wie die armen Amerikaner im übernächsten Zimmer, unsere Mitgefangenen. Sie verhalten sich sehr ruhig, die sind nicht erst seit heute im Knast, die haben sie schon kaputtgemacht, ihnen das Rückgrat gebrochen.

Friedrich läßt sich am Fußgelenk die Kette verschließen. «Laß es bei dir auch machen», rät er mir, «es hat wirklich keinen Zweck, Kraft zu vergeuden, weder du noch ich ändern momentan etwas.» Zu ‹Gaddafi› sagt er aber drohend: «Meinem Freund bringst du erst einen nassen kalten Lappen für den Fuß, vorher ist nichts mit der Kette! Hol das sofort, sonst machen wir hier einen Aufstand, wie du ihn nicht für möglich hältst. Das bringt dir nur Ärger!»

Die Solidarität von Friedrich tut mir in diesem Moment unendlich gut. ‹Gaddafi› geht auch wirklich und kommt mit einem nassen Tuch wieder.

«Ihr habt doch einen Kühlschrank, du holst jetzt noch Eiswürfel!» ordnet Friedrich an, was ‹Gaddafi› brav ausführt.

Während Friedrich mir den einen Fuß mit Eiswürfeln und Tuch umwickelt, kettet der ‹Zwinkerer› den anderen an. Ich laß es über mich ergehen.

Später sagt Friedrich: «Schau her, so schlimm ist es auch nicht. Das Zimmer ist doch sowieso nicht groß, die Bewegungsfreiheit war vorher auch nicht viel besser, mit dieser Kette kommen wir ebenfalls überall hin. Und in den Flur konnten wir vorher auch nicht. Also denk die Kette doch einfach weg, es hat sich fast nichts verändert!»

Ich weiß nicht, ob Friedrich das nur so sagt, oder ob er es auch kann. So einfach ist es für mich jedenfalls nicht. Wenn bereits erheblich eingeschränkte Freiheit noch weiter eingeschränkt wird, bedeutet das in jedem Fall ein Minus, das sich in unserem Fall dem Punkte Null nähert. Denn sehr viel schlimmer kann es nun nicht mehr werden, außer nur noch auf der Matratze zu liegen, krank zu werden und zu sterben. Außerdem habe ich das Bewußtsein, daß damit endgültig eine menschliche Ebene verlassen wurde. Gewiß, sie schlagen uns nicht und verpflegen uns recht gut, das unterscheidet die Behandlung von der in einem KZ, aber psychisch ist das Folter. Ich kämpfe Anflüge von Phobie nieder, tröste mich mit dem Bewegungsradius von drei Metern, unvergleichbar zum Eingesperrtsein im Sarg. In meinem Fuß hämmert jeder Pulsschlag, ich mache die ganze Nacht kaum ein Auge zu. Und wenn mir etwas anderes einfällt als die momentane Situation, sind es Ketten im BKA.

Zufällig traf ich Volker von TE in einem BKA-Flur, jenen Volker, mit dem ich bei der Bundesanwaltschaft Karlsruhe gewesen war.

«Na, wie geht es dir, hab dich fast ein halbes Jahr nicht gesehen.»

«Alles paletti», antwortete er, «nur ein bißchen langweilig. Es müßte mal wieder was passieren, damit wir auf den Putz hauen können!»

Unter den unendlich vielen Gästen des BKA, für die ein besonderes Referat als eine Art BKA-Tourismus-Büro tätig ist, sind auch Schwarze. Zur Mittagszeit kann es sein, daß man einer solchen Gruppe in der Kantine begegnet. Aufgefangene Gesprächsfetzen: «Heute hat das BKA mal wieder eine Fuhre Brikett geladen!» Oder: «Die Sarottis sind los...»

Ganz anders beim Besuch von Bundeswehroffizieren im vollen Lametta. Die Augen glänzen, nicht nur die der Frauen...

«Sollen sie doch in die Zone gehn, die Grünen, wenn ihnen unser Staat nicht paßt», hatte Simon vor Jahren einmal gesagt.

Die Grünen sind das neue Feindbild. Bei den Grünen endet die Toleranz, und jenseits von ihnen beginnt die Linke, in einen Topf geworfen mit Extremisten oder Terroristen-Sympathisanten. Ab hier erfüllt der angepaßte BKA-Angehörige seinen Auftrag mit Überzeugung, kann seine Gefühle einbringen, bewußt oder unbewußt, oder darf gefühllos sein. Im Gegensatz zu den Linken belegen Rechtsextremisten und Neo-Nazis einen Platz auf der positiven Gefühlsskala, das eindeutig Extreme ihrer Programme einmal ausgenommen. Denn offen extrem ist der durchschnittliche BKA-Angehörige in keiner Richtung, das widerspräche der verinnerlichten Anpassung. Man ist nur so extrem wie die Führung, dann kann nichts passieren. Im politischen Bereich vertraut man der Führung, sie wird sich im Rahmen der Verfassung bewegen. Und wenn sie will, daß man drauflosgeht, dann geht das in Ordnung. Nur keine Zweifel.

Die Mitte ist so weit nach rechts verschoben, daß man Amnesty oder die ‹Frankfurter Rundschau› bereits als ‹links› beurteilt.

Das Wählerpotential der Republikaner beim BKA kann man nur erahnen. Aber wozu mache ich mir Sorgen, ‹die DKP ist gefährlicher als die NPD›, so ein CDU-Landesinnenminister.

Nach solchen Überlegungen fragte ich mich jedesmal, wie subjektiv mein Urteil ist. Denn ich wurde auch mir gegenüber mißtrauisch, wenn ich mich bei meinen Reisen in einem linken Land wohler als in einem rechten fühlte. War mir eine linke Diktatur lieber? War ich blauäugig? Ich wußte doch ganz genau, daß sich die Schergen von links oder rechts in nichts unterscheiden, weder im Aussehen noch in dem, was sie sagen und wie sie handeln. Vielleicht erfährt die Bevölkerung in linken Regimen etwas weniger Ungerechtigkeit im sozialen Bereich, aber auch das ist fraglich.

Aber die Linken bei uns haben wenigstens mehr Humor.

Die BKA-Führung hat das Vertrauen ihrer Mitarbeiter nicht verdient. Sachbearbeiterebene und Amtsleitung sind sich so fremd, als lebten sie auf verschiedenen Planeten. Mein direkter Kontakt mit dem Vize fiel deswegen aus dem Rahmen, weil ich aus dem Rahmen gefallen war. Die Masse der Amtsangehörigen ist eingerahmt vom sogenannten Höheren Dienst. Zwar ist es ein Wechselrahmen, weil die Figuren kommen und gehen, aber pauschal kann man den Höheren Dienst als Filter betrachten, nach oben und nach unten. So wie der sachbearbeitende Dienst an den Höheren angepaßt ist, verhält sich dieser gegenüber der Amtsleitung. Deswegen fallen Entscheidungen oft weit entfernt von der Praxis im Elfenbeinturm. Und weil Sachbearbeiter (beim BKA immerhin auch Kriminalhauptkommissare) nichts zu entscheiden haben, fühlen sie sich auch so. Denn der wahre Mensch beginnt erst beim Kriminalrat.

Simon ist einer dieser wahren Menschen. Eine seiner Devisen heißt: ‹Wissen ist Macht›. Mir erklärte er knapp und militärisch: «Ich entscheide, was Sie für Ihre Arbeit zu wissen haben. Und das teile ich Ihnen auch mit!»

Das ist von der Amtsleitung so gewollt, die ja auch auf ihrem Herrschaftswissen sitzt. Als ich einmal die mangelnde Aussagekraft der Protokolle über Abteilungsleiterbesprechungen kritisierte, entstand folgender Dialog:

Ich: «Es steht drin, über welches Thema gesprochen wurde, aber nicht mit welchem Inhalt und Ergebnis.»

Simon: «Das reicht, denn wenn es Sie dienstlich berechtigt interessiert, können Sie mich oder den Abteilungsleiter fragen.»

Ich: «Ob es mich interessiert, kann ich doch nur beurteilen, wenn ich Inhalt und Ergebnis näher kenne.»

Simon: «Sie sind ein Querulant.»

Nur höchst selten führte er eine der eigentlich wöchentlich vorgeschriebenen Dienstbesprechungen durch, vielleicht zweimal im Jahr. Und dann war es ein Befehlsempfang. Über Für und Wider sich auszusprechen, hatte niemand Lust oder es wagte keiner. Als Simon bei einer solchen Gelegenheit kurz rausgerufen wurde, entstand betretenes Schweigen, ein paar verkrampfte Äußerungen, man hat sich untereinander nichts zu sagen.

Zwangsläufig erlangen dann informelle Kommunikationswege größte Bedeutung, Charakteristikum des autoritären Führungsstils. Diese Kanäle führen aber auch zu Fehlinformation und Gerüchtebildung. Kommunikation in Ersatzorganisationen tragen dazu bei, zum Beispiel gibt es verschiedene Sportgruppen, das Schachteam – und den BKA-Chor. Ein großer Chor, öffentliche Auftritte, Männer und Frauen in einheitlicher Festkleidung, BKA-Weihnachtssingen. Man ist eine Gemeinschaft, erfüllt im Schulterschluß eine Aufgabe, und ein Chor festigt die Zusammengehörigkeit.

BKA-Ketten im Kopf, Eisenkette am Fußgelenk – ein zerschundener Morgen graut. Huber ist mir fremd, gestern noch war er fürsorglich, heute empfinde ich innere Distanz, dieses BKA ist doch auch sein Aquarium gewesen, in dem er sich wie ein munterer Fisch getummelt hat. ‹Efomax› haben sie ihn genannt, weil eines seiner Lieblingsworte ‹Erfolgsmaximierung› war. Er stand im TE-Bereich für das, was sie als Erfolg bezeichnen. Und die Steigerung des Erfolges war, entweder einen Mißerfolg, wie die Durchsuchung in Rüsselsheim, in einen Erfolg umzufunktionieren, also aus Minus Plus zu machen, oder höhere Effizienz auf Kosten von Freiheitsrechten zu suchen. So war die Rasterfahndung seine Erfindung.

Öfters frage ich mich, ob er denn wirklich vergessen oder verdrängt hat, mich geprüft zu haben? Erinnert er sich nicht mehr an seine Suggestivfragen? «Haben Sie, wenn Sie schon einräumen, an Demonstrationen gegen die Startbahn West teilgenommen zu haben, nicht auch einmal das Verlangen verspürt, einen Stein aufzuheben?» Ja, Huber, wer wirft den ersten Stein? Wärst du doch nur einmal in deinem Leben in wenigstens nur irgendeiner Demo mitgelaufen!

Zum Sarg- kommt jetzt das Kettenhundsyndrom. Ich empfinde Wut. Mein Fuß ist dick wie ein kleiner Kürbis, Jamal hat mir vorhin neue Eiswürfel gegeben. Ich war auf dem Klo, dazu mußte er mich losschließen. Im Flur ist jetzt auch die Kette an der Tür des anderen Zimmers angebracht. Ich habe eine Stimme gehört, sie ist tief, fast ein Baß. Jetzt bin ich ganz sicher, daß es ein Amerikaner ist, die Aussprache habe ich deutlich im Ohr. Huber wußte, falls sich in den letzten Monaten nichts geändert hat, daß sie im Libanon fast zwanzig Geiseln haben, es sind Journalisten, Lehrer oder Entwicklungshelfer. Am bekanntesten der Brite Terry Waite, ein Priester. Acht von ihnen sind Amerikaner.

Das ist schon ein merkwürdiges Gefühl, hinter zwei weiteren Wänden Leidensgenossen zu wissen, ohne mit ihnen Kontakt zu haben. Auf dem Weg vom WC zurück habe ich zu Jamal in Englisch gesprochen, so daß sie es hören konnten, die Baßstimme ist daraufhin verstummt.

Huber nimmt an, daß ich wegen der Schmerzen im Fuß so schweigsam bin. Das kommt alles zusammen: die Kette, die Schmerzen, das BKA.

Jamal bringt das Frühstück. Lustlos kaue ich drauf rum, es ist mal wieder Chicken-Sandwich. Ich kann das Hähnchenfleisch schon nicht mehr riechen, der Geruch steigt mir natürlich trotzdem in die Nase. Ich denke wieder an Luanda, an den Strand dort und das Grillen von Hähnchen, deren Geruch über den Sand wehte, direkt in die offenen Nasen der ängstlich kauernden hungrigen Einheimischen. Gedankenkette.

Hotel ‹Tropica› Luanda, erstes Haus am Platze. Musealer, muffiger Geruch, mein Zimmer stank nach Urin, kein Wasser bei über 40 Grad Hitze. Stromausfall, der Aufzug blieb stekken, 15 Minuten lang wie in der Sauna, der Schweiß rieselte unter dem Hemd auf der Haut, die erste Phobie meines Lebens!!!

Um jeden Wassertropfen zu erhaschen, falls er je aus der Leitung kommen sollte, ließ ich die Wasserhähne des Bades über Nacht offen. Ich wachte auf, mein Gott, totale Überschwemmung. Zimmer, Bad, Vorraum, sechs Meter des Flures standen unter Wasser, der Teppichboden triefte. Der Etagenkellner jedoch lachte darüber, ich gab ihm 1000 Kwanzas, das war fast ein Monatslohn für ihn, mich kosteten sie auf dem schwarzen Markt zwei Dollar.

Das Essen ungenießbar: alter traniger Fisch mit Reis, Käserollen und Mixed-Pickles.

Nur Arbeitnehmer erhielten Lebensmittelkarten. 40 Prozent waren ohne Arbeit, mußten hungern.

Die Geschäfte hatten Ausstellungsstücke in den Schaufenstern, die nicht verkauft wurden, die Regale innen waren blank. Besonders eindrucksvoll eine Apotheke mit einem absoluten Nichts im Verkaufsraum. Schlange vor einem Supermarkt: Es gab leere Einmachgläser auf Lebensmittelkarten.

Die Nomenklatura hier: sechs verschiedene Klassen von Geschäften für Privilegierte. Aber auch dort Schlangen von Wartenden.

Diplomaten kauften gegen Devisen im Diplo-Shop; fünf Kilogramm Reis für 24 Dollar.

Angola – in dem es so gut wie nichts gab als Armut. Sozialismus ad absurdum geführt durch Kräfte, die ihr machtvolles Eigenleben entwickelten, ein Konglomerat der Gewalt und Brutalität: UNITA und Südafrika, ANC und SWAPO, MPLA und Kuba, FNLA und Zaïre, UdSSR, DDR und USA.

Im Hafen zwei sowjetische Raketen-Boote, dafür auf der Airbase im Nachbarstaat Zaïre US-Starfighter, Gleichgewicht der Kräfte, hier löhnt der Westen, dort aber nicht der Osten, im Gegenteil, Angola blutet aus wegen der Stationierungskosten für 20000 Kubaner, das Rückgrat militärischer Sicherheit, ergänzt durch sowjetische Militärberater und den Aufbau von Polizei und Staatssicherheitsdienst durch die DDR. Völker, hört die Signale...

Ich wurde zur Strandparty eingeladen. Gastgeber war Multi Texas-Oil, die vor Angolas Küste das Erdöl fördern, weil dem Ostblock das Know-how dazu fehlt.

Eingeflogen hatte man Steaks, Kentucky Chicken, Bier, Wein. Am Rande der vorsorglichen Absperrung des öffentlichen Strandes drängten sich Schwarze mit großen Augen vor Hunger und Staunen, versuchten wie Hunde den halb abgenagten Knochen eines T-Bone-Steaks zu erhaschen.

Zwei der Öl-Manager waren Deutsche, der eine untröstlich, weil seine beiden Töchter in Deutschland grün gewählt hatten. Der andere philosophierte nach dem zweiten Whisky über Darwinismus, wie er ihn verstand: Im Ölgeschäft setze sich nur Härte durch. Der Schwache bleibe auf der Strecke, wenn er nicht leiste, was seine Bosse von ihm verlangten.

Auch ohne Hunger war die hohe Luftfeuchtigkeit bei über 40 Grad ein Problem. Der Kreislauf sackte in den Keller, Bilder fingen vor den Augen an zu tanzen – Überblendungen – Hungerbäuche der Kinder, Verfüttern von Milch an Schweine wegen der EG-Quoten; ausgestreckte Hand nach einem Brötchen, Unterpflügen von Gemüsefeldern infolge der EG-Subventionspolitik; stumme Frage im Blick des jungen Mannes, wieso er auf der einen und ich auf der anderen Seite des Texaco-Strandes stand, Kippen von zehntausend Eiern auf die Landstraße aus Protest gegen EG-Landwirtschaftsminister; leergefegte Lebensmittelgeschäfte in der Stadt, Vernichten von tonnenweise Obst zur Regulierung der EG-Preiskalkulation. Gedankenketten, Gedankensplitter, Splitterwirkung.

Der erste Splitter durchschlug irgendwo eine Scheibe des Hauses, die klirrend zerbarst. Danach zwei Granateinschläge in der Nachbarschaft. Lautes Rufen, Rennen im Treppenhaus, Türenschlagen, Aufheulen startender Autos, weitere Detonationen etwas entfernt, Dröhnen der Artillerie auf unserer Seite, dazwischen das Ploploplop von Mörsern, irgendwo die Sirene eines Krankenwagens. Weiter weg, offensichtlich auf der Christenseite, gedämpft hörbar die Einschläge.

Der ‹Chef› wischt sich den Schweiß von der Stirn. «Nein, eine solche Order habe ich nicht!»

«Dann rufen Sie sofort in Ihrem Hauptquartier an!» verlangt Friedrich.

Er spricht mit ‹Gaddafi›, der geht in das Nachbarzimmer, bedient das Funkgerät, man kann hören, daß eine Verbindung zustande gekommen ist. Über das Dach heult eine Granate, fünf Sekunden Stille, sodann die Detonation. Der Boden des Raumes zittert.

‹Gaddafi› informiert seinen Chef, er schwitzt noch mehr.

«Das Hauptquartier lehnt ab, die Gefangenen zu verlegen. – Weder ist das Haus unterkellert, noch gibt es sonst einen Schutz.» Man sieht es ihm an, daß er sich nicht wohl fühlt in seiner Haut.

Das Bombardement dauert nun schon eine halbe Stunde. Aber es ist nicht nur unser Gebiet betroffen, es scheint auf große Teile der Stadt verteilt zu sein. Friedrich blickt sorgenvoll. Mein Hauptproblem sind die Ketten. Ich will aber nicht meinen üblichen Fehler machen, gleich aggressiv zu werden.

«Ich denke, Sie sollten unsere Ketten aufschließen. Wenn das Haus einen Treffer abkriegt, müssen wir mit euch zusammen raus.»

«Eben», unterstützt Friedrich, «dann muß es schnell gehen, ist auch besser für euch!»

Der ‹Chef› überlegt. Ein Einschlag in unmittelbarer Nähe läßt unser Haus erbeben und beeinflußt seinen Entschluß. Er gibt ‹Gaddafi› eine entsprechende Anweisung.

Ich bin jetzt sehr erleichtert. «Bitte auch bei den Amerikanern», sage ich.

«Es gibt keine Amerikaner!» fährt mich der ‹Chef› an und geht raus.

‹Gaddafi› und Jamal sitzen zur Bewachung bei uns auf dem Fußboden mit ausgestreckten Beinen und an die Wand gelehnt. Jamal hat die Augen geschlossen und betet leise. Ich rieche Rauch.

«Es brennt im Haus!» ruft Friedrich gleichzeitig, woraufhin ‹Gaddafi› nachschauen geht.

«Nein, der Rauch kommt von draußen, unser Haus ist bisher nicht getroffen worden.» Ich kann mit dieser Gefahrensituation ganz gut umgehen und habe einen klaren Kopf. Ich lerne, zwischen dem zischenden Fluggeräusch einer Rakete, dem Pfeifen des Granatwerfers und dem Heulen von Artilleriegranaten zu unterscheiden. Je mehr sich der Ton zu einer hohen Frequenz ändert, um so näher und gefährlicher wird es. Momentan sind die Treffer etwas weiter entfernt.

Friedrich sitzt blaß und ängstlich da, seine Brust hebt und senkt sich schnell, ich übernehme kurz und unauffällig seinen Atemrhythmus, um zu erkennen, daß er sehr aufgeregt sein muß. Ich kann ziemlich klar analysieren, daß mich lähmende Angst nicht überfällt, wenn ich handlungsfähig bleibe. Das bin ich nicht, wenn ich auf engem Raum eingesperrt werde, gefesselt oder gekettet, mich Waffenläufe bedrohen. Darauf reagiere ich nur noch mit dem Bauch, der Kopf ist blockiert, Ströme von Bedrohtsein durchwallen mich. Ganz anders jetzt: Ich schätze das Risiko fünfzig zu fünfzig ein, gewiß eine Lebensgefahr. Aber die Wächter und wir sind fast in derselben Lage, ihre Funktion eher symbolisch, denn im Falle eines Treffers werden wir erst einmal laufen, raus aus dem Haus, jeder wie er kann.

«Das ist eine Chance abzuhauen», sage ich zu Friedrich. Er schaut mich ängstlich an. «Ich meine, wenn wir hier raus müssen, sollten wir zu fliehen versuchen!»

Friedrich ist aber an dem Gedanken nicht sehr interessiert. «Mal sehen», antwortet er.

Es kommt noch hinzu, daß mich die Angst Friedrichs, das Beten Jamals, das Schwitzen des ‹Chefs› aufbauen. Das ist schon eine komische Sache mit der Psyche, denke ich, die Schwäche des einen läßt des anderen Stärke werden. Das ist so ähnlich wie zwischen Andrea und mir; wenn sie besonders aktiv war, hat mich das gelähmt. Ich frage mich, inwieweit ich sogar die Lebensgefahr dem Leiden vorziehe, das heißt, eine normale Angst dem schweren psychischen Druck. Ich verstehe jetzt sehr gut, warum sich bei den Nazis Gefangene an die Front gemeldet haben und sich in Strafbataillone versetzen ließen, sie haben den möglichen Tod einem passiven Leiden vorgezogen. Das hat, wenn ich es an mir messe, nichts mit Todessehnsucht zu tun, sondern...

Erst klirrt eine Scheibe, dann splittert Holz und anschließend ist im Flur ein Geräusch, als habe man eine stark gespannte Stahlsehne losgelassen. ‹Gaddafi› springt auf, reißt die Tür auf, hebt ein direkt zu seinen Füßen liegendes, fast hufeisenartiges Eisenstück auf, einen Granatsplitter, der seinen Weg durch die Küche dorthin gefunden hat.

Ich frage Jamal, was er bete. «Ich bete aus der 2. Sure des Koran die Verse 186 und 187.»

«Und was steht da drin?» will ich wissen.

«Und bekämpft in Allahs Pfad, wer euch bekämpft. Und erschlagt sie, wo immer ihr auf sie stoßt, und vertreibt sie, von wannen sie euch vertrieben. Greifen sie euch an, dann schlagt sie tot. Also ist der Lohn der Ungläubigen.»

«Du betest also für die Vernichtung der Christen drüben im anderen Teil der Stadt?» frage ich Jamal.

«Ja», antwortet er, «weil sie uns vernichten wollen.»

«Hast du Angst?» Aber diese Frage ist unsinnig, das würde ein junger Araber niemals zugeben.

«Nein, denn dies ist der islamische heilige Krieg, und wenn Allah mich zu sich rufen sollte, hat er mir den direkten Zugang in das Paradies geöffnet. La hawla walla qiwwata illa bilâ! – Denn es gibt weder Macht noch Stärke als bei Gott!»

Ich beneide ihn und verfluche gleichzeitig diese Religion. Als Kanonenfutter wurden Dreizehn- und Vierzehnjährige im Namen Allahs durch Khomeini in den Krieg gegen den Irak geschickt, ausersehen zum ‹islamischen Martyrium›, im Giftgas elend umgekommen. – Aber sein Glaube macht es Jamal leicht, in dieser Situation zu bestehen.

Jetzt höre ich das Prasseln von Feuer. «Es brennt!» ruft Friedrich entsetzt. Der ‹Chef› kommt und erklärt, daß das

Nachbargebäude getroffen wurde, einer seiner Leute sei unten und beobachte unser Haus.

«Sollte es hier brennen, gehen wir rechtzeitig raus», sagt er beruhigend, zumal es zur Zeit kein Wasser zum Löschen gebe. Das Leitungssystem sei zerstört oder die Versorgung zusammengebrochen, weil sie bereits an anderen Stellen löschen.

Wieder riecht man die Rauchschwaden, aber ich verlasse mich auf das, was er gesagt hat. Das Geräusch des Feuers, zumal ich es nicht sehe, ist gespenstisch. Ich wüßte gerne, wie die Windrichtung steht und ob es Funkenflug gibt. Jetzt schlagen wieder neue Raketen nicht weit entfernt ein.

Als ich aufwache, ist alles vorüber.

Friedrich kann es kaum fassen. «Daß du dabei einschlafen konntest?!» Ich selbst erkläre es mir mit einer Art Selbstschutz des Unterbewußtseins, das Bewußtsein für die Gefahr durch Schlaf betäuben zu lassen. Das ist mir allerdings noch nie gelungen, wenn ich panisch war.

Friedrich ist erschöpft.

Ich erzähle ihm von Franz Biberkopf, der aus dem Zuchthaus kommt und ein anständiger Mensch werden, vor seiner Vergangenheit fliehen will, aber in den Sog der wilden zwanziger Jahre Berlins rund um den Alexanderplatz gerät, sich dem falschen Freund anvertraut, Reinhold, einem skrupellosen Verbrecher, der ihn in neue Straftaten verwickelt. Da er nicht spurt, stößt ihn Reinhold unter ein Auto, wobei er einen Arm verliert. Als Franz Biberkopf Mieze kennenlernt und ihr Zuhälter wird, spannt ihm sein Freund das Mädchen aus, will sie vergewaltigen und ermordet sie. ‹Verflucht ist der Mensch, der sich auf Menschen verläßt› ist das Leitmotiv von Döblins ‹Berlin Alexanderplatz›.

Immer geht es auch um Macht und Gewalt. Reinhold hat die Macht über Franz Biberkopf, sie durchzusetzen scheut er nicht vor illegaler Gewalt zurück.

Das BKA verfügt über legale Gewalt, wie sie der Gesetzgeber definiert hat, um in bestimmten Fällen Grundrechte einzuschränken. Das ist aber schon fast nicht mehr durchschaubar, weil die Anwendung dieser Gewalt eine Ermessensentscheidung ist, es geht um pflichtgemäßes Ermessen, die Freuden der Pflicht sind entscheidend und bestimmen, was verhältnismäßig ist.

Noch komplizierter ist strukturelle Gewalt, weil verborgen und subtiler anwendbar. Simon hat die Macht der Beurteilung, Huber die Macht der Definition, Schroer die Macht der Subsumtion, sie bestimmen also, wer befördert wird, wer kein Extremist mehr und schon ein Terrorist ist, wer als Angehöriger einer terroristischen Vereinigung angeklagt wird.

Und alles das ist wandelbar. Und immer sind Polizisten die ausführenden Büttel, der verlängerte Arm des Regimes. Die bayrische Polizei würde dem zuständigen Minister gehorchen, gelte es bei einer Geiselnahme-Übung die Täter vorsorglich erst einmal zu erschießen. Was sind Polizisten eigentlich für Menschen? Ist es ihr Bestreben, so effizient wie möglich, aber auch so mächtig wie möglich zu sein? Ist es nicht eine verbreitete menschliche Eigenart, Macht zu genießen? Und werden nicht Defizite einer Persönlichkeit durch Macht kompensiert? Wie weit voneinander entfernt sind Machtgier und Sadismus? Was hat es zu bedeuten, wenn Polizeibeamte nach schärferen Gesetzen rufen oder sich über Liberalisierungstendenzen, wie die Öffnung europäischer Grenzen, aufregen?

Manchmal schöpfte ich Hoffnung, beispielsweise nach den Morden an der Startbahn West, als Polizisten besonnener reagierten als Politiker und Bürger. Dann wieder war ich deprimiert, wenn jemand, der sich kritisch äußerte, kalt abserviert wurde, versetzt, abgeschoben, ausgeschaltet.

Sich im BKA schwarzzuärgern, gleicht einer Tautologie. Es bringt auch nichts, denn der Law-and-order-Virus hat viele infiziert. Einen Impfstoff kenne ich nicht, er ist noch zu erfinden.

Am besten vertragen wir uns, wenn es einem von uns beiden schlecht geht. Beim Frühstück heute ist Friedrich wieder okay. Jetzt macht er sich Gedanken, daß mit dem Diplomatenpaß auch seine anderen Papiere perdu sind und er ganz froh sei, die neuen fälschungssicheren Ausweise zu beantragen, wenn er zurück in Deutschland ist.

«Einspruch, Euer Ehren», sage ich, denn die Maschinenlesbarkeit ist so eine Sache.

«Mich kann jeder kontrollieren, ich habe nichts zu verbergen», meint er darauf.

Wenn das mal so einfach wäre! Ich versuche, es ihm an einem Beispiel klarzumachen: «Angenommen, es besucht X seinen Studienfreund, der den Roten Zellen angehört, zweimal im Knast und schreibt ihm drei Briefe, woraufhin sein Telefon abgehört wird...»

«Das ist schon Quatsch!» unterbricht er mich.

«Dann ist Quatsch bei TE Realität, ich habe dir von einem ähnlichen Fall erzählt. Aber darauf kommt es nicht an, du wirst zugeben, daß man zufällig eine Freundschaft dieser Art haben kann.»

«Die Überwachung müßte jedenfalls begründet sein», insistiert er.

«Von mir aus hat sie die National Security Agency der USA durchgeführt, die CIA es dem BKA mitgeteilt, der Bundesanwalt es angeordnet oder der Ermittlungsrichter, es ist wirklich nicht der Punkt! Es geht einzig um X. Also, dieser X interessiert sich als Hobby, sagen wir, für Malerei des 19. Jahrhunderts. Er fährt regelmäßig über die Grenze: zum Van Gogh-Museum Amsterdam, besucht die Gauguin-Ausstellung im ‹Jeu de Paume›, Paris oder die Degas-Ausstellung in Mailand. Damit entsteht, dank des neuen Ausweises, das, was ihr bei TE ein ‹Bewegungsbild› nennt. Und da 1 + 1 = 2 ergibt, ist der Fall schon ziemlich klar, besteht euer Verdacht der Beziehungen zur ‹Action directe› und den ‹Brigate Rosse›. Nun bewirbt sich X bei der Lufthansa. Wetten, daß der die Stelle nie kriegen wird und auch niemals erfährt, warum?!»

«Es gibt immer Härtefälle», räumt Huber ein, «das stellt nicht das Prinzip in Frage.»

«Weil das Prinzip in manchen Köpfen der Überwachungsstaat ist.» Ich hätte natürlich auch sagen können, in Hubers Kopf.

Seine Reaktion ist prompt: «Also in meinem Kopf?»

«Ja.»

«Das ist unverschämt von dir, ich bin wirklich der Letzte, der einen Überwachungsstaat will!»

Wieder das Problem der Definition. Erreichen wir ihn jetzt schon mit den Sicherheitsgesetzen, oder muß er erst Orwellscher Ausprägung sein. Das ist mal wieder wie mit dem autoritären Führungsstil: Die ihn anwenden, sind fest davon überzeugt, weit davon entfernt zu sein.

«Also gut, ich nehme zur Kenntnis, daß du keinen Überwachungsstaat willst, aber die Überwachung Unschuldiger in Kauf nimmst.»

«Als seltene Ausnahme, nur als seltene Ausnahme!»

Eine Ausnahme will der ‹Zwinkerer› nicht zulassen und schimpft auf arabisch «Fi sittin dahya!», was ich nicht verstehe, aber trotzdem darauf bestehe, ein zweites Mal aufs Klo zu gehen. Ich gebe vor, Durchfall zu haben, weil ich überprüfen will, ob der Zettel noch in seinem Versteck liegt. Ich habe eine kurze Mitteilung an die Amerikaner geschrieben und so hinter den Spiegel geschoben, daß das Papier noch sichtbar ist. Leider haben sie es nicht bemerkt, so daß ich jetzt den Zettel wieder an mich nehme. Ich stecke ihn zu den anderen Papieren zwischen Futter und Stoff der Trainingsjacke. Meinen Bleistiftstummel habe ich in die Matratze gebohrt.

Jamal lacht. «Weißt du, was er gesagt hat? Sechzig Katastrophen sollen dich treffen!»

Die anderen Wärter sind noch unfreundlicher und gereizter geworden, sie wirken überlastet, haben fünf Gefangene zu betreuen, zu bewachen, rund um die Uhr, ihre Verantwortung drückt sie offensichtlich. Ich bin froh, daß wir Jamal haben. Er hatte heute nacht Dienst, in der Frühe ist er gegangen und jetzt nach drei Stunden schon wieder hier. Er hat mir die

Kette aufgeschlossen, so daß ich eine Weile im Zimmer auf und ab gehen konnte.

Das Leitungswasser läuft noch immer nicht. Sie müssen es in Eimern heranschleppen, aber es ist natürlich zu wenig. Und weil außerdem die Außentemperatur auf über 30 Grad klettert, stinkt die Toilette wie zu Zeiten unseres Garagen-Knastes.

Jetzt habe ich schon die dritte Zigarette meiner Tagesration von fünf geraucht. Ob Andrea auch rückfällig geworden ist? Gemeinsam waren wir stark, nicht nur, mit dem Rauchen aufzuhören, auch bei ihrer oder meiner Arbeit oder auf gemeinsamen Reisen. Wie weit ist wohl ihre Untersuchung zur sogenannten Wiedergutmachung an Zigeunern fortgeschritten. Wenn wir nicht getrennt waren, haben wir uns entweder gezankt oder waren ein verdammt gutes Team. Sind es 51 Prozent Streit und 49 Prozent Solidarität gewesen? Ich habe mir immer vorgenommen, die Beziehung dann zu beenden, wenn der Streit überwiegt. Heute nacht fuhr ein Auto vor, wurde geparkt, eine Frauenstimme kicherte, Autotüren schlugen zu. In meiner Phantasie war es ein Paar, das jetzt in seine Wohnung ging und sich liebte.

4. Kapitel

Zwar war ich vom Erfolg des ‹langen Marschs durch die Institutionen› nicht überzeugt, aber ganz sicher war ich mir nicht, ob man im Höheren Dienst des BKA nicht doch etwas bewegen könne. Also meldete ich mich zum Eignungstest, wurde auch zugelassen. Andrea habe ich das überhaupt nicht mitgeteilt, und Buddy hat wortlos seinen schlauen Kopf geschüttelt. Mich aber ritt der Teufel. Der schriftliche Eignungstest war einfach. Nun stand noch das Einzelgespräch aus.

«Das heißt also, Sie sind etwa acht Jahre lang bei uns in der Rauschgiftbekämpfung eingesetzt gewesen?» vergewisserte sich der Vize, Vorsitzender der Prüfungskommission.

«Das ist richtig», bestätigte ich, «sieht man von einigen Verfahren wegen Waffenhandels und Betrugs ab.»

Ich schielte zu Huber, dem Abteilungspräsidenten von TE, denn dort war ich ja auch mal kurz, der aber war mit seinen Gedanken woanders.

«Was war der Schwerpunkt Ihrer Tätigkeit bei der Abteilung RG?»

«Neben Ermittlungsverfahren habe ich internationale Fahndungen geleitet und polizeiliche Entwicklungshilfeprojekte betreut, besonders auf dem Gebiet der Drogenbekämpfung.» Mir schoß bei diesen Worten heiß durch den Kopf, daß ich ganz schön ins Schleudern kommen würde, wenn er hier einhaken sollte.

So kurz nach dem Mittagessen machte die Prüfungskommission einen müden Eindruck. Außer Huber und dem Vize kannte ich noch den Diplom-Psychologen Wendelmann, die anderen beiden Prüfer kannte ich nicht. Das Wort führte weiter der distanziert-kühle Vize: «Um Sie etwas besser kennenzulernen, erzählen Sie doch bitte, was Sie sonst noch bei der Polizei gemacht haben.» Erleichtert atmete ich auf, daß das Thema Entwicklungshilfe nicht aufgegriffen worden war.

«Ich bin bei der Hessischen Polizei in Wiesbaden eingetreten, habe nach dem Grundjahr zwei Jahre in der Bereitschaftspolizei Dienst verrichtet und kam dann zur Schutzpolizei in Wiesbaden. Dort war ich zunächst beim Überfallkommando tätig und wurde später als Liaison-Officer bei der amerikanischen Militärpolizei in Wiesbaden, der Air-Police, eingesetzt.» Mein Gott, dachte ich beim Sprechen, wie dieses Polizei-Deutsch klingt und wie wenig es aussagt, was in Wirklichkeit alles hinter solch trockenen Fakten steckt, beginnend schon allein mit der Fehlentscheidung dieser Berufswahl bis hin zu schlimmen Erfahrungen oder auch komischen Episoden.

Selbstquälerisch hatte ich immer wieder mit mir gehadert, ein ‹Bulle› geworden zu sein, lange hatte ich mich dagegen gewehrt, diese Bezeichnung überhaupt zur Kenntnis zu nehmen, denn subjektiv fühlte ich mich ganz anders, damit konnten doch nur meine Kollegen gemeint sein. War es nur Naivität und Unbedarftheit, vom Bauernhof weg zur Polizei gegangen zu sein? Spielte dabei nicht auch unbewußt eine Rolle, Macht auskosten und als legal definierte Gewalt anwenden zu dürfen?

Mit zehn Jahren hatte mir jemand ein Luftgewehr geschenkt. Mit Jagdeifer legte ich mich auf die Lauer, zielte, traf – und wie ein Stein fiel ein Spatz von der Dachrinne auf den Boden. Ich ging zu dem Tier, die Augen waren starr, der kleine Körper noch warm, der Wind spielte mit den Federn, ein dunkelroter Blutstropfen rann aus dem halb geöffneten Schnabel. Ich lief weg und weinte. Das hatte ich nicht gewollt!

Jahre später bei der Schutzpolizei – mein erster eigener selbständiger Fall! Ich hatte als Neuling einen Motorradfahrer angehalten, und dieser besaß keinen Führerschein. Es war wie Intuition, im Moment der Kontrolle wußte ich bereits das Ergebnis. Ich empfand einen Nervenkitzel und war mächtig stolz auf mich. Der Mann, ein Arbeiter, mußte sein Motorrad bis zur Polizeidienststelle schieben, ich fuhr langsam hinterher. Im Wachbuch wurde der Fall als Aufklärung eines Verkehrsvergehens registriert, nicht etwa einer Übertretung, der Erfolg hatte Gewicht! Aber der Mann war sehr niedergeschlagen, sehr höflich und dann sehr traurig. Das hatte ich wieder nicht gewollt!

Meine Ausbilder waren Militaristen, manche verkappte Nazis. Ich lernte zu marschieren, strammzustehen («Sie stehen da, wie ein Bulle pißt!»), mich zu rühren («Haltet eure Brotfotzen!»), die Hand zum Gruß an die Mütze zu legen, im Schlamm zu robben und meinen Karabiner mit kochend heißem Wasser zu entölen.

Das Tragen der Uniform wurde mir zur Qual. Wie ein Weihnachtsengel stand ich verkehrsregelnd in der Mitte einer Kreuzung auf einer Tonne, mit einem viel zu langen und weiten weißen Mantel über der schmächtigen jugendlichen Gestalt und einem kleinen blassen Gesicht unter einer riesigen Schirmmütze.

Meinen Englischkenntnissen verdankte ich es, über längere Zeit zur US-Air-Police abgeordnet zu werden. Deren Wache befand sich im Camp Lindsey an der Schiersteiner Straße in Wiesbaden.

Die Amerikaner haben einen noch schlimmeren Abkürzungsfimmel als das BKA. Ich war dort nach dem Nato-Alphabet der ‹Golf Papa›, entsprechend den Buchstaben G und P, die für German Police standen. Dieses ‹Papa› war eine deplazierte Bezeichnung für den schmächtigen Jüngling.

Die Militärpolizisten waren in der Regel baumstarke Kerle. Sie trugen riesige Holzknüppel. Golf Papa fuhr Streife im Car One. Dies bedeutete auch Gaststättenkontrollen, wofür den nur mit Amerikanern besetzten MP-Streifen die Rechtsgrundlage fehlte. Gaststätten waren es auch – mit Vorliebe jedoch Bars, mit noch größerer Freude solche mit Striptease. Die Air-Police-Männer mußten auf Disziplin und Manneszucht der GIs achten, und abstrakt waren dieselben dort am meisten gefährdet, wo die Hüllen fielen. Die halbe Nacht Striptease-Streife stieß Golf Papa alsbald ab, eher wurden ihm die Drinks gefährlich, umsonst und bereitwillig durch geschäftstüchtige Barkeeper kredenzt. So lernte er die Kneipen-Hierarchie kennen, vom dezent-vornehmen ‹Parisiana› in der Taunusstraße über das Tanzlokal ‹Walhalla› in der Kirchgasse bis zur übelsten Spelunke ‹Old Inn› in der Frankfurter, wo es fast nur Fünf-Mark-Nutten gab und jede zweite Nacht eine Schlägerei. Für Schlägereien existierte eine übereinstimmende Einsatztaktik: Das deutsche Überfallkommando fuhr langsam in der Erwartung, daß die Air-Police zuerst eintrifft, und die Air-Police verfuhr umgekehrt mit dem Ergebnis, daß meist alles vorüber war, ehe irgendein Polizist erschien.

Die Air-Police hatte Schichtwechsel um Mitternacht, während er die ganze Nacht über Dienst versah. Dies war eine unglückliche Lösung. So konnte es vorkommen, daß er bis Mitternacht mit jemandem Streife fuhr, der ihm drei Stunden später in einer Kneipe, nach dem fünften Whisky randalierend, Ärger bereitete.

Bald konnte Golf Papa ihren Funk bedienen und beherrschte ihre Tarnziffern. ‹Zero Zero› bedeutete, daß die Streife dringend Unterstützung brauchte. Er erfuhr die Solidarität der Polizisten untereinander, wie sie bei ‹Zero Zero› sternförmig von überall herbeirasten mit dem obersten Gebot, den in Bedrängnis geratenen Kollegen zu helfen. Er empfand dann so etwas wie Kameradschaft, es war erlösend, daß ihm Hilfe zuteil wurde, wenn er während einer Streitigkeit zwischen angetrunkenen Gästen plötzlich umringt war und ehemalige Kontrahenten sich auf ihn als gemeinsamen neuen Gegner verständigten.

Keine Unterstützung brauchten sie im ‹Beschissenen Eimer› bei einer Routinekontrolle der Golf-Papa-Patrouille. Dort saß ein amerikanischer Captain in Uniform, der fließend Deutsch sprach. Sein amerikanischer Streifenkollege beanstandete höflich, daß er die Uniformjacke zuknöpfen und die

Krawatte binden soll. Der Captain tat es auch und bedankte sich ebenso höflich in waschechtem Amerikanisch. Monate später stellte sich heraus, daß sie einem modernen Hauptmann von Köpenick begegnet waren. Dieser hatte sich bei einer Einheit der Air-Base eingefunden und behauptet, seine Versetzungspapiere seien noch unterwegs. Er stellte mit unsinnigen Befehlen die Einheit auf den Kopf, ließ sie zum Beispiel mit Büroscheren den Rasen vor der Baracke schneiden oder sich vor dem Mittagessen die gesäuberten Fingernägel zeigen. Seine Papiere ließen immer länger auf sich warten, bis sich herausstellte, daß er todkrank war und nur noch wenige Monate zu leben hatte. Die Uniform war natürlich gestohlen. Er war in der Nachkriegszeit als Kriegswaise von einer US-Einheit in Berlin als Maskottchen aufgenommen worden und lernte von daher Sprache und alle Gepflogenheiten der US-Militärs. Später starb er im Städtischen Krankenhaus Wiesbaden.

«Hatte die Zeit bei der Schutzpolizei», fragte der Vize, «für Sie einen besonderen Erfahrungswert?»

«Tja», sagte ich zögernd, «also ich meine schon...»

Er wurde ein bißchen ungeduldig. «Oder anders gefragt, könnte man nach Ihrer Auffassung auf diesen Berufsabschnitt verzichten und direkt bei der Kripo einsteigen?»

«Ich denke, daß man an Lebenserfahrung und Reife gewinnt», raffte ich mich zu einer Aussage auf. Ich merkte, daß das ein bißchen dünn ist für einen angehenden Kriminalrat. Also gut, dachte ich, dann sage ich ihm, was er hören will: «Die Schutzpolizei ist der große Bruder der Kripo. Beide Sparten arbeiten Hand in Hand, auf der Führungsebene sollten die Kräfte sogar austauschbar sein. Die Arbeit, die von den Beamten an der Basis gemacht wird, ist für die Kripo immens wichtig. Fahndungen würden ohne die Unterstützung von S * gar nicht möglich sein, sie sind das Personal-

* S: Fachjargon für Schutzpolizei

reservoir der Kriminalpolizei. Außerdem werden sie in den Massenmedien sehr ungerecht behandelt, besonders in Krimis. Jeder Kriminalbeamte sollte die Arbeit der Kollegen genau kennen. Deshalb halte ich es für einen guten fachlichen Grundstock, bei S eine Laufbahn zu beginnen. Soweit dies nicht gewährleistet ist, plädiere ich für einen längeren Ausbildungsabschnitt in dieser Sparte.»

Der Vize lehnt sich zufrieden zurück.

Brav, dachte ich, rede ihnen nach dem Mund, du wirst das schon schaffen.

In Wirklichkeit haßte ich die Uniform, konnte damit kein Privileg verbinden. Und ich verachtete die Macho-Atmosphäre, litt unter meinem Lachen über die zotigen Witze. Als ich einen Kollegen wegen Körperverletzung im Amt anzeigte, der einen Häftling grundlos zusammengeschlagen hatte, wurde mein weiterer Dienst zum Spießrutenlaufen.

«Warum sind Sie eigentlich nicht bei der Schutzpolizei geblieben?» hörte ich durch meine Gedanken hindurch die nächste Frage.

Ich wußte genau, was zu sagen opportun war, und rutschte ärgerlich auf meinem Stuhl hin und her. «Ich – also ich stellte mir selbst höhere Ansprüche, wollte in der Verbrechensbekämpfung aktiv sein, mich spezialisieren, um auch meine Stärken optimal einsetzen zu können.»

«Was sind denn Ihre Stärken?» hakte er nach, während der Psychologe in seinen Unterlagen zu blättern begann.

«Im Umgang mit Menschen habe ich die Erfahrung gemacht, daß ich einfühlsam bin, eine wertvolle Eigenschaft bei kriminalpolizeilichen Vernehmungen.»

«Ja, das stimmt», meldete sich erstmals der Psychologe zu Wort, «außerdem weist der Intelligenz-Strukturtest aus, daß bei Ihnen das abstrakt-logische Denken stark ausgeprägt ist.»

Er schmunzelte gutmütig. «Nun, Architekt hätten Sie nicht werden sollen, bei diesen Werten im räumlich-anschaulichen Denken.»

Was geht diese Leute eigentlich an, in welchen Bereichen

ich weniger oder mehr intelligent bin? Wieder bereute ich, mich auf diesen Test eingelassen zu haben.

«Na schön», sagte der Vize, «wie wir wissen, sind Sie zur Kripo übergewechselt, und zwar zum Hessischen Landeskriminalamt. Was haben Sie da gemacht?»

«Ich war ausschließlich in der Ermittlungsabteilung tätig, und zwar in verschiedenen Zentralstellen. Zunächst im Sachgebiet Raub, Diebstahl und Hehlerei, danach Kapitalverbrechen und am längsten in der Rauschgiftbekämpfung. Die Ermittlungsverfahren hatten immer überörtlichen Charakter, die meisten begannen oder endeten in Frankfurt. Zeitweise war ich auch in der Fahndungs- und Observationsgruppe eingesetzt und in verschiedenen Sonderkommissionen, so zum Beispiel gegen die Bankräuber Lecki und Dercks. Ich kannte mich recht gut im Frankfurter Milieu aus, besonders auch nachts, führte über Jahre die Liste der Überstunden des LKA an. Wie gesagt, am intensivsten war meine Berührung mit der Drogen-Szene, ich hatte zu dieser Zeit noch den Optimismus, daß man das Heroin-Problem in Frankfurt vielleicht in den Griff bekommen könne.»

Das Gespräch plätscherte dahin, sollte das wirklich allles sein?

Bei der Kripo gab es zwar auch Rassisten, aber der Umgangston war ziviler. Ich begriff, warum nach einem spektakulären Kapitalverbrechen über Nacht zur Straßenseite hin in den leeren Büros der Mordkommission das Licht brennen mußte, und lernte, Obduktionen durchzustehen und den Anblick des Selbstmörders zu ertragen, der sich die Waffe in den Mund gehalten und sich das halbe Hirn weggeschossen hatte. Ich wurde hart, ließ Gefühle nicht mehr zu bei derlei Szenen.

Doch der Schutzschild war brüchig.

Die Eitelkeit, daß ich inzwischen Kriminalkommissar geworden war, ein starker Titel, das weiß man aus dem Fernsehen. Und ich hatte eine Dienst-Pistole, ein erhebendes Gefühl. Aber sie war zu groß und zu schwer, also kaufte ich mir eine kleine des Kalibers 6.35, wollte den kalten Stahl in meiner Hosentasche spüren. Man konnte ja nie wissen, wer einem Böses tun wollte. Es war natürlich eine Scheinbegründung. Ich brauchte die Waffe, fühlte mich wohl mit ihr, sie tat mir gut. Manchmal nahm ich sie liebevoll in die Hand oder umschloß sie mit festem Griff in der Tasche, auch war es im Unterschied zur Dienstwaffe ‹meine› Pistole.

Zur Eitelkeit gesellte sich der Ehrgeiz, hinter dem Erfolg herzujagen.

Und Erfolg kann man manipulieren. Man kann ihn aufbauschen, wenn man den Wert des sichergestellten Heroins von zweihunderttausend auf mehrere Millionen Mark erhöht, indem man den Stoff auf jeden einzelnen ‹Schuß› umrechnet. Oder man kann den Erfolg aushandeln, zum Beispiel mit dem Verteidiger des Beschuldigten, der seinen Mandanten für bestimmte Vergünstigungen zu einer Aussage veranlaßt. Hin und wieder kann auch über die Urteilshöhe mit dem Richter gehandelt werden. Und man kann die Wahrscheinlichkeit des Erfolgs durch Repression erhöhen. Ich lernte schnell, dies alles zu praktizieren – auch, daß ein von mir geschriebener Vermerk in der Akte einen höheren Wert als die Gegendarstellung des Beschuldigten hat, weil Staatsanwälte so gut wie immer und Richter mehr als oft auf seiten der Polizei stehen, denn sie bilden eine geschlossene Front des staatlichen Rechts gegen den, der es verletzte.

Besonders in der Frankfurter Unterwelt lernte ich viele Schattierungen sogenannter Krimineller kennen, zwischen stumpf-primitiv und witzig-intelligent. Da gab es gescheite Prostituierte, mit denen man sich interessant unterhalten konnte, bis man auf ihren eigenen Fall zu sprechen kam und schnell merkte, daß sie für ihren Zuhälter trotz monatelanger U-Haft durch dick und dünn gingen, einige aus Solidarität, die meisten aus Angst. Da war Charly, der noch nie verurteilt werden konnte, ein Mann von Format und Charakter, der Wort hielt und dessen Wort etwas galt in seinen Kreisen. Oder die ‹Hexe›, ein skurriler Hehler und gleichzeitig eine Art Ganovenmutter. Und immer wieder die Konfrontation mit den

Ratten, den Heroinhändlern, bauernschlaue Türken, als Bande oft aus ein und demselben anatolischen Dorf stammend, nüchterne, berechnende Asiaten, in einem Fall der thailändischen Militärspitze nahestehend, oder habgierige Deutsche, allesamt skrupellos – und alle nicht süchtig, kalte Dealer.

Ein merkwürdiges Verhältnis entwickelte sich zwischen mir und Alfred Lecki, jenem Ausbrecherkönig und ‹Polizistenmörder› aus bürgerlichem Elternhaus, der in Berlin auf die schiefe Bahn geriet, weil man ihm, dem Autonarr, den Führerschein auf Lebenszeit entzog und er glaubte, sich dafür an der Gesellschaft rächen zu müssen. Als er, wegen Raubes mit Haftbefehl gesucht, schlafend in einem gestohlenen Wagen von einem Polizisten angetroffen wurde, griff er zur Waffe und verletzte ihn tödlich. Daß er im Halbschlaf nicht schuldfähig gehandelt hatte, nahm ihm das Gericht nicht ab und verurteilte ihn zu lebenslanger Haft. Im Gefängnis verbündete er sich mit Helmut Dercks und brach zum wiederholtenmal aus, von Fluchthelfern unterstützt. Beide wurden ein ideales Paar: Lecki brachte seine Intelligenz und Dercks seine Zuhälterbeziehungen in Frankfurt, Essen und Düsseldorf in die Verbindung ein. Ihre Millionenbeutezüge bewiesen Stil, waren durch Lecki generalstabsmäßig vorbereitet und durch Dercks mit konspirativen Wohnungen, gefälschten Papieren, gestohlenen Fahrzeugdoubletten und Helfershelfern unterstützt. Beide zu ‹bewundern› störte allerdings der Umstand, daß sie sich, wenn nötig, ihren Weg rücksichtslos freischossen. Das Geld verjubelten sie in Südspanien, während sie in Deutschland häufig an mehreren Orten gleichzeitig gesehen wurden, weil sich die ganze Nation an der Fahndung nach den Top-Ganoven zu beteiligen schien.

Als ich Lecki im Gefängnis von Malaga, wo man ihn wegen seiner Gefährlichkeit wie ein Stück Vieh verwahrte, aufsuchte, war meine größte Trumpfkarte, daß ihn sein Freund Dercks, mit dem er sich auf Gedeih und Verderb verbunden glaubte, verraten hatte. Das wollte Lecki nicht glauben, verstand es als plumpen Versuch, einen Keil zwischen beide zu treiben. Also fuhr ich zum Gefängnis Granada, wo Helmut

Dercks bereits in Zuhältermanier das Wachpersonal für sich eingenommen hatte, indem er freizügig Geld für Essen, Getränke und Zigaretten spendierte. Mein Versuch, mit ihm ins Gespräch zu kommen, scheiterte bereits nach zehn Minuten. Um so vertrauter war er mit einem spanischen Beamten, der recht gut Deutsch beherrschte.

So baute ich mein Uher-Tonbandgerät auf, deckte Kleidungsstücke darüber und zeichnete heimlich ein Gespräch zwischen Dercks und dem Spanier auf. Dercks schimpfte darüber, daß ihn die spanische Polizei reingelegt hätte, da sie ihm für den Verrat von Leckis Versteck in Marbella die Freiheit versprochen hatten, angeblich, weil sie nur an dem gefährlichen ‹Polizistenmörder› interessiert waren.

Lecki hörte sich das an und erlitt einen kleinen Nervenzusammenbruch. Er, der als Lebenslänglicher nichts zu verlieren hatte, packte aber trotzdem nicht in dem Umfang aus, wie ich es mir gewünscht hatte. Es war zu viel Geld im Spiel, denn Dercks wußte, wo Teile der Beute versteckt worden waren.

Mein Verhältnis zu Lecki, dem zwei weitere Ausbrüche gelangen, war geprägt von dem Spannungsfeld zwischen zwei Gegenspielern, die sich trickreich umgarnten, taktierten, Vorteile ausspielten, Trümpfe zurückhielten, Gewinne verbuchten und sich trotz aller Unterschiede irgendwie als intellektuell ebenbürtig auch schätzten, zumal ich den Haß von Kollegen auf den ‹Polizistenmörder› nicht teilte. Gleichwohl mußten er und Dercks aufgrund meiner Beweisführung eine Verurteilung von weiteren 15 Jahren für die Raubzüge einstecken. Leckis Angebot, ihn für drei Millionen Mark bei einer Tatortbesichtigung abhauen zu lassen, hätte mich allerdings vom Gegen- zum Mitspieler werden lassen und unserem souveränen Verhältnis ein Ende bereitet. Ich besuchte ihn später ab und zu im Gefängnis und stellte nach etwa acht Jahren Strafverbüßung schlimme Auswirkungen der Haft fest. Gesicht und Körper waren aufgedunsen, die Augen müde, die Sprache hatte den Knastjargon voll übernommen, seine Gedanken wirkten fahrig, Ansichten waren vereinfachend und manchmal primitiv. Ein Mensch verkam vollkommen.

Helmut Dercks hat inzwischen seinem Leben in einem Schweizer Gefängnis selbst ein Ende gesetzt. Ich habe es mit einer gewissen Erleichterung zur Kenntnis genommen, denn er hatte mir Rache geschworen und wollte mich ermorden lassen.

«In Ihrer Personalakte habe ich gelesen, daß Sie eine Belobigung erhielten?» fragte der Vize.

Das war, neben der illegalen Abhöraktion, die andere Sauerei, die ich meisterhaft in meinem Gedächtnis verschüttete. Ich sah zufällig im Vorbeigehen Funken aus dem Fenster eines Gebäudes fliegen, dachte mir zunächst nichts dabei, war in Gedanken versunken, hielt dann aber doch inne: Menschenskind, das ist doch die Untersuchungshaftanstalt! Im selben Moment bemerkte ich, daß ein Häftling mit einer Schleifhexe das Gitter herausschnitt, es nach außen warf, aus dem Fenster stieg und weglief. Ich rannte hinterher, rief ihn an, gab einen Warnschuß ab, erreichte ihn und fing ihn wieder ein.

Es war jedoch gar kein Warnschuß! Ich hatte gezielt auf den Unbekannten geschossen, im Laufen die Waffe auf seinen Körper gerichtet. Der Schuß auf den Häftling ging fehl. Es war «nur ein kleiner Einbrecher». Es lag nicht in meiner Macht, daß ich ihn verfehlte, subjektiv hatte ich getötet, *dolus eventualis*, seinen Tod billigend in Kauf genommen.

«Das war nichts Besonderes», hörte ich mich nach einem Zögern sagen, «ich hatte jemanden festgenommen, der aus der Haftanstalt ausbrechen wollte.»

«Ihre Bescheidenheit ehrt Sie», sagte der Vize, «aber ein weniger engagierter Kriminalist hätte sich vielleicht nicht darum gekümmert!»

Genau, dachte ich, heute ließe ich das arme Schwein laufen. Ich konnte ja gar nicht wissen, ob es ein Mörder oder ein Ladendieb gewesen ist. Nun, es war ein kleiner Einbrecher, er hatte irgendwo hingelangt, sich seinen Teil selbst genommen, galt damit als Krimineller, verurteilt als Schmarotzer der Gesellschaft. Jahre später drohte mir ein anderer BKA-Vize an, daß mir die Dienstwaffe entzogen würde, weil ich mich erstmals dem Übungsschießen verweigerte. Ich handelte mir eine schriftliche Rüge ein und mußte lachen.

«Warum sind Sie eigentlich von Hessen weg zum BKA?» fragte der Vize, «Sie waren ein erfolgreicher Beamter, sogar der jüngste Kriminalhauptkommissar in Ihrem Land?»

Den Leistungsdruck erzeugte ich mir selbst, denn wer aufsteigen will, muß Erfolge nachweisen. Der Erfolg aber wurde an Verhaftungen und Kilos sichergestellten Rauschgifts gemessen. So war ich behende auf der Karriereleiter nach oben geklettert, hatte auch noch einen anderen Dreh gefunden: soviel Anpassung wie nötig, soviel Kritik wie möglich. Dieses Rezept ging auf und verschaffte mir Anerkennung und Respekt.

«Also, mein Motiv, vom LKA zum BKA zu wechseln, bestand in erster Linie darin, Rauschgiftermittlungen noch effizienter durchführen zu können. Drogenkriminalität ist ein internationales Delikt, also auf der Ebene eines Bundeslandes nur unvollkommen zu bekämpfen. Der Grenzüberschreitung des Täters muß mit einer solchen der Ermittler begegnet werden.»

Das waren markige Sätze, die meinen Prüfern gefielen.

«Sie erwähnten eingangs», meldete sich der Brillentyp zu Wort, «daß Sie das Heroinproblem in Frankfurt in den Griff bekommen wollten, aber es klang sehr resignativ.»

«Ich bin inzwischen der Auffassung, daß es ein Faß ohne Boden ist und die Polizei nur die schlimmsten Auswüchse verhindern kann. An die Stelle von zehn festgenommenen Dealern treten zwölf neue. Wir können das Problem meines Erachtens nicht lösen, es ist ein soziales Phänomen. Natürlich auch ein politisches.»

«Wie meinen Sie das?» wollte der Vize wissen.

«Präziser würde ich es ein kriminalpolitisches Anliegen nennen, nämlich unsere Kräfte auf die Schwerpunkte Heroin und Kokain zu konzentrieren», antwortete ich.

«Aber das tun wir doch!» gab erstmals TE-Huber zu wissen und bewies mit der Bemerkung, daß er auf dem Gebiet nicht sonderlich bewandert war. Ich wollte nichts dazu sagen, denn ich geriet in ein Fahrwasser, dessen hoher Wellengang mich ins Schaukeln bringen konnte. Aber der Vize war natürlich viel zu clever und hakte sofort nach:

«Sie denken dabei an Cannabis?»

So ein Mist, wie weit sollte ich jetzt gehen? Ihnen meine wirkliche Meinung sagen, heilige Kühe des BKA an den Hörnern packen? Es wäre dumm gewesen. Aber mir fiel kein gescheiter Kompromiß ein. Also sagte ich wachsweich: «Man könnte die Bekämpfung von Haschisch und Marihuana auf das unbedingt notwendige Maß beschränken.»

Dies erboste Huber, der jetzt die Scharte wettmachen wollte: «Aber wir unterliegen doch dem Legalitätsprinzip! Sie tun gerade so, als hätten wir die Wahl, wann wir dem Strafverfolgungszwang Genüge tun und wann nicht!»

Sein Vorwurf kam mir ganz gelegen, denn er lenkte vom heißen Eisen ab. «Ich meine, es ist immer auch eine kriminaltaktische Frage, wo man Schwerpunkte setzt, das tun wir doch eigentlich immer, zum Beispiel bei der Massendelinquenz, die man nicht mit gleicher Intensität verfolgen kann, ohne sich zu verzetteln. Es würde in manchen Fällen genügen, die Staatsanwaltschaft lediglich zu informieren. Darüber hinaus hat es mit dem Legalitätsprinzip nichts zu tun, wenn wir einfach das Dunkelfeld durch reduzierten Einsatz zwangsläufig weniger aufhellen.»

Ich schien mich aus der Affäre gezogen zu haben, denn der Vize hatte nichts einzuwenden, doch der Brillenmensch setzte nach: «Denken Sie aber bitte daran, daß Cannabis eine Einstiegsdroge für Heroin ist.» Und schon haben die heiligen Kühe ihre Köpfe zum Angriff gesenkt. Vorsicht, dachte ich, das kann eine Falle sein, denn wenn ich es bestätige, kreidet er es mir vielleicht als falsch an. Ich fühlte mich in der Zwickmühle. Also sagte ich im Zweifel lieber, was ich dachte:

«Es gibt Forschungsergebnisse, die das widerlegen. Vielmehr ist es häufig so, daß Heroinkarrieren mit dem unmittelbaren Einstieg in die harte Droge beginnen.»

«Sind Sie da so sicher?» fragte der Brillentyp und offenbarte mir seine eigene Unsicherheit. Wo kommt der eigentlich her? Ich glaube, er ist Direktor bei dem Tatort- und Dauerdienst, also wirklich nicht kompetent. Aber ich wollte ihm eine Brücke bauen.

«Es ist schon richtig, daß Heroinabhängige bei uns nicht selten in der Vernehmung angeben, vor dem Heroin eine Phase des Marihuanarauchens durchlebt zu haben. Das beschränkt sich aber in der Regel nicht darauf, sondern sie haben gleichzeitig Alkohol getrunken, Tabletten eingeworfen oder Speed, LSD, alles, was sie gerade kriegen konnten, durcheinander konsumiert. Das sind, wenn Sie so wollen, alles Einstiegsdrogen.»

Die heilige Kuh rollte ihre Glotzaugen. «Sie setzen also Cannabis mit Alkohol auf eine Stufe?»

Ja, verdammt noch mal, deswegen ist es Quatsch, Cannabis zu kriminalisieren. Durch Alkohol wird abertausendmal mehr Schaden angerichtet. Die meisten Fälle von Kindesmißhandlung oder Vergewaltigung werden unter Alkoholeinfluß begangen. Viele Formen der Gewaltkriminalität auch. Ruhig, ruhig, ich muß taktieren.

«Zumindest halte ich es in unserer Gesellschaft für unmöglich, Alkohol zu verbieten, dazu ist die Lobby zu einflußreich», wich ich aus.

Huber schlug jetzt unter der Gürtellinie zu: «Wenn man Sie so hört, könnte man glauben, Sie sprächen aus eigener Erfahrung. Haben Sie schon einmal Haschisch geraucht?»

Ich werde einen Teufel tun, dir das unter die Nase zu reiben, Huber! Na klar, ich habe es versucht, aber man muß es über die Lunge rauchen, das mache ich mit der Pfeife auch nicht, war es also nicht gewöhnt und bekam einen Hustenanfall. Aber im Tee habe ich es getrunken, das war in Niger. Ich hatte einen kleinen Rausch, so ähnlich wie nach zwei Glas Sekt.

«Nein!» antwortete ich zornig.

Der Vize hatte die ganze Zeit geschwiegen, so wie übrigens auch der Psychologe und der fünfte Prüfer, der noch kein Wort gesagt hatte und wie eine Sphinx dasaß.

«Wir wollen den Diskussionspunkt an dieser Stelle abbrechen», sagte jetzt der Vize, dem wahrscheinlich die letzte Frage von Huber auch mißfallen hatte. «Aber» – und jetzt stampften alle heiligen Kühe mit ihren Hufen gleichzeitig, «es sollte kein Zweifel darüber aufkommen, daß das Bundeskriminalamt Cannabis als ein gefährliches Rauschgift weiterhin, auch im Rahmen seiner internationalen Verpflichtungen, energisch bekämpfen wird!»

Ich machte ein möglichst teilnahmsloses Gesicht, während jetzt eine Pause entstand und keiner so recht zu wissen schien, wie es weitergehen sollte. Jedenfalls hatte ich diese Runde nach Punkten verloren, denn sie hatten wahrscheinlich nach ihrem Verständnis den Eindruck gewonnen, mit mir den Bock zum Gärtner gemacht zu haben.

Gong – Ring frei zur nächsten Runde, eingeleitet durch eine Frage des Vize: «Angenommen, Sie werden für die Ausbildung zum Höheren Kriminaldienst zugelassen, wie stellen Sie sich die ideale Form dieser Ausbildung, aber auch der Polizeiorganisation und die Auswahl des Nachwuchses vor?»

IHRE Polizei, verehrte Prüfungskommission, hat – mit Verlaub gesagt – den Muff von hundert Jahren unter den Uniformstücken. Sie haben das Bestreben, Verfassung und Recht bis zur Grenze auszuschöpfen, und erheben Härte zur Rollenerwartung. In Ihrer Polizei, meine Herren, wird der Verfassungsgrundsatz ‹Im Zweifel für die Freiheit› ignoriert. Und wenn Sie ehrlich zu sich selbst sind: Sie gefallen sich im Kriminalisieren oder Erhöhen des Repressionsdrucks durch Gesetzesänderungen. Ihre Polizei verharmlost den Einsatz technischer Hilfsmittel, insbesondere der EDV und sonstiger Elektronik.

Ihre Polizei und Sie, wie Sie vor mir sitzen, hangeln mit Überzeugung in der hierarchischen Führungsstruktur und lieben den autoritären Führungsstil auf der Basis von Befehl und Gehorsam trotz anderslautender Lippenbekenntnisse. Sie sind auch Meister im Geheimhalten Ihrer Mittel und Methoden, verweigern Namensschilder, pflegen den Korpsgeist und unterlaufen das, was sich die Väter unseres Grundgesetzes unter Gewaltenteilung vorgestellt haben, indem Sie weitgehend justitielles Handeln bestimmen.

Verehrte Kollegen, falls Sie mich als einen der Ihren akzeptieren wollen, ich muß Ihnen leider vorhalten, daß Ihre Polizei auch ein Instrument kapitalistischer Interessenregulierung ist, wie mangelnde Bekämpfung von Wirtschafts-, Umwelt- und Nuklearkriminalität ausweisen oder das Kriminalisieren der demokratischen – vermeintlich linken – Opposition gegen die Öko-Verbrechen.

Verzeihung, meine Herren, Ihre Polizei überkommener Wertvorstellungen, die Mißtrauen nach innen und außen verinnerlicht, muß ganz einfach verändert werden – auch das Herrschaftsdenken in Führungsspitzen und die Arroganz in den Machtzentren der Innenministerien.

MEINE Polizei, verehrte Prüfungskommission, wird nicht mehr Teil des Berufsbeamtentums und ein Hochschulstudium Einstellungsvoraussetzung sein. Meine Polizei wird mit einer wesentlich reduzierten Gesamtstärke auskommen und, meine Damen und Herren, die Quotierung zwischen Männern und Frauen wird in etwa 50 : 50 betragen. Das Aufstiegsprinzip wird wegfallen, weil die Besoldung weitgehend nivelliert sein wird. Und selbstverständlich wird die Fortbildung wissenschaftlich an einer Uni betrieben.

Behalten Sie doch bitte Platz, Herr Vize, Sie sollten nicht unter Protest den Raum verlassen, bevor ich nicht Neuverteilung von Aufgabe, Kompetenz und Verantwortung meiner Polizei erläutert habe. Sie wird nämlich eine konfliktorientierte Ordnungsfunktion ohne Ermächtigung zur Buße oder Strafe ausüben, unbewaffnet, versteht sich. Nach Entkriminalisierung verschiedener Bagatelltatbestände werden sozialschädliches Verhalten in den Bereichen Umwelt, Wirtschaft, Atom und Steuer kriminalisiert werden, und von meiner Polizei werden Spezialistenteams eingesetzt, die Ursachen, Auswirkung und Prävention jeweils als Ganzes bearbeiten. Und die Bewältigung des Straßenverkehrs wird als Teil einer ökologischen Aufgabe zu sehen sein.

Sie werden zugeben, verehrte Kollegen, meine Polizei wird

ein ganz anderes Niveau haben und nicht mehr dazu anreizen, als Feindbild zu dienen. Deshalb kann ich Ihnen auch nicht Ihre entsetzten Blicke ersparen, weil Bereitschaftspolizei und Bundesgrenzschutz voraussichtlich überflüssig werden, denn bisher brauchten wir so viel Polizei, weil wir so viel Polizei haben. Können Sie mir folgen? Übrigens, Verfassungsschutz und Nachrichtendienst sind ebenfalls abgeschafft.

Einen Moment bitte, Sie hatten mich auch aufgefordert, zu Nachwuchs und Ausbildung Stellung zu nehmen. Bevor Sie endgültig gehen, wollte ich Ihnen noch sagen, daß die bestehenden Einstellungstests den Beamtentyp ‹Saubermann› kreieren. Dieser ist in der Regel nicht kritisch eingestellt, nicht kontakt-, kommunikations- oder diskussionsfreudig, nicht sensibel, nicht zeitgemäßen Strömungen aufgeschlossen.

Das wird sich bei meiner Polizei nach Schaffen eines neuen Anforderungsprofils und unabhängiger Prüfungsgremien ändern lassen.

Noch auf ein Wort, Herr Vize! Die Polizeiführungsakademie ist weit entfernt von Forschung und Lehre. Das Wort Akademie grenzt an Etikettenschwindel. Sie wollen wissen, warum? Da Verfassungsfeinde überall lauern, läßt sich die Polizei nicht in die Karten gucken, sie betreibt eine leere Lehr-Inzucht, Curricula werden von denen erstellt, die bestehende Verhältnisse zementiert wissen wollen. Hierarchie, Gehorsam und Werte der Mittelschichten werden trainiert. Das Aufsichtsgremium ist identisch mit den politischen Führern der Innenministerien. Da Impulse von außen nicht zugelassen werden, bestätigt sich das System immer wieder neu in sich selbst.

Meine Antwort ist kurz und schlicht: unabhängige Universitätsausbildung.

Aber bitte schön, meine Herren, jetzt können Sie gehen. Sie sind entlassen!!! Nun ja – so wär's richtig gewesen. Aber so war es nicht.

«Ich bin der Auffassung, daß sich die bisherige Polizeiorganisation bewährt hat, nämlich eine Art Gewaltenteilung dadurch geschaffen wurde, daß Polizei Ländersache ist. Meine künftige Ausbildung zum Höheren Dienst würde ich am liebsten an einer Universität absolvieren. Die Auswahl des Nachwuchses könnte vielleicht auch von Gremien getroffen werden, die nicht der Polizei angehören.»

Ein Ziehen in meinem Magen meldete Protest an, nämlich daß ich für mich zu weit gegangen bin mit dieser auf den knappsten Nenner gebrachten Lüge.

«D'accord, was die Organisation betrifft», pflichtete der Vize bei. «Aber warum ein Universitätsstudium?»

«Ich denke, daß von außen neue Ideen kommen.» Der Druck im Magen erhöhte sich leise und beständig.

Der Vize schüttelte den Kopf. «Vieles bei uns unterliegt der Geheimhaltung und kann nicht auf dem offenen Markt einer Universität gehandelt werden. Da sind wir bei der PFA* besser aufgehoben, meinen Sie nicht?»

«Innerdienstliches kennt man doch nach einigen Dienstjahren, das ließe sich an der Uni ausklammern.» Ich wußte, daß ich sehr halbherzig wirkte.

«Ich bin anderer Auffassung», erklärte er bestimmt. «Im übrigen möchte ich schon selbst beeinflussen können, wer unser Nachwuchs ist. Ich halte das für eine immens wichtige Frage.»

Diese Runde habe ich ebenfalls nach Punkten verloren, resümierte ich, und mich außerdem selbst vergewaltigt. Scheißspiel, das.

Aber der Vize machte schon weiter:

«Sagen Sie, haben Sie eine Vorstellung, wie man die Einsatzkonzeption bei größeren Demonstrationen verbessern könnte?»

Blitzartig entwickelte sich in meiner Magengegend ein Höllenfeuer.

Bei meiner ersten Demonstration bin ich durch die Hölle gegangen. Nein, nicht auf seiten der Polizei, sondern als Demonstrant. Ich hatte eine Art Inzest-Schranke durchbrochen,

* PFA: Polizeiführungsakademie

tat etwas Verbotenes, und wenn ich dafür bestraft worden wäre, hätte ich es vermutlich sogar akzeptiert. Ganz tief drinnen saß die jahrelange Prägung durch den Beruf und das Freund – Feind-Denken. – Ordnungsvorstellungen der Institution sind eigentlich unvereinbar mit Gefühlen der eigenen Person, dem Wunsch nach Verständigung, Empathie, Liebe. Ein Brückenschlag in dem Konflikt ist nicht gewollt, so viel Vertrauen setzt die Institution nicht in ihre Beamten, und wenn man es trotzdem wagt, muß man notgedrungen die Regeln verletzen.

Es handelte sich um eine friedlich verlaufene Startbahn-West-Demo. Meine Teilnahme war doppelt zwiegespalten, dachte ich an meine Haß-Liebe zum Rhein-Main-Flughafen und mein Interesse daran, daß er reibungslos funktioniert. Aber die andere Seite war doch ausschlaggebend, nicht allein die Zerstörung der Natur durch die neue Startbahn, auch nicht allein die Geräuschbelästigung der umliegenden Gemeinden, vielmehr die Kaltblütigkeit und der Zynismus der Politik, sich über den Willen der Leute hinwegzusetzen: das Zerstören des Hüttendorfes, das Ignorieren von 200000 der Regierung überreichten Unterschriften, darunter auch meine, die herrische Handbewegung, mit der man Andersdenkende behandelte.

Aber es waren ‹meine› Kollegen auf der anderen Seite! Helm, Schutzschild, Polizeiknüppel! Galt nicht die martialische Ausrüstung, die in ihrer Massivheit Angst einflößt, wenn man die Front gewechselt hat, galt das jetzt nicht auch mir, dem Treulosen? Erkannte mich jemand? Was dachte er? Wie würde über mich geredet werden? Wie reagierten sie auf die von mir aufgekündigte Solidarität? Die Helme blitzten im Sonnenlicht, die Augen hinter den Visieren waren nicht auszumachen, ich hätte in den Boden versinken mögen.

Erst nach und nach wuchs mein Selbstbewußtsein, verlor sich das Gefühl des Spießrutenlaufens, weitere Demos bestärkten mich, auf der richtigen Seite zu stehen, ließen endlich das Gefühl der anderen Solidarität zu, jene verbindende Gemeinsamkeit, die ein rauschhafter Zustand sein kann.

Die andere Seite, ‹meine› Kollegen, erfüllte ihre Pflicht. Es waren für sie keine Freuden der Pflicht, sie kloppten Überstunden, wurden im Auftrag der politischen Führung verheizt, hielten ihren Kopf für Fehlentscheidungen hin, waren Machtinstrument und wurden als Begründung mißbraucht, nach noch mehr Staat zu rufen. Wann begreifen sie eigentlich, daß sie manipuliert werden? Man wünscht sie sich als Teil einer anonymen Masse, verhindert deshalb auf allen Ebenen das Tragen von Namensschildern, denn die Eigenverantwortung soll aufgehoben werden, die Masse der Gewalt muß manövrierfähig bleiben. Auf der Strecke bleibt dabei der einzelne Mensch, wird in seinem Konflikt zwischen Berufsrolle und eigenen Bedürfnissen aufgerieben, kann weder die eine noch die andere Seite befriedigen und schützt seine eigene Verletzlichkeit, indem er hart wird.

Prügelnde Polizisten, wie immer man ihr Handeln erklären, entschuldigen, verstehen oder verdammen kann – die Bilder rufen bei mir regelmäßig Entsetzen, Scham und das Gefühl hervor, daß ich mit diesem Beruf eigentlich nichts mehr zu schaffen haben will. Zum letztenmal war dies bei Fernsehaufnahmen nach einem Fußballänderspiel in Rotterdam der Fall, als die Polizei randalierende Jugendliche in Richtung der Bahnhofshalle trieb, viele Beamte am Eingang eine Gasse bildeten, einen Zwangsweg, durch den die jungen Leute gejagt und geprügelt wurden. Spießrutenlaufen – Polizeiknüppellaufen.

Und dann die Schüsse an der Startbahn West! Meine Wut auf die Mörder der beiden Kollegen, die weiß Gott nicht die Freuden der Pflicht erfüllten, mein Zorn gegen die Täter, welche die Sache der Bürgerrechtsbewegung vernichten wollten. Und der Brief des Polizeiobermeisters Eckhard Niebergall, veröffentlicht in der ‹FR›, der mir Tränen in die Augen trieb:

«Sie sind wieder da – die Magenschmerzen. Und dabei hattest du schon gedacht, das hättest du hinter dir. Tagesdienst. Ausbilder. Geregeltes Leben. Nicht mehr einschlafen am Steuer nach dem Nachtdienst auf der Autobahn. Keine Schlägereien bei Festnahmen. Dem senegalesischen Dealer nicht mehr untätig zusehen zu müssen. Nicht mehr sein breites Grinsen ertragen, wenn ihm bei der Personenkontrolle absichtlich der Ausweis zu Boden fällt. ‹Du willst ihn sehen, heb ihn doch auf, doofer Bulle!› Jetzt wirst du dich weit hinten halten bei Demos. Keine Beschimpfungen, kein Angespucktwerden, keine Steine und Brandsätze mehr. Kein Verfahren mehr am Hals. Alles nur noch aus professioneller Distanz.

Und trotzdem sind sie wieder da – die Magenschmerzen, jetzt, am Morgen danach.

Die Situation, die Endgültigkeit der Ereignisse, kommen zum Bewußtsein. Letzte Nacht, mit den Kollegen zusammen, war man noch Polizist. Jetzt, zu Hause – drüber stehen. Bloß keine übersteigerten Emotionen. Das nutzt niemandem. Das ohnmächtige Haßgefühl unterdrücken.

Sie kommen wieder, die Bilder vor deinen Augen. Startbahn West. Süd-Ost-Ecke. Das Übliche. Wir stehen innerhalb des Bauzauns. Warten. Dann kommen sie. Vielleicht 200. Die Lautsprecherdurchsage fordert zum Verlassen des Geländes auf. Einmal, zweimal. Als Antwort Leuchtkugeln, Steine, Brandsätze...

Dann kommt der Auftrag. Die innere Stimme sagt: ‹Verdammt. Du gerätst wieder mitten in die Scheiße!›... Zum Nachdenken keine Zeit mehr. Die ‹guten Bürger›, Mitte Vierzig, vielleicht fünfzig Jahre alt, begrüßen uns: ‹Schweine, ihr seid schlimmer als die Nazis.› – Weiter! Wir treffen auf verletzte Kollegen. Andere schleppen sie zurück. Einer liegt am Boden, regungslos. Wir laufen bis zur vordersten Linie, kurz vor dem Waldrand. Sie sind im Wald und beschießen uns mit Raketen. Wir feuern Tränengas zurück, können sie etwas auf Distanz halten. Langsamer Rückzug mit den Verletzten. Die Kollegen, die vorhin am Boden lagen, sind nicht mehr da... Wir erhalten die Nachricht, sie sind tot!

Und nun sind sie wieder da – die Magenschmerzen. Du willst an etwas anderes denken, aber es geht nicht. Du schaltest das Radio ein. Sie bringen es in den Nachrichten. Frühere Scharfmacher rufen zur Besonnenheit auf. Politiker und Bürokraten, die die Ausschreitungen der letzten Jahre lieber heruntergespielt haben, als Dinge beim Namen zu nennen und danach zu handeln, sind betroffen. Wer handelt, trägt die Verantwortung. Wer den Handlungsauftrag weiterschiebt, ist aus dem Schneider...

Wir sind es mittlerweile schon gewöhnt, daß schnell zur Tagesordnung übergegangen wird. Aber ich weiß, daß sie wiederkommen werden – die Magenschmerzen...

Und ich will sie nicht in mich hineinfressen... ich will sie hinausschreien... es sollen auch eure Magenschmerzen werden!...

Meine Magenschmerzen brannten ohne Unterlaß. Verbessern von Einsatzkonzeptionen bei größeren Demonstrationen? Wovon soll ich ihnen eigentlich berichten? Optimalere Konzeptionen der Friedensbewegung oder solche der Polizei? Wie steht es mit der Gewaltfrage? ‹Gewalt gegen Sachen ist der Beginn der Gewalt gegen Menschen – und die Gegengewalt der Polizei richtet sich immer gegen Menschen!› hat Pastor Heinrich Albertz gesagt.

Da saßen sie nun vor mir, fünf Prüfer, und wollten erkunden, ob ich mich mit meiner Antwort auf dem Boden der FDGO ihrer Provenienz bewege und das Demonstrationsrecht auswendig kenne: der Vize, erwartungsvoll und klug über seine Halbbrille blickend, die er häufig auf- und absetzte; Psycho-Wendelmann mit hochgezogenen Augenbrauen; der Brillentyp, dessen Brillengläser sich jetzt in einem Sonnenstrahl spiegelten, der sich hierher verirrt hatte; der Sphinx-Mensch wie eine Sphinx und Friedrich Huber, der sich in einem Lächel-Marathon zu üben schien.

«In der Tat bin ich der Meinung, daß unsere Einsatzkonzeptionen neu überdacht werden müssen, denn sie sind auf Eskalation angelegt. Wenn sich die Polizei im Hintergrund hielte, dann passierte auch nichts, wie bei der großen Demo am KKW Biblis...»

...«Dafür wurden in Hamburg die Schaufenster der Banken eingeworfen oder in Kreuzberg Busse angesteckt!» unterbrach mich der Brillentyp.

«Ich war noch nicht fertig, denn ich wollte gerade erläutern, daß man zunächst gegen solche Ausschreitungen Vorsorge treffen muß, bis nach und nach die Gewaltbereitschaft beidseitig abnimmt, wenn die Polizei einmal den Anfang gemacht hat.»

Jetzt kam Unruhe in das Gremium. Als erster fand Wendelmann seine Fassung: «Beidseitig?! Das muß wohl ein Mißverständnis sein, Sie haben doch nicht etwa Ursache und Wirkung verwechselt?»

«Ich denke, das ist der falsche Ansatz», sagte ich, «denn wir müssen von einer Polarität ausgehen, einer totalen Verhärtung. Die Polizei hält Demonstranten für Anarchos, Chaoten, Kommunisten, Terroristen, und die Protestbewegung die Polizei für Bullen, Büttel, Machos und verklemmte Typen. Diese Feindbilder müssen erst einmal aufgebrochen werden.»

«Das tun wir bereits in der Ausbildung junger Beamter, daß sie keine Feindbilder entwickeln», meinte Wendelmann.

Brav, dachte ich, deswegen wählen manche wohl die Republikaner.

«Was würden Sie denn tun?» wollte der Vize wissen.

Ich überlegte, wieviel Zurückhaltung ich mir eigentlich noch auferlegen sollte, wann ich zu dem Punkt komme, aufzustehen und zu sagen, ich halte es vor Magenschmerzen nicht mehr aus, weil ich ständig heucheln muß. Entweder sage ich jetzt, was ich denke, oder ich breche diesen Quatsch ab.

«Wir müßten damit aufhören, in jeder Bürgerbewegung gleich eine Systemveränderung zu sehen. Wir sollten mit den Leuten reden, ohne ihnen sofort elitäre Arroganz zu unterstellen. Wir dürften sie auch nicht als Sicherheitsrisiko beurteilen oder unterstellen, daß sie als nützliche Idioten von Chaoten mißbraucht werden. Denn wir sind daran schuld, wenn sie sich mit Chaoten solidarisieren, da wir sie wie solche behandeln!»

Jetzt wurde TE-Huber wütend: «Sie haben wenig Ahnung davon, mein Freund, was sich hinter dieser von Ihnen so verharmlosten Protestbewegung alles verbirgt. Aus ihr rekrutieren sich nämlich Extremisten, die heute demonstrieren und morgen Strommasten umsägen!»

«Und Sie setzen sich mit dieser Argumentation dem Verdacht aus, soziale Bewegungen zu diskriminieren, weil manche in unserem Staat ein Interesse an Gewaltreaktionen haben könnten, um Leute, die sich um Gerechtigkeit, Frieden oder Ökologie Sorgen machen, politisch auszuschalten.»

So, damit war mein Test wohl gelaufen, aber ich fühlte mich befreit!

«Woher haben Sie eigentlich Ihr Wissen», schnaubte Huber, «Sie sind doch gar nicht auf diesem Gebiet eingesetzt?»

«Weil ich selbst an Demonstrationen teilgenommen habe. Dabei ist mir klargeworden, daß diese Leute den Schwarzen Block oder gewalttätige Chaoten von sich aus isolieren würden, wenn die Polizei differenzierte, gegen wen Härte angebracht ist und gegen wen nicht! Aber wenn der einfache Bauer den Gummiknüppel oder die Hausfrau das Tränengas gespürt haben, ist es wohl mit deren Besonnenheit auch vorbei!»

«Wenn Sie schon so freimütig sind, haben Sie nicht auch einmal das Verlangen gespürt, einen Stein aufzuheben?»

Wieder ein Huber-Tiefschlag! Was hatte der für eine Ahnung, wie innerlich zerrissen man ist, welche Sperren und Hemmungen quälen, daß es unmöglich ist, einen Stein gegen Kollegen zu werfen oder vielleicht auch nicht, wenn sie auf einen draufschlagen und die aufgeheizte Situation längst Eigendynamik gewonnen hat, in der sie, wie auch ich, Teil der Masse und ihrer Gewalt geworden sind. Was hat ein Huber schon damit zu schaffen, für den die Fronten so einfach und damit klar sind, der keine Widersprüche in sich selbst zuläßt, für den der Kampf unversöhnlicher Gegensätze untereinander nur in einer Welt stattfindet, die außerhalb seines Selbst liegt.

Ich ließ seine Frage unbeantwortet.

Der Vize schaute nach rechts und links, ob noch jemand eine Frage haben könnte, das war nicht der Fall. Er bedankte sich bei mir und fuhr fort: «Wie immer an dieser Stelle am

Ende eines Test-Einzelgesprächs hätte ich gerne gewußt, ob Sie Wünsche haben, wo Sie künftig gerne eingesetzt werden möchten?»

«Ich könnte mir gut vorstellen, auf dem Gebiet der Umweltkriminalität tätig zu sein.»

Aber Huber war noch nicht fertig mit mir. «Und bei TE?» provozierte er.

«Eigentlich nicht, ich habe andere Interessenschwerpunkte.»

«Danke», sagte Huber, breit lächelnd, «das habe ich mir gedacht.»

Selbst hier in Beirut, zwei Jahre später, kocht es in mir hoch, wenn ich an dieses Kreuzverhör denke.

«Sag mal, du hast nie davon gesprochen, du mußt dich doch an meinen gescheiterten Eignungstest für den Höheren Dienst erinnern. Ihr seid doch sicher zu dem Ergebnis gekommen, daß ich im Grunde unter den Extremistenerlaß fallen müsse?»

Huber kratzt sich nachdenklich das Kinn. «Selbst wenn ich mir Mühe gebe, ich habe nur eine verschwommene Erinnerung.»

Der lügt, denke ich. «Das kann doch nicht sein!»

Huber lächelt. «Es war eine regelmäßige Pflichtübung, in der Prüfungskommission zu sitzen. Zigmal habe ich das erlebt, sage ich dir!»

«Aber kaum jemand ist so aus dem Rahmen gefallen wie ich. Außerdem habe ich euch alle für befangen erklärt und gegen den ablehnenden Bescheid Widerspruch eingelegt, so was passiert doch nicht alle Tage?»

«Das Amt ist groß, es gibt nichts, was da unmöglich wäre. Das alles hat mich nicht so beeindruckt, wie du glaubst, ist doch Alltagsroutine gewesen. Komm, laß gut sein.»

Merkwürdig, sagt er wirklich die Wahrheit? Warum hatte ich von Anfang an das Gefühl, daß er mich sehr gut in Erinnerung hat, aber nicht darüber reden will? Auch manchmal mit Einzelheiten über mich rauskam, die mich verblüfften?

Ich bin übelgelaunt, rolle mich in meine Decke ein, schließe die Augen, will Huber nicht mehr sehen und nicht mehr hören. Seit gestern bin ich im Besitz einer Rasierklinge. Einer der Wächter hat sie im Bad auf der Ablage unter dem Spiegel vergessen. Das kleine Metallblättchen läßt meine Gedanken nicht mehr los. Ich habe es unter die Matratze geschoben, wenige Zentimeter trennen mich von dem scharfen Stahl, ich brauchte doch nachts... es wäre nur ein kleiner länglicher Schnitt in die Schlagader... Ich ertaste das Blutgefäß an meinem Hals, mir ist heiß, der Kopf dröhnt, regelmäßig und kräftig pulst es gegen meine Finger. Fünf Monate. Das Doppelte wäre nicht einmal ein Jahr. Mal vier ist das, was die beiden Amerikaner bereits leiden. Seit 1985. Ich könnte es ja noch eine Weile aushalten, aber keine vier Jahre. Wenn ich bedenke, was vier Jahre bedeuten, was ich in den letzten vier Jahren alles erlebt habe, im Ausland, im BKA, mit Andrea, im Streit, in der Euphorie unserer Beziehung, das Herzklopfen vor der Premiere unserer Kabarett-Gruppe... Zugabe! Zugabe! Zugabe! haben sie gerufen und mit den Füßen auf den Boden getrommelt... natürlich müssen die beiden Regisseure auf die Bühne, ich wollte, Andrea nicht... dann haben sie uns einfach an der Hand genommen, uns nach draußen gezogen, raus auf die Bühne, gleißend das Licht, dahinter eine schwarze Wand... meine Beine, meine Arme, mein Gesicht – alles schien plötzlich aus Holz zu sein, in den Gelenken mit Scharnieren versehen und hölzern alle Bewegungen... Applaus... Vorhang... Applaus... Wahrscheinlich klatschte auch der vom Verfassungsschutz... Premierenfeier, während der vom Verfassungsschutz seinen Bericht zu schreiben hatte: ‹Das Programm hatte einen eindeutig linken Charakter, richtete sich gegen die Polizei, gegen die Bundeswehr, gegen unsere Demokratie.›

Vier Jahre sind in Freiheit eine unendlich lange Zeit. Aber vier Jahre in Gefangenschaft, vier Jahre angekettet, vier Jahre Friedrich Huber, die Wächter, die Artillerie-Granaten, die Reisen im Sarg – nein! Das kleine Metallblättchen unter meiner Matratze ist eine Rückversicherung geworden.

Der ‹Nasenbohrer› hat uns die Vornamen von zwei Amerikanern verraten. Sie geben uns das Schachspiel nur noch jeden zweiten Tag, und als es der ‹Nasenbohrer› morgens bei uns holte, sagte er: «Terry und Thomas wollen jetzt damit spielen.» Huber wußte, daß es der Journalist Terry Anderson und Thomas Sutherland von der US-Universität in Beirut sein müssen. Unsere Kontaktmöglichkeiten beschränken sich auf Klopfzeichen. Auf dem Weg zu Bad und WC müssen wir im Flur an ihrem Zimmer vorbei, dabei schlage ich unauffällig an die Wand, und sie antworten ebenfalls mit einem Klopfen. So zeigen wir uns gegenseitig, daß wir voneinander wissen und aneinander denken, es ist nicht viel und bedeutet doch etwas. Die Wächter schotten uns strikt gegeneinander ab und sind kompromißlos, auch der sonst freundliche Jamal.

«Ich werde noch verrückt, jetzt geht das schon wieder los!» stöhnt Huber.

Seit zehn Minuten beginnen sich, häßlich prasselnd, die Granateinschläge unserem Gebiet zu nähern. Und im 5. Stock des Hauses fühlt man sich wie auf freiem Feld von einem Gewitter überrascht, umgeben von zuckenden Blitzen. Wenigstens ist es selbstverständlich geworden, daß sie unsere Fesseln aufschließen.

Zunächst kann man sich nach den Geräuschen richten, weil das Zielgebiet flächenmäßig wandert. Sie schießen offensichtlich auf ein bestimmtes Planquadrat und wechseln dann auf das nächste über. So kommt die Gefahr nach und nach näher. Hängt dann der Tod direkt über uns, schließe ich die Augen, ziehe den Kopf ein, bebe und zittere. Ich warte auf den Treffer, atme auf, wenn er ganz in der Nähe ist, möglichst so dicht, daß der nächste wieder außerhalb des Bereichs unseres Hauses liegt. Entfernen sich die Einschläge, kann man immer noch nicht sicher sein, weil es auch verirrte Granaten gibt.

Seit den letzten beiden Wochen nehmen infernalische Artillerie-Duelle immer mehr zu. Es sind die Stunden, in denen wir mit unseren Wächtern eine Gefahren-, Angst- und Leidensgemeinschaft bilden. Man merkt ihnen an, daß auch sie am liebsten abhauen würden, raus aus dem Hexenkessel, wie so viele.

Sie erzählen, daß vielleicht noch zweihunderttausend in Beirut leben, der Rest von 1,5 Millionen. Und die Wächter kommen verspätet zum Dienst, abgehetzt, verdreckt, weil Straßen nur noch Schutthalden sind, eine brennende und explodierende Tankstelle sie zu großen Umwegen zwingt, Stadtviertel so aussehen, als sei ein Orkan durchgefegt. Um ein Haar hätte es Jamal erwischt, als eine Autobombe mitten auf der Masra, der Hauptstraße zum Übergang ‹Museum›, gezündet worden ist. Er wurde von dem Explosionsdruck mehrere Meter weggeschleudert und stand noch unter Schock, als er bei uns eintraf.

«Beirut stirbt!» jammert er. «Die Stadt versinkt nach und nach unter Schutt und Asche! Und niemand kümmert sich darum!»

Einige Tage gab es kein Brot. Die Wärter haben Mühe, sich und uns zu verpflegen. Am ehesten kann ich auf Strom verzichten. Aber häufig haben wir kein Wasser, dann fängt das alte Leiden wieder an, der Gestank, die mich aggressiv machende mangelnde Hygiene, mein lästiger Juckreiz.

Natürlich haben wir uns mit dem ‹Chef› auseinandergesetzt. Freundlich und diplomatisch, grob und drohend, forderten wir, verlegt zu werden. Aber er erging sich in Beschimpfungen gegen den Führer der Christenregierung, General Michel Aoun, der ‹ibn sharmuta›, jener Hurensohn, welcher die Syrer aus dem Libanon vertreiben will, der kleine Napoleon, der sich die Frog-7-Raketen von dem ‹chinzir›, dem Schwein Saddam Hussein, liefern läßt, dem irakischen Todfeind. Und hinter allem stecke die CIA.

«Euer Leben ist nicht mehr wert als der Samen der Dattelpalme, wenn die ‹USS IOWA› weiter Kurs auf Beirut nimmt!» Aber verlegt werde zur Zeit nicht, es hänge mit den amerikanischen Spionen zusammen, womit er erstmals die Existenz von Amerikanern überhaupt zugibt.

«Al hamdullilâh! Lob sei dem Herrn! Der islamische heilige Krieg wird siegen! Wir haben ein Abkommen mit den Amal getroffen, wir sind jetzt stark, die maronitische und zionistische Clique wird untergehen!»

Ich denke, daß sie den gleichen Dreck rüberfetzen, den wir hier aufs Haupt kriegen, man kann die Einschläge im Christenviertel deutlich hören, Barbaren auf beiden Seiten. In der letzten Nacht war es besonders schlimm. Der ‹Zwinkerer› berichtet, daß das ‹Middle East Hospital› getroffen worden sei, es habe vierzehn Tote gegeben. Vierzig Geschosse haben wir in der Minute gezählt.

Meine Nerven sind inzwischen auch in einem maroden Zustand. So eine Nacht ist gefräßig, die Substanz reduziert sich immer mehr, ohne sich zu regenerieren. Trotzdem kann ich Friedrich manchmal Mut zusprechen.

«Es ist bisher immer gutgegangen! Hier ist ein reines Wohngebiet, hat Jamal gesagt, also die Ziele nicht so interessant, sie bestreifen es nur.»

«Hör dir das Getöse an», klagt Friedrich, «wenn du das Bestreifen nennen willst! Für mich ist es Völkermord!»

‹Gaddafi› und der ‹Zwinkerer› sitzen bei uns. ‹Gaddafi› betet. Mein Pulsschlag rast; fast im selben Takt zuckt die Gesichtshälfte des anderen Wächters, dabei hat er die Augen geschlossen. Daß er so aufgeregt ist, beruhigt mich etwas.

Überschallflugzeuge hört man im Tiefflug auch erst in der letzten Sekunde. So, jetzt diese Granate! Kurzer Brummton, dessen Frequenz sich in Sekundenbruchteilen in die Höhe schraubt, das Sirren einer Riesen-Schnake – das Haus, das Trommelfell, jede Faser des Körpers beben. Kurz danach das Prasseln von Gesteinsbrocken, Beton, Sand, Bäume, Erde. Dann der Geruch von Staub, Qualm – die Sinne erwachen wie betäubt: Hat es uns erwischt? Unser Haus? Angestrengtes Hören: Brennt es? Dann der nächste Einschlag, abgeschwächter, vielleicht fünfzig Meter entfernt.

Plötzlich springt Friedrich auf. «Raus hier!!!» brüllt er. «Ich will hier raus!!!» Er stürmt los, auf die Tür zu, reißt sie auf, ist schon im Flur, bevor die beiden Wächter überhaupt reagieren können. Um Gottes willen, sie werden schießen, denke ich. «Friedrich!» schreie ich. «Bleib stehen! Bist du wahnsinnig?» Die beiden sind bereits hinter ihm her, ich laufe in den Flur, die Tür zum Treppenhaus steht offen, der ‹Nasenbohrer› stürzt aus dem Zimmer der Amerikaner, stellt sich mir in den Weg, ich stoppe sofort, gebe ihm mit einer Handbewegung zu verstehen, daß dies kein Fluchtversuch ist, mache eine verzweifelte Miene, er kapiert, ich warte auf die MP-Salve im Treppenhaus, der ‹Nasenbohrer› geht bis zum Treppenabsatz, ich folge ihm, die Fenster des Treppenhauses sind zerschossen, Staubschwaden hängen in der Luft, ich höre entfernt arabische Schreie, noch haben sie nicht geschossen, verdammte Scheiße, Friedrich, du Idiot! Jamal steht in der Tür zu den Amerikanern, er ruft mich zurück, ich sage: «Mein Freund hat die Nerven verloren!» Ich kann die Amerikaner nicht sehen, es ist dunkel in ihrem Zimmer, Jamal läßt mich neben sich im Flur warten, Schritte im Treppenhaus, Glasscherben knirschen wie frisch gefallener Schnee unter Stiefeln, sie keuchen, sind es zwei oder drei, lebt Friedrich noch, haben sie doch geschossen, ist der Schuß untergegangen in einer Granatendetonation? Jamal hält mich am Arm fest, ich reiße mich mit einer kurzen Bewegung los, mache aber nur zwei Schritte, der Blick auf die Treppen: Gottlob oder Allah oder Buddha! Sie kommen hoch, mit Friedrich in ihrer Mitte, untergehakt, seine Haare kleben an der feuchten Stirn, er ist verzweifelt, gebrochen, aber unverletzt! Ich lege den Arm um ihn, wir gehen zurück in unser Gefängnis.

Ich sitze in einem Hubschrauber, neben dem Piloten. Wir fliegen durch einen Wald. Seine Flugmanöver sind halsbrecherisch, haarscharf unter Bäumen durch, ich habe Angst. Dann kommen Hochspannungsleitungen auf freiem Feld, wir unterqueren sie, ich rechne jeden Moment damit, daß die Rotorblätter sie berühren und wir abstürzen. Schließlich erreichen wir eine Stadt, fliegen durch Häuserschluchten, die so eng sind, daß wir kaum durchzupassen scheinen. Ich habe wieder Angst, der Pilot rast auf eine Hausfassade zu, reißt im letzten Moment die Maschine steil hoch, daß ich glaube, wir werden einen Looping machen. Ich wache auf.

Friedrich stöhnt leise im Schlaf, er murmelt den Namen Eva. Ich wälze mich hin und her, kann nicht mehr einschlafen, denke über den Traum nach. Es war kein richtiger Alptraum, ich hatte zwar Angst, aber sie war irgendwie normal, nicht übersteigert oder gar panisch.

Ich finde keine Erklärung für den Traum. Meine Gedanken schweifen ab, ich erinnere mich, wirklich im Hubschrauber gesessen zu haben, als der erste für die Polizei in Hessen angeschafft wurde. Ich sollte testen, für welche Aufgaben der Kripo er eingesetzt werden kann. Die Piloten waren junge Burschen, übermütig wie junge Störche, die gerade das Fliegen gelernt hatten. Sie wollten mich das Fürchten lehren, stiegen mit der Alouette auf große Höhe und stellten den Motor ab, womit sich mein Magen unter dem Kehlkopf wiederfand. Oder sie hüpften mit mir über Weidezäune, tanzten langsamen Walzer mit der Maschine über Baumwipfeln und setzten sie über Heuhaufen, so daß das von Bauern mühsam zusammengerechte Heu über die Wiese stob.

Irgendwann wollte ich Luftaufnahmen von einem Schrebergartengelände bei Offenbach machen, wo wir ein Heroin-Depot vermuteten. Die Piloten nahmen schon beim Start die seitlichen Türen raus, um Reflexe beim Fotografieren zu vermeiden. Als wir in ziemlicher Höhe in entsprechender Position waren, hängten sie die Maschine wie eine nasse Pflaume schräg, damit ich gutes ‹Schußfeld› hatte. Unter mir war nichts als ‹Mutter Erde›, gehalten wurde ich von einem Gurt um den Bauch, mühsam bekämpfte ich mein Entsetzen und wußte gerade noch zu verhindern, daß die Leica rausflog, während ich mit der Hasselblad fotografierte. Meine große Angst aber hätte ich damals den Piloten niemals gezeigt. «Ein richtiger ‹Bulle› kennt keine Furcht!»

Friedrich träumt. «Eva ... kann doch auch nichts dafür», sagt er verwaschen mit schwerer Zunge.

Die Erleichterung steht den Wächtern im Gesicht geschrieben, und der ‹Chef› strahlt ausnahmsweise bei der Mitteilung, daß wir, wie er es bezeichnet, ‹in ein anderes Quartier umziehen›. Es ist gegen Abend, und die Dunkelheit soll abgewartet werden. Ich hole meinen Bleistift aus der Matratze und stecke ihn in das Futter der Trainingsjacke zu meinen Notizen. Was mache ich mit der Rasierklinge? Hierlassen? Brauche ich sie doch nicht? Schließlich schiebe ich sie unter eine Einlegesohle meiner Turnschuhe, unbemerkt von Friedrich. Vormittags ging es Friedrich schlecht, ich bin sicher, daß er Fieber hatte. Ich habe ihn dazu überredet, sich zwei Aspirin geben zu lassen. Er war sehr niedergeschlagen, und mit Sorge erwartete ich das nächste Artillerie-Duell. Hin und wieder schoß es an der Greenline, bestimmt würde es bald wieder losgehen, denn sie melden es über Funk weiter, das Ping-Pong aus Pulver und Stahl schaukelt sich hoch bis zum neuen Gefecht. Doch ich war heute unfähig, Friedrich aufzurichten, mir fehlten die Argumente, weil ich selbst an die Gefahr glaubte.

Die Wächter erscheinen mit metallenen Handfesseln, solche, die wir als ‹Acht› bezeichnen, und ketten mein rechtes Handgelenk an das linke des ‹Nasenbohrers›. Friedrich schließen sie mit Jamal zusammen, die Schlüssel nimmt der ‹Chef› an sich. Der fünfte Stock dieses Hauses ist zu einer Falle geworden, deshalb bin ich einerseits froh, aber andererseits wird es mir gleich auch wieder mulmig. Hoffentlich nicht wieder ein ‹Leichentransport›! Auf die Frage, was mit den Amerikanern geschieht, zuckt Jamal mit den Schultern. Wir brechen auf, der ‹Chef› trägt eine MP; ‹Gaddafi› und der ‹Zwinkerer› bleiben zurück.

Mein erster Schock läßt nicht auf sich warten. Wieso wollen diese Idioten ausgerechnet den Fahrstuhl benutzen, ein Wunder ohnehin, daß er überhaupt noch funktioniert. Ich weigere mich, verweise darauf, daß sich nach dem Inferno der letzten Woche sowieso kein vernünftiger Mensch mehr in dem Haus aufhält. Sie ziehen mich hinein, das Ding ist für vier Personen gebaut, wir sind zu fünft. Schweißausbruch. Mit einigem Rucken setzt sich der Lift in Bewegung. Ich hasse diese körperliche Nähe. Die Elektrizität kann jede Sekunde ausfallen, dann bleiben wir stecken. Das Blut steigt mir in den Kopf. Und niemand wird das merken, niemand uns herausholen. Ich habe den Drang, mir Luft zu schaffen, sie mit den Ellbogen wegzudrücken, die gräßlichen Leiber, kann nicht durchatmen, möchte schreien. Ein Ächzen und Wackeln der Kabine, wahrscheinlich stürzt sie gleich wegen Überladung nach unten. Das in meinen Kopf gepreßte Blut erzeugt wallende Ströme, so als habe mich jemand an eine Steckdose angeschlossen. Mit einem blechernen Bums bleibt das Ding stehen, ich weiß, wir sind unten, denn ich habe die Anzeige der Stockwerke beobachtet. Ich atme tief durch, wir treten vor das Haus, die Schwüle des Tages ist einer linden Abendluft gewichen.

Wir gehen zu Fuß die Straße entlang, welch ein Gefühl! Einfach seine Beine und Füße benutzen, vorwärts schreiten, Raum ergreifen, ohne eine Wand vor sich eine Strecke zurücklegen! Die Gründe für den Fußmarsch sind klar: Die Straße ist unbefahrbar. Sie ist übersät mit Betonblocks, eingestürzten Mauerteilen, Stahl, Blech, Balken, Ziegeln. Wir passieren ausgebrannte Autowracks, an einer Stelle ist eine Hausfassade eingebrochen und die Fahrbahn fast auf ihrer gesamten Breite mit Schutt überschwemmt. Die linde Abendluft ist schnell vergessen, es hängt wie ein schmutziges durchlöchertes Tuch ein schwelender Brandgeruch zwischen den Trümmern. Manchmal ist es mühsam, bei lückenhafter Beleuchtung und aneinandergefesselt Hindernisse zu umgehen oder zu überklettern. Hinter uns folgt, mit der Waffe sichernd, der ‹Chef›. Das Straßenschild ist erhalten, ich merke mir Rue Ghazzaoui, für alle Fälle. Wir biegen nach rechts in eine andere Straße ein, ab und zu fallen entfernt Schüsse, manchmal auch Salven, so daß ich den Eindruck habe, daß wir parallel zur links von uns gelegenen Greenline laufen. Jetzt erkenne ich auch den Namen dieser Straße, weil hier und da eine Lampe brennt, Allah weiß warum, es ist die Abdel Hafiz Chaar. Wir gehen etwa einen Kilometer und nähern uns einer größeren Straße, auf der auch Autos fahren, was man zunächst nur hört. Bis jetzt hatte ich kein unsicheres Gefühl.

Der ‹Chef› wird jetzt vorsichtiger, geht vorneweg, beobachtet genau, verharrt manchmal. Wir sind jetzt fast an der

Kreuzung angelangt, dort steht ein Geländewagen mit laufendem Motor. Der ‹Chef› wechselt ein paar Worte mit dem Fahrer. Dann befiehlt er, daß wir einsteigen. Dabei entdecke ich ein Schild im Straßengraben, einen umgefallenen Wegweiser. Auf ihm steht mit drei Pfeilen in dieselbe Richtung: ‹Hippodrome›, ‹Musée National›, ‹Hôpital Militaire›. Damit wird mir klar, daß wir uns auf der Masra befinden, wohl in unmittelbarer Nähe des Übergangs ‹Museum› an der Greenline. ‹Chef› und Fahrer verbinden uns die Augen, wir müssen uns auf den Boden des Landrovers legen. Mit dem Geräusch eines Traktors startet er und biegt in die Masra ein.

Die Fahrt auf der Masra ist kurz, schon biegen wir wieder ab, vermutlich nach rechts, ein Feldweg, übersät mit Schlaglöchern, wir lassen die Geräusche der Straße hinter uns. Der Landrover ist hart gefedert, ich fühle mich wie auf einer Kartoffelsortieranlage, mein Arm verkrampft in der nach oben gehaltenen Stellung in der aufgezwungenen siamesischen Zwillingshaltung.

Nach zirka zehn Minuten finden wir uns in einem Pferdestall wieder, unserem neuen Zuhause.

«Vor zwei Jahren stand hier auch das Pferd des Kanzlers der deutschen Botschaft», sagt Jamal und fährt freimütig fort, als sei es die selbstverständlichste Sache der Welt, gleich einer Einladung zum Nachmittagscocktail: «Hammadi ist uns mit Cordes und Schmidt zuvorgekommen, sonst hätten wir uns den geholt.»

Es gibt sechs Boxen, ich bewohne die des Pferdes ‹Rouge et Blanche› und Friedrich die von ‹Coco›. Unsere anderen Vorgänger hießen, wie ein Namensschild über jeder Box ausweist: ‹A Dieu Va›, ‹Mister Mint›, ‹Aurore› und ‹Petit Cheri›. Aber wir haben die freie Auswahl, können mit unserer Matratze auch in andere Boxen ziehen, der Ring, uns anzuketten, ist ohnehin vorhanden.

Der Stall ist mit Steinen gepflastert, die bei uns früher Katzenköpfe hießen. Ich überrede Jamal, Stroh herbeizuschaffen, das in der Tat in irgendeinem der angrenzenden Räume gelagert ist, so daß unser Dasein zwar pferdgemäßer wird, jedoch die Unebenheiten des Bodens ausgeglichen werden. Wände und Decke sind aus dicken Holzbohlen. Die schmalen Fenster sind jetzt mit Brettern vernagelt. Es gibt einen Mittelgang, an dessen einem Ende eine grob gezimmerte, offensichtlich neue Holztür primitiv und wirkungsvoll den Ausgang versperrt und auf dessen anderer Seite ein Haferkasten angebracht ist. Vom Mittelgang erreicht man beidseitig drei Boxen.

Friedrich moniert, daß es nach Pferd stinkt. Mir macht das gar nichts aus, denn ich bin auf einem Bauernhof aufgewachsen und der Geruch ist mir vertraut und natürlich angenehmer als der Ölgestank unseres ehemaligen Garagen-Gefängnisses. Endlich habe ich einen Intimbereich, muß nicht jeden Kubikzentimeter Raum mit Friedrich teilen, bin auch mal seinen Blicken entzogen.

«Hast du gestern die Hinweisschilder gesehen, als wir in den Landrover einstiegen?» frage ich ihn.

«Nein.»

«Auf dem einen stand ‹Hippodrome›, wo wir uns jetzt vermutlich befinden, eine Pferderennbahn. Denn zur Zeit reiten die reichen Libanesen eher auf Zypern oder in Damaskus.»

«Während die Armen bleiben und ihre Haut zu Markte tragen müssen», sagt Friedrich.

Nanu, denke ich, was ist denn mit dem los?

«Ich finde es schrecklich hier, wie ein Stück Vieh in einem Stall», schimpft er.

«Mir gefällt es eigentlich ganz gut», sage ich, «es erinnert mich an meine Jugend, da habe ich mich mit Vorliebe in Ställen und Scheunen rumgetrieben. Wenn wir Verstecken spielten, bin ich in einen solchen Haferkasten gekrochen oder habe mich flach auf den Rücken des Pferdes gelegt, es waren Holsteiner, schwere Ackergäule.»

«Aber diese idiotischen Boxen», mosert er weiter.

Seine Gemütslage ist finster. Ich rede, um ihn zu ermuntern.

Ich erzähle von meinem Dorf Lampertsfeld, in dem ich aufgewachsen bin. Drei Gehöfte, eins davon eine Mühle, idyllisch eingebettet in ein Tal. An das Klatschen des Mühlwassers als Alltagsmelodie war ich so gewöhnt, daß ich es als nächtliche Ruhestörung empfand, wenn das Geräusch fehlte, weil einmal im Jahr der Mühlbach gereinigt wurde. Die alte Bäuerin glaubte an Hexen und erzählte in der Spinnstube gruselige Erlebnisse. Es gab einen Bürgermeister, und meistens hatten sich zwei Bauern gegen den dritten verbündet. Heute ist Lampertsfeld eingemeindet und die Fachwerkmühle abgerissen, dafür ein nüchterner Bungalow errichtet worden.

Ich war dort oft alleine, die Kinder der Bauern mußten immer auf dem Feld helfen. So habe ich die Einsamkeit lieben gelernt, kann mit ihr gut umgehen, sie bedroht mich nicht, sondern kann ein stiller Verbündeter sein.

«Hast du keine Geschwister?»

«Nein, ich lebte mit meiner Mutter allein. Mein Vater ist 1946 in einem Internierungslager gestorben.»

«In einem Internierungslager?»

«Er war in der Nazi-Zeit bei der Polizei.»

«Und deswegen bist du auch zur Polizei?»

«Allerdings höchst unbedarft, wußte nicht, auf was ich mich da einlasse. Einer meiner Fehler ist wohl ab und zu, erst zu handeln und dann zu überlegen.»

«Ich verstehe jetzt, damit hängt auch dein Interesse für die Nazi-Zeit zusammen?»

«Ja.» – So viel habe ich Friedrich noch nie über mich offenbart. Jamal bringt uns das Frühstück, zwei Flaschen Pepsi und Fladenbrot, das ist alles, was er auftreiben konnte.

«Dieser Kanzler eurer Botschaft, das war schon ein komischer Kauz», sagt Jamal. «Der ritt mit seinem Pferd die Greenline entlang und tat so, als herrsche hier tiefster Frieden. Ich denke, alle Milizen haben ihn für verrückt gehalten. Aber genau deshalb ist ihm nichts passiert, und keiner hat auf ihn geschossen.»

«Was ist eigentlich mit dem ‹Hôpital Militaire›?» frage ich Jamal.

«No comment!» sagt er abweisend.

Ich beschreibe Friedrich die beiden anderen Hinweisschilder, die Nähe des Übergangs ‹Museum› und eines Militärkrankenhauses. «Beides ist nicht gerade beruhigend.»

«Zumal sie sich um die Genfer Konvention einen Dreck kümmern, bestimmt werden sie das Hospital beschießen!» glaubt Friedrich.

Jamal hat verstanden, warum ich die Frage gestellt habe. «Rund um das Hippodrome wächst ein Pinienwald, mindestens zielen sie nicht auf das Gebiet, es lohnt sich nicht.»

Ich bin auf dem Klo gewesen und habe geduscht. Das WC ist ein stinkendes Plumps-Klo, die Dusche aber okay. Das Gebäude mit den Ställen ist vielleicht zwanzig Meter lang, wir sind am einen Ende untergebracht, im Durchgang draußen sitzt an einem Tisch ‹Gaddafi› mit MP und Funkgerät als Wachposten. Am anderen Ende ist auf gleiche Weise der ‹Nasenbohrer› postiert. Dies läßt den eindeutigen Schluß zu, daß sie auch die Amerikaner hierher gebracht haben. Aber mit ihnen in Kontakt zu treten, ist jetzt schier unmöglich geworden.

«Sie sind ziemlich professionelle Aufpasser», meint Friedrich.

Den Gedanken an Flucht habe ich immer im Hinterkopf, um diese Tortur zu einem Ende zu bringen. Aber in der Tat, bisher ließen sie uns keine Chance. Geographisch halte ich die Nähe der Greenline für günstig, man kennt die Richtung und ist schnell im Christengebiet, obwohl es verdammt risikoreich sein dürfte, diese schwer bewachte Grenze zu überqueren. Daß nur zehn Minuten von hier die Freiheit bedeuten könnten, macht mich ganz hummelig. Aber die verfluchte Kette am Fußgelenk zieht in die andere Richtung! Man kann mit ihr bis zum Mittelgang gelangen, ungefähr wie ein angekettetes Pferd.

Ich sitze in meiner Box recht gut abgeschirmt, und in der Nachbarbox wiehert mein Zeitpferd, ich schwinge mich auf seinen Rücken, kralle mich in die Mähne, wir galoppieren los und landen in meiner Erinnerung im ‹Hilton› . . .

Die abgeschmackte ‹Hilton›-Plastik-Atmosphäre, dieses Mal in Colombo. Bombastische Eingangshalle der Postmoderne. Im Fahrstuhllautsprecher das Endlosband mit ‹Strangers in the night› sowie ‹Guten Abend, gute Nacht› bereits am frühen Morgen. Flucht ins Freie, zum Pool. Lauwarm und blau, Handtuch und Liege wurden eilfertig gebracht, der Drink wahlweise auch im Wasser serviert. Ein schmaler Fluß trennte die Scheinwelt von der realen. Jenseits am Wasser Slumgebiet. Arme Menschen, teils auf einem Bahndamm lebend, säumten den Fluß. Im Schmutzwasser Einheimische, sich abseifend, Zähne putzend, den Darm entleerend, Wäsche waschend. Der Vorortzug rumpelte über die Brücke. Menschentrauben an Fenstern und Eingängen der rostigen Waggons, auch auf dem Dach. Sie blickten rüber zum Pool. Junge Männer mit zerschlissenen Hemden, manche teilnahmslos, manche neugierig. Poolgäste würdigten Armut und Elend in ihrer Nachbarschaft keines Blicks, nahmen davon keine Notiz, fühlten sich folglich auch nicht gestört, es war nicht ihre Welt. Das letzte Zugabteil fuhr durch das Bild. Ich suchte in den Gesichtern zu lesen, die auch mich betrachteten. Ich konnte keine Feindseligkeit finden. Warum warfen sie keinen Molotow-Cocktail?...

Warum warfen sie keine Steine auf die beiden resedagrünen Mercedes 500 neuesten Baujahres? Szenenwechsel Khartoum. Stadt von der Wüste umgeben; Stadt der zermürbenden Hitze, des Staubes, bei Regen der Flutkatastrophe; Stadt der Hütten aus Säcken und der Häuser der Reichen, umgeben von Müllplätzen, von Friedhöfen, die auch wie Müllplätze aussahen und an deren Grabsteine vom Winde verwehte Plastiktüten kleben; Stadt der großen Plätze, die einfach Wüste waren plus Abfall; Stadt der Flüchtlingsmillion, die vor Hunger krepierte. Und Stadt der Mercedes-Limousinen, der auffällig vielen Limousinen. Die beiden resedagrünen Mercedes 500 des letzten Baujahres standen hundert Meter entfernt von einer Elendssiedlung. Ausgemergelte Menschen benutzten einen Trampelpfad an den beiden Luxuskarossen vorbei, um die entfernte Wasserstelle zu erreichen. Ich suchte in den Gesichtern zu lesen, die auch die beiden Limousinen betrachteten. Ich konnte keine Feindseligkeiten finden. Warum warfen sie keine Steine?...

Deine Logik verblüfft mich wie so oft, Buddy. Jetzt weiß ich auch nicht, wie ich argumentieren soll, wenn ich anderen vorwerfe, daß sie keine Steine schleudern, und du mir entgegenhältst, daß ich ja auch nicht dazu bereit sei. Vielleicht liegt es daran, daß man wirklich ganz am Ende sein muß, bevor man sich dazu entschließt. Dann sei man zu schwach geworden oder zu resigniert, meinst du?

Der ‹Chef› stellt uns Monsieur Abdul vor, welche Überraschung. Abdul sagt auf deutsch: «Guten Morgen, ich hoffe, es geht Ihnen gut.» Jamal bringt einen Stuhl, Abdul will sich im Mittelgang setzen, was lächerliche Umständlichkeiten bereitet, weil es nicht gleich gelingt, auf den Katzenköpfen Halt zu finden, ohne daß eins der vier Stuhlbeine in der Luft schwebt. Überhaupt scheint Abdul beamtenmäßig umständlich zu sein, so, wie er seine abgegriffene Aktentasche öffnet, darin herumkramt und sagt: «Ich komme direkt aus Deutschland.» Das ist eine noch größere Überraschung und bringt mein Herz zum Rasen. Er mustert uns beide, zieht einen hellblauen Briefumschlag aus der Tasche, entscheidet sich für Friedrich und übergibt ihm diesen. «Sie sind Monsieur Huber.» Gleichzeitig reicht er ihm, es grenzt an ein Wunder, seine alte Lesebrille.

«Die Schrift meiner Frau», murmelt Friedrich, und seine Hände zittern. Der Umschlag ist bereits offen. Friedrich liest, und zwei Tränen lösen sich dabei langsam und rollen über seine Wangen. Der Brief besteht aus einem vorne und hinten beschriebenen Blatt, als er fertig ist, ringt er nach Fassung, will reden, bringt aber die Worte nicht raus. Schließlich sagt er: «Danke.» So gelöst habe ich ihn noch nie gesehen. Ich bin auch froh darüber und irgendwie ein bißchen gerührt.

Er reicht mir den Brief. Ich zögere. «Er ist doch nur für dich, oder steht etwas drin, was mich betrifft?»

«Nein, nur Familiäres, es geht ihnen allen gut und sie haben mich nicht vergessen.» Er sagt das so, als ob er Zweifel gehabt hätte, ob man noch an ihn denkt. Er atmet mit einem Seufzer aus.

Ich gebe ihm den Brief ungelesen zurück. «Ich freue mich für dich», sage ich ehrlich.

«Nun, Herr Huber, ich habe mit Herren des Bundeskanzleramtes gesprochen, sie wissen, daß ich zu Ihnen Verbindung aufnehme, es stand sogar in der Zeitung.» Er kramt wieder in seiner Tasche, holt eine ausgeschnittene Zeitungsnotiz heraus und zeigt sie Friedrich. Der überfliegt sie und gibt sie mir.

‹Der Arbeitsstab Libanon im Bundeskanzleramt bemüht sich weiterhin um die Freilassung der nunmehr seit fünf Monaten in Beirut in Geiselhaft festgehaltenen beiden BKA-Beamten. Erstmals soll es gelungen sein, daß über eine außenstehende Person Verbindung zu den Entführten aufgenommen worden ist, nachdem vor einiger Zeit, wie berichtet, Lebenszeichen von ihnen eingetroffen waren.›

Monsieur Abdul hält mir fordernd seine Hand hin, damit ich ihm die Pressenotiz zurückgebe, als ich mit dem Lesen fertig bin.

«Sie sind also ein Unterhändler», sagt Friedrich.

Abdul ziert sich ein wenig. «So kann man es nicht nennen, denn ich verhandle nicht, sondern übermittle die Entschlüsse meiner schiitischen Organisation. Nennen Sie mich eine Mittelsperson.»

«Und wie kommt es, daß Sie so gut deutsch sprechen?» will ich wissen.

Obwohl ich die Frage gestellt habe, geht die Antwort in Richtung Friedrich. «Ich hatte für einige Jahre beruflich in Frankfurt, Hanau und Rüsselsheim zu tun.»

«Wann werden wir freigelassen?» Friedrich geht direkt auf das Ziel los.

«Das bestimmt die deutsche Regierung. Von uns aus sofort.»

aber das wäre schäbig, er könnte es auch nicht verstehen. Also nehme ich mich zusammen, ihn meine Enttäuschung nicht merken zu lassen.

«Negativ beurteile ich, daß sich eigentlich nichts verändert hat. Sie wollen den Austausch und unsere Regierung sich nicht erpressen lassen. Das war auch der Stand von vor zwei Monaten. Positiv sehe ich, daß sich etwas bewegt.»

«Ich finde, daß es schon einen gewaltigen Fortschritt bedeutet, überhaupt einen Unterhändler zu haben. Das zeigt, daß nichts festgefahren ist, die Möglichkeit der Verbindungsaufnahme besteht und sich beide Seiten beeinflussen können.» Friedrich ist, wie könnte es auch anders sein, sehr euphorisch.

An der Greenline ist eine intensivere Auseinandersetzung mit Maschinenwaffen im Gange. Friedrich scheint es gar nicht zu registrieren. Ich merke mir genau, aus welcher Richtung die Schießerei kommt.

«Monsieur Abdul – Frankfurt, Hanau, Rüsselsheim?» überlegt Friedrich.

«In Rüsselsheim sind die Opel-Werke», bemerke ich, «vielleicht ist er in der Autobranche tätig.»

«Der Name ist Schall und Rauch, die Orte vielleicht auch», sagt Friedrich, «Libanesen sind clevere Geschäftsleute, auch in Deutschland. Sicher mußte er sich im Kanzleramt identifizieren. Das sagt aber noch lange nicht, daß so ein Mensch auch seriös sein muß.»

Friedrich streckt sich wohlig. «Ich kann dir gar nicht sagen, wie froh ich bin, daß es Eva gutgeht, der Junge mit der Schule klarkommt und Daniela alle Scheine für das laufende Semester zusammen hat.»

Auf die Idee, daß ich nicht den Trost eines Briefes genieße, kommt er nicht, denke ich. Typisch Huber. Warum soll es denen in Deutschland eigentlich nicht gutgehen? Die Frage ist doch eher, daß sie wissen wollen, was mit uns passiert. Andrea! Ach, Andrea, denke ich traurig, du konntest nicht über deinen Schatten springen, oder du wolltest nicht. Es ist der Scheideweg. Wenn ich wichtiger als deine Abneigung gegen das BKA, als alle deine Vorbehalte, als deine Verletztheit wegen der Reise gewesen wäre, hättest du einen Weg gefunden. Du bist kreativ, du hast Phantasie, du hättest sogar das BKA umgehen, dich trotz politischer Skrupel an das Bundeskanzleramt wenden können. Ich jedenfalls hätte mir im umgekehrten Falle eine Menge einfallen lassen. Da du es nicht getan hast, werde ich mich langsam mit dem Gedanken anfreunden, dich abzuschreiben.

Das Leben mit dir bedeutete Streit, Konkurrenz, Eifersucht – mit kleinen, allerdings wunderschönen Inseln. Aber auf diesen Inseln wurde es dir schnell langweilig, du brauchst die ständige Auseinandersetzung, du suchst sie, aber sie war nicht konstruktiv. Die Frage für mich ist: Wo haben wir uns eigentlich *nicht* die Hölle heiß gemacht? In Jerusalem schlichen wir getrennt durch die Gassen, den Leidensweg Christi auf unsere Art nachvollziehend; im traumhaften Awash-Nationalpark in Äthiopien machten wir unweit einer Affenherde Schluß, um uns am nächsten Tag wieder zu versöhnen – das reinste Affentheater! Dann die unausgesprochene Konkurrenz zwischen uns bei der Regie unserer Kabarett-Gruppe. Nur in deinen Uni-Kram hast du mich manchmal integriert, ohne daß es zu Spannungen kam. Dabei war die Rechnung eigentlich ausgeglichen. Du hattest die Vorteile, mit mir reisen zu können, wir waren wie ein sich ergänzendes Reporterpaar, konnten mit ausgefallenen Ideen auf Entdeckung gehen, uns mit Blicken verständigen.

Scher dich zum Teufel mit Jorgos! Vielleicht hättest du mir über das Kanzleramt geschrieben, wenn nicht Jorgos inzwischen meinen Platz eingenommen hätte. Nun hast du die Rechnung für meine Reisen beglichen, so, wie immer angedroht. Mit diesem Gedanken mußte ich ständig leben, bei jeder Reise, es war deine Rache. Geschickt hast du mich zur Weißglut getrieben, mich glauben lassen, daß ich diese Rechnung zu zahlen habe. L'addition s'il vous plaît! Aber ich habe mich auch gerächt, habe vorsorglich gleichgezogen, um mit meiner Eifersucht zurechtzukommen.

Ich hatte mich in mir geirrt, als ich glaubte, daß erst die seelische Ebene vor der körperlichen stimmen muß. Ein Blick im richtigen Moment – und ein Lichtbogen sprüht Funken wie im Starkstromsaal des Deutschen Museums in München. Sie war eine Goldschmiedin aus Idar-Oberstein und auf Afrika-Trip, um sich Anregungen zu holen. Ihre kleine Ausstellung für die deutsche Gemeinde in Mosambik schien mir bemerkenswert, ihre Arbeit zart und filigran. Der Empfang bei dem deutschen Botschafter, meine obligatorischen zwei Gin-Fizz, kurz hintereinander getrunken, um in dieser Atmosphäre ‹drüberzuschweben›, die Wirkung des Alkohols, die Musik von Vivaldi, ihre lebendige Art zu diskutieren, wobei sich wie zufällig, nach einem Feuerwerk von Gesten, ihre Hand auf meinem Unterarm ausruhte. Sie war so zart und filigran, wie sie arbeitete und liebte. «Wir kennen uns doch gar nicht», waren ihre einzigen sinnzusammenhängenden Worte in der nächsten zeitlosen Zeit, ausgesprochen, um irgend etwas zu sagen vor der Entdeckungsreise, aufgeregt und aufregend Gliedmaßen mit schöpferischen Händen auf andere Art verformend, mit den Lippen Ringe der Lust zaubernd, Ketten Glied für Glied knüpfend, zusammensetzend, lösend, mit ihrem Körper verbindend, schweißnasse Haare zu Bändern flechtend, Inneres nach außen und Äußeres nach innen kehrend, vergoldend, versilbernd, mit Mondgestein schmükkend, in zarten Bögen das Entzücken in Schwingungen haltend, Beine miteinander verwebend, neue Formen gießend, in immer schnelleren Spiralen nach dem Diadem greifend, bis es in glühendem Platin explodierte, in Funken versprühte, in Licht zerrann ...

Jamal schüttelt zwar verständnislos den Kopf, aber er kommt meinem Wunsch nach, ich wechsle in die Box an der Außenwand.

«Es ist dort etwas kühler, besonders nachts, weil ein bißchen Luft durch die Spalten dringt.»

Den ganzen Tag brüte ich über dem Plan, halte Ausschau nach irgendeinem Werkzeug. Unser Geschirr und Besteck sind aus Plastik, die leere Pepsi-Flasche schiebe ich zunächst unter das Stroh, wenn man sie zerstören könnte, wäre sie ideal, aber das Geräusch wäre draußen, bei dem Posten im Durchgang, vermutlich zu hören. Schließlich zerschlage ich die Flasche doch, verstecke schnell eine größere geeignete Scherbe unter dem Stroh und tue so, als sei mir die Flasche entglitten, woraufhin auch prompt der ‹Nasenbohrer› nachschaut, die Reste zusammenfegt und mitnimmt.

Friedrich ist besorgt wegen meines Mißgeschicks, so daß ich ihn endlich aufkläre:

«Ich will einen Tunnel graben!»

Er blickt mich an, als stünde ich zu Zeiten des Kalten Krieges auf der falschen Seite der Mauer. «Was willst du?»

«Du hast dich nicht verhört, ich will in meiner Box so lange buddeln, bis ich draußen bin. Und du mit mir.»

«Ja, aber...»

«Ich habe mir das so gedacht: Man muß an der Wand zuerst die Pflastersteine lösen und dann unter der Wand durchgraben. Das geht langsam, aber wir haben ja Zeit. Die Erde gebe ich zunächst einmal in den Haferkasten. Wenn der voll ist, kann man sie vielleicht unter dem Stroh verteilen, eventuell sogar in anderen Boxen. Sollte der Boden draußen auf der anderen Seite zementiert sein, haben wir Pech gehabt, dann weiß ich auch nicht weiter.»

«Und die Kette?»

«Dafür habe ich noch keine Lösung, aber das Schloß muß zu knacken sein, es ist nicht von guter Qualität, vielleicht fällt dir etwas ein?»

«Mit mir kannst du nicht rechnen, ich bin technisch unbegabt.» Friedrich wirkt nicht gerade begeistert. «Und wie soll es weitergehen, falls wir tatsächlich draußen sind?»

«Ich schätze, daß es bis zur Greenline zwei bis drei Kilometer sind, die ungefähre Richtung weiß ich, teilweise geht es vermutlich durch das Gelände des Hippodrome, das dürfte nachts nicht schwer sein. Alles weitere muß man sehen, wenn man vor Ort ist. Im Christengebiet sind wir gerettet!»

«Würdest du auch ohne mich fliehen?» fragt Friedrich etwas unsicher.

«Nein, das auf keinen Fall! Entweder machen wir das zusammen oder gar nicht.»

«Du hast dir das ja schon gründlich durch den Kopf gehen lassen, für mich kommt es etwas überraschend. Ich meine nur, weil jetzt doch vorsichtiger Optimismus angesagt ist, es gibt einen Unterhändler und vielleicht bald eine Lösung. Bedenk mal das Risiko, das wir eingehen, besonders an der Greenline. Es fragt sich, ob wir nicht noch warten sollten.»

«Ich habe mir gedacht, daß du von dem Fluchtplan nicht sofort überzeugt sein wirst. Aber ich muß was tun, sonst werde ich verrückt. Und ich will das nicht hintereinander ablaufen lassen, sondern jetzt gleich aktiv werden. Ich sehe hier erstmals überhaupt eine Möglichkeit, wer weiß, wann wir wieder verlegt werden. Laß mich mal machen, du hast viel Zeit für deine Entschlüsse.»

«Der Stall hat doch sicher ein Fundament?»

«Das habe ich auch schon überlegt, aber da es hier so gut wie keinen Frost gibt, bauen sie nicht so stabil. Ich probier es halt.»

Friedrich kommen weitere Bedenken. «Wie willst du es denn vor den Wächtern verbergen? Und was ist, wenn sie dich erwischen?»

«Ich kann nur nachts arbeiten, das ist klar. Ich muß langsam machen und sehr leise sein. Abhauen geht natürlich auch nur nachts. Das Risiko, beim Buddeln erwischt zu werden, ist nicht hoch und wenn, dann wird es keine besonderen Konsequenzen haben. Mehr geht doch wohl nicht, als im Halbdunkel anketten. Sie werden vielleicht gründlicher aufpassen. Oder meinst du, sie verbinden uns zusätzlich die Augen?»

«Das nicht, aber es muß durchdacht werden.»

«Richtig, ich fange auch nicht an, bevor du kein Okay gibst. Ich will nur jetzt was machen, so lange die Kräfte dazu reichen.» – Ich überlege, daß ich ihn an der Ehre packen sollte. «Wenn wir uns aus eigenen Kräften befreien, hätten wir die Scharte wieder ausgewetzt, so doof gewesen zu sein, denen in die Falle zu tappen!»

«Na schön, damit anzufangen kann nicht viel schaden.» – Na also, mein Freund.

«Leider bin ich erheblich dicker als du.» – Bravo, Friedrich, du denkst mit!

«Und helfen kann ich dir überhaupt nicht, weil meine Kette zu kurz ist.»

«Du hilfst mir, indem du mich psychisch unterstützt, das ist eine ganze Menge.»

Nach zwei Stunden Arbeit bewegt sich der Stein etwa einen Millimeter. Ich habe mich zweimal an der Scherbe geschnitten, es hat ziemlich geblutet. Ich bin aufgeregt, arbeite wie besessen und muß trotzdem aufpassen, keine Geräusche zu verursachen. Ich habe versucht, die Scherbe zu umwickeln und mit meiner Trainingsjacke anzufassen, aber die Scherbe ist dafür zu klein, dann fehlt es an der Kraft, die harte tonähnliche Erde aufzukratzen. Ich ärgere mich, nicht den Flaschenhals zurückbehalten zu haben, den hätte ich besser greifen können, doch das wäre dem Wächter vielleicht aufgefallen.

Die Idee der Flucht hat meine Energie neu geweckt, endlich Action und eine Perspektive! Ich merke, wie ich mich umpole. Meine Gedanken sind nur noch darauf gerichtet, durch dieses Loch zu kriechen, dieses Ziel zu erreichen und alle Schwierigkeiten zu überwinden, die ihm im Wege stehen, einschließlich Friedrich. Ich habe mir natürlich auch überlegt, alleine zu fliehen, falls er es nicht wagt, womöglich sogar gegen seinen Willen. Das wäre jedoch heikel, denn er hätte es in der Einsamkeit der Haft nicht nur viel schwerer, ich wüßte auch nicht, ob sie es an ihm rächen würden. Das möchte ich nicht auf mich laden.

Nun wackelt er! Komm, Bursche, du hast verloren – und wenn du draußen bist, folgen deine Brüder fast alleine. Ich zwänge meine Finger in die geschaffene Spalte – jetzt!

«Friedrich», flüstere ich, «ich habe ihn!»

«Gratuliere!» Er konnte bisher auch nicht einschlafen, ich habe ihn mit meiner Fluchtidee infiziert. «Mach Schluß», ermahnt er mich, «Rom ist nicht an einem Tag erbaut und dein Tunnel nicht in einer Nacht!»

Ich sehe ein, daß ich mit meinen Kräften haushalten muß. Ab morgen werde ich meine Freiübungen einstellen, nicht weil ich müde bin, sondern um auch nicht den leisesten Verdacht zu nähren. Der ‹Zwinkerer› hat mich immer mit einem mißtrauischen Gesicht dabei beobachtet. Ich kratze noch ein paar Handvoll Erde raus und gebe sie in den Haferkasten. Dann lege ich den Katzenkopf wieder in sein altes Bett.

Vor dem Einschlafen sehe ich uns über die Pferderennbahn schleichen, im ersten Glücksgefühl der gewonnenen Freiheit. Wie aber, in drei Teufels Namen, kann man die Kette knacken?

Wie vereinbart, weckt mich Friedrich am nächsten Morgen, denn es soll alles so weiterlaufen wie bisher. Mein Gott, wie sehen denn meine Hände aus! Durch Reiben mit Spucke und Stroh geht der schlimmste Dreck ab, dabei fangen die beiden Schnittwunden wieder an zu bluten. Jamal kommt und bringt Milch mit Käse-Sandwich; da seit zwei Tagen nicht geschossen wurde, scheint die Versorgung wieder in Gang zu kommen. Auf dem Sandwich ist sogar Butter. Ich warte, bis Jamal gegangen ist, dann kratze ich mit dem Plastikmesser die Butter ab, öffne schnell den Haferkasten und schmiere das Fett an die beiden Scharniere des Deckels, die heute nacht leicht gequietscht haben. Es geht alles gut, aber mir wird klar, daß wir auch Glück brauchen, es gibt sicher noch zahlreiche Risiken.

Mein zentrales Thema bleibt die Flucht, es ist sozusagen der Brief-Ersatz. Friedrichs Interessen gehen jetzt in zwei Richtungen, er hofft auf einen baldigen Besuch des Monsieur Abdul und eine friedliche Lösung. Die Fluchtpläne mit Buddy zu überlegen, vermeide ich ganz einfach, weil er vielleicht mit Einwänden kommt, die meine Euphorie stören, denn ich vermute, daß er auch dazu rät, die Entwicklung mit dem Unterhändler abzuwarten. Aber bis dahin sind wir womöglich in einem anderen Knast, und nichts geht mehr.

Was werde ich antworten, wenn der Unterhändler die Frage stellt, wer von uns beiden zuerst entlassen werden will? Natürlich will ich zuerst hier raus, aber kann ich das auch sagen? Huber wollte schließlich unbedingt nach Beirut. Den werden sie hoffentlich behalten, er hat den höheren Geiselkurswert. Halte ich auch irgendwie für gerecht, er ist ja sonst auch verantwortlich für allen möglichen Schweinskram.

Ich weiß, Buddy, nein, ich weigere mich, ich kenne deine Argumentation von wegen Selbstaufopferung, selbstlosen Dienens oder Kraft durch Leiden, ich mag das jetzt nicht diskutieren. Ist mir egal, daß du mich einen Egoisten nennst, wenn es ans Eingemachte geht, ist sich jeder selbst der Nächste. Na gut, vielleicht nicht jeder, aber ich. Paß auf, Buddy, ich habe dir eindeutig gesagt, daß ich darüber nicht reden will, ich will in dem Punkt keine Zweifel, verstehst du. Du kannst zehnmal behaupten, daß mich diese Geiselhaft weiterbringt, daß sie meine Persönlichkeit positiv verändern kann, daß sie folglich eine Chance für mich ist, *ich will es nicht hören!*

«Weißt du, auf was ich mich freue?» fragt Huber.

Natürlich weiß ich das: auf seine Eva, seine Daniela, seinen Ulrich, seinen Dackel (hat er den überhaupt?), seine FAZ, seinen Garten, seinen tennisspielenden Staatssekretär, der ihm die Leute für die nächste Rasterfahndung hundertschaftsweise zur Verfügung stellt, auf sein BKA, seinen geliebten Schreibtisch im BKA... Vielleicht stimmt die Reihenfolge nicht...

«Nein», sage ich.

«Auf das Bundesverdienstkreuz!»

Daran hätte ich wirklich nicht gedacht.

«Weißt du, daß es davon 7000 im Jahr gibt? Und daß es ein Parteifreund dem anderen zuschustert?» halte ich ihm vor.

«Das ist doch egal. Uns steht es ganz bestimmt zu, wir sind über jeden Zweifel erhaben. Es wird auch bestimmt das Verdienstkreuz am Bande sein und nicht die Verdienstmedaille, das können die nicht mit uns machen!»

Ich reagiere mit Häme: «Soviel ich weiß, muß man sich außergewöhnliche Verdienste um das Allgemeinwohl erworben haben, das sehe ich bei uns nicht. Vielleicht war es eher außergewöhnliche Blödheit, daß sich zwei BKA-Männer als Geiseln einfangen ließen.»

«Das ist mal wieder typisch für dich, dir traue ich zu, daß du es gar nicht willst.»

«Da hast du allerdings recht! Ich bin nicht ordensgeil, wie so einige im BKA, der Präsident zum Beispiel, der sich gleich zwei aus Indonesien verleihen ließ.»

«Also, da muß ich unseren Präsidenten in Schutz nehmen!» Huber ist entrüstet. «Die Orden hat er dienstlich entgegengenommen, das gebietet die Staatsräson!»

Ich werde ausfallend: «Mit Staatsräson kann man auch Folter entschuldigen!»

«Das ist ungeheuerlich in dem Zusammenhang!» empört sich Huber.

«Er hätte diese Todesschwadron-Medaillen verweigern müssen», sage ich ruhiger.

«Das geht doch gar nicht, es ist seine Pflicht in dieser Stellung!»

«Er hätte es als mit seinen Pflichten unvereinbar erklären müssen. Auf die Idee, daß ein BKA-Präsident aus solchen Gründen auch zurücktreten kann, kommst du wohl nicht?»

Hubers Lächeln bringt mich auf die Palme. «Das lohnt doch wirklich nicht. Wegen so einer Lappalie?»

So haben wir also einen handfesten Krach und sprechen den halben Tag nicht miteinander.

Der ‹Zwinkerer› bringt mich zum Duschen. Ich hänge den Stoffetzen an den Nagel, den sie uns als Handtuch gegeben haben.

«Was ist das?» Er nimmt meine Hand, dreht die Innenfläche nach oben und deutet auf die Schnittwunden. Scheiße, ich habe nicht aufgepaßt. Ich erkläre ihm, daß mir gestern die Pepsi-Flasche zerbrach, dabei hätte ich mich geschnitten, sein Kamerad wisse Bescheid. Er scheint sich zufrieden zu geben.

Nachmittags geht es wieder los. Der Waffenstillstand, der ‹Chef› wußte davon zu berichten, hat wohl nicht lange gehalten. Nicht weit von uns entfernt muß eine Mörserstellung liegen, die in den östlichen Stadtteil schießt.

Sie feuern aus allen Rohren und sparen das Hippodrome nicht aus. Wer weiß, ob es an der Mörserbatterie oder am Hôpital Militaire liegt, wir kriegen nahe Einschläge ab und zittern vor dem Volltreffer. Ab da reden wir wieder miteinander, was bleibt uns schon anderes übrig.

So ein Katzenkopf hat das Ausmaß von vielleicht zehn mal zehn Zentimetern und ist auch genauso hoch. Den nächsten Stein rauszubrechen, gelingt mir nach etwa einer halben Stunde, so daß ich in dieser Nacht sechs Steine schaffe. Mit dem gestrigen erzeugt das eine Öffnung von etwa siebzig Zentimeter, das müßte auch für Hubers Schulterbreite ausreichen. Ich kratze noch weiteres Erdreich ab und verfrachte es in den Haferkasten. Mit den losen Steinen schließe ich die Löcher wieder, packe Stroh und meine Matratze drauf.

Ich muß an die Kindheit auf dem Bauernhof denken, wenn die Bäuerin unbeweglich mit der Hacke im Salatbeet stand, geduldig wartend, vielleicht eine halbe Stunde lang, bis sich irgendwo die ersten Krumen zu bewegen begannen, sich nach und nach mehr auftürmten, von unsichtbarer Kraft scheinbar Neues geschaffen wurde – dann schlug sie zu! Maulwürfe haben ein ganz weiches samtenes Fell, seidig schimmernd. Ihren Samthäutigen hat mich Andrea manchmal kosend genannt.

Mein festes Ziel beschert mir einen tiefen Schlaf.

Ich weiß gar nicht mehr, wie wir überhaupt auf das Thema Rauschgift gekommen sind, vor allen Dingen hatte ich mir vorgenommen, jeden weiteren Streit zu vermeiden, weil Friedrich bis jetzt noch nicht einmal endgültig Ja zur Flucht gesagt hat. Und sollte es dazu kommen, müßten wir uns wirklich aufeinander verlassen können, ohne Wenn und Aber, schon gar nicht mit Wut im Bauch.

Doch, jetzt fällt es mir wieder ein: Sie haben uns heute mittag keinen Tee gebracht, worauf ich sagte, daß ich schon richtig süchtig danach geworden sei, was Friedrich etwas komisch vorkam.

«Natürlich kannst du von Tee oder Kaffee abhängig werden, psychisch ganz bestimmt», betonte ich.

«Dann muß es aber beim BKA viele Süchtige geben», erwiderte er.

Ich konnte meinen Mund nicht halten, einen bestimmten Fall vor Augen: «Wenn einer vom BKA drei Gramm Haschisch zu Hause im Schrank hat, wird er fristlos entlassen, wer dagegen stinkbesoffen seinen Dienst schiebt, wird gedeckt. Du kannst dich in der Spielbank ruinieren oder mit Glückspillen, die dir sogar regelmäßig dein Arzt verschreibt, von der Leit-Droge Alkohol ganz zu schweigen, aber wenn es Marihuana betrifft, gilt das als verwerflich! Dabei ist der Unterschied zwischen Marihuana und Tee nicht besonders groß.»

Und nun sind wir mittendrin, prallen unsere Meinungen aufeinander.

«Das Legalitätsprinzip gebietet, daß wir Marihuana bekämpfen!» stellt Friedrich fest.

«So ähnlich hast du auch schon bei meinem Test argumentiert.»

«Ich kann mich nicht erinnern», sagt er gleichgültig, «aber es ist schon immer mein Standpunkt gewesen.»

«Man sollte andere Wege gehen», meine ich.

«Das denke ich auch, angesichts von Tonnen harter Drogen, die wir inzwischen in unserer Republik beschlagnahmen...»

«Da mußt du erst mal das abziehen, was das BKA über V-Leute bestellt», werfe ich ein.

Sein Gesichtsausdruck zeigt eine seltsame Mischung aus Lächeln und Gequältsein über meine absurden Ansichten. «Es ist doch völlig egal, wo man das Teufelszeug aus dem Verkehr zieht!» Er schüttelt wiederholt den Kopf.

«Nicht ganz», erwidere ich, «denn das BKA operiert mit diesen Zahlen.»

Er wird energisch: «Und zu Recht, denn je mehr Repression, um so besser! Es wird noch viel zu wenig getan, nimm den Bereich der verdeckten Ermittlungen. Die Katze beißt sich doch in den Schwanz, eine Telefonüberwachung kannst du nicht ohne Verdacht und den Verdacht nicht ohne Telefonüberwachung begründen.»

«Meinst du nicht auch», frage ich scheinheilig ruhig, «daß Heroin-Mafia und Kokain-Kartell dankbar dafür sind, daß es das BKA gibt?»

Er schaut mich an, als sei ich übergeschnappt.

«Zur Preisgestaltung! Die Polizei treibt den Preis in die Höhe, sie macht den Job so gefährlich, sie verknappt die Ware. Das ist alles Profit für deren Milliarden-Geschäft.»

Er ist verblüfft. «Also ist das BKA an der Beschaffungskriminalität schuld und sollte lieber die Hände in den Schoß legen?»

«Die Polizei wird den Kampf gegen Rauschgift nie gewinnen können, aber wer das zu allerletzt zugeben wird, ist das BKA. Freigabe der Drogen ist der einzig richtige Weg, natürlich unter bestimmten Bedingungen.»

Huber lacht mich aus. «Hast du mal daran gedacht, wie viele Rauschgifttote wir dann haben? Nicht sechshundert im Jahr, sondern sechstausend. Und unser Land wird neben Wirtschaftsasylanten zum Paradies der Abhängigen, aus ganz Europa werden wir die Sozialfälle übernehmen, der Strom wird nicht abreißen.»

«Nun mal langsam», sage ich geduldig, «das Anwachsen der Todesfälle ist ein beliebtes BKA-Argument und durch nichts bewiesen. Denn zu Tode kommen die aus zwei Gründen: weil der Stoff der Straße verunreinigt, mit Gift gestreckt, zu konzentriert ist oder weil der soziale Abstieg und der permanente Druck der Geldbeschaffung zu einer Ausweglosigkeit führen, die mit dem ‹goldenen Schuß› endet. Ganz sicher werden wir auch kein Einwanderungsland für Süchtige, denn den Weg der ‹kontrollierten Verabreichung› wird man in ganz Europa beschreiten, früher oder später. Allein die Aids-Bekämpfung würde schon alles rechtfertigen!»

«Der mögliche Erfolg ist nur eine Vermutung», meint Huber skeptisch.

«Die Auswirkungen sind aber deutlich einschätzbar: der illegale Markt wird ausgetrocknet, weil der Abhängige zum Selbstkostenpreis fast für Pfennigbeträge die Ersatzdroge ‹kaufen› kann und seiner Sucht wegen nicht mehr kriminalisiert wird.»

Huber ist nicht davon überzeugt. «Ein freier Drogenmarkt birgt die Gefahr, daß mit diesen staatlichen Drogen gedealt wird.»

«Ich habe es nicht genau genug erklärt», erwidere ich. «Der Süchtige kann nicht frei darüber verfügen, er kann nicht einfach in einer Apotheke ‹einkaufen›, es muß eine ärztliche Verordnung vorliegen, und er muß das Mittel unter Aufsicht einnehmen.»

«Und du glaubst, daran werden sich kokainschnupfende Schicki-Micki-Kreise halten?»

«Die sind doch zunächst nicht das Problem, sondern das Heer der armen Teufel, die in der Gosse landen. Aber auch die anderen werden lieber zwei als zweihundert Mark für eine ‹Line› bezahlen. Wichtig ist auch, daß der Reiz des Verbotenen entfällt. Dann wird's in der Szene nicht mehr exklusiv sein.»

Huber schüttelt wieder mehrmals den Kopf, und der Disput verblubbert wie ein ins Moor geworfener Stein.

Der Junge aus Lampertsfeld wickelt sich in seine Decke ein, streunt durch die Ställe, wo Pferde und Kühe auch angekettet sind, hört das schreckliche Quieken der Sau um Mitternacht, sieht ihr Hirn pulsieren durch das blutende Loch im Schädel, das der flüchtige Einbrecher geschlagen hat, entdeckt das wilde Nest auf dem Heuboden, wo ihm kein Winkel fremd, zehn und mehr Hühnereier und täglich weitere, die er nach und nach klaut, ohne je vom Bauern erwischt zu werden, in stiller Kumpanei mit seiner Mutter, die die wundersame Vermehrung im porzellanenen Eiertopf wortlos hinnimmt, den Apfel der Erkenntnis nicht pflückt, scheinbar die Unschuld des Kindes erhaltend. Er klaut die Früchte für das Apfelgelee, das Hasenfutter aus der Scheune, den Zucker aus dem Bienenhaus, stellt sich in die Flugbahn vor den Bienenstöcken, eine Mutprobe, zu der die ihn besuchenden städtischen Schulfreunde zu ängstlich sind. Und er hakt der fast gleichaltrigen Maria aus der Mühle den BH auf, schamvoll dann zurückschreckend ob der Missetat, turnt mit ihr über jenen Balken in der Scheune, an dem sie sich zehn Jahre später wegen ihrer Tablettensucht aufhängen wird.

Sich balgende Spatzen holen mich aus meinen düsteren Gedanken zurück. Ich schaue mir das Schloß an der Kette an, eine simple Büroklammer könnte helfen. Ich entdecke, daß ein altes Hufeisen mit einem Stück Draht an einem Balken befestigt ist. Aber weder Hubers noch mein Bewegungsradius reichen aus, dorthin zu gelangen. Jedoch breche ich einen größeren Holzspan aus einem Balken heraus, der bereits weitgehend abgesplittert war.

Als nachmittags Jamal da ist, bitte ich ihn, mir die Kette am Fuß zu lösen, weil sich angeblich das Blut staut und ich das Gelenk massieren muß. Das Hufeisen und der Draht! Das Eisen wäre auch als Waffe zu gebrauchen.

«He, Jamal, deine Freunde haben uns gestern mittag keinen Tee gegeben. Kannst du uns dafür heute einen zusätzlich besorgen?»

Jamal verläßt die Box. Ich hangle mich zu dem Balken hoch, der Draht ist in vielen Windungen verschlungen, es braucht Zeit, die Tür rumpelt viel zu früh, ich hänge mich mit den Händen an den Balken, täusche Streckübungen vor.

«Was ist los mit dir?» fragt Jamal irritiert.

«Meine Bandscheiben», sage ich, «verstehst du, immer liegen, keine Bewegung, man rostet ein.»

«Am besten, ich besorge dir eine Frau», lacht er gutmütig und deutet beischlafähnliche Bewegungen an.

Ich atme auf und springe runter, er kettet mich wieder an, ich schlürfe meinen Tee.

Endlich wird es Nacht. Während ich abwechselnd mit Glasscherbe und Holzspan das Erdreich lockere, wird das Loch größer und größer.

Ich stoße jetzt gegen Beton, es ist das Fundament, auf dem die Holzbohlen der Wand sitzen. An einer Stelle kratze ich in die Tiefe, nach etwa einer Stunde erreiche ich das Betonende, es sind etwa zwanzig Zentimeter. – Da muß ich drunter durch, mehr als ich dachte. Wohin mit der vielen Erde? Ich mache eine Pause, überschlage die Zeit, daß es etwa acht Tage braucht, bis das Loch auf dieser Seite groß genug ist. Schwieriger wird die Arbeit auf der anderen Seite jenseits der Wand. Dort sollte die Höhle auch nicht zu früh einbrechen, sonst könnte man es von außen bemerken.

Da wir am Ende der Baracke liegen und noch nie zu hören war, daß draußen jemand vorbeiging, könnte höchstens ein unglücklicher Zufall... Ich überschlage, daß es insgesamt vielleicht vier Wochen dauern dürfte. Untergrundarbeit.

Ich weiß nicht, ob aus Solidarität oder Nervosität, jedenfalls schläft Friedrich nie vor mir ein. Ich empfinde das als wohltuend. Ich nehme mir vor, ihn gar nicht zu fragen, ob er sich für die Flucht entschieden hat, sondern einfach wie selbstverständlich davon auszugehen. Ich ziehe ihn da mit rein, so daß er schlecht zurück kann.

Nicht alle Milizionäre beherrschen Englisch oder Französisch. Wie wird das an der Greenline laufen, wie sollen wir uns zu erkennen geben? Wann kann man in der Dunkelheit sicher sein, christliches Gebiet erreicht zu haben? Wie verhindern, daß sie erst schießen und dann fragen? Ich glaube, deutsche Botschaft heißt auf arabisch ‹sefarit almanya›. Am liebsten würde ich Jamal unauffällig fragen, was Geisel heißt, aber das wäre zu heiß. – Ich male mir aus, welche Augen der deutsche Botschafter machen wird. Er wird mich kaum wiedererkennen, so wie ich jetzt aussehe. ‹Da müssen wir sofort für ein neues Outfit sorgen!› wird er mit diplomatisch-vornehmer Ausdrucksweise sagen und sich freuen. Ihm wird auch eine schwere Last abgenommen, denn wir sind ‹seine› Geiseln gewesen, er hat zig Fernschreiben nach Bonn gejagt und viele Kontakte spielen lassen, in Ost- wie auch West-Beirut. Botschafter in Beirut sind besondere Typen, Hasardeure, Spieler, Karrieristen, Junggesellen. Natürlich sind sie freiwillig hier, kassieren hohe Zulagen und schließlich auch die Beförderung. Aber alles zusammen macht sie interessant. Der Vorgänger hat einen Prozeß gegen Mercedes geführt, weil sein libanesischer Fahrer bei dem Feuerüberfall an der Greenline erschossen wurde, obwohl das Fahrzeug gepanzert war.

Tage werden zum Wartezimmer für die Nacht und Nächte zum Vorzimmer der Freiheit. Ich weiß um die Risiken, mache mir klar, daß alles schiefgehen kann, lasse Euphorie nur mit Vorbehalt zu. Aber es ist alles leichter geworden, die klebrige Zeit hat wieder ihren normalen Fluß gefunden. Sogar Huber wird für mich wieder schneller zum Friedrich. Er kommt nochmals auf Rauschgift zurück, kann sich mit meinen Ansichten nicht anfreunden. Wohl auch deswegen nicht, weil er weiß, daß die Grünen ähnlich denken. Ob ich ein Grüner bin, will er wissen; ich sage ihm das, was Andrea von mir hielt:

«Ich bin ein Sponti.» Damit konnte er wohl nichts anfangen, ich lasse mich aber sowieso nicht festlegen, weder von ihm noch sonst. Diese Typisierungen sind mir zu wenig differenziert. Jedenfalls wundert mich, daß er noch nicht nach der Todesstrafe für Dealer gerufen hat.

«Jeder weiß doch», fahre ich fort, «daß die Polizei in der Rauschgiftbekämpfung mit ihrem Latein am Ende ist, schon allein deswegen ist es gerechtfertigt, neue Alternativen auszuprobieren.»

«Das BKA ist nicht am Ende, es hat noch gar nicht richtig angefangen!» kontert er.

«Das BKA wird weiter Drogen dämonisieren, weil es seinen gigantischen Verfolgungsapparat rechtfertigen will.»

«Das könnte ein RAF-Argument sein.»

«Na gut», sage ich, «wir können auch die Ebene der Diskussion verschieben. Du argumentierst nämlich, als wäre Glasnost die Konterrevolution.»

«Das ist mir zu hoch. Wenn man dem BKA die rechtlichen Möglichkeiten einräumen würde, könnten wir auch aufräumen. Ich könnte wütend werden, daß man nicht mit dem eisernen Besen kehrt, wenn ich zum Beispiel an dealende Asylanten denke.»

«Der Erfolg deiner Methode hinge davon ab, daß man Freiheiten erheblich einschränkt, meine wäre erfolgreich, indem man sie mehr gewährt. Wofür sich das BKA entscheidet, ist mir klar.»

«Milchmädchenrechnung!» spottet er.

«Nie und nimmer wird das BKA seine mächtige Abteilung RG abbauen, personell reduzieren, Planstellen aufgeben, auf Beförderungsmöglichkeiten verzichten, die eigene Bedeutung beschneiden, das politische Gewicht verringern. Für Rauschgiftbekämpfung muß doch jeder vernünftige Mensch sein, da sind sich alle politischen Lager einig, das ist eine Monopolstellung des Amtes! Dies zu ändern wäre genauso, als verlange man von einem Vertreter der Atomindustrie, Anti-AKW-Abzeichen zu verkaufen!»

«Du übertreibst mal wieder.»

«Ich komme aus der Abteilung RG, ich kenne deren Selbstherrlichkeit. Noch ausgeprägter gilt das für deine Abteilung, das müßtest du eigentlich genau kennen, dein Terrorismus-Monopol. In jedem Fall bedeutet es auch Macht, nicht nur in der BRD, auch im Ausland.» Ich vermute, daß er jetzt beleidigt ist, aber er macht ein nachdenkliches Gesicht.

Friedrich wechselt abrupt das Thema, eigentlich ist es mir gar nicht recht, daß er von Monsieur Abdul zu sprechen beginnt, den habe ich gar nicht mehr auf meiner Rechnung.

«Wir sollten ihn unter einem Vorwand herzitieren», meint er.

Ich reagiere zurückhaltend: «Dann müßte man einen wirklichen Grund finden.»

«Den können wir uns ausdenken.»

«Aber vielleicht ist er in Deutschland.»

Jetzt werde ich schweigsam, um das Thema versickern zu lassen. Nach einer Weile frage ich ‹Gaddafi› nach dem Datum, um es in meinen Notizen zu vergleichen, eventuell zu korrigieren. Es klingt mir vertraut, ach so – heute ist Andreas Geburtstag.

Wir hatten unsere Rennräder als Fluggepäck unter 20 kg einfach aufgegeben, sie auf den Flug mit nach Mallorca genommen, landeten unter dem Beifall aller Charterpassagiere, ließen Packtaschen bei der Polizeistation des Flughafens Palma de Mallorca zurück und waren drauflos geradelt. Rechts und links der kleinen Nebenstraßen der bunte Teppich aus Löwenzahn, Wiesenschaumkraut oder Margeriten, jede Farbe einer Wiese durch kleine Kalksteinmauern oder Hecken voneinander unterschieden. Kaffee-Dope in rauchgeschwärzten Kneipen unter alten Männern, manchmal ein ‹Rennen über die unbekannte Distanz›, Hotels, klein und urig, die Möblierung so alt wie die Wirtinnen, oder auch das ‹Formentor› mit fünf Sternen: unerfüllbar die Hotelvorschrift, im Restaurant ‹formal dressed› zu erscheinen, unvergessen das Himmelbett, rundum mit Schleiern getarnt, durch die wir, mühsam ein Kichern unterdrückend, den zeremonienhaften Aufmarsch von zwei Kellnern beobachteten, die das Frühstück servierten und ihrer Hotelerziehung entsprechend überall hinschauen durften, nur nicht in Richtung des pompösen Himmelbetts.

Dann der kleine Zirkus, dem wir uns drei Tage anschlossen, von Manacor nach La Puebla, die Truppe von vielleicht zwanzig Leuten, die uns eine heile Welt vorgaukeln wollten, die sich als von Eifersucht und Haß belastet herausstellte, je besser wir sie kennenlernten. Der Direktor ein Faschist, der als Clown auftrat und das Programm dominierte, und sich nicht scheute, General Franco und Hitler in seine zotigen Witze einzubauen. Der Dompteur, der eigentlich Clown sein wollte, ein Anti-Held mit aufgeschwemmtem Körper, der nach dem dritten Glas Rotwein erzählte, daß er eigentlich Angst vor seinen beiden Braunbären habe. Und das junge Schweizer Pärchen, das eine riskante Akrobatiknummer machte und die Manege als die wirksamste Therapieform beschrieb, weil jeder Konflikt automatisch erlischt, wenn man auf Leben und Tod miteinander verbunden ist.

Weiter ging die Fahrt, jetzt auf den Spuren von George Sand, ‹Ein Winter auf Mallorca›, die mit Frederic Chopin in dem Bergort Valdemosa in der Abgeschiedenheit des Klosters einen sicher nicht nur frommen Inselwinter verbracht hat. Chopin auf Löffelstiel, Aschenbecher, Uhrenzifferblatt.

Radfahren macht Lust. Zum Beispiel Lust am Essen und Trinken nach der körperlichen Anstrengung des Tages. Lust am Schlaf. Auch Lust an der Leistung, so auf den Paßstraßen der Sierra de San Vicente, Lust am körpereigenen Dope, dem in der Gluthitze unter schweißtriefender Haut in das Gehirn gespritzten Endorphin, Lust am Beifall überholender Autofahrer, Lust an der Achterbahnfahrt der Serpentinen im kühlenden Fahrtwind vom Buig Mayor, 1445 Meter Höhe hinab zum Meer nach La Calobra. Lust an der Liebe. Eine Liebe auf Mallorca. Im Paradies. Genauer gesagt, in der Schlucht Torrente de Pareis. Es ist Andreas Geburtstag. Hand in Hand, früh morgens vor dem Frühstück, niemand sonst unterwegs, die Schlucht rückt immer dichter zusammen, auch unsere Sinne konzentrieren sich, der Trampelpfad wird schmaler, wir berühren uns, die Vegetation ist üppig und wie ein Urwald, weiße Wolkenbetten auf blauem Hintergrund, wir gleiten zu Boden, liebestolle Käfer und Ameisen registrierend, Gänsehaut der Lust prickelt über die Haut wie Wind, der Steppengras überweht, wir sind nackt.

Dann – sanfte Sonnenstrahlen klettern über Füße, streicheln Beine, beschwichtigen keuchenden Atem, kitzeln Nasen, blinzeln vorsichtig unter Augenlider. Stille.

«Willst du eigentlich den ganzen Tag pennen?» Friedrich weckt mich. «Du warst sehr unruhig.»

«Ich habe von meinem Urlaub auf Mallorca geträumt.»

«Mallorca?» wundert sich Friedrich. «Das ist doch viel zu nah für dich!»

Ich muß lachen. «Es war ein Urlaub auf dem Fahrrad und sehr, sehr schön.»

«Aber was hat dich so aufgeregt?»

«Ich weiß es nicht mehr», weiche ich aus. «Oder doch. Ich hatte die Packtaschen der Fahrräder bei der Guardia Civil im Flughafen aufbewahren lassen. Und als ich sie abholen wollte, waren sie in der Asservatenkammer gelandet, und keiner wollte sie wieder herausgeben. Aber unverpackt hätten sie unsere Räder nicht zurückgeflogen.»

«Tisbah ala chêr! Good night!» verabschiedet sich Jamal für heute.

Später mache ich mich wieder an meine Maulwurfsarbeit. Ich zwinge mich, nicht an Andreas Geburtstag zu denken. Weder daran, wie wir ihn zusammen verbracht haben, noch daran, wie sie ihn wohl heute begeht, und schon gar nicht, welche Rolle Jorgos dabei spielt. Ich hoffe, sie bald zu sehen, dann wird sich alles klären.

Während ich Erdbrocken nach Erdbrocken löse, handvollweise zum Haferkasten bringe, der schon ein Drittel gefüllt ist, beschäftige ich mich mit den Amerikanern, zu denen jede Verbindung abgeschnitten ist, die am anderen Ende des Stalls bewacht werden. Es wäre natürlich tollkühn, sie auch zu befreien. Der Gedanke fesselt mich plötzlich. Unser Tunnel müßte fertiggestellt sein, man müßte raus und rein, die Öffnung außen getarnt abdecken können. Und dann von außen in der Nacht den Tunnel bei den ‹Amis› graben. Außerdem müßte sichergestellt sein, daß wir in kurzer Zeit auch ihre Ketten öffnen können. Aber ich weiß nicht, in welchem Gesundheitszustand sie sind, ob sie einer Flucht gewachsen wären. Außerdem erhöht sich das Risiko gewaltig. Je länger ich arbeite, sogar außerhalb des Stalls, um so eher droht die Entdeckung. Dann die Gefahr, daß wir verlegt werden, bevor das Werk vollendet ist. Ich überschlage, daß aus den vier wahrscheinlich mindestens sechs Wochen werden, vielleicht auch acht. Schließlich können sich zwei Personen bei Nacht viel unauffälliger bis zur Greenline bewegen als fünf. Ich muß Jamal unbedingt mehr zum Reden über die Amerikaner bringen. Außerdem werde ich das mit Friedrich besprechen, gleich morgen.

Es wäre schon ein toller Coup! Es kitzelt mich doch, auch einmal Held zu sein. Ich sonne mich in meiner Eitelkeit. In der Weltpresse gefeiert zu werden, das könnte mir schon gefallen.

Ich stehe am Haferkasten, habe den Deckel in der Hand, draußen ein Rascheln, gleichzeitig wird der Riegel der Tür zurückgezogen, es geht alles sehr schnell, ich schließe den

Deckel, springe zurück in meine Box, meine Kette klirrt auf dem Steinboden, der gleißende Lichtstrahl einer Taschenlampe, Schritte, aus der Traum, vorbei und Ende!!!

Das Licht blendet mich, die Situation ist eindeutig, um mich herum Pflastersteine, das offene Loch! Ich weiß genau, es ist der ‹Zwinkerer›, obwohl ich nichts sehen kann.

«Du Hurensohn!» brüllt er. «Ibn sharmuta!», «Fils de pute!» Seine Stimme steigert sich, verwandelt sich von Erstaunen in Zorn. Ich höre am Geräusch, daß er seine Pistole zieht, sehe dann den auf mich gerichteten Lauf, seitlich beleuchtet vom Lichtbündel der Lampe. Eine maßlose Enttäuschung kommt über mich, schlägt um in Erbitterung, dann in Wut. Ich schnelle hoch, greife ihn an. «Du verdammtes Schwein!» Ich schlage nach ihm, fühle den Stoß seines Knies in meiner Magengrube, sacke zusammen, liege am Boden, das Deckenlicht geht an, ‹Gaddafi› kommt dazu.

«Du Schwein!» keuche ich.

Der ‹Zwinkerer› hält mir seine Pistole an die Schläfe. «Con! – Arschloch!» sagt er triumphierend. «Enculé! – Am Arsch aufgespießt!»

Ich weiß, er wird abdrücken. Ich weiß, das ist mein Ende. Entsetzt richtet sich mein Blick auf seine Hand, wenige Zentimeter vor meinem Auge der gekrümmte Finger am Abzug, ich denke, daß ich nicht sterben will, daß ich aber sterben muß, ich sehe, wie sich der Finger zu krümmen beginnt, ich erstarre, Blut, Atem, Gedanken stocken – das Klack!!! des Schlagbolzens. – Das Licht der Lampe zerstäubt wie ein Feuerwerk in tausend Regenbogenpunkte. Ich denke, ich bin tot, so ist es also, ich höre sein hämisches schallendes Lachen, es tut mir nichts weh, das Lachen hallt nach wie in einem riesigen Gewölbe, man kann also weiter beobachten, was passiert, ich sitze noch, komisch, bin gar nicht umgefallen.

«Er hat kein Magazin in der Waffe», höre ich Friedrich sagen. «Die Pistole ist nicht geladen!»

5. Kapitel

Ich sei der Experte, schmeichelt mir Friedrich, ich solle ihm erzählen, ihn besser aufklären, er wolle mehr über Rauschgift erfahren.

«Was ist mit dem ‹Goldenen Dreieck›?» will er wissen.

«Thailand, Birma, Laos, das wichtigste Anbaugebiet von Schlafmohn in Südostasien.»

«Du bist dort gewesen», drängt er mich, «es interessiert mich!»

Ich merke, daß ich mich an Thailand sehr gut erinnere, weniger an Birma und Laos, habe die im laotischen Vientiane lebenden Europäer vor Augen, fast alle einem Koller nahe, weil ihre Bewegungsfreiheit in der Stadt auf einen Radius von sechs Kilometern eingeschränkt worden war. Ich fühlte die prüfenden ernsten Blicke von Marx, Engels und Lenin auf mir ruhen, abgebildet auf überdimensionalen roten Transparenten. In ihren Gesichtern war zu lesen, daß sie sich so den Kommunismus der hiesigen, von Vietnam beherrschten Militärdiktatur vermutlich nicht vorgestellt hatten. Vielleicht geht das auch den russischen Experten in meinem Hotel ‹Lane Xang› so, die mich beim Frühstück aufmerksam-stumm begutachten.

Unvergessen auch Herr Nebenbeigesagt von der deutschen Botschaft, der jeden dritten Satz mit diesem Füllwort einleitete und mir den weißen Dienst-Mercedes mit den weißen leinenen Polsterüberzügen und den dunkelhäutigen Fahrer mit der weißen Schirmmütze und den weißen Handschuhen zur Verfügung stellte und dessen Diplomatenehefrau, nebenbeigesagt, jeden Gang des Essens mit einer silbernen Tischglocke aus der Küche abrief.

Von meinem Hotelzimmer blickte ich über das breite, fast ausgetrocknete Flußbett des Mekong, in der Ferne das thailändische Ufer, Schmuggelziel für alles und jedes einschließlich Rohopium und Heroin, warme sanfte Luft, bunte Blütenpracht, in einem Baum schnarrte alle zehn Minuten ein Papagei.

Mit Andrea zu telefonieren gelang mir natürlich nicht, ohnehin waren Leitungen der Ausländertelefone oft tot, wurden einfach abgeschaltet, weil laotische Abhörkapazitäten nicht ausreichten. Aber sie hatten auch Sinn für Satire, da rief Nebenbeigesagt bei seiner Frau an, sie besprachen den Wurst- und Fleischeinkauf, und als sie bei ihrem Stammetzger erschien, überreichte ihr dieser mit Nonchalance alles bereits fertig eingepackt.

Die Machthaber von Laos liebten die Kommunisten, die von Birma haßten sie, letzteren galt die entwicklungshelfende Sympathie des BKA. Keine Kranken, keine Bettler im Straßenbild, auch keine Opposition, weder hier in Rangun noch zuvor in Vientiane. Im Zweifelsfall wird eingesperrt, wer nicht ins Bild paßt. Beliebt sind Umerziehungslager. Darüber konnte auch die Zuvorkommenheit des burmesischen Generaldirektors der Polizei und seiner drei Obristen nicht hinwegtäuschen, die freundlich wirkten, weder Verschlagenheit noch Härte demonstrierten und eifrig ihre Strategie der Bekämpfung des Mohnanbaus erläuterten. Ich lernte das asiatische Lächeln zu bewerten, im Bewußtsein, wie sie ihr Volk knebeln, mit Spitzeln unterwandern, qualvoll mißhandeln, in unterirdischen Gruben einsperren, ohne Gerichtsverhandlung hinrichten oder zwölf Jahre lang zur ‹Umerziehung› inhaftieren. Hinter einem Vorhang saß ein Uniformierter und stenografierte mit, zufällig für Sekunden meinem Blick freigegeben. Shake-hands mit Folterknechten.

Abends auf einer Terrasse an einem kleinen See, Gänse schnatterten rum, es war alles etwas verwahrlost, die Mondsichel ruhte sich auf dem Rücken aus, die Luft roch süß und harzig, seltsame Laute von Vögeln, fremdartig und romantisch.

Bangkok, das ist die Hauptstadt eines Landes mit der Opiumproduktion von 25 Tonnen im Jahr. Günter, der Rauschgiftverbindungsbeamte des BKA, holte mich vom Flughafen ab.

Er schätzte mich falsch ein. Er glaubte mir etwas Gutes zu tun, als er mich zum deutschen ‹Biergarten› fuhr, um mit mir deutsches Kotelett und deutsche Bratkartoffeln zu essen.

«Sag mal, fühlst du dich wirklich als Herr über Leben und Tod, wie es im ‹Spiegel› über Rauschgiftverbindungsbeamte in Bangkok zu lesen stand?»

«Du meinst», antwortete Günter, «daß es dem Todesurteil gleichkommt, wenn ich den Dealer hier und nicht in Deutschland hochgehen lasse, weil keiner fünfzehn Jahre und mehr im Bang-Kwang-Gefängnis überlebt?»

«Genau.»

«Das richtet sich nach den Umständen des Falles, der Beweislage und nicht nach willkürlichen Fakten.»

«Aber es hat den Tod zur Folge, kannst du damit leben?»

«Damit kann ich genauso gut leben wie der Dealer, der Heroin nach Deutschland vermittelt, an dem Süchtige bei uns zu Hause krepieren.»

‹Ambassador› Hotel and Convention Center, 171 Sukhumvit Road, Cable AMTEL Bangkok, 17. Stock im Tower, in meinem Zimmer stieß ich versehentlich mit dem Knie gegen den Nachttisch, woraufhin sich der Fenstervorhang elektrisch schloß, weil ich zufällig den Schalter berührt hatte. Das war meine Welt. Ich ergriff die Flucht nach draußen.

Unzählige Taxis, Hupkonzert, «Special entertainment, Sir?», Benzin- und Diesel-Duschen, «Taxi, Sir?», warum, verdammt noch mal, sollte ich in Thailand ein Los kaufen, «My sister is twelve, she is a virgin, come on, Sir!», ein Schuhputzer, dessen Unterschenkel amputiert worden waren, «How do you do, Sir?» Hitze waberte über den Gehweg, schrille Trillerpfeife des Portiers, das nächste Taxi aus einer roten, giftigen mit laufenden Motoren nervös wartenden Schlange abrufend.

Neben dem Hoteleingang 24 Flamingos an einem künstlichen Miniteich, Tag und Nacht Abgasen und Kunstlicht ausgesetzt, neurotisch mit den Schnäbeln schnappend. Daneben ein Käfig mit Pfauen, die sich auf die oberen Stangen geflüchtet hatten, während Ratten flink und wuselig an der Pfauenmahlzeit naschten. Mittendrin freche Spatzen, die einzigen natürlich wirkenden Lebewesen in dieser artifiziellen Umwelt. «Your passport, please!» verlangte der Portier, mir den Rückzug auf mein Zimmer versperrend, da ich nicht in sein Raster der Gäste dieses Hotels paßte. Der Polizist an seiner Seite blickte gelangweilt weg.

Auch dieses Bild wiederholte sich weltweit: badende Menschen in den Klongs, die ich mit einem Boot durchpflügte, Zähne putzend, sich abseifend, pissend, kotend, Geschirr spülend, alles zusammen in ein und derselben Dreckbrühe, mit Hund und Katze, flatternder Wäsche, armseligen Bretterverschlägen, Bambusstangen und rostigem Wellblech, Pflanzen, Töpfen, Körben, Hühnern, kleinen Booten am Ufer, von Behausung zu Behausung paddelte ein buddhistischer Mönch im orangenen Gewand, dem wie selbstverständlich bei jeder Familie ein Almosen zuteil wurde. Kontraste des Elends.

Kontraste des Reichtums. Zwischen dem ‹Ambassador›, dem Hotel der vermeintlichen Superlative, aufgesetzt und übertrieben, und dem ‹Oriental›, vornehm und noch teurer, gediegen wie antike Möbel, mit dezentem Charme und dem Flair einer vergangenen Zeit, außerdem der besten Tasse Kaffee in Südostasien.

Auf Durchreise in Singapur. Ich suchte die Sago-Street in China-Town, wo man Papiermodelle, zum Beispiel einen Mercedes in Originalgröße, herstellt, die man den Toten durch Verbrennen mit auf die Reise gibt. Aber China-Town war eingestampft, unter Hoch- und Geschäftshäusern aus Beton begraben worden. Dafür hatten sie in dem Law-and-Order-Staat eingeführt, nicht nur das Wegwerfen einer Zigarettenschachtel auf der Straße mit umgerechnet 500 DM zu bestrafen, sondern neuerdings mit 1000 DM, wer eine öffentliche Toilette benutzt und das Nachspülen vergißt.

«Ich genieße die Sauberkeit, hier gibt es wenigstens Bürgersteige!» sagte die Lehrerin der Deutschen Schule Jakarta, die hier ein verlängertes Wochenende verbrachte und mir an der Rezeption des ‹Ming Court› über den Weg lief.

Ich lag am Hotel-Pool, einer scheinbaren Oase, in unmittelbarer Nachbarschaft war ein Betonklotz von etwa zwanzig Stockwerken im Rohbau fast fertig geworden, hoch oben arbeitete ein Kran, obwohl heute Sonntag war. Ich beobachtete das Geschehen, hatte plötzlich die Vision, daß dieser Kran etwas mit der Liebe zwischen mir und Andrea zu tun hatte. Er hatte Stein für Stein heraufgetragen, das Haus wurde immer fester und höher, und der Kran wuchs mit, durch seine Energie brachte er sich selbst immer weiter bis zu schwindelerregender Höhe. Dann war das Haus fertig. Anscheinend stabil stand es da und glaubte, den Kran nicht mehr zu brauchen, er war überflüssig geworden. Da fing er an, sich selbst zu demontieren. Die ersten Teile beförderte er mit eigener Kraft in die Tiefe, dann sorgten andere dafür, schließlich hatte er sich in seine Bestandteile aufgelöst, alles war ganz unten angekommen, es gab ihn nicht mehr. Es erinnerte sich auch niemand mehr an ihn, obwohl er es gewesen war, ohne den das Haus niemals hätte entstehen können.

Ich war schweigsam geworden, der Bericht, den ich Friedrich gab, lückenhaft, von unaussprechbaren Erinnerungen unterbrochen. Andreas Bild nahm Konturen an, dann lief das Bild, schnell, immer schneller, verzerrte sie, bestand nur noch aus einer länglich zerronnenen, nicht mehr faßbaren Masse. Ich hatte ihr aus Singapur, Stadt der Orchideen, im Brief eine Blüte geschickt, die sie in Mainz aus dem Fenster warf. Jetzt steht das Bild wieder. Wehmütig denke ich an sie. «Wer sich auf Andrea einläßt, muß wissen, was er tut!» hatte mir ihr bester Freund an der Uni gesagt. Wer sich auf mich einläßt, denke ich, dem geht es nicht besser. Sie empfand sich als ‹Heimchen am Herd in der Provinz›, sah in ihrem Mainzer Fensterausschnitt die dürren kahlen Zweige einer Eberesche im naßkalten Februar-Nesel-Regen, während ich für sie irgendwo unter einer schräggestellten Palme in der Sonne lag. Ihr konnte eigentlich nichts Besseres passieren, als mich hier im Knast zu wissen. Ich wünsche mir, sie wäre häßlich.

Aber ihr Gesicht ist fein und offen, die Augenbrauen dünn, was ich eigentlich nicht so mag, zu ihr aber paßt es. Sie ist nicht hübsch, schon gar nicht schön, aber interessant, ein Typ. Dazu tragen besonders ihre Haare bei, unbändig gekraust bilden sie einen Rahmen um ihren Kopf und fallen lang auf die Schultern. Die dunkelbraunen Augen werden schwarz, wenn sie wütend ist – und beim Lieben.

‹Gaddafi› reißt mich aus meinen Träumen. Grob fordert er Friedrich auf, aus der Box herauszutreten. Dann beginnt er mit der Durchsuchung. Das machen sie jetzt jeden Tag, schauen unter Stroh und Matratze, prüfen die Befestigung der Kette, lassen die Tasche der Trainingshose leeren und tasten den Körper ab. Es ist ziemlich heiß in Beirut geworden, weswegen ich meine Trainingsjacke, in deren Futter sich meine Notizen befinden, tagsüber nicht mehr trage und sie an einen Balken im Mittelgang gehängt habe. Bisher haben sie die Jacke nicht beachtet.

Seit dem Aufdecken der Fluchtvorbereitungen hat sich unser Verhältnis zu den Wächtern etwas verschlechtert. Sie sind unpersönlicher geworden, auch Jamal. Wahrscheinlich haben sie einen Anschiß bekommen, weil sie mich nicht früher erwischt haben. Der ‹Zwinkerer› wirkt auf mich wie ein rotes Tuch auf den Bullen. Sie haben uns beide in die Innenboxen verlegt. Daß sie die Durchsuchung regelmäßig um die Mittagszeit vornehmen, finde ich ziemlich dumm von ihnen, denn so kann ich mich darauf einstellen und zwischendurch schreiben. Ein Problem ist allerdings, an Papier ranzukommen. Da das Klopapier oft ausgeht, legen sie auch arabische Zeitungen hin, von denen ich jeden weißen Fleck aufhebe. Habe mir eine ganz winzige Schrift angewöhnt. Ich finde es lächerlich, daß sie jeden Tag auch in den Haferkasten schauen, es macht mich aggressiv, als wenn wir so blöd wären, dieselbe Methode zweimal anzuwenden. Aber ich bin zur

Zeit mit meinem Latein am Ende, warte auf einen neuen Transport, auf andere Örtlichkeiten. Jetzt fällt mir auch auf, daß sie grundsätzlich zu uns reinkommen, ohne ihre Waffe geladen und ein Magazin eingeführt zu haben. Das ist wiederum clever, denn es wäre sinnlos, einen Wächter zu überwältigen. Es mit der Rasierklinge zu versuchen – ich habe mir auch das überlegt – ist vielleicht bei einer Geiselnahme in Deutschland oder einer Flugzeugentführung denkbar, aber nicht in Beirut. Vom finalen Rettungsschuß haben die noch nie was gehört, die machen das selbstverständlich ohne rechtliche Absicherung, es käme einem Selbstmord gleich.

Zehn Tage lang ging es mir sehr schlecht, der Fall war tief, ich hatte mich trotz Zweckpessimismus bereits in Freiheit gewähnt, mir alles in rosigen Farben ausgemalt. Ich kam mir danach vor wie in einem U-Boot, das mit Schaden in großer Tiefe auf dem Meeresboden liegt, eingesperrt, eingeengt, die Luft zum Atmen kaum ausreichend, Beklemmungsgefühle, das Aussteigen genauso tödlich wie das Verbleiben. Da war mir meine Rasierklinge ein Trost, ich habe sie mehrmals unter der Einlegesohle herausgeholt, in der Hand gehalten, befühlt, mir vorgestellt, welches die sicherste Methode wäre. Längsschnitt an der Halsschlagader wäre das Beste, ist aber deshalb schwierig, weil ich sie zwar ertasten, aber nicht sehen kann. Also bleibt der Arm. Wenn ich eine Faust mache, schwellen alle Blutgefäße meines Arms deutlich an, aber es müßte nachts sein, und da sehe ich nichts.

Friedrich hat versucht, mir Mut zu machen. «Du mußt immer eine Hoffnung haben», hat er gemeint. Seine Hoffnung ist der Unterhändler. Ich sage mir aber immer wieder, daß es in den letzten Jahren erklärte Politik der Bundesregierung gewesen ist, sich durch Geiselnahme nicht erpressen zu lassen, und zwar seit dem Schleyer-Fall. Somit sitzen wir hier bis zum Sanktnimmerleinstag. – Hoffnung muß realistisch sein, ich habe Lehrgeld bezahlt. Vielleicht gelingt es irgendwann abzuhauen, das ist alles, woran ich mich klammern kann.

Außerdem hat sich Friedrich neuerdings auf Gott besonnen. Ich habe ihm vorgehalten, wieso Gott mit seiner Güte, Weisheit und Allmacht denn unser Leiden zulasse.

«Die Welt ist insgesamt überwiegend gut», meint er, «und es liegt in seiner Macht, unsere Not zum Guten zu wenden.»

«Ich finde, die Welt ist überwiegend schlecht und auf dem besten Weg, sich zugrunde zu richten. Wenn erst die Pole zu schmelzen beginnen, werden wir in einer Sintflut absaufen, wobei uns die Sonne noch zusätzlich den Rest verpaßt, weil der Himmel in ein einziges Ozonloch verwandelt sein wird. In bestimmten Gebieten wird sich sowieso kein Mensch mehr aufhalten können, dafür haben einige Supergaus gesorgt, und in vielen Regionen wächst und lebt nichts mehr, weil wir alles abgeholzt oder mit Chemie zerstört haben. Mich tröstet dabei allenfalls, daß wir beide so gesehen ganz unwichtig sind.»

Friedrich lächelt. «Es ist fünf vor zwölf, und wir haben die Gefahren erkannt. Das hat Gott so gelenkt, es war eine Warnung, und er wird uns befähigen, alles zum Besten zu wenden. Vielleicht wollte er uns erziehen oder sogar strafen.»

Ich winke ab. «Mit Gott komme ich nicht klar. Aber bevor alles perdu ist, läßt es sich vielleicht noch ein paar Jährchen leben – und das möchte ich lieber nicht hier.»

«Der Sieg des Guten liegt darin, daß er Reue, Verzeihung und Erlösung von Schuld ermöglicht!» sagt er pathetisch.

Auf die Art, wie ich mich jetzt hinsetze und mich etwas von ihm abwende, signalisiere ich ihm eigentlich, daß ich nicht weiterreden will, aber er läßt sich nicht darauf ein.

«Weißt du, mit meiner Ehe, das ist in den letzten Jahren auch immer mehr bergab gegangen. Eva und ich haben so nebeneinander hergelebt, mehr oder weniger stumm, jeder mit seinen Interessen allein. Ich hatte das BKA, meinen Garten, das Tennisspielen, – sie war mit Haushalt, ihrer Yoga-Gruppe und ein paar Kaffee-Klatsch-Freundinnen beschäftigt. Und abends hat uns das Fernsehprogramm verbunden. Darüber habe ich viel nachgedacht, hier in der Haft. Ich glaube, das wäre noch Jahre so weitergegangen, wir waren ja auch nicht direkt unzufrieden, oder doch, ich habe schon manchmal darunter gelitten, auch mit Schuldgefühlen, aber nie etwas gesagt. Jedenfalls trennt man sich in dem Alter auch nicht mehr so ohne weiteres. Und der Junge ist noch im Haus. Von Liebe, weißt du, war überhaupt nichts mehr zu spüren, Erstarrung in Gewohnheit, die Tage lepperten so dahin. – Aber ich liebe sie noch! Hier ist mir das klargeworden, verstehst du, dazu mußte ich in Beirut das alles erleben, überhaupt zur Besinnung kommen, die Zeit für solche Gedanken haben. Und jetzt weiß ich, daß ich sie noch liebe. Deshalb werde ich mich ändern, vielleicht geht es ihr sogar ähnlich. Weißt du, was das erste sein wird, wenn ich wieder zu Hause bin? Ich werde mit ihr ganz alleine in Urlaub fahren, ins Allgäu, wie vor vielen Jahren, zu Anfang unserer Ehe.»

«Ich finde es gut, daß du zu solchen Gedanken und Entschlüssen kommst», sage ich. Es freut mich auch, daß er mir vertraut. Vielleicht ist es ja wirklich so, daß er neu zu seiner Frau findet. Andererseits frage ich mich, ob es das gibt, eine Liebe über die Dauer eines halben Menschenlebens? Ich habe das Gefühl, daß diese Geiselhaft bei mir jedenfalls keine Veränderungen zum Guten bewirkt, daß es ein böses Ende nehmen wird. Jetzt bin ich schon zweimal gestorben, erst im Sarg und dann bei der Scheinhinrichtung. Beim drittenmal wird es vielleicht wirklich sein. Manchmal habe ich den Eindruck, daß meine Angst vor dem Tod geringer geworden ist. Vielleicht ist das die goldene Brücke in den Tod und der Sinn meiner Beirut-‹Affäre›.

«Jamal, richte dem Chef aus, daß wir sofort Monsieur Abdul sprechen müssen!» Friedrich hat einen einsamen Entschluß gefaßt.

«Und was willst du dem sagen?»

«Das ist eigentlich egal. Wir müssen ganz einfach Forderungen stellen, ständig mit was anderem kommen, keine Ruhe geben, ihn beschäftigen. Wir machen ja fast den Eindruck geduldiger Lämmer, die darauf warten, zur Schlachtbank geführt zu werden!»

Da hat er vermutlich recht. «Ich habe zwar nichts dagegen, aber vielleicht hat es die gegenteilige Wirkung.»

«Komm, laß uns Schach spielen.»

Darauf habe ich heute keine Lust, zumal Friedrich neun von zehn Spielen gewinnt.

Das Holzbrett des Schachspiels ist schon ziemlich abgegriffen und hat an den Rändern einen Rahmen, der nicht mehr richtig festsitzt. Ich fummle so lange daran herum, bis ich die Leiste auf einer Seite lösen kann. Dann schreibe ich auf einen kleinen Zettel: ‹Hallo, Terry und Thomas, wie geht es euch, wer ist euer dritter Mann?› Sodann klemme ich den Zettel unter die Holzleiste, wodurch sie auch wieder Halt bekommt, und lasse ein winziges Stückchen hervorschauen. Morgen werden sie das Spiel den Amerikanern geben.

Die Aktion hebt meine Stimmung ein wenig. – Stunden vergehen nur mit Dösen... Man müßte einmal den Bund der Steuerzahler oder den Bundesrechnungshof darauf aufmerksam machen, was mit den Entwicklungshilfemillionen für Indonesien geschieht. Und wer da alles hinreist! Und immer auch nach Bali... Bali sehen und sterben... Und noch immer kein Rauschgiftproblem in Indonesien... Oder vielleicht doch auf Bali? Bali, der asiatische Drogenumschlagplatz Number one... Der Innenminister war da, der BKA-Präsident zweimal, na ja, den Respekt ist er ja schuldig, Todesschwadronen hin, Todesschwadronen her, es waren ja auch zwei Orden, dann reiste auch der Vize... Sehr beeindruckt zeigte sich das BKA von der Mobilen Brigade ‹BRIMOB›, der Antiterror-Einheit im Ausbildungszentrum Watukosek. Watukosek heißt: ‹Wetzstein für das Schärfen der Waffen.› Erklärte Richtschnur für die Ausbildung der Anti-Terroristen: ‹Stärkung einer positiven Einstellung zum Vaterland.› Erklärtes Ziel der Einheit: ‹Schaffung einer geschlossenen Gesellschaft in Harmonie›. Der Vize beglückwünschte die Gastgeber zu dieser Einrichtung. Besonders imponierte dem BKA die BRIMOB-Schießausbildung mit lebensgefährlicher Zieldarstellung durch BRIMOB-Angehörige, die sich neben die Zielscheibe stellen mußten, um sich Kugeln um die Ohren pfeifen zu lassen. Dies sei eine vertrauensbildende Maßnahme, erläuterte die indonesische Seite.

Mich hatten sie auch nochmals nach Jakarta geschickt. Der

Interpol-Chef war sehr konsterniert, als ich Menschenrechtsverletzungen und Todesschwadronen kritisierte. Die Existenz der Killerkommandos vergaß er vor Schreck zu dementieren, das könne man in Europa nicht beurteilen, es bedürfe besonderer Mittel, um besondere Situationen zu bewältigen... Also sei es wohl nichts Besonderes, zwei Männer 25 Jahre nach ihrer Verurteilung hinzurichten???... «Die Abschaffung der Todesstrafe war ein Fehler», sagte Simon einmal, «und wir Kriminalisten müssen die Suppe auslöffeln...»

Ich würde gerne mal wieder richtigen Jazz hören, Albert Mangelsdorff im Jazz-Keller in der Kleinen Bockenheimer. Friedrich schnarcht am hellen Nachmittag. Gestern schlug eine verirrte Kugel im Dach unseres Stalls ein. Der ‹Chef› hat uns gesagt, daß sich jetzt die Arabische Liga um Friedensverhandlungen zwischen Aoun und den Moslems bemühe. Von kleineren Scharmützeln abgesehen, hält der Waffenstillstand seit vier Tagen. Eine hohe Meinung hat der ‹Chef› von den Syrern auch nicht. «Sie kämpfen zwar mit uns gegen die Christen», meinte er, aber er bezeichnete sie als Besatzungsmacht, die am liebsten den Libanon kassieren würden. «Wann gibt es Frieden?» habe ich ihn gefragt. «Im Jahre 2089», war seine Antwort. Manchmal kann man sich normal mit ihm unterhalten, dann ist er wieder sehr abweisend...

Was sie wohl zu Hause machen, im BKA, Simon und die anderen, jetzt in dieser Minute? «Auf deutsche Neger oder deutsche Türken können wir in der Rauschgiftbekämpfung verzichten, so jemanden kann ich mir nicht als BKA-Beamten vorstellen», hatte einmal Simon in die Diskussion geworfen. Wann erbleicht eigentlich so einer? Wann merkt er, daß er sich nicht verändert?...

«War der ‹Chef› schon da wegen Monsieur Abdul?» will Friedrich gähnend wissen... «Nein», antworte ich. ‹Ach wie war es lustig in Uganda›, hat Brecht gedichtet, aber da ging es glaube ich ums Zocken, nicht ums Kiffen... «Mein Gott, ist das langweilig», meint Friedrich, «erzähl doch weiter vom Ausland, hast du Lust?» Lust? Nee, habe ich eigentlich keine, aber was soll's.

Uganda-Airlines – Never-come-back-Airlines. Stimmt nicht, runter kommen sie alle, meistens sogar gut, nur eine Lust war es nicht gerade, ab Nairobi mit ihnen zu fliegen. Spuren des Blitz-Angriffs der Israelis zur Befreiung der Geiseln im Flughafen Entebbe. Die Flugzeugwracks lagen noch immer rum, Jahre später. Das verstand ich nicht, denn sie hatten die Wirkung eines Denkmals für die von Uganda empfundene Schmach. Das üppige satte Grün, die Farbenpracht blühender Bäume und Büsche, standen in einem genauso krassen Widerspruch zum mörderischen Verkehr zwischen Entebbe und Kampala wie die gefährlichen Straßenkontrollen der Militärs zur eidgenössisch anmutenden Landschaft. Uganda ist ein höllisches Paradies. Mitten auf der Straße ein völlig ungesicherter, unbeleuchteter Lkw mit gebrochener Achse. Tiefe Fahrrinnen in rotbrauner Erde rechts und links an ihm vorbei deuteten darauf hin, daß die Panne bereits Wochen zurücklag. Finstere Militärgestalten an den zahlreichen road-blocks. Armbanduhr in die Hosentasche, Kamera unter den Sitz, 20-Dollar-Schein in die Hemdentasche griffbereit, um Schlimmeres zu verhüten, Diplomatenpaß auf das Armaturenbrett. Aber der Paß war wertlos, denn der Typ konnte nicht lesen. Er blätterte drin rum, ich versuchte meine Wut darüber im Zaum zu halten, daß die Mündung der MP auf mich gerichtet war. Nur nicht provozieren! Ist er betrunken, oder steht er unter der Wirkung von Bangh? Das Risiko der Kontrollen steigerte sich. Kaum über zwanzig, die Uniform zerlumpt, gehören sie meist dem Stamm des Staatschefs an, wurden irgendwo im unfruchtbaren Norden rekrutiert, sind ortsfremd, erhalten keinen Sold, sind weitgehend führerlos, einzig ihre Waffe funktioniert und verleiht ihnen unberechenbare Macht, sie rauben und morden, vor allem Einheimische, die einem anderen Stamm angehören.

Der deutsche Botschafter zeigte mir stolz seine eigene MP, jederzeit bereit, seine Residenz bis zum letzten Schuß zu verteidigen, gemeinsam mit seiner couragierten Frau, deren Pistole in der Nachttischschublade liegt. Es war ein seltsam widersprüchliches Bild zwischen der bürgerkriegsmäßigen Aufrüstung und dem rücksichtsvollen, liebevollen Umgang des Paares miteinander. Ein lockerer Abend, ohne obligatorische zwei Gin-Fizz, dafür gemeinsames Lästern über den diplomatischen Dienst, auch Witze: Zwei Flugzeuge stoßen in der Luft zusammen, in jedem sitzt Genscher. Ihm passiert aber nichts, denn es ist noch nie ein Meister vom Himmel gefallen.

Am nächsten Tag stand ich mit dem Missionschef im Garten. Plötzlich rrrrrt, rrrrrt, rrt, rrt! MP-Salven! Etwa aus zwanzig Metern! Wir sprangen in Deckung hinter eine Mauer, warteten ab. Als wir uns hervorwagten, war niemand mehr auf der nahen Straße zu sehen. Wir suchten vergebens nach Einschlägen, wer hatte auf uns oder auf wen geschossen?

Später lernte ich den Zahlstellenmeister der Botschaft kennen, einen Ex-Feldwebel der Bundeswehr. Er hatte ein paar Wochen zuvor die volle Ladung Schrot aus einer Flinte in sein eigenes Wohnzimmer gefeuert und so eine Bande von zehn mit Macheten bewaffneten Einheimischen vertrieben, die reihenweise die Häuser von Ausländern überfielen und ausraubten, manchmal auch vergewaltigend und mordend.

Die Luft war eisenhaltig in Kampala. Nachts hörte ich die Schießereien in der Stadt, das Heulen der Sirenen von Krankenwagen. Mir war mulmig, ich zog die Decke über die Ohren, verdrängte wie Vogel Strauß im Wüstensand störende Gedanken, flüchtete mich in den Schlaf.

Es staut sich in dieser angeheizten Atmosphäre Haß auf: Haß der Schwarzen untereinander und Haß auf Weiße, Haß der Weißen auf die Schwarzen. Rassistische Einstellungen brechen ungebremst durch. Die sonst eher auf Zurückhaltung bedachten Diplomaten nennen Schwarze oft ‹die Schwatten› oder ‹Sarottis›, auch ‹Mohren›. Ein höherer Botschaftsmensch: ‹Kenia ist mit 4 Prozent Geburtenüberschuß Weltmeister, Uganda mit 3,9 Prozent Vize-Weltmeister, aber dafür haben wir ja in diesem Lande Aids!› (das hier Slim heißt). Den Bürgermeister von Kampala bezeichneten sie als ‹Obermohr›. Ein deutscher Bauunternehmer beschäftigt etwa 100 Afrikaner für miesen Lohn (ortsüblich, versteht sich), um so die Anschaffung technischer Geräte einzusparen. Er nennt sie seine ‹black power›, die anstelle eines Kranes mit 50 Mann einen Wassertank auf einen Lkw hieven. So habe er seine ‹Schweiß-Mohren›, ‹Gerüst-Mohren›, ‹Maurer-Mohren› ...

Es blieb mir nicht erspart, den Chef der ugandischen Geheimpolizei, wieder mal ein General, kennenzulernen. Shake-hands mit Folterknechten. Im Büro des leutseligen Innenministers. Letzterer war neu im Amt, aber der Oberfolterer beherrschte seit den siebziger Jahren sein Handwerk so perfekt, daß er, unentbehrlich, allen Schreckensherrschern diente, von Idi Amin über Milton Obote bis Yoweri Museveni. Sein schmierig-schlapper Händedruck blieb mir genauso unvergessen wie sein Schleimen dem Minister gegenüber, sein Unvermögen, dem Gesprächspartner ins Gesicht zu schauen und die Tatsache, daß er sich damit brüstete, seinen Sohn Hitler und seinen Hund Göring zu nennen.

«Was ist Bangh?» fragt Friedrich.

«So nennen sie in Uganda Cannabis-Kraut, also Marihuana, es wächst dort wie Unkraut.»

«Und deswegen warst du dort?»

«Auch deswegen, aber sie wollten Entwicklungshilfe, wie sie die Briten schon gewähren, die wunderten sich allerdings, daß ihre zur Kriminalitätsbekämpfung gelieferten Fahrzeuge von den Militärs konfisziert wurden. Als sie es reklamierten, setzten die Militärs Polizisten als Fahrer ans Steuer.» Friedrich lachte.

«Aber Uganda ist ein gutes Beispiel, wie das BKA die Einfuhr von Suchtstoffen steuert. Nimm mal einen theoretischen Fall: Ein Dealer aus Uganda bietet das Zeug in Düsseldorf zentnerweise an und gerät an einen V-Mann. Der bestellt die Großlieferung via Uganda Airlines nach Köln... ‹und wieder ist es dem BKA gelungen...›»

Friedrich protestiert. «Es liegt doch keine Anstiftung vor, denn der Dealer hatte von sich aus die Absicht zu verkaufen.»

«Das ist richtig, aber ohne den BKA-V-Mann hätte er keine Chance gehabt, den Stoff abzusetzen.»

«Aber das ist doch egal, wo in der Welt man das Teufelszeug beschlagnahmt, die Hauptsache, es wird unschädlich gemacht.»

Ich blase den letzten Zug meiner heutigen fünften Zigarette unwillig in Richtung seiner Box, weil wir uns an diesem Punkt im Kreise drehen. «Bitte stell auch auf der ganzen Welt das Teufelszeug Alkohol sicher, oder laß die Hände von Marihuana, lächerlich ist das. Außerdem müßtest du den halben Urwald von Uganda abbrennen!» – Dann beruhige ich mich wieder etwas. «Ich will sagen, daß diese fünf Zentner Marihuana unsere Statistik verfälschen, denn es gab keine Konsumenten dafür, sondern einzig das BKA, welches den Bedarf erzeugte. Und das ist kein Einzelfall.»

«Wir werden uns in diesem Punkt nie einigen», meint Friedrich friedlich.

Sie geben uns das Schachspiel nicht mehr. Wahrscheinlich haben sie entdeckt, daß ich es mit einem Zettel präpariert habe. Aber es kann auch andere Gründe haben, die ich nicht durchschaue. Für mich als ewigen Verlierer ist es kein besonderer Nachteil, ich frage Friedrich, ob er mir böse ist.

«Der Versuch, mit den Amerikanern in Verbindung zu treten, war wichtiger», sagt er lakonisch. Mich ständig matt zu setzen, hat ihn wohl auch nicht weitergebracht. Natürlich verlangen wir energisch nach dem Spiel, pochen auf unser Recht darauf, wollen den ‹Chef› und Monsieur Abdul sprechen. Jamal sagt ohne weitere Begründung «No!» und antwortet nicht auf Fragen. Wenn sie den Zettel nicht gefunden haben sollten, bedeutet der Entzug dieser Unterhaltung eine Verschärfung, die Ursachen hat, dann vielleicht nicht für sich alleine steht, sondern noch weitere Konsequenzen befürchten läßt. Haben sie den Zettel entdeckt, müssen wir mit Sanktionen rechnen. Es könnte auch sein, daß sie das Spiel den Amerikanern ganz überlassen wollen. Möglicherweise sollen sie verlegt werden. Wir eventuell auch? Noch sind die Amerikaner da, das erkenne ich an Dusche und Klo, ich weiß auch nicht genau wieso, aber irgendwie spürt man, daß außer uns und den Wärtern auch sie die Benutzer sind.

Der ‹Chef› kommt und drückt Friedrich ein schwarzes Etwas in die Hand, ein kleines Kästchen, zunächst kann ich nur das erkennen.

«Monsieur Abdul läßt Sie grüßen», sagt der ‹Chef›, «er kann zur Zeit nicht kommen, aber er schickt Ihnen dieses Radio.»

Mein Gott, ein kleines Transistor-Radio! Ich kann es kaum fassen. Also keine Klimaverschlechterung, wie ich vorhin noch überlegt habe, sondern das Gegenteil. Vielleicht im Austausch gegen das Schachspiel, daß wir bei so vielen Vergünstigungen nicht übermütig werden.

Friedrich schaltet das Ding ein, heute ist Freitag, also islamischer Sonntag, sie übertragen aus einer Moschee das Freitagsgebet, eine zornige und aggressiv klingende Predigt in Arabisch, die wahrscheinlich voller Haß mörderische Maroniten im anderen Teil Beiruts und Zionisten im Süd-Libanon beschimpft, hier und da glaube ich den Namen Aoun herauszuhören.

Aber selbst diese unverständlichen Laute sind etwas Neues und Aufregendes in unserem Knast. Ich lasse mir das Radio von Friedrich geben, es ist ein billiges Gerät des Fabrikats ‹Star› mit einem scheppernden Ton, verfügt über FM- und AM-Band, also UKW und Mittelwelle. Aha, so leichtsinnig sind unsere Freunde nun auch wieder nicht, der Schalter für die Wellenbereiche ist herausmontiert, es ist offensichtlich auf UKW eingestellt, was örtliche Reichweite bedeutet. Die nächste Überraschung ist schon keine mehr: Das Rädchen für die Einstellung der Sender läßt sich zwar drehen, aber der rote Zeiger auf der Skala bewegt sich nicht von der Stelle. Das

Ding läßt sich also nur ein- und ausschalten und ist fest auf einen Sender fixiert. Na ja, besser als nichts.

Nach und nach kann man gut zwischen einzelnen Programmarten unterscheiden, bei Nachrichten fallen des öfteren die Namen europäischer Hauptstädte, natürlich auch Washington oder Moskau, ganz selten Bonn oder Berlin.

Es hat sich bisher so ergeben, daß sie das Radio mit dem Frühstück bringen und am Spätnachmittag holen. Das Gerät interessiert mich immer mehr, und keine Ahnung von Elektrotechnik zu haben, erweist sich als ein so großer Nachteil, daß ich ganz verzweifelt darüber bin. Denn soviel ich weiß, kann man einen Empfänger auch zu einem Sender umfunktionieren, einen Lautsprecher zu einem Mikrofon, vorausgesetzt, man versteht etwas davon. Die Baader-Meinhofs haben in Stammheim doch etwas ähnliches gemacht, konnten sich untereinander in den Zellen sprechen. Aber die hatten auch hilfreiche Rechtsanwälte. In meiner Phantasie stelle ich mir vor, mit dem Gerät die BKA-Leute unserer Botschaft auf UKW zu erreichen, ihnen unser Versteck zu nennen. Die würden dann den Einsatz der GSG 9 mit Hubschraubern veranlassen, Start auf Zypern, Landung im Hippodrome, und uns rausholen, ein Handstreich ähnlich Mogadischu. Scheiße, dafür wäre mir die GSG 9 also doch gut genug. Aber das ist sowieso keine Lösung, denn uns vorher zu erschießen, hätten die Wächter immer noch Gelegenheit. Nur um unsere Leichen mit der GSG 9 auszufliegen, nein danke. Aber mit der Botschaft zu quatschen ... verdammter Mist, zumal erstmalig unser Versteck so eindeutig zu beschreiben wäre.

Nur drei Schrauben, eine kleine und zwei winzige müssen gelöst werden, um das Ding zu öffnen. Wenigstens will ich versuchen, einen englischen Sender reinzuholen. Ich glaube, man nennt sie Kreuzschrauben. Mit kleinen Holzspänen schaffe ich es nicht, das Holz bricht ab. Dann klappt es doch bei der größeren Schraube. Zwei Tage quäle ich mich mit den beiden kleinen ab, sie sitzen untereinander in Höhe der Stabantenne, scheinen eingerostet. Dann endlich merke ich, daß sie nur für die Antenne da sind und mit dem Öffnen nichts zu tun haben können, ich klemme Fingernägel und Holzstückchen zwischen die Ritzen im Plastikgehäuse – jetzt ist das Ding auf. Zuerst übe ich das schnelle Schließen, es dauert etwa zehn Minuten.

Zwischen UKW und Mittelwelle umzuschalten, gelingt mir ganz leicht, weil man mit dem Finger einen stecknadelkopfgroßen Metallstift bewegen kann. Zwischen dem Sendersuchrad und dem Zeiger auf der Skala lief offensichtlich ein Gummiband, das sie zerschnitten haben und von dem noch Reste rumhängen. Diese zusammenzufügen, ist unmöglich, es führt nur ein schmaler Spalt von drei Millimetern dort hin. Aber ich kann den roten Zeiger rechts und links zwischen zwei Holzspäne einklemmen und bewegen. Toll – es funktioniert!!! Beinahe hätte ich vergessen, mir die Einstellung des arabischen Senders zu merken. Der Wellensalat auf Mittelwelle klingt wie Musik in meinen Ohren. Am nächsten Tag, nach der üblichen Durchsuchung, finde ich endlich BBC. Die Nachrichten!

Botha hat sich mit Nelson Mandela getroffen, Spekulationen um seine Freilassung nach 27 Jahren Haft auf Robben-Island, der ANC bezeichnet es als PR-Masche der südafrikanischen Regierung. In London ist die U-Bahn durch Streik lahmgelegt. Auch in Sibirien Arbeitskampf. Algenpest an der Adria. Margaret Thatcher weist darauf hin, daß es Magna Charta und Habeus-Corpus-Akte bereits vor der Französischen Revolution gegeben hat. – Da! Beirut! Achtung! ‹Ein israelisches Hubschrauberkommando hat den Hisbollah-Führer Scheich Abdel Karim Obeid sowie zwei seiner Leibwächter aus seinem Heimatdorf Dschibiti im Südlibanon entführt. Obeid wird von den Israelis als Hauptfigur der Hisbollah im Südlibanon bezeichnet. Wie inzwischen der israelische Verteidigungsminister Yitzhak Rabin anbot, könnten Obeid und alle schiitischen Häftlinge in Israel gegen alle israelischen Gefangenen und die ausländischen Geiseln im Libanon ausgetauscht werden. – Das Wetter…›

Meine Hände zittern, als ich wieder den arabischen Sender suche, auf UKW zurückstelle und den Apparat zuschraube. –

Da sitzt man hier ahnungslos und abgeschnitten, während draußen die aufregendsten Dinge geschehen!

«Die Israelis, das sind Kerle!» sagt Friedrich hoffnungsfroh, was mich sofort auch an Entebbe erinnert.

«Menschenskind, Friedrich, wenn das klappen würde! Das klingt wirklich gut, ein Hisbollah-Scheich, der hat doch für sie einen immensen Wert!» Hoffnung durchflutet mich wie ein Schluck Remy Martin.

Aber Friedrich wird nachdenklich. «Was ihnen die Israelis zugefügt haben, ist für sie eine schlimme Demütigung. Nun müssen sie ihr Gesicht wahren und können sich nicht den Bedingungen beugen. Es wird keine schnelle Lösung geben.»

Und damit die Bäume auch sonst nicht in den Himmel wachsen, singen Raketen über die Greenline, fängt die Mörserstellung in der Nähe mit ihren trockenen Pauken an, mischen sich hier und da MP-Salven in das Concerto grosso, bis auch endlich der Baß der Artillerie einsetzt und den Rhythmus der Kriegsmelodie bestimmt. Nun ist der Waffenstillstand endgültig gebrochen, ganz eindeutig haben die Christen nach vorausgegangenem Geplänkel angefangen, massiv zu schießen. Mir fällt auf, daß in der Nähe, vielleicht sogar auf dem Gelände des Hippodromes, neuerdings ein Raketenwerfer liegen muß. Raketen zischen unmittelbar über unser Dach. Also werden wir bevorzugtes Zielgebiet, was bringt es demnach, auf Israelis zu hoffen, wenn die Schützen des Generalmajors Aoun den Pferdestall mit einem Volltreffer wegblasen. Zur Hölle mit allen Generälen dieser Welt!

Nach fünf Stunden tritt eine Pause ein. Man lebt von Ereignis zu Ereignis. Ich beobachte unsere Hisbollah-Wächter, ob sie eine Reaktion auf die Entführung eines ihrer Führer zeigen, aber Jamal erzählt unbefangen von seinem kleinen Sohn. – Keine Elektrizität und kein Wasser.

Als ich vor Jahren mit dem Chef der israelischen Kripo in Jerusalem sprach, hatte ich einen fachlich kompetenten und energischen Mann vor mir. Das beruhigt mich heute, denn eigentlich kann man es ausschließlich den Israelis zutrauen, uns hier rauszuholen. Meine Gefühle ihnen gegenüber sind gespalten. Eine lange Zeit habe ich Sympathie und Solidarität für sie gehegt, aber die Menschenrechtsverletzungen bei der Unterdrückung der Intifada, ihre Unterstützung Südafrikas haben das Bild getrübt. Eine Fahrt durch die Westbank, die Geisterstadtteile, deren Bewohner nach Jordanien flüchten mußten, die Tasse Tee mit dem Araber in Jericho, dem sie bei einer Vernehmung den Kiefer gebrochen hatten...

Buddy bringt sich wieder mal in Erinnerung. Auf leisen Sohlen schleicht er zu mir in die Box, meint, ich soll nicht vor, sondern hinter dem Spiegel stehen, was immer er damit sagen will. Aber er macht mir Mut, daß die Karten nicht so schlecht gemischt seien. Es gelingt ihm, mich etwas zu beruhigen.

Nur meine Angst vor Granattreffern bleibt ein Dauerzustand.

Du kannst nicht zur Furchtlosigkeit kommen, wenn du die Angst abmilderst, verdrängst, dir einredest, es werde schon gut gehen, sondern indem du sie überschreitest.

Leicht gesagt, lieber Freund, antworte ich hilflos.

Trotz der Absicht, die Syrer aus dem Libanon hinauszuwerfen, wird General Aoun den Krieg nicht gewinnen. Das jedenfalls meinte der ‹Chef› und sprach von Vorbereitungen einer muslimischen Invasion, um die Christen endgültig zu erledigen. Dabei machte er mit seinem Zeigefinger über dem Kehlkopf die Bewegung des Halsabschneidens. Der Hafen der Christen in Junich werde durch Artillerie blockiert, um den irakischen Waffennachschub zu stoppen. Die Syrer dagegen würden von den Russen und vielen anderen versorgt, die Stunden der Christen seien gezählt.

«Eine Invasion», sagt Friedrich, «das hätte uns gerade noch gefehlt. Dann liegen wir mitten in der Hauptkampflinie.»

«Es kann alles bedeuten. Unseren Tod, auch unsere Freiheit, wenn uns die Christen überrennen würden oder wenn wir die Wirren des Kampfes zur Flucht nutzen könnten.» Ich denke weiter darüber nach, daß sie uns vermutlich vorher verlegen werden.

«Nicht ein Wort über die Entführung des Scheichs», meint Friedrich, «zu dumm, daß wir nicht fragen dürfen.»

Gestern haben sie uns das Transistorradio nicht gegeben. Jamal hatte keinen Dienst, und auf Friedrichs Frage hat der ‹Zwinkerer› gleichgültig mit der Schulter gezuckt. Der ‹Chef› dagegen hat genickt, aber das Gerät trotzdem nicht gebracht.

«Hoffentlich erhalten wir heute das Radio!» Ich fiebere weiteren Informationen entgegen.

Jamal ‹serviert› das Frühstück. Ein Fladenbrot, zwei Pepsi, eine Büchse Thunfisch. Die Versorgung sei mal wieder zusammengebrochen, erklärt er bedauernd, während er (leider) selbst die Büchse öffnet und den Fisch auf zwei Plastikteller verteilt. Mit dem Blech der Fischbüchse hätte ich einen Schraubenzieher basteln können. Jamal nimmt sie jedoch mit – und kommt mit dem Radio zurück! Wir verbergen beide unsere Freude.

«Shukran Jamal», sagt Friedrich.

Ungeduldig warte ich auf die Durchsuchung der Boxen, dann hört man sie bei ihrem Mittagsgebet, ich beeile mich mit der Einstellung von BBC, schaffe es zu den ausführlichen 13-Uhr-Nachrichten. Sie beginnen mit Beirut!!! ‹Die pro-iranische Schiiten-Gruppe ‹Organisation der Unterdrückten der Erde› hat nach eigenen Angaben den US-Oberst Richard Higgins hingerichtet. Dies geht aus einem in Beirut ausgehändigten Videoband hervor, das Higgins an einem Strang hängend zeigt. Zuvor hatte Israel ein Ultimatum der Gruppe verstreichen lassen, den entführten Scheich Abdel Karim Obeid freizulassen. In der Erklärung der Schiitengruppe heißt es: ‹Wir haben den amerikanischen Spion Higgins um 15 Uhr als eine Lehre und Bestrafung der Überlebenden durch Erhängen hingerichtet.› Auf dem Videoband war Higgins undeutlich an einem Seil hängend zu sehen. Seine Füße waren gefesselt, sein Mund mit einem Tuch verbunden.› – Mir stockt der Atem. – ‹In Nikosia meldete sich heute vormittag bei dem dortigen AP-Büro ein anonymer Anrufer und drohte die Ermordung einer weiteren Geisel, des anglikanischen Geistlichen Terry Waite für den Nachmittag an, falls Scheich Obeid nicht bis dahin freigelassen werde.› – Ich habe das Radio auf den Knien und hocke wie erstarrt am Mittelgang, soweit meine Kette reicht. Friedrich stiert mit weit offenen Augen auf den Apparat. – ‹Unter dem Eindruck der Schreckensnachricht verabschiedete der UN-Weltsicherheitsrat in New York einstimmig eine seit Wochen erörterte Entschließung, in der er unzweideutig alle Akte von Geiselnahme und Entführung verurteilt. US-Präsident George Bush gab in Chicago bekannt, daß er seine Reise unterbrochen habe, nach Washington zurückkehre und den Nationalen Sicherheitsrat einberufe. Er bezeichnete die Situation als sehr besorgniserregend. Vor zwei Tagen bereits hatte der amerikanische Präsident erklärt, daß das israelische Kommandounternehmen der Sache des Friedens nicht dienlich gewesen sei.› – Ich merke, wie meine Beine zittern, so daß das Radio runterzufallen droht. Ich stelle es auf den Boden. – ‹Auch andere Staaten und die Sowjetunion haben gegen die Entführung protestiert, mit der sich der jüdische Staat erneut dem Vorwurf aussetze, selbst zu Methoden des Terrors zu greifen.› – «Mein Gott», murmelt Friedrich, «was wird mit uns geschehen?» – ‹Trotz der Hinrichtung von Higgins bedauert Israel nach den Worten von Außenminister Mosche Arens die Entführung des Hisbollah-Scheichs nicht. Wir haben es mit einer entfesselten Bande von Fanatikern zu tun, denen ein Menschenleben nichts bedeutet, sagte Arens. – Weitere Nachrichten: Sir Geoffrey Howe, britischer Außenminister, wurde von Margaret Thatcher aus dem Kabinett entlassen und John Major zum neuen Außenminister berufen. Howe gehörte der Regierung seit 1979 zunächst als Finanzminister, seit 1983 als ...› – Ich schalte das Radio aus.

Es entsteht ein langes, schwarzes Schweigen.

«Und wann sind wir an der Reihe?» frage ich dann bitter.

«Vielleicht morgen, vielleicht in zwei Wochen ...» Friedrichs Stimme ist verzagt, seine Worte versickern.

Ich werde sie bitten, mich zu erschießen. Ich will nicht gehängt werden. Mir schnürt sich förmlich der Hals zu, ich kann nicht durchatmen, versuche es trotzdem, es gelingt nicht, ich mache schnelle, kurze Atemzüge, wenn ich gähne, füllt sich meine Lunge befreiend mit Luft.

«Vielleicht ist Higgins der dritte Mann unserer amerikanischen Freunde im Pferdestall gewesen?»

Friedrich schüttelt den Kopf. «Das läuft hier alles mit einem solchen Gleichmut ab, da wäre mehr Hektik spürbar, das hätten wir gemerkt.»

«Wann ist denn Higgins entführt worden?»

«Keine Ahnung», sagt Friedrich.

«Sie haben einen Amerikaner umgebracht und die Exekution eines Briten angedroht», überlege ich. «Um möglichst viele Staaten unter Druck zu setzen, damit sie auf Israel einwirken, werden Franzosen oder wir die nächsten sein.»

«Die meisten ihrer Geiseln sind Amerikaner. Und Amerikaner sind die engsten Verbündeten von Israel. Außerdem unterstützen Amerikaner die Christen im Libanon.» Friedrichs Stimme festigt sich, gewinnt an Sicherheit, was sich sofort auf mich überträgt. «Also sind die Amerikaner auch am meisten gefährdet. Auch Iran oder Hisbollah können es sich wegen ihres Ansehens vor der Weltöffentlichkeit nicht leisten, eine Geisel nach der anderen abzuschlachten. Das hätte außerdem eindeutig zur Folge, daß Israel den Libanon besetzt oder daß die Amerikaner einschreiten. Der Chef hat doch neulich gesagt, die 7. Flotte liege bereits in der Nähe.»

Es wirkt unheimlich beruhigend auf mich, was Friedrich sagt, ich klammere mich an seine Argumente, er ist wieder der Analytiker mit BKA-TE-Erfahrung, der Abteilungspräsident, ich bin froh darüber, könnte ihn dafür umarmen.

«Sie werden also nicht riskieren», fährt Friedrich fort, «daß sie ihren Kampf gegen die Christen verlieren, indem sie sich Israelis oder die USA nach Beirut holen.»

Mein Gott, wenn ich Friedrich nicht hätte. Panik hatte mich erfaßt.

«Und dann kommt hinzu, daß wir beide für sie ein Faustpfand sind. Sie wollen Hanife und Koubra freipressen, aus Deutschland rausholen, und bessere Geiseln als uns könnten sie sich kaum wünschen, höchstens noch den Botschafter.

Ohne Not werden sie uns niemals töten, so lange sie eine Chance für ihre Absichten sehen.»

Beruhigt lehne ich mich zurück. Aber Friedrich ist mit seiner Lagebeurteilung, ganz wie zu Hause, noch immer nicht am Ende.

«Letztlich haben sie Higgins getötet, weil sie ihren Gesichtsverlust wettmachen mußten. Auf die Entführung des Scheichs mußten sie ganz einfach eine Antwort geben. Alles weitere ist jetzt nur noch Säbelgerassel und wird auf Verhandlungen rauslaufen. Meine Prognose ist, daß niemand mehr ermordet wird. Das würde bedeuten, daß sich unsere persönliche Situation weder verschlechtert noch verbessert hat. Wir könnten Glück haben, über den Austausch des Scheichs könnten auch wir freikommen.»

Froh und erschöpft lasse ich mich in einen halbstündigen Schlaf absinken. Dann fragt mich Friedrich, ob ich ihm nicht über die Karibik und Lateinamerika erzählen wolle, einerseits, um auf andere Gedanken zu kommen und die Zeit zu verbringen, andererseits, weil ich es ihm vorgestern versprochen hätte – und überhaupt, weil er mit meinen Ansichten über Rauschgiftbekämpfung noch nicht fertig sei.

Meine Dienstreisen machten Andrea und mich immer wieder fertig. Das hatte zur Folge, daß sich die Zeit unserer Trennung um mindestens eine Woche verlängerte. Wenigstens zwei Tage vorher siedelte ich in meine Wiesbadener Wohnung um, weil in Mainz die Fetzen flogen, und nach der Rückkehr dauerte es Tage, bis ich mich wieder dort einrichtete, Wochen, bis wir uns aneinander gewöhnten.

Übernachtung in Miami, aus Langeweile diesen häßlichen, sterilen Miami-Vice-Strand besichtigt, blitzsauber, weiß und schattenlos, alle paar hundert Meter ein Polizeiposten.

«Du hüpfst wie ein Floh auf der Weltkarte rum», sagte Andrea einmal, als wir bei guter Laune waren.

Dominikanische Republik, Jamaika, El Salvador, Nicaragua, Kolumbien, Ecuador, Peru, Chile. Haiti.

Mörderisch wie ein Hurrikan zieht sich die Spur der Diktatoren von ‹Papa Doc› über ‹Baby Doc› bis zu den jüngsten Tyrannen über Haiti. Alle bedienen sie sich der angeblich aufgelösten, gefürchteten Geheimpolizei ‹Tonton Macoutes›. Folterzentren im Polizeihauptquartier, im Gefängnis ‹Fort Dimanche› und in der Militärkaserne ‹Casernes Dessalines›. Kriminelle Kriminalpolizei ‹Recherches Criminelles›. Beliebte Foltermethode ‹Djak› oder ‹Pau d'ara›, die ‹Affenschaukel›.

Das Geräusch der Schüsse in der Unterstadt durchlöcherte auch meinen Schlaf im Hotel. Zuvor hatten Militärs die Kirche des oppositionellen Priesters Jean-Bertrand Aristide während des Gottesdienstes umstellt, in Brand gesteckt und mit Knüppeln auf alle Personen eingeprügelt, die aus dem Gotteshaus flohen. 9 Tote und 77 Verletzte. Einer Schwangeren wurde mit der Machete der Bauch aufgeschlitzt. Sie wurde in ein Hospital eingeliefert, in das anschließend Militärs einzudringen versuchten, um sie als Zeugin zu liquidieren.

«Bist du eingeschlafen?» frage ich Friedrich, der sich in seine Box zurückgezogen hat.

«Keineswegs», tönt es aus seiner Richtung, «aber ich ärgere mich über dich.»

«Warum?»

«Ich denke, du bist zu empfindlich. – Aber was hat das alles mit Rauschgift zu tun?»

«Die Karibik-Inseln spielen eine wichtige Rolle im Kokain-Schmuggel der Kartelle in Kolumbien. Sportflugzeuge landen auf den illegalen Landepisten, den Coca-Airstrips. In den Häfen wird der Stoff umgeschlagen, um das Herkunftsland des Schiffs und der getarnten Fracht zu verschleiern.»

«Ach so.»

«Soll ich weitererzählen?»

Keine Antwort. Aber ich erinnere mich:

«Dieselbe Insel, zwei Welten!

Auf Haiti Urwüchsigkeit und Natürlichkeit, in der Dominikanischen Republik, wohin ich weitergereist war, Tourismus, Amerikanismus, Plastik.

Überraschung am Morgen: Putsch auf Haiti, Flughafen geschlossen, ein Militär hat dem anderen die Macht genommen und damit den Geldhahn für sich auf- und den anderen zugedreht. Schießereien, sechs Tote. In der Abendzeitung das Bild des ‹Neuen›: das brutale, stiernackige Konterfei eines Folterknechts.»

«Scheiße!!!» ‹Gaddafi› hat sich das Transistorradio geben lassen, ich Idiot habe vergessen, auf den arabischen Sender zurückzustellen! Im Moment, als er rausgeht, fällt es mir siedendheiß ein. Depressive Wirkung der Nachrichten, dann Friedrichs Analyse, die mich wieder aufrichtete, kurzer Tiefschlaf – ich hatte das Gerät völlig vergessen!

«Sie brauchen doch nur auf den Gedanken zu kommen, es einzuschalten, und trauen ihren Ohren nicht, wenn BBC aus dem Lautsprecher tönt!»

«Dann haben wir Pech gehabt und sind es los», meint Friedrich gelassen. «Du vergißt immer wieder, daß Strafe in der Strafe keine große Wirkung mehr hat, was soll schon passieren?»

«Aber unsere Info-Quelle wäre futsch.»

«Also, ich habe vorhin gedacht, daß das Radio für uns auch schädlich ist. Wir sind allem hilflos ausgeliefert, können auf nichts reagieren, was immer wir auch hören, die Ohnmacht ist viel schwerer zu ertragen. Einzig die Zeit geht schneller rum.»

«Nein, Friedrich, ich will lieber leiden, als unwissend sein. Die Folter der Isolation ist schlimmer als die Kette an meinem Fußgelenk. Das Radio hat diese Isolation durchbrochen, für mich ist es ungemein wichtig gewesen. Ich könnte mich sonstwohin beißen. Da haben wir fast nichts zu bedenken und machen solch einen blöden Fehler!»

Ich warte auf eine Reaktion.

Ärger nagt, ich habe jetzt Magenschmerzen, Friedrich

schnarcht seit geraumer Zeit, Dia-Projektionen in meinem Gehirn, das Ölbild aus Port-au-Prince in Gelb mit den tausend säckeschleppenden Sklaven... die beiden brutal aussehenden Typen vor einem Tap-Tap, meine Kamera auf sich gerichtet sehend und feindselig zum Angriff bereit, jedoch überraschend versöhnt durch mein breites (gespieltes, unmerkbar vor Angst zitterndes) Grinsen... der zwölfjährige Schuhputzjunge in Santo Domingo, der wie ein Dreißigjähriger redete... die Frau in dem roten Kleid, die ich aus einem Souvenirladen als Vordergrund an das Gitter der Kathedrale bat, gestellt und kitschig... der stumpf blickende Soldat an irgendeinem Ehrenmal, wohl jedem Befehl gehorchend... Bloody Mary, die Bardame im Eingang der Bar gleichen Namens... die Band ‹Rasputin› am Strand von San Pedro de Macoris mit dem beziehungsreichen Calypso ‹Oho, aha›...

Ich schlafe unruhig, bin mehrfach wach, Jamal hat Nachtdienst, ich bitte ihn, meine Kette für eine Stunde zu lösen, er tut es. Ich gehe leise auf und ab, drei Schritte hin, drei Schritte zurück. Die Bewegungen meines Körpers verselbständigen sich, erste Zeichen von Hospitalismus?, ich höre auf zu denken, drei Schritte hin, drei Schritte zurück, mit der Regelmäßigkeit eines Pendels, Ewigkeitscharakter, eingesperrt für immer. Ja, Buddy, ich muß im Nichtdenken ruhen, das heißt im Denken und doch frei von Gedanken, und den Geist daran hindern, hin und her zu jagen, drei Schritte hin, drei Schritte zurück, ich habe keine Zweifel mehr, dringe ein in die übersinnliche Wirklichkeit, drei Schritte hin, streife umher zwischen transzendentalen Wahrheiten, drei Schritte zurück, finde die Leere als die einzig letzte Wirklichkeit... Es geht nicht, Buddy!!! Ich kann nicht abschalten, nicht meditieren, das verdammte Radio. Ich hätte gerne weiter BBC gehört, ich will nicht eingesperrt sein, ich fühle mich trotz der nächtlichen Schwüle wie eingefroren in einen Eisblock, seit hunderttausend Jahren in einem Gletscher!

Als ich morgens zum Duschen gebracht werde, liegen auf dem Tisch im Gang drei Plastikteller mit Speiseresten, und der ‹Nasenbohrer› steht am anderen Gangende auf der Seite der

Amerikaner und spricht, für mich unhörbar, durch die offene Tür offensichtlich mit ihnen. Sie sind also noch alle drei da.

Bange Stunden, gegen elf bringt der ‹Nasenbohrer› das Radio. Wir warten, bis er wieder draußen ist, ich schalte ein – Jubel! Frank Sinatra singt ‹Strangers in the night›, o nein, das darf nicht wahr sein, ausgerechnet das... sie haben es nicht bemerkt, Friedrich, ich freue mich... aber muß es unbedingt die Nationalhymne der Plastik-Hotels aller Kontinente sein... ist mir völlig schnuppe... hallo Frankie-Boy... ich habe mich ganz umsonst geärgert, so ein Glück... Sheratons, Holiday-Inns und Intercontis aller Länder vereinigt euch mit unserem Knast...

‹One o'clock p.m., news of the day: Bonn. In Westdeutschland ist Anklage gegen die beiden IRA-Terroristen McGeough und Hanratty erhoben worden. Sie werden unter anderem des Sprengstoffanschlags auf das Hauptquartier der britischen Armee in Mönchengladbach beschuldigt. – Winnipeg. Zum größten Waldbrand in der Geschichte Kanadas hat sich ein Wald- und Buschfeuer in der Provinz Manitoba entwickelt. – Beirut. Ein Ultimatum zur Tötung weiterer Geiseln durch schiitische Organisationen ist mehrfach verschoben worden. Als weitere Opfer waren der britische Geistliche Terry Waite und die US-Geisel Joseph James Cicippio genannt worden. Israels Ministerpräsident Yitzhak Schamir erklärte, die Kontakte zum Austausch aller Gefangenen werden fortgesetzt. UN-Generalsekretär Javier Perez de Cuellar hat in New York angekündigt, er werde sich mit der israelischen Regierung wegen der Geiselaffäre in Verbindung setzen. Die arabische Liga hat die Ermordung des US-Offiziers Higgins als den göttlichen Unterweisungen zuwiderlaufend bezeichnet. Während im Weißen Haus eingeräumt wurde, derzeit bestünden nur geringe Chancen für eine militärische Vergeltung, forderten mehrere Kongreßabgeordnete schnelle Maßnahmen und fragten, wozu ein 300-Milliarden-Dollar-Verteidigungshaushalt gut sei, wenn er den USA nicht erlaube, gegen Terroristen vorzugehen. Irans Staatspräsident Rafsanjani erklärte bei einem Staatsbesuch im Kreml: Die Geiseln im Libanon werden so schnell wie möglich freigelassen werden. Die Hisbollah-Organisation ‹Heiliger Islamischer Krieg› forderte in Beirut die sofortige Freilassung der in Westdeutschland inhaftierten Libanesen Rachid Hanife und Youssef Koubra und bot den Austausch der beiden dem German Federal Bureau of Investigation angehörigen Geiseln, die sich in ihrer Hand befinden, an. – London. Mit einer Auflage von 150000 startete in Großbritannien der Polit-Thriller von John Le Carré ‹Das Rußlandhaus›. Rockmusiker und Ex-Beatle Ringo Starr hat per Gerichtsbeschluß die Auslieferung seines neuesten Platten-Albums verhindert. Der Produzent habe ...› – Ich schalte das Radio aus.

Um nicht den alten Fehler zu wiederholen, beginne ich sofort, das Gerät zu öffnen, habe allerdings große Mühe mit der Schraube.

«Was meinst du?» frage ich Friedrich.

«Das Wichtigste wurde zuletzt gesagt. Sie behandeln uns als Sonderfall, wir sind die Austauschgeiseln für die beiden in Deutschland und stehen außerhalb der Sache mit dem Scheich Obeid. Es sei denn, es käme eine Paketlösung zustande, bei der alle berücksichtigt werden, also auch Hanife und Koubra.»

«Dann brauchen wir uns keine Hoffnungen auf die Israelis zu machen.»

«Zunächst nicht, aber so schlau ist auch unser Krisenstab im Bundeskanzleramt, uns bei Israelis und Amerikanern ins Gespräch zu bringen, damit wir in die Verhandlungen einbezogen werden, ein Junktim angestrebt wird. Sollten wirklich alle Geiseln in Beirut entlassen werden, wäre das so sensationell, daß sich vielleicht unsere Regierung für eine Abschiebung der beiden Gefangenen entschließen könnte.»

Ich beschließe, mich nicht mehr daran zu klammern. Mich beschäftigt aber noch ein anderer Punkt: «Sollten die Amerikaner eine Invasion in Beirut planen, wäre das unser Todesurteil. Hoffentlich wissen die das. Selbst wenn die CIA Hinweise auf Geiselverstecke hätte, könnten sie niemals so überraschend agieren, um unser Erschießen zu verhindern.»

«Ja, das glaube ich auch», bestätigt Friedrich. «Ich habe

das aber so verstanden, daß das Weiße Haus sich darüber im klaren ist.»

Ich habe den Gerätedeckel endlich offen, stelle den Stift auf UKW und fummele jetzt mit zwei Holzspänen in dem Spalt herum, um den Zeiger der Skala nach links zu befördern. Es ist mühselig, weil der Zeiger dünn und zerbrechlich ist.

«Germa 1 für Germa 3 kommen.»

Ich glaube, ich spinne.

«Hier Germa 1. Wo stehst du jetzt?»

«Ich parke vor dem Haus mit der Cola-Reklame.»

«Roger, ich komme zu dir.»

Deutsche Sätze aus dem Radio in Beirut, mir ist blitzschnell klar, es ist auf UKW der Sprechfunk unserer Botschaft!

«Friedrich, hör dir das an!»

«Hier Germa 2, ich habe die Straße nach Bikfaya abgefahren, alles okay, das eine Baufahrzeug habe ich nicht gekannt, aber es ist jetzt weg. Ich habe jetzt Sichtverbindung zu euch. Soll ich kommen?»

«Nein, Jens, bleib auf der anderen Seite, wir sollten nicht so dicht beieinanderstehen.»

«Das ist unsere Botschaft», sagt jetzt auch Friedrich. «Wie hast du denn die reingeholt?»

«Zufällig», will ich antworten, aber das Wort erstickt, ich sitze da und heule, das Radio rutscht auf die Matratze, es kommen immer mehr Tränen, es sind die BKA-Kollegen vom Personenschutz, ich weine hemmungslos, es ist mir alles so vertraut, dieser Funksprechverkehr, Rotz läuft mir aus der Nase, es sind meine Kollegen, natürlich Kollegen, ich schluchze, sie sind vielleicht ein oder zwei Kilometer entfernt, drüben auf der anderen Seite.

«Ich habe jetzt Alpha wieder an Bord», höre ich. «Wir fahren zurück zu Ziffer 2, Manfred, übernimm die A-Position.»

«Germa 3 roger.»

Es überwältigt mich, ich fühle mich hilflos, elend. Sie sind fast zum Greifen nahe, ich kann ihr Atmen hören, sie fahren einfach frei herum, haben keine Ahnung von uns, haben ‹Alpha›, den Botschafter, irgendwo abgeholt, Ziffer 2 könnte die Residenz sein, dann lassen sie sich vielleicht das Mittagessen servieren.

«Hier Germa 3, Schranke öffnen!» Und nach einer Pause: «Schlaf doch nicht ein, Mann!»

Aber es ist doch eine Illusion, Geisterstimmen, selbst wenn ich mit ihnen sprechen könnte, würde es keine Lösung geben. Ich schluchze noch immer, Friedrich ist bis zum Mittelgang gekommen, seine Kette reicht nicht zu mir.

«Komm, Junge», sagt er, «das Leben geht dort weiter und eines Tages auch für uns.»

«Germa kommen.»

«Hier Germa.»

«Germa 1, 2 und 3 schalten bei 2 ab. Du kannst uns über die kleinen Geräte erreichen.»

«Verstanden, deine Frau hat aus Deutschland angerufen, komm mal über Telefon.»

«Germa 3 roger.»

Eine Art Elster saß auf dem Balkongeländer und weckte mich mit ihrem Gekrächze. Nachts hatte es in einiger Entfernung geschossen. Trügerische Idylle. Blick vom geschmackvollen Halbrund des Hotelgebäudes auf eine tropische Kulisse: Palmen, Schilfdächer, Blüten. Das ein bißchen heruntergekommene ‹El Presidente› in San Salvador ist mir bereits seit meinem ersten Besuch vor vier Jahren in einprägsamer Erinnerung gewesen, eine schwerbewachte Oase, ein Ort des Überflusses, eingekreist von Hunger und Gewalt.

Der Himmel aber strahlend blau mit kleinen weißen Wolkenformationen, die wie eine Armada den Horizont kreuzten. Vogelstimmen, Papageien, die lockende Rufe wie ein Fasanenhahn ausstießen, schwirrende Schwärme kleiner Vögel, die übermütige Runden drehten, ein Auf- und Abschwellen ihres Gezwitschers im Flug.

Und Herr über das schöne Land – die ARENA-Partei. Arena des Todes. ‹El Salvador wird das Grab der Roten sein!›

(1. Strophe des Kampfliedes der ARENA). Sie haben die Macht, politisch und wirtschaftlich. Mit Todesschwadronen eroberten sich die einstigen Feudalherren ihren Besitz zurück. Mit Unterstützung von Militär und Polizei, durch Entführung, Folter, Mord und Todesdrohungen. Policia Nacional, Guardia Nacional, besonders gefürchtet Policia de Hacienda, eine Art Grenzschutz und Zoll mit eigenen Folterzentren – die ‹Ordnungskräfte›.

«Sie fragten mich, wie viele Busse ich angezündet, wie viele Strommasten ich umgestürzt hätte. Bei jeder Frage schlugen sie mich auf den Kopf. Einer versuchte, mich zu vergewaltigen. Als ich mich wehrte, trat er mir in den Unterleib. Nach zwei Tagen mußte ich auf Blanko-Papieren unterschreiben, auf denen ich später mein ‹Geständnis› wiederfand: Verbindung zur linken Guerilla, Herstellung von Bomben, Beteiligung an Anschlägen.» Ein Opfer erzählt aus dem Hauptquartier der Policia de Hacienda.

Gewalt und Gegengewalt. Ähnlich grausam die FMLN (Frente Farabundo Marti para la Liberación Nacional), sie verminen Trampelpfade der Campesinos, vergewaltigen Frauen, töten Mütter mit ihren Kindern. – Die Bevölkerung gilt als gebrochen, hat resigniert und beugt sich der seit Jahrzehnten währenden Gewalt. 70000 Tote seit 1979.

Drüben in Deutschland will man das nicht wissen. Die CDU pflegt gute Beziehungen zur christdemokratischen Partei in El Salvador (PDC), die Konrad-Adenauer-Stiftung unterstützt tatkräftig die Rechten, Entwicklungshilfe läuft weiter, hier und da auch für die Polizei. Das Morden durch Killerkommandos scheint salonfähig zu sein. Todesschwadronen in Guatemala sind kein Hinderungsgrund dafür, den Polizeichef in allen Ehren beim BKA zu empfangen und sogar für seine Frau (alles auf Steuerkosten) ein ‹Damen-Programm› zu organisieren, ihr zwei Tage lang eine hochbezahlte Dolmetscherin des BKA beim Einkauf von Lidschatten und Pumps in Wiesbaden hilfreich an die Seite zu geben. Auch die Stelle des polizeilichen Langzeitberaters in Guatemala City ist im BKA neu ausgeschrieben worden. Todesschwadronen in El Salvador machen es nicht unmöglich, daß der Innenminister mit Delegation im BKA über Terrorismusbekämpfung unterrichtet wird. Todesschwadronen sind eben ‹in›.

Die US-Botschaft in San Salvador gleicht einer mittelalterlichen Festung, nur daß das Fallgatter nicht von oben nach unten, sondern von unten nach oben aufzuspießen in der Lage ist.

«El Salvador ist der Hinterhof der USA», sagte mir ein stämmiger Texaner, «und den müssen wir sauber halten. Todesschwadronen sind nur eine vorübergehende Zeiterscheinung, der Demokratisierungsprozeß nach Duarte ist nicht aufzuhalten.»

Shake-hands mit Folterknechten im Polizeihauptquartier. Der oberste Polizeichef überreichte mir eine Kriminalstatistik, in welcher offensichtlich die ‹Verbrechen von Amts wegen› fehlten. Mein Hinweis auf diesen Mangel und auf Zahlen der erzbischöflichen Rechtsschutzstelle (Tutela Legal) irritierte ihn genauso wie meine Frage nach den Kindersoldaten, die zwölf- bis vierzehnjährigen Jungen, die in einem Hof des Headquarter gedrillt wurden. Damit aber mein Eindruck nicht überwiegend negativ bliebe, führte er mir eine Etage des Polizeigefängnisses vor, mit lauter lachenden Häftlingsgesichtern. Der Küchenchef brachte eilfertig einen mit Gemüse und Fleisch aufgehäuften Teller, die heutige Mittagsmahlzeit, behauptete er, ähnlich gut wie im ‹El Presidente›.

Nur fünf Zigaretten am Tag, das haut nicht mehr hin. Außer dem ‹Zwinkerer› bieten uns die Wächter, die das auch schon gemerkt haben, ab und zu eine zusätzlich an.

«Wir müssen zehn fordern, wenn morgen der ‹Chef› da ist.»

«Nein», sagt Friedrich, «wir wollen zwanzig, dann bewilligen sie mit Sicherheit zehn.»

Das Radio geben sie uns nicht mehr jeden Tag. Eigentlich ist es unberechenbar, wann und warum sie es uns vorenthalten. Friedrich hat mich dazu überredet, den Sprechfunk der

Botschaft nicht mehr einzuschalten. Es wühlt, insbesondere mich, zu sehr auf, und der Informationsgehalt ist gleich Null. Sie verständigen sich untereinander während des Begleitschutzes, geben Positionsmeldungen oder Anordnungen durch, machen flapsige Bemerkungen, aber das ist auch schon alles. Andererseits sollten wir vorsichtig sein, daß uns die Wächter nicht ertappen, also so selten wie möglich einen anderen Sender einschalten.

Es vergeht jetzt kein Tag ohne Schießerei. Was ich früher im Ausland erlebt habe, läßt mich lächeln, obwohl ich es auch damals als gefährlich eingeschätzt hatte. Ich weiß nicht, ob es für uns ein Fluch oder ein Segen ist, daß die Artillerie der Christen so schlecht trifft. Immer öfter gelingt es mir, gleichgültig zu sein, wenn es wieder beginnt. Man kann nicht permanent eine Angst auf die andere pfropfen. Oder ich kann es nicht. Irgendwann denke ich, es ist alles egal, es wird uns erwischen oder auch nicht, ich kann nichts ändern, wozu mich also aufregen. Mit diesem Fatalismus kann ich besser zurechtkommen als Friedrich mit seinen Gefühlen. Wenn sie uns rundum mit Treffern eindecken, wenn es überall prasselt und kracht, schnappt er fast über.

Unseren Hisbollah-Wächtern geht es nicht besser, abzulesen am blanken Entsetzen in ihren Augen, wenn so eine Granate zwanzig Meter neben uns explodiert und wir von der Erschütterung fünf Zentimeter hochhüpfen. Die Greenline ist vielleicht einen Kilometer weg, ich möchte nicht wissen, wie oft sie ihre eigenen Leute treffen. ‹Gaddafi› und der ‹Nasenbohrer› setzen sich öfter zu uns, bringen Tee mit, bieten eine Zigarette an. Friedrich hat ein simples Quartett-Spiel hergestellt, die Vierersätze werden durch Symbole wie Kreise, Quadrate, Kreuze bezeichnet. Mit großer Gaudi spielen sie manchmal mit, ich finde das Spiel zwar geisttötend, aber mich amüsiert ihr kindlicher Eifer und auch Friedrichs Vergnügen.

Ich merke, daß ich jederzeit bereit wäre, eine Schwäche von ihnen auszunutzen, um zu fliehen. Selbst auf Jamal lasse ich mich nicht ein, auch wenn er Fotos seines kleinen Sohnes mitbringt und ein rührender Vater zu sein scheint. Ich weiß, daß ich ihr Vertrauen sofort ‹mißbrauchen› würde, wenn ich die Chance dazu hätte. Ich denke, daß Friedrich anders ist, er hat etwas Kumpelhaftes, auch ihnen gegenüber, ist naiver, sicher ehrlicher. Das habe ich eigentlich schon lange gespürt, daß er lieber den geraden Weg gehen will, sozusagen die ‹legale› Befreiung, schön ordentlich, so, wie der Krisenstab in Bonn das Ziel vorbestimmt hat. Meine Fluchtideen haben ihm immer Unbehagen bereitet. Sosehr er die Freiheit auch liebt, er will sie nicht durch krumme Touren erreichen. Das ist merkwürdig, denn die Wege bei der Abteilung TE sind weiß Gott nicht gerade, da mußte er doch auch krumme Entscheidungen fällen. Aber mir geht auf, daß sich das alles im Bereich des Einsatzes für die gute Sache bewegt, von der er und andere im BKA überzeugt sind, also seine Maßstäbe von Recht und Gesetz nicht verletzten, da seine Auffassung von Pflicht auch eine fadenscheinig begründete Telefonüberwachung, den konstruierten Tatverdacht für eine Festnahme verkraftet, wenn es nur die ‹richtigen› Personen trifft, die für ihn den Staat gefährden.

Auf ihre Weise scheinen Hubristen aufrechte Demokraten zu sein, so wie sie ihren Rechts-Staat verstehen. Aber sie verwechseln Demokratie mit Gesinnung und Freiheit mit Macht.

Mühsam war der Aufenthalt in Kolumbien, dem Narco-Staat. Kein Weg in der Stadt ohne das Risiko eines Raubüberfalls, Mordes oder einer Entführung. Sicherster Ort war das Goldmuseum, gleichzeitig anachronistisch, denn das Gold dieser Tage heißt Kokain. Der deutsche Botschafter so streng konservativ wie der Papst, der in der Salzkathedrale von Zipaquirá predigte. Der Botschafter predigte auch, nämlich wie mißlich es für die deutsch-kolumbianischen Beziehungen sei, wenn ihn der Oberbefehlshaber der Armee angesichts der vielen Menschenrechtsproteste aus Deutschland rügte. Recht zwielichtig mein Kollege, der Personenschützer der Botschaft, dessen Interesse mehr seiner neuen Finca im Badeort Cartagena zu gelten schien.

In Ecuador traf ich auf eine sechsköpfige Delegation des Bundestagsfinanzausschusses auf Durchreise zu den Galápagos-Inseln, um dort den Finanzhaushalt von Kormoranen mit Stummelflügeln zu prüfen und mit der Finanzierung des Jäger 90, ohne Stummelflügel, zu vergleichen. Der Grüne, mit von der Partie, half mir, den Empfang des Botschafters und den Pestizid-Vertreter zu überstehen. Die Frau des Bonner Botschafters: «Chile nach Allende, ach, das ist doch ein so ruhiges und sicheres Land geworden!» Auch Ecuador ist ruhig, dank SIC (Servicio Investigaciones Criminal). Spezialität dieses Geheimdienstes: das Aufhängen an den Daumen bei Vernehmungen. Fast hätte ich zur Weiterreise das Flugzeug benutzt.

Ich entfliehe nach Lima. Peru, das Land der weltweit größten Zahl von Sprengstoffanschlägen, noch mehr als in Beirut, wenn man Artillerie-Einschläge nicht zählt. Ein peruanischer Lügen-General von der Guardia Civil hielt einen Vortrag. Bei der letzten Aktion seien 7 Prozent des Koka-Anbaus vernichtet worden. Richtig ist, daß es 0,7 Prozent waren, sie trotz massiven Drängens der DEA* den Groß-Einsatz immer wieder verschoben hatten, bis auch der letzte Urwaldstützpunkt der Drogenmafia gewarnt war, den größten Teil der Ernte einbringen und zur Koka-Paste verarbeiten konnte. Festnahmen gab es so gut wie keine, wie von Zauberhand waren alle Felder, Labors und Landestrips menschenleer.

Dazu der stellvertretende deutsche Botschafter: «Terroristen hier müßte man erst foltern und dann erschießen, wie soll man denn sonst über das Problem Herr werden!»

Weiterflug nach Chile – und dort das Thema der Botschaft: Nach dem Sturz von Allende bot Colonia Dignidad, eine Art deutsche Sekte, dem noch im Aufbau befindlichen Geheimdienst der Militärjunta (CNI) ihre Unterstützung an. So wurden dort Gefängnis und Folterzentrum errichtet, die einige Jahre bestanden, bis der CNI (Central Nacional de Informaciones) landesweit besser organisiert war. Die guten Beziehungen zum CNI und der Regierungsspitze blieben erhalten, wurden bis heute zur Pflege des Deutschtums fortgesetzt, auch in Form

* DEA: Drug Enforcement Administration (US-Rauschgiftbekämpfungsbehörde)

von Geschäftsbeziehungen. So beschaffte Colonia Dignidad die technische Ausrüstung des CNI von einer Hamburger Spezialfirma für Elektronik und führte Bespitzelungsgerätschaften wie Nachtsichtgeräte, Miniatur-Foto-Überwachungsanlagen, Autoantennen-Endoskope, vom Miniatur-Sender bis zum 750 Stunden-Langzeitsender oder zur drahtlosen GHZ-Audio- und Videoübertragung, containerweise nach Chile ein. Dies verschafft der Sekte auch das Privileg, was immer sie will, zollfrei zu importieren. Colonia Dignidad gilt als Musterbeispiel deutscher Arbeitskraft und Leistung. Ihre Produkte, zum Beispiel Honig, werden in ganz Chile verkauft. Einem deutschen Botschafter war ihre deutsche Wertarbeit bei der Renovierung seiner Residenz hoch willkommen. Die Sekte ist bezüglich ihrer eigenen Versorgung autark, genießt nach wie vor Geheimdienstschutz, verfügt über bewaffnetes Wachpersonal und einen eigenen Geheimdienst. Das riesige Gelände mit eigenem Flugplatz ist eingezäunt, die 700 Personen besitzen keine Freiheit, unterliegen Psychoterror, werden bis in den intimsten persönlichen Bereich fremdbestimmt, systematisch ihrer Persönlichkeit beraubt und entrechtet. Viele Vorgänge des Gruppenzwangs erinnern an die Moon-Sekte. Beziehungen zur BRD münden zumeist in der CSU und sind sehr undurchsichtig. Strauß, ein ehemaliger Besucher dort, wird in dem Lager verehrt, von ihm hängt ein überdimensionales Foto an der Wand.

Seit Jahren weiß die deutsche Botschaft um die Zustände in der Colonia Dignidad. Zumindest drei Botschafter sollen die Sekte besucht haben. Es wurde aber seitens der deutschen Vertretung nichts unternommen, das Auswärtige Amt nicht ausreichend unterrichtet, Angehörige von Sektenmitgliedern abgewiesen, aus dem Lager Entflohene nicht unterstützt. Erst seit dem letzten Botschafterwechsel versuchte man eine Art Aufklärung und mußte dabei feststellen, daß Colonia Dignidad die Rückendeckung der chilenischen Staatsführung genießt, daß an sie nicht heranzukommen ist, selbst oberste chilenische Gerichte entschieden offenkundig auf Weisung gegen die BRD.

Die Berichte meines BKA-Kollegen über die Sicherheitslage gaben regelmäßig Aufschluß über die ‹Subversiven› und ihren Terror, nicht aber über das Schreckensregiment der offiziellen Sicherheitskräfte. Er hatte das amtliche Feindbild, daß Kommunisten an allem schuld seien, in seinem Kopf. Angesichts der vielen Nazis, die in Chile untergeschlüpft sind, muß man sich ohnehin fragen, wie weit die diplomatische Vertretung, über einen Zeitraum von etwa vierzig Jahren, nicht selbst faschistisch geprägt sein muß.

Überreichung des Beglaubigungsschreibens des Botschafters. Anfahrt im Rolls-Royce. Ehrenformation der Wache, Nationalhymne, deutsche Stahlhelme aus dem Zweiten Weltkrieg, Kommandos hallen wider, Griffe klatschen gegen Karabinerschäfte, Köpfe drehten sich ruckartig beim Abschreiten der Front. Warmherzige Rede des Diktators. Der neue Botschafter lächelt beim Händedruck nicht. Seine Antrittsrede wurde in Bonn geschrieben.

Ich stand auf dem großen Platz mit dem Palacio de la Moneda, dem Regierungssitz Pinochets, Wachen in Galauniform, kalte steinerne Pracht. Hier flogen 1973 die Mirages und warfen Bomben auf den Palast, auch die Polzei hatte sich dem Putsch angeschlossen, hier fuhren die Panzer auf, stürmten Soldaten das Gebäude, in dem sich Salvador Allende noch mit einem Dutzend Vertrauter aufhielt. Er war das Gegenteil seines Amtsnachfolgers, der im Imperatorenmantel auftreten wird, die Schnurrbartspitzen zitternd vor Eitelkeit, beklatscht vom Jubelchor herbeigekarrter Menschen, jeden Bezug zur Realität verlierend. Allende war bescheiden, hatte das Pflänzchen Demokratie in den Boden gebracht, mit Gerechtigkeit für alle zu düngen versucht. Aber er war auch schwach, ein Zauderer, Wirtschaftsprobleme wuchsen und wuchsen...

Dann die Demo. Es war einige Wochen vor dem Plebiszit, ein Aufmarsch der NPP, Oppositionspartei gegen Pinochet. Zunächst geordneter Zug, Fahnen, Gesang, Autohupen, ich stand im Stau. ‹NO! NO!› lautete ihre Parole. Ein Stück weiter kündigten Tränengasschwaden Schlimmes an. Auf der

Kreuzung ein Wasserwerfer. Zwei Polizisten schleppten einen Mann hinter sich her. Menschen liefen in verschiedene Richtungen weg, hielten sich Taschentücher vor Mund und Nase, dazwischen schrien sie andere Parolen, waren ekstatisch. Tränengas drang in mein Taxi. Eine Hecke am Straßenrand brannte. Auf der Fahrbahn lagen Bretter und Holzstücke rum, wir schlängelten uns durch. Dann kam wieder ein geordneter Demo-Zug. ‹NO! NO!›

Ein letzter Besuch in der Botschaft – erstaunlich, ein in Gehabe und Sprache so zivil wirkender Militärattaché war mir noch nie begegnet. Das Bundesverteidigungsministerium hat wohl den Eindruck korrigieren wollen, den der Vorgänger hinterlassen hat. Aber sie haben nur Kreide gefressen, wie sich im Gespräch herausstellte. Der Vorgänger ließ sich vom Pinochet-Regime mit zwei Orden dekorieren, dem ‹Honor al Mérito› und dem ‹Estrella Militar de las Fuerzas Armadas› und würdigte bei einer Feier in einer Dankesadresse die Arbeit der paramilitärischen Carabineros, ‹deren Mitglieder ihr Leben riskieren, um die chilenische Gesellschaft zu schützen›. Er verurteilte ferner ‹diejenigen, die die sogenannte Gewalt des Staates verdammen›, und fuhr fort: «Wenn es sich darum handelt, schreien diese selbsternannten Hüter gegen die Gewalt mit lauter Stimme, aber wenn es sich um Gewalttaten des Terrorismus handelt, murmeln sie möglichst leise und verklausuliert ihr Mißfallen.» Geißler soll hierzu gesagt haben: «Dieser Militärattaché ist ein Arsch!» Man könne doch nicht darüber hinwegsehen, daß das Militär zwei junge Leute bei einer Demonstration mit Benzin übergossen und verbrannt habe. Der Attaché hätte gefälligst Informationen über die Diktatur zu liefern, nicht sie zu loben. – Dies müßte eigentlich auch dem BKA-Mann in den Ohren geklungen haben. – Ach ja, der Botschafter, er war bei der Feier auch zugegen und hat sich später entschuldigt, die Huldigungsrede nicht vorher gekannt zu haben. – Ich fragte den amtierenden Militärattaché, was denn aus seinem Vorgänger geworden sei. «Der wird in diesen Tagen in Ulm zum Oberst befördert», antwortete er.

Flughafen. Abschied von Chile, einem Land, in dem kurz vor den Wahlen der Diktator seine Operettenuniform ausgezogen hatte und nur in Zivil auftrat. Wie dumm muß man sein, um ein Volk für so dumm zu halten.

Flug LH 519 nach Frankfurt.

«Wenn es um Nazis geht, dann siehst du weiße Mäuse», meint Huber.

«Sag mal, ist das alles, was dir zu den Verhältnissen in Lateinamerika einfällt?»

«Nein, mich hat manches schon bedrückt, besonders diese Colonia Dignidad, ich verstehe die Inaktivität unserer Botschaft nicht. Aber du solltest nicht den Fehler machen, die Welt voller Nazis zu vermuten.»

«Wenn es dich beruhigt, die Folterknechte, denen ich begegnet bin, waren zur Hälfte Faschisten und zur anderen Hälfte die Schergen aus kommunistischen Parteidiktaturen. Ihre Visagen im rechten El Salvador oder linken Mosambik haben sich durch nichts unterschieden. – Und wenn ich von Nazis spreche, dann meine ich sie auch.»

«Also ich sehe keinen Unterschied zwischen Nicaragua und Chile», unterbricht er mich.

Ich werde wütend. «Okay, wenn du den Unterschied nicht begriffen hast, kann ich dir auch nicht helfen! Außerdem hat einmal ein kluger Mann gesagt, daß es keine Gleichheit im Unrecht gibt!»

«Nun sei nicht beleidigt», lenkt er ein, «aber ich denke, du kannst mir in keinem Fall wirklich beweisen, daß du es mit einem Nazi zu tun hattest. Deine atmosphärischen Bewertungen sind mir zu vage.»

«Als ob es eines Beweises bedürfte, wenn jemand deutschtümelnd reaktionäre Reden führt, Krieg und alte Zeiten verherrlicht. Aber bitte, du kannst auch Beweise haben: In Port Moresby zum Beispiel hat mich der Botschafter, der wahrscheinlich auch den Schönhuber im Bücherschrank stehen hat...»

«... das ist schon wieder eine unbewiesene Unterstellung!»
«Schön, von mir aus hat er ‹Das Kapital› von Karl Marx im Bücherschrank. Also, er hat mir vorgeschlagen, um die Zeit am Wochenende zu verkürzen, daß wir einen Freund besuchen gehen. Deutscher Geschäftsmann: Hausbesitzer, Schweinezucht, Krokodilzucht, Fabrikation von Dielenbrettern, Monopol auf irgendeine Fleischkonserve im Lande. Das Gelände war früher zu riechen als zu sehen und von Schweineexkrementen übersät. Dann ein großes Schild ‹Dorf Hügelhaus›, dies auch seine Postanschrift. Sodann öffnete sich der Blick auf eine kleine, mittelalterliche deutsche Burg, umgeben von tropischer Vegetation, ein wirklich seltsamer Anblick. Alte Kanonen und verrostete Geschütze garnierten das Gebäude. Das Wohnzimmer, die Wände aus Naturstein, glich einem Rittersaal, den man nach allen Regeln der Geschmacksverirrung verkitscht hatte. Schwere Barockmöbel und eine Sitzgruppe aus vergoldetem Leder. Hinter Glastüren eine Militaria-Sammlung, deren Waffen und Orden eine Unsumme gekostet haben müssen. Silberbeschlagene Duell-Pistolen, ausgestellt auf tiefblauem Samt. An der Wand Wappen. In einem Turm die Bar, ausgeschlagen mit Fahnentuch in schwarz-rot-gold. Als Clou ein kleines Pfauenküken, das im Rittersaal rumhüpfte. Er wollte der erste Mensch sein, der in Papua Neu-Guinea einen Pfau besitzt. Allerdings rutschte dieser kleine unschuldige Pfau permanent aus und fiel auf den Schnabel. Wahrscheinlich wird er sich bald den Hals gebrochen haben.

Das Botschafterehepaar und das Hügelhaus-Ehepaar begrüßten sich mit Küßchen. Für mich war das alles so penetrant, daß ich darum bat, schnellstmöglich wieder aufzubrechen. Der etwas pikierte Botschafter folgte mit einer gekonnten Höflichkeitsfloskel gegenüber dem Gastgeber meinem Wunsch. Nicht nur, daß Hügelhaus zur Vernichtung des tropischen Regenwaldes von Papua Neu-Guinea beiträgt, Krokolederhandtaschen vertreibt und mehr nicht entsorgten Abfall produziert als die restliche Stadt Port Moresby zusammen, er ist ein eingefleischter Militarist und Schlimmeres, das warf ich dem Botschafter vor und daß ich nicht verstehen könne, daß er mit einem solchen Typen Umgang pflege. – Doch, das müsse ich verstehen, insistierte der Diplomat, denn sonntagmorgens gingen Minister bei Herrn Hügelhaus ein und aus, dies sei ein Mann mit Beziehungen und Einfluß, solche Leute müsse man kennen. Und bei den dort üblichen Saufgelagen hätte er Zugang zu Ministern, die sonst in ihrem Amt für ihn nur schwer zu sprechen seien, so manche Angelegenheit habe er schnell und unkompliziert regeln können. – Welch ein Preis, erwiderte ich.

Nicht aus des Botschafters Mund erfuhr ich anschließend, was jeder bei der Botschaft wußte: Herr Hügelhaus pflegt ab und an zu vorgerückter Stunde bei seinen berüchtigten Saufgelagen mit einer alten SS-Uniform aufzutreten und ‹Wir fahren gen Engeland› zu singen. Und, fast war es für mich schon keine Überraschung mehr, der Botschafter hat ihm das Bundesverdienstkreuz ‹besorgt› und an die Brust geheftet. Das kann man auch akzeptieren, denn Herr Hügelhaus hat sich insofern um das Allgemeinwohl verdient gemacht, als er etwa 14000 km von der BRD entfernt lebt. Deshalb spielt es auch keine besondere Rolle, ob er die Finger dabei im Spiel hatte, daß im Flughafen von Port Moresby in einer Vitrine, nein, nicht Marx oder Schönhuber, sondern der Bildband ‹Hitlers Luftwaffe› steht.»

«Vielleicht einigen wir uns darauf», sagt Huber nach einer längeren Pause, «daß zwischen fünf und zehn Prozent der im Ausland lebenden Deutschen rechtsradikal denken, denn warum sollen sie sich von denen in Deutschland unterscheiden, die die Republikaner wählen.»

Ich könnte zwar ergänzen, daß es im Ausland vielleicht mehr sind, weil fern der Heimat das Deutschtum eine viel gewichtigere Rolle spielt, aber ich lasse seine Feststellung so stehen.

«Vielleicht akzeptierst du aber auch», fährt er fort, «daß prozentual im Ausland in etwa genauso viele Linksradikale wie Wähler der Grünen zu finden sind.»

«Natürlich, immer ausgewogen, immer pluralistisch, immer der nivellierende Brei, typisch dein BKA-Feindbild. Der Feind lauert links, auch Amnesty ist subversiv. Von mir aus kann man die Politik der Grünen auch als radikal bezeichnen, nur anders, als du es verstehst. Aber eins ist ganz sicher, im Ausland habe ich höchst selten einen ‹linken› Deutschen getroffen!»

Huber ist empört. «Sag mal, merkst du eigentlich nicht, wie einseitig du bist?»

«Warum soll ich eigentlich immer sachlich sein? Ich bin Partei, und ich ordne die Grünen in unser demokratisches Spektrum ein, die REPS aber nicht.»

«Ich kann dein Verhalten nur insoweit akzeptieren, als du besonders feinnervig reagierst, weil dein Vater in der Nazi-Zeit Polizist war.»

«Warum und wie nervig ich reagiere, weiß ich selbst nicht.»

Es entsteht jetzt eine längere Pause, die nur vom entfernten Grollen einiger Artillerieschüsse, die sich wie Donner eines näherziehenden Sommergewitters anhören, unterbrochen wird.

Huber nimmt das Gespräch wieder auf. «Du hast einmal Albert Speer erwähnt. Was ist mit ihm?»

Ich ziehe mich tiefer in meine Box zurück, auch in mich selbst. Mit fehlender Blickverbindung zu Huber reißt der Kontakt gänzlich, so will ich es.

«Hier Speer», meldete sich am Telefon eine warm klingende ältere Stimme mit leichter Dialekteinfärbung, wie ich es aus Mannheim kenne. «Sie sind Albert Speer?» fragte ich, um Zeit zu gewinnen, meine Aufregung unter Kontrolle zu bringen. «Ja, was wünschen Sie?» Ein leiser Anklang von Ungeduld...

«Speer, Albert, 19.3.1905», las ich Andrea aus dem Brockhaus vor, «Architekt, Politiker (NSDAP), 1937 zum Generalbauinspektor für Berlin ernannt, wurde 1942 Reichsminister für Bewaffnung und Munition sowie Generalinspekteur u. a. für das Straßenwesen. Seine – fortwährend ausgeweiteten – Vollmachten (seit 1943 Reichsminister für Rüstung und Kriegsproduktion) nutzte er zur Steigerung der deutschen Rüstung. Das Internationale Militärtribunal in Nürnberg, vor dem sich Speer zu seiner Mitverantwortung bekannte, verurteilte ihn 1946 wegen seiner Beteiligung am Zwangsarbeiterprogramm zu 20 Jahren Haft. 1966 wurde er aus dem alliierten Militärgefängnis in Spandau entlassen.»

«Er war nie in der NSDAP», sagte Andrea, «da irrt sich der Brockhaus.»

«Ich rufe den einfach an, ich glaube, er wohnt in Heidelberg, ich erinnere mich an ein Fernseh-Interview aus seiner Wohnung.»

«Quatsch, der kommt doch niemals!» Andrea steckte die Nase wieder in ihr Buch, für sie war es eine Schnapsidee.

«Ich binde ihm natürlich nicht unsere Absicht auf die Nase, ich täusche ihn ganz einfach.»

Andrea blickte kurz aus ihrem Buch hoch und widmete sich weiter ihrer Lektüre.

«Er ist derselbe Jahrgang wie mein Vater», murmelte ich und wählte die Postauskunft. «Heidelberg, ja, Speer, Vorname Albert. Publizist? Das dürfte er sein.»

Ich holte tief Luft. «Ich organisiere ein Seminar im Fachbereich Politikwissenschaften an der Uni Mainz. Es steht unter dem Thema ‹Aspekte der Innen- und Außenpolitik in den Jahren 1933 bis 1945›.» Andrea schaute wieder auf, ihr Blick hatte etwas Belustigtes, es waren die Momente, in denen wir uns am besten verstanden. Das gab mir Sicherheit, meine Worte klangen jetzt überzeugend. «Da Sie, Herr Speer, sozusagen als Person der Zeitgeschichte, ein intimer Kenner der Politik dieser Zeit sind», ich vermied die Worte ‹Nazi-Regime› und ‹Drittes Reich›, wollte ganz vorsichtig sein, «dachte ich, daß es für unsere Veranstaltung ein großer Gewinn wäre, Sie als Referenten zu gewinnen.»

«Ja, mhm, ich wollte eigentlich solche Auftritte etwas einschränken, weil ich an einem wichtigen Manuskript sitze, der Verlag wartet schon darauf.»

«Ich verstehe, aber der Termin wird erst in zwei Monaten

sein, und wir können uns ganz nach Ihren Zeitvorstellungen richten.»

Andrea bedeutete mir mit wilden Gesten, daß es sehr wohl zeitliche Restriktionen gab, ich winkte ab, denn wenn ich ihn erst mal an der Angel hatte, ließ sich das schon hintricksen.

«Also erst in zwei Monaten, ach so, wissen Sie, ich will mich solchen Verpflichtungen vor jungen Menschen auch nicht ohne weiteres entziehen, empfinde auch eine gewisse Verantwortung...»

«Genau, Herr Speer, einen kompetenteren Sachkenner könnten wir uns gar nicht vorstellen, jemanden, der es aus unmittelbarer Nähe erlebt hat.»

«Wie lange fährt man denn von Heidelberg nach Mainz?»

Ich frohlockte, es schien zu klappen. «Weniger als eine Stunde. Die Sache läßt sich für Sie in einem halben Tag abwikkeln.»

«Also gut, dann mache ich das.»

So, jetzt hatte ich die Zusage, jetzt konnte er schlecht einen Rückzieher machen. «Sie kennen ja die angespannte Haushaltslage der Hochschulen, Herr Speer. Für ein Honorar fehlen uns die Mittel, außer Fahrtkosten und übliche Tagesspesen natürlich. Ist das für Sie ein Hinderungsgrund?»

Er lachte etwas gezwungen. «Bis jetzt nage ich nicht am Hungertuch, das geht schon in Ordnung. Aber ich habe natürlich keine Zeit, einen Vortrag auszuarbeiten, am besten wird sein, Sie stellen mir vor dem Auditorium qualifizierte Fragen. Selbstredend stehe ich auch abschließend zur Diskussion zur Verfügung. Rufen Sie mich dann bitte vierzehn Tage vorher nochmals an, um die Einzelheiten festzulegen.»

In der ihr eigenen spontanen Art sprang Andrea hoch, als ich den Telefonhörer aufgelegt hatte, zog mich vom Stuhl und wirbelte mit mir in einer Art paso doble durch ihr Büro, so daß aufgrund des Krachs aus dem Nachbarzimmer Walter Jauernik herbeieilte.

«Was ist denn mit euch los?»

«Weißt du, was er gerade gemacht hat?» keuchte Andrea noch von der tänzerischen Anstrengung. «Er hat Reichsrüstungsminister a. D. Speer für unser Block-Seminar ‹Faschismus› verpflichtet, und das Thema ‹Nazi-Verbrechen aus persönlicher Sicht› hat er schnell umfunktioniert in ‹Aspekte der Innen- und Außenpolitik in den Jahren 1933 bis 1945›, das ist nicht einmal falsch, so kann man Völkermord auch umschreiben!»

«Wie soll das überhaupt ablaufen?» fragte Jauernik.

Andrea forderte mich mit einem Blick zum Reden auf, weil ich es für sie bisher in die Hand genommen hatte. «Andrea wird über das Schicksal der Zigeuner sprechen; Frau Hörschelmann, eine fast Achtzigjährige, war im KZ Theresienstadt und wird über ihr Leiden berichten; Karl Wenzke ist Altkommunist aus Mainz und Verfolgter der Nazis, verbrachte die meiste Zeit im Zuchthaus Butzbach; Professor Niebergall hat sich mit der Verfolgung der Juden in Mainz befaßt; und Rolf Hochhuth referiert über seinen ‹Stellvertreter›.»

«Wie bist du denn an den Hochhuth rangekommen?» staunte Jauernik.

«Er inszeniert gerade sein Stück ‹Juristen› am hiesigen Theater, ist also zufällig in Mainz und hat zugesagt. Er meinte scherzhaft, gar nicht mehr zu wissen, was alles im ‹Stellvertreter› drinstehe, so lange sei das her.»

Jauernik nickte anerkennend. «Das wird eine gute Sache, so einen freien Mitarbeiter wie dich wünschte ich mir auch.»

«Ich weiß gar nicht, wo mir der Kopf steht, mein Zigeuner-Projekt frißt mich total auf. Was meinst du, Walter, der Fachbereich könnte doch mit ihm einen Vertrag machen, daß er die sechs Veranstaltungen selbständig durchzieht. Allein für den Speer müßte man seine Bücher durcharbeiten, das schaffe ich gar nicht.» Andrea spielte ein bißchen ihre Verzweiflung.

Jauernik sah keine Probleme. «Wir verpflichten ja auch sonst Gastdozenten zu Lehrveranstaltungen. Du brauchst ja unserem Dekan nicht auf die Nase zu binden, daß er beim BKA arbeitet.»

Friedrich reißt mich aus meinen Gedanken: «Was ist nun mit Speer, du kennst ihn doch, hast du einmal gesagt?»

«Das war nur eine flüchtige Begegnung», lüge ich, «außerdem ist er tot.»

6. Kapitel

Schüsse in unmittelbarer Nähe lassen mich aus dem Schlaf hochschrecken. Draußen poltert es, arabische Kommandos, ich höre das metallene Klacken einrastender Magazine. Jemand läuft durch den Gang. Wieder ein Stoß Dauerfeuer, keine zehn Meter entfernt.

«Was ist los?» fragt Friedrich erschrocken, vom plötzlichen Aufwachen verwirrt.

«Das ist nicht an der Greenline, sondern vor unserer Haustür!» stoße ich hervor, mir plötzlich der Gefahr bewußt werdend. «Wenn uns jemand befreien will, werden sie uns vorher erschießen!»

Jetzt knallen Einzelschüsse in etwas größerer Entfernung.

«Verdammt!» sagt Friedrich gepreßt.

Ich angle meine Trainingsjacke vom Nagel im Mittelgang und ziehe sie an. «Oder Invasion», befürchte ich, «die Christen überrennen die Greenline.»

«Das kann nicht sein», antwortet Friedrich, «dann würde es auf breiter Front schießen und zuerst an der Demarkationslinie.»

Unsere Tür wird aufgerissen. Mein Gott, nun ist es vorbei, erst im Sarg gestorben, dann bei der Hinrichtung und nun endgültig. Jetzt wird er gleich schießen, ich werde es gar nicht mehr hören, hoffentlich geht es schnell!

Das Deckenlicht flammt auf, blendet, es ist der ‹Nasenbohrer›. Er hat die MP in der Hand, richtet sie aber nicht auf uns. Er wirkt hektisch. Jetzt legt er die Waffe auf den Boden und schließt Friedrichs Kette am Fuß auf. Wieder Schüsse.

«Was ist los?» fragt Friedrich. Der ‹Nasenbohrer› antwortet nicht.

«He, du Idiot, what's the matter? Qu'est-ce qu'il y a?» schreie ich ihn an.

«Arlak fumuk! – Shut up!» sagt er grob, öffnet mein Schloß und zieht eine Plastik-Fessel aus der Tasche, schnürt meinen rechten und Friedrichs linken Arm über dem Handgelenk zusammen, dann ergreift er wieder seine MP.

Der ‹Chef› erscheint in der Tür und gibt dem ‹Nasenbohrer› einen arabischen Befehl. Eine Frage ignoriert er und eilt davon.

Draußen wird die Schießerei heftiger. Es sind in erster Linie Maschinenpistolen, innerhalb oder außerhalb des Hippodrome, man kann es schlecht sagen. Der ‹Nasenbohrer› führt uns in eine andere Box, die in der Nähe des Ausgangs liegt. Die andere Ganghälfte, die der Amerikaner, ist auch beleuchtet, ich sehe Jamal dort.

«Das Schießen gilt nicht unmittelbar uns, sonst würden die nicht solch eine Festbeleuchtung machen.» Friedrichs Worte beruhigen mich etwas.

Trotzdem wäre es besser, überlege ich, wenn sie alle Lichter ausschalten würden. Wir hocken auf dem Boden, auch der ‹Nasenbohrer›. Jetzt prasselt es in zwei Metern Höhe in das Gebälk des Stalls, ‹High noon›, denke ich sarkastisch, wie in einem Western. – Ich habe mich wieder gefangen, seit ich realisiere, daß wir nicht direkt gemeint sind. Die Gefahr unterscheidet sich eigentlich nicht vom üblichen Artilleriebeschuß.

«Hoffentlich lassen sie uns hier!» meint Friedrich ängstlich.

Dies bleibt ein Wunschtraum. Vor dem Eingang wartet ein älterer Toyota mit geöffnetem Kofferraum. Zuerst muß ich hineinkriechen, dann Friedrich, wir sind noch immer aneinandergefesselt. Bevor sie die Klappe schließen, sehe ich, wie Jamal und der ‹Chef› in einen zweiten Pkw einsteigen. Was ist mit den Amerikanern? Ich lehne meinen Kopf an das Reserverad. Zuerst warten wir noch, fahren dann langsam ein Stück, wahrscheinlich im Schutze des Hippodrome, bleiben mit laufendem Motor stehen, Auspuffgase kriechen, mich würgend, in den Kofferraum. Friedrich atmet stoßweise. Schüsse werden so nahe abgegeben, daß man es auch riechen kann. Ein Feuerstoß prescht durch die Zweige von Büschen oder Bäumen neben uns. Ich schätze unsere Chancen momentan auf fifty-fifty. Wir warten schier endlos.

Der Motor heult auf, Vollgas, Räder drehen durch! Eine Feuerpause nutzend, rasen wir los. Wir biegen auf eine Straße ein, schleudern leicht, mit ohrenbetäubendem Lärm beginnen sie aus unserem Auto heraus aus der MP zu feuern. Unsere Chancen schwinden auf eins zu zehn. Sie brechen durch und schießen den Weg frei, aber die Antwort kommt prompt. Ein zerschossener Reifen würde reichen, und wir drehten uns im Kreis wie ein altersschwacher Zirkusgaul, der den Gnadenschuß erwartet. «Wenn das Auto brennt, sind wir verloren!» stöhnt Friedrich. Mir ist heiß, mir ist es zu eng, ich habe Panik, mir fehlt Luft. «So eine Idiotie!» brülle ich verzweifelt. Warum haben die nicht klammheimlich im Pferdestall ausgeharrt??

Die Zeiten des Pferdestalls sind passé. Unser neues Gefängnis ist ein kleines Häuschen in einem typischen Araberviertel, in der Nachbarschaft vergammelte Einfamilienhäuschen, die alle gleich aussahen. Ich hatte keinerlei Orientierung, in welchem Gebiet Beiruts wir nach einer halben Stunde Fahrt angelangt waren, mit Sicherheit fernab des Zentrums. Beim Öffnen der Kofferraumklappe konnten sie einen kurzen Rundblick in der aufkommenden Dämmerung nicht verhindern, dann verbanden sie uns schnell die Augen, was sie in der Hektik zuvor vergessen hatten, und brachten uns in das Haus. Überraschend war, daß bereits Ketten im Holzfußboden verschraubt und die Fenster vernagelt waren, also unsere Verlegung nicht spontan erfolgte, sondern offensichtlich geplant worden ist.

Perdu auch die Intimsphäre, die ich in der Pferdebox ‹genoß›. Unser neuer Raum ist klein, höchstens 15 Quadratmeter; zwar verfügt jeder über eine Matratze, aber die Nähe ist unausweichlich. Mit Grausen denke ich an die vor uns liegende Zeit. An der Wand hängt ein alter Kalender von 1988, den ich entweder als Schreibpapier nutzen oder auf 1989 umdatieren werde. Dann wären wir auch nicht mehr darauf angewiesen, immer wieder unauffällig auf ‹Gaddafis› Armbanduhr zu schielen, um das Datum zu erfahren. Wenn meine Notierungen stimmen, sind wir jetzt fast auf den Tag genau seit sechs Monaten entführt, es könnten auch sechs Jahre sein. – Im Laufe des Tages wird es stickig heiß. Es gibt hier nicht eine einzige knorrige schattenspendende Pinie, deren Harz im Hippodrome so erfrischend zu riechen war.

«Hast du bemerkt, daß hier in der Umgebung eigentlich kein Haus zerschossen ist?» fragt Friedrich.

«Das ist ein gutes Zeichen», finde ich. «Ich möchte gerne wissen, wer sich heute nacht den Kampf geliefert hat.»

«Eins ist klar, es waren keine Freunde der Hisbollah. Vielleicht sind es Amal gewesen.»

«Der ‹Chef› hat aber neulich erzählt, daß sich Amal und Hisbollah in Damaskus geeinigt hätten.»

Friedrich überlegt. «Das mag die große Linie sein, auf die sich Nabih Berri und Scheich Fadlallah verständigten, aber die Hisbollahs sind verzweigt und nicht immer zu kontrollieren. Unsere ‹Freunde› zählen wohl zum ‹Heiligen Islamischen Krieg›, aber es gibt andere, wie die ‹Organisation der Unterdrückten dieser Erde› oder die ‹Zellen für den Bewaffneten Kampf› oder ‹Heiliger Islamischer Krieg zur Befreiung Palästinas›. Und generell sind Hisbollahs wegen der fundamentalistischen Pasdaran-Mentalität ihrer iranischen Revolutionsgardisten bei anderen schiitischen Milizen nicht beliebt. Also kann es für lokale Schießereien tausend Gründe geben.»

Eine Dusche ist nicht vorhanden! Wasserhahn auf dem Klo, darunter ein Eimer, das ist alles. Es mag lächerlich klingen, aber ich bin entnervt, weil es fünf Tage dauert, bis sie mir endlich eine Zahnbürste besorgt haben.

Eine Umstellung bedeutet es für alle, auch für die Wächter, jeder muß sich neu arrangieren. Jamal zum Beispiel klagt, daß die Entfernung zu groß ist, er sei eine bis zwei Stunden hierher unterwegs. Das gilt nur für den Normalfall, denn bei

Artilleriebeschuß werden daraus leicht fünf Stunden oder acht, die Ablösung bleibt aus, die Gesichter der diensthabenden Wächter werden immer länger, unser aller Hunger und Gereiztheit größer. Nach dem räumlich großzügigen Pferdestall leiden wahrscheinlich alle unter der Enge des Häuschens, das zudem sehr hellhörig ist. Die Amerikaner sind offensichtlich auch da, leider haben sie uns nicht Wand an Wand untergebracht. Aus unserem Knastraum führt die Tür direkt in den Wachraum der Posten und von dort in einen kleinen Flur mit der Toilette. Schlechte Karten für einen Fluchtversuch, weil ich es mir als sehr schwierig vorstelle, aus diesem reinen schiitischen Wohngebiet unerkannt rauszukommen, selbst wenn ein vorübergehend unbemerktes Entrinnen aus dem Knast-Häuschen möglich wäre.

Warum haben sie uns das Radio wiedergegeben? Zunächst wage ich gar nicht, BBC einzustellen. Die Wächter können absolut überraschend unseren Raum betreten und außerdem den Sender zufällig hören. Schließlich riskiere ich es doch, einen Holzspan, der sich als Schraubenzieher verwenden läßt, habe ich mit den Fingernägeln von den Fußbodendielen abgetrennt. Ich öffne das Gerät unter dem Schutz meiner Trainingsjacke, die Lautstärke regeln wir so, daß wir das Gerät zwischen uns stellen und uns dicht mit dem Ohr von beiden Seiten daneben legen. Die Wächter trinken Tee und lassen sich hoffentlich nicht blicken. Das Nahost-Programm von BBC bringt einen interessanten Hintergrundbericht zur politischen Lage im Libanon. Um den Ort Suk el-Gharb in der Nähe Beiruts, eine strategisch wichtige Bergfestung an der Grenze zwischen Christen und Drusen, sei es zu einer Schlacht zwischen General Aoun und dem Führer der Drusen-Miliz, Walid Dschumblat, gekommen. Die Christenarmee konnte sich, trotz überlegener Feuerkraft der die Drusen unterstützenden Syrer, behaupten. Die Syrer sollen jetzt starke Truppenverbände um das Christengebiet zusammenziehen, um dort vielleicht einzumarschieren. Eine solche Unterwerfung führe aber zu einer syrischen Führungsrolle im Libanon, was Saudi-Arabien nicht wolle und Damaskus mit der Einstellung seiner jährlichen Finanzhilfe von 500 Millionen Dollar drohen ließ. Auch könne ein weiteres Vordringen der Syrer israelische Interessen im Süden des Libanon berühren. In den letzten fünf Monaten habe der Bürgerkrieg mehr als 700 Tote und 3000 Verletzte gefordert. Über die Hälfte der Einwohner Beiruts sei geflohen, es gebe kaum noch Strom und Wasser.

Draußen Hühnergegacker, manchmal am Spätnachmittag spielende Kinder, immer wieder arabische Stimmen der unterschiedlichsten Klangfarben. Gestern morgen unterhielten sich unmittelbar vor unserem Fenster drei Frauen, fast eine Stunde lang, ein Morgentratsch, scheinbare Normalität.

Friedrich ist omnipräsent. Die Luft im Raum, stickig und heiß, zwingt zum Ausziehen der Kleidung. Mit oder ohne Unterhose, für mich ist es peinlich. Da es kein Wasser gibt, können wir uns seit zwei Tagen nicht vernünftig waschen. Frische Unterwäsche geben sie uns nur einmal in der Woche. Friedrichs Unterhose ist ihm zu klein, meine mir zu groß. Ich stinke und finde mich abstoßend. Er stinkt auch, was noch schlimmer für mich ist.

Ich spinne mich öfter ein, entfliehe der Realität. Der Raum liegt im Halbdunkel, es gibt Lichtflecken und Schatten, sie verschieben sich, bilden Figuren, draußen vorbeigehende Personen wandern manchmal, wie durch eine Laterna magica verkleinert, über die Zimmerdecke. Die Licht- und Schattenspiele erinnern mich an die Lichtregie unserer Kabarettaufführungen, wie man mit Licht Stimmungen erzeugen oder sie sogar manipulieren, durch Lichtwechsel schlagartig Illusionen zerstören oder aufbauen kann, ähnlich wie mit Musik, immer Gefühle beeinflussend; ich hatte Gefallen daran gefunden, ein bißchen den geheimen Verführer zu spielen, Emotionen des Zuschauers selbst bei der Hand zu nehmen und dorthin zu leiten, wo ich sie haben wollte, ganz unbewußt für meine Opfer. Ich machte auch Fehler, war zu plump, beleuchtete schwarzweiß, man ‹erkannte die Absicht und war verstimmt›.

Das BKA merkte nichts von meinem Doppelleben. Um

16 Uhr war dort Feierabend, ich fuhr nach Mainz, und um 18 Uhr begannen, zu Anfang immer in unserer WG, die Kabarett-Proben. Einem Eiertanz kam gleich, meine Dienstreisen auf Proben- und Aufführungspläne abzustimmen. Mein Leben war anstrengend, aber intensiv. Andrea hatte gute Ideen, und meine waren auch nicht übel. Wir machten eine Woche Urlaub in Paris, saßen abwechselnd bei Café au lait in Straßencafes des Boulevard Saint Michel oder auf dem Hotelbett und schrieben bissige Texte, freuten uns, wenn die Pointe saß.

Ich bin gereizt und reagiere auch so. Als Friedrich sagt: «Meinst du, daß uns die Leute später in Wiesbaden auf der Straße wiedererkennen?» platzt mir der Kragen. «Ja, ganz bestimmt, wenn du dir das Bundesverdienstkreuz um den Hals hängst!»

Das Radio hat seinen Geist aufgegeben, die Batterien sind leer. Jamal will neue beschaffen.

Wir beschweren uns beim ‹Chef› über unsere miese Zelle und verlangen, den Unterhändler zu sprechen. Als der ‹Chef› unverbindlich reagiert, setzt ihm Friedrich kurzerhand ein Ultimatum von zehn Tagen, andernfalls träten wir in den Hungerstreik. Ich finde diese spontane Reaktion sehr gut. Der ‹Chef› war auch sichtbar beeindruckt.

Nicht daß ich ein Statistik-Fan wäre, aber mich hat immer beeindruckt, wie sich das BKA über simple Tatsachen einfach hinwegsetzt, zum Beispiel wenn es um die internationale Solidarität der Polizei geht. Viele Angehörige des Amtes sind in der Internationalen Polizei-Assoziation (IPA) vertreten, der über 220000 Mitglieder in 51 Staaten angehören. Der Schönheitsfehler besteht allerdings darin, daß auch 13 Folterregime und 3 Staaten mit Todesschwadronen dazuzählen.

Das Bundesverdienstkreuz läßt mich an Fritz Semmel denken, der als BKA-Direktor über Jahre internationaler Präsident der IPA war, sich selbst gerne ‹Weltpräsident› nennen ließ, im BKA in einer Nische der fachlich Überflüssigen saß, um sich seiner Funktionärstätigkeit um so intensiver widmen zu können. Dazu zählte auch, Urlaubsreisen mit ‹Polizeiprogramm› nach Südafrika zu organisieren, zum Besuch bei ‹Polizeihunden und Schwarzen›. Irgendein SPD-Landesinnenminister hat ihm dafür das Bundesverdienstkreuz umgehängt, aber ich weiß gar nicht, warum ich mich darüber noch aufrege.

«Bist du eigentlich Mitglied in der IPA?» frage ich Friedrich.

«Ja.»

«Und macht dir das nichts aus, Seite an Seite mit Folterknechten?»

«Laß doch bitte diese Polemik; außerdem bin ich passives Mitglied.»

«Und als 1982 der internationale IPA-Kongreß in Wiesbaden stattfand, hast du da nicht teilgenommen?»

«Doch, bei einem Empfang, in meiner Eigenschaft als Abteilungspräsident.»

«Wie hast du dich gefühlt, bei den vielen Shake-hands, jeder vierte Polizist ein potentieller Folterer?»

Friedrich lächelt noch immer und ermahnt mich väterlich: «Könntest du jetzt bitte sachlich darüber reden?»

Aber ich steigere mich in meine Empörung hinein. «Haben deine Kollegen aus Südafrika eigentlich ihre Sjamboks, ich meine diese Rhinozeroslederpeitschen, als Demonstrationsobjekte mit nach Wiesbaden gebracht?»

Er wendet sich beleidigt von mir ab.

«Manchmal foltern sie in Südafrika mit Elektroschocks», fahre ich unbeirrt fort. «Aber viel lieber tun sie es mit Plastiktüten oder Gummischläuchen, die sie ihren Opfern über den Kopf ziehen, um sie fast zum Ersticken zu bringen, denn das hinterläßt keine Spuren!»

Nach einer Pause sagt Friedrich: «Das Thema ist zu ernst, um so schnoddrig damit umzugehen, wie du es tust. Du willst doch nicht im Ernst behaupten, daß sich jemand im BKA oder in der IPA für Foltern ausspricht. Und der Kontakt mit diesen Kollegen aus Folterregimen, wie du es nennst, kann doch nur den Sinn haben, ihnen eine demokratische Polizei vorzuführen, zum Beispiel bei einem Kongreß in Wiesbaden, um so die Verhältnisse in solchen Staaten positiv zu beeinflussen.»

«Natürlich will niemand im BKA foltern, das habe ich auch nicht behauptet.» Ich überlege, ob ich das auch wirklich so sagen kann, ob es nicht in einigen Köpfen bei der Terrorismusbekämpfung herumspukt, aber dafür habe ich nie Anhaltspunkte gefunden. «Was ich kritisiere, ist die internationale Kameraderie, die stille kollegiale Übereinstimmung, daß man sich meines Wissens noch nie offiziell oder inoffiziell von solchen Polizeien distanziert hat.»

«Weil das BKA eine unpolitische Behörde sein muß!»

«Ich bitte dich, es ist eine hochpolitische Behörde! Und das nutzt das BKA auch weidlich aus, beeinflußt Regierung, Justiz, die Gesetzgebung, denk an dein Metier, die Terrorismusbekämpfung, oder Rauschgift. Ja es hat in der EG mehr zu sagen, als irgendeine andere Polizei, zum Beispiel New Scotland Yard. Deutsche Polizisten gelten als die Musterknaben, die übereifrigen Perfektionisten. Ihr Ruf ist so schlecht wie der eines Klassenprimus, was meinst du, wie Franzosen und Italiener die Nase rümpfen.

Nur wenn es um Menschenrechte geht, herrscht Friedhofsruhe. Da wird die Türkei umarmt oder bei dem IPA-Kongreß in Wiesbaden Südafrika, ausgerechnet, als Mitglied aufgenommen!»

«Ich sage doch, daß man nur so einen demokratisierenden Einfluß ausüben kann. Wenn man sie vor den Kopf stößt, kommt erst gar kein Kontakt zustande, dann erreichst du noch weniger.»

«Das ist das übliche Alibi. Ich meine, daß man Folterregime isolieren muß, das führt nämlich zur Waldheimschen Krankheit, die ist sehr schmerzhaft, eine Neurose. Es ist denen in Südafrika ein Grauen, zum Beispiel im Sport. Trotz unserer faschistischen Vergangenheit interessiert uns Deutsche das aber einen feuchten Kehricht. Da macht die deutsche Schule Pretoria ein Oktoberfest und lädt hohe südafrikanische Polizeioffiziere ein. Tolles Fingerspitzengefühl. Oder eindeutige Gesinnung. Und in Wiesbaden wird Südafrika IPA-Mitglied!»

«Jetzt komm mal von deinem hohen Roß runter, das ist mir nämlich zu moralisch. Wer sagt dir denn, daß man nicht im persönlichen Gespräch mit solchen Kollegen Kritik übt?»

«Das habe ich eben noch nie erlebt, im Gegenteil, der BKA-Vizepräsident hat sich sogar für unsere Presse entschuldigt, die über die Verhältnisse in Südafrika berichtet. Und die IPA hat sich lieber aus dem Wirtschafts- und Sozialrat der UN rauswerfen lassen, als Südafrika wieder auszuschließen. Das ist der Schulterschluß der Polizei. Die Buren nennen es Wagenburgverhalten.»

«Du würdest damit auch verhindern, daß systemkritische Leute den Kontakt zur demokratischen Polizei finden.»

«Natürlich will ich das nicht verhindern, im Gegenteil, man soll gerade solche Kollegen aufnehmen, wenn zum Beispiel die Satzung der IPA lauten würde, daß sich jedes Mitglied von Mord, Folter, politischer Verfolgung usw. distanziert.»

«Du bist erstaunlich blauäugig, sie wären dann nämlich das nächste Folteropfer, würden also niemals beitreten können.»

Damit hat er allerdings recht, was ich aber nicht zugeben will. «Du bist als IPA-Mitglied blauäugig, denn in Wirklichkeit sind die Verhältnisse ganz anders. Da wird in der deutschen Zeitschrift ‹IPA-Aktuell› mit großen Fotos Werbung für die IPA-Ferien-Häuser in Pretoria und Kapstadt betrieben. Und das ‹IPA-Journal Mainz› schreibt über einen Südafrika-Urlaub und fordert seinen Bundesvorstand auf, Mut zu haben, über solche Reisen zu berichten, um die südafrikanischen Kollegen zu unterstützen. ‹Sie werden erleben, daß Sie sich in dem Land freizügig bewegen und überall sicher fühlen können›, steht da zu lesen. ‹Wer dieses Land dennoch als ‹Polizeistaat› anprangert, dem sei gesagt, daß es in Südafrika, das fünfmal größer als die Bundesrepublik ist, nicht mehr Polizisten als in London gibt.› – Auf welchem Stern lebt eigentlich der Verfasser?»

«Bonjour, Messieurs – Sabâ al chér!» Monsieur Abdul ist offensichtlich guter Laune. Wir begrüßen ihn zurückhaltend, er antwortet überschwenglich: «Al hamdullilâh! – Lob sei dem Herrn!»

Ungeduldig lassen wir die Höflichkeitsfloskeln über uns ergehen. «Was gibt es Neues?» fragt Friedrich.

«Ich habe gehört, Ihnen gefällt Ihre Unterbringung nicht, Herr Huber», weicht er aus. «Die letzte Evakuierung war notwendig, denn die Nähe zur Greenline schien uns auf Dauer zu gefährlich zu sein. Die Maßnahme war also auch in Ihrem Interesse.»

Er hat wieder seine alte Aktentasche dabei, steht etwas unbeholfen in der Tür und schaut sich mit fürsorglicher Miene um. «Der Raum ist nicht sehr groß, aber dafür ist die Lage günstiger. Verbrechergeneral Aoun schießt nicht so oft auf dieses Gebiet.»

«Das ist kein Raum, sondern ein Gefängnis», sage ich unfreundlich, «und die hygienischen Verhältnisse sind unzumutbar. Sie könnten uns wenigstens Stühle geben, um ein solches Gespräch zu führen. Wir haben kein richtiges Tageslicht, und kein zivilisierter Staat kettet seine Gefangenen wie Tiere an!»

Er streift mich kaum mit einem Blick. Friedrich tritt beunruhigt von einem Bein auf das andere, weil er vermutlich zumindest in dieser Phase keine Verschärfung des Gesprächsverlaufs wünscht. Abdul knetet seine Aktentasche, gibt aber im Gegensatz zu dieser scheinbaren Verlegenheit eine energische arabische Anordnung in Richtung der nicht sichtbaren Wächter.

«Wissen Sie, Herr Huber», er wendet sich nur an ihn, «kein zivilisierter Staat verweigert seinen Gefangenen die Nahrung, welche ihnen von der Religion vorgeschrieben ist, wie es leider unseren Brüdern in Deutschland widerfährt.» Friedrich macht eine beschwichtigende Handbewegung, was mich ärgert. «Sie sind Kriegsgefangene der Miliz, und wir beachten die Genfer Konvention. Sie teilen Unterbringung, Kleidung und Verpflegung mit unseren Soldaten, sind nicht besser und nicht schlechter gestellt, genau wie es Vorschrift ist.»

«Wir sind Geiseln und keine ...» Ich werde von ‹Gaddafi› und dem ‹Zwinkerer› unterbrochen, die polternd eine Art Campingliege reinbringen, bespannt mit einem schmuddeligen Stoff, der große rote Blumen auf gelbem Grund erkennen läßt. Vorübergehend entsteht Gedränge, Friedrich und ich setzen uns dann auf das wackelige Ding, Abdul bleibt weiter in der Tür stehen.

Ich glaube, Friedrich war dankbar für die Unterbrechung. «Monsieur Abdul, wir fordern, in ein anderes Gefängnis verlegt zu werden, wir wollen jeder ab sofort zwanzig Zigaretten am Tag und außerdem einen Brief nach Hause schreiben.»

Abdul nickt freundlich. «Es ist meine Aufgabe, Ihre Wünsche entgegenzunehmen. Ich werde sie weiterleiten und Ihnen die Entscheidung mitteilen.»

«Nein, wir wollen diese Entscheidung sofort haben», insistiert Friedrich.

«Das geht über meine Befugnisse.» Wieder knetet er seine Tasche.

«Sie haben draußen ein Funkgerät, da können Sie Ihr Hauptquartier fragen.» Friedrich gefällt mir jetzt.

«Aber Monsieur, solche Angelegenheiten bespricht man doch nicht über Funk, halb Beirut hört das mit, die Christenschweine auch, das brauche ich doch Ihnen nicht zu erzählen!»

Es entsteht jetzt eine Pause, in die hinein Friedrich fragt: «Welche Nachrichten gibt es aus Deutschland?»

«Keine neuen Informationen», antwortet er mit dem Gesichtsausdruck eines levantinischen Händlers.

«Waren Sie wieder in Deutschland?»

«Nein, aber ich habe telefoniert.»

«Und was sagt das Kanzleramt?»

«Die Herren wollen immer neue Beweise, können sich aber nicht zu einem Austausch entschließen.»

«Was für Beweise?»

«Nun soll es ein Videoband sein.» Er kramt in seiner Aktentasche. «Wenn Sie einverstanden sind, können wir das nachher aufzeichnen.» Er bringt einen Zettel zum Vorschein.

«Sie sollen beide auf das Bild, und Sie, Monsieur Huber, sollen das da vorlesen.»

Ich überfliege das Papier, es ist der übliche Text, daß es uns gut geht, wir den Bundeskanzler auffordern, den Gefangenenaustausch vorzunehmen. Eine Verschärfung zum Schluß fährt mir dann doch in die Glieder, da heißt es: ‹Falls die Sache nicht bald abgeschlossen wird, wurde uns gesagt, daß sie uns erschießen werden.›

Friedrich läßt sich nichts anmerken. «Sie können das mit dem Video machen, wenn Sie uns vorher Briefe, Zigaretten und ein anderes Gefängnis zusagen.»

Abdul überlegt, dann spielt so etwas wie ein anerkennendes Lächeln um seine Augen. «Ein Geschäft ohne Handel ist für uns Araber kein gutes Geschäft. Also, Sie erhalten ab sofort zehn Zigaretten am Tag und können die Briefe schreiben, ich werde sie Ihrer Botschaft bringen lassen. Wir werden ein anderes Haus für Sie suchen, aber das braucht Zeit, es ist alles kaputt in Beirut. Saddam Hussein und Aoun, verstehen Sie?!» Er hält sich den Zeigefinger an die Schläfe und deutet mit einem «Peng! Peng!» an, was er den beiden wünscht.

«Die Taktik der Kompetenzverleugnung kann er sich künftig schenken.» Friedrich ist ganz zufrieden mit sich und beginnt auf dem Bogen Papier, den uns der ‹Zwinkerer› gebracht hat, seinen Brief zu schreiben.

Das leere Papier grinst mich an. Ich sitze davor, obwohl ich ganz genau weiß, daß ich nicht schreiben werde.

«Stört dich das nicht, wenn fremde Leute deinen Brief lesen?»

«Weißt du, ich setze mich einfach darüber hinweg. Sollen sie doch wissen, daß ich Eva lieb habe.»

Ich bin traurig darüber, was aus unserer Beziehung geworden ist. Ob Andreas Vorbehalte gegen das BKA größer waren als ihre Liebe, ob sie mir deshalb keine Nachricht hat zukommen lassen oder ob Jorgos die Ursache gewesen ist, beides kommt auf dasselbe raus. Und genau wie Andrea kann auch ich nicht über meinen Schatten springen, soll sie sich zum Teufel scheren. Aber es war kurzsichtig von mir, mich so eng nur auf sie einzulassen, ihre Kreise waren auch meine Kreise geworden – und meine Freunde?

Ich fühle mich schlecht, denn außerdem nagt der Satz an mir, daß sie uns zu erschießen drohen. Friedrich sieht das gelassen. «Das gehört alles zu den Spielregeln, greifst du mich mit dem Läufer an, bedrohe ich dich mit meinem Pferd. Du bist eben ein schlechter Schachspieler.»

Da hat er recht. Ich bin nicht nur ein schlechter Spieler, ich bin auch ein schlechter Verlierer. Aber vor allen Dingen kann ich es nicht verwinden, zu einer Figur geworden zu sein, die andere dorthin bewegen können, wohin es ihnen gerade paßt, wobei sie mich außerdem zu einem Bauern degradieren, den zu opfern nicht schwerfällt. Natürlich würde mir jetzt Friedrich vorhalten, daß wir beiden BKA-Esel ein Faustpfand für sie bedeuten, der mindestens dem Wert von zwei Türmen entspricht. Dabei fällt mir ein, daß zwischen Friedrich und mir ja auch noch ein Qualitätsunterschied besteht, denn wenn sie erst einmal einen von uns beiden umbringen wollen, dann bestimmt nicht an erster Stelle den Abteilungspräsidenten.

Wir einigen uns darauf, das Video-Spiel mitzumachen, es muß wohl sein, als Lebenszeichen und der Geisel-Usancen wegen. Friedrich will den Text ohne große Betonung einfach ablesen, damit unterstrichen wird, daß er uns aufgezwungen wurde. – Der Kameramann wird uns nicht vorgestellt. Er ist kein Araber, sondern meinem Urteil nach ein Iraner. Er trägt einen Vollbart, ein Typ, wie sie mir in Teheran zuhauf begegnet sind. Friedrich vermutet, daß er von der Iranischen Botschaft stammt und zum iranischen Geheimdienst SAVAMA zählt, denn auffällig ist, wie gekonnt er die Sony-Video-Kamera bedient.

Wir sitzen nebeneinander auf der Campingliege, der Perser hat eine Fotolampe aufgestellt, die mich blendet. Ich bin mir bewußt, daß höchstwahrscheinlich eine Kopie dieser Aufnahme um die Welt flimmert. Ich merke, daß mir mein Aussehen inzwischen ganz egal ist, bin nicht einmal darüber erstaunt. Mit monotoner Stimme liest Friedrich den Text, ich fixiere den Fuß des Lampenstativs, blicke nicht in die Kamera, bewege mich nicht. Bei der Schlußpassage ändert sich Friedrichs Ton um eine Nuance, die wahrscheinlich nur bemerkt, wer ihn, wie ich inzwischen, besser kennt. Die Stimme klingt jetzt etwas belegt... «wurde uns gesagt, daß sie uns erschießen.» So einerlei ist ihm die Sache nun auch wieder nicht! Diese Beobachtung bewirkt bei mir endgültig, daß mein Magen revoltiert. Ich kann nicht mehr abwarten, ob die Aufnahme gut gelungen ist oder nicht, muß aufs Klo gebracht werden, meine Angst, meine Unsicherheit, meine Verzweiflung ergießen sich in einen Durchfall.

Eine weitere Aufnahme ist nicht notwendig, der vermutliche Geheimdienstmann beherrscht seine Technik.

Friedrich hat sich schnell wieder gefangen, der Brief an seine Frau gibt ihm Auftrieb, er meint, daß unsere Sache nach wie vor gut stehe und daß uns der Bonner Krisenstab, wenn alle anderen Möglichkeiten erschöpft seien, nicht hängenlassen werde. Bedauerlich sei, daß wir Abdul nicht auf die Entführung des Hisbollah-Scheichs durch die Israelis ansprechen könnten. Aber auch das Format des Unterhändlers lasse hoffen, er habe offensichtlich was zu sagen, wahrscheinlich auf der politischen Ebene, denn wie ein strammer Milizionär wirke er nicht gerade. «Schade», sagt Friedrich, «wir haben vergessen, ihm für das Radio zu danken.»

Es kommt noch etwas anderes hinzu. Hier im neuen Gefängnis ist die Gefahr durch Artillerie, unter der Friedrich im Hippodrome mehr als ich gelitten hat, offensichtlich erheblich geringer. Dafür nimmt er gerne, wiederum im Gegensatz zu mir, andere Einschränkungen in Kauf.

‹Gaddafi› und der ‹Zwinkerer› holen die Campingliege wieder ab. Der ‹Zwinkerer› straft mich mit einem Blick, der ausdrücken soll, daß hier nicht Monsieur Abdul das Sagen hat.

Sie geben mir Kohletabletten, die zunächst viel zu schwach sind. Jamal gelingt es, Cola und Salzstangen zu besorgen, mein bewährtes Mittel auf Reisen. Friedrich ist sehr fürsorglich, was ich zwiespältig erlebe, denn es tut mir gut, und ich brauche ihn, andererseits stemme ich mich innerlich auch dagegen. Vermutlich deswegen reagiere ich auch gleich aggressiv, als ich wieder einigermaßen bei Kräften bin.

«Das ist Kameraderie und hat nichts mit Notwendigkeiten der Verbrechensbekämpfung zu tun!» sage ich, als er erneut seine IPA-Mitgliedschaft rechtfertigen will. Er wird mich für undankbar halten, aber ich will ihm keinen Dank schuldig sein, gebe ihm das auf diese Weise zu verstehen. «Auch die Interpol-Zusammenarbeit um jeden Preis halte ich für scheinheilig, man sagt Verbrechens- und meint Terrorismusbekämpfung. Wie oft habe ich das Argument gehört: Wir pflegen mit dem Land X gute Beziehungen, man weiß ja nie, ob wir es einmal brauchen.»

«Das halte ich für pragmatisch, denn Folter schafft auch das BKA im Staate X nicht ab.»

«Nein, im Gegenteil, wir fördern sie.»

«Das ist doch Quatsch!»

«Doch, durch von uns spendierte Millionen in Form von Technik und Know-how. Aber nicht nur das, setzen wir einmal für das X die Türkei. Obwohl dort grausam gefoltert wird und unsere Berufskollegen und deine IPA-Freunde zum Beispiel ihre Delinquenten zwingen, ihre eigene Scheiße zu fressen, fahndet das BKA eifrig in der BRD nach Türken, welche von Interpol Ankara gesucht werden.»

«Das ist mir neu.»

«Auf Ersuchen von Interpol Ankara werden sie in unsere Dateien eingegeben, und ein gutes Dutzend im Jahr wird festgenommen. Zumindest einen Fall kenne ich, in dem dann das Kammergericht Berlin die Auslieferung beschlossen hat.»

«Ein Mörder vermutlich.»

«Ihm wird die Ausfuhr von 10 Kilo Haschisch aus der Türkei zur Last gelegt. Dafür wurde er in Abwesenheit vom ‹Hohen Gericht Edirne› zu 30 Jahren verurteilt. Einen Verteidiger hatte er nicht, und wegen derselben Sache wurde er auch in Bulgarien bestraft, dort hat er sogar eine Zeitlang gesessen.»

«Das klingt ja abenteuerlich.»

«Ich freue mich, wenn du das auch so siehst. Eine Verurteilung in Abwesenheit kennt das deutsche Recht gar nicht, dafür aber das Verbot der Doppelbestrafung. Die Höhe der Strafe ist unverhältnismäßig, bei uns hätte er wahrscheinlich weniger als fünf Jahre kassiert. Ein Rechtsbeistand wäre nicht nur selbstverständlich, sondern als Pflichtverteidiger gesetzlich geregelt gewesen. Es geht auch nicht etwa um Heroin. Was mich jedoch am meisten empört: Das Kammergericht Berlin hat in dieser Sache fünf Beschlüsse gefaßt, aber in keinem einzigen taucht das Wort Folter auf. Und daß diesen Türken Folter erwartet, ist eher wahrscheinlich als nicht!»

«Mhm.» Friedrich scheint ins Grübeln zu kommen.

«Dir ist doch sicher auch klar, daß das BKA einer der wichtigsten Motoren von Interpol ist. Das drückt sich unter anderem darin aus, daß man in einem Jahr 130 Besucher aus Folterstaaten und 18 aus solchen mit Todesschwadronen in allen Ehren im BKA empfangen hat... Und im Gegenzug haben 143 Beamte des BKA in einem Jahr die Polizeibehörden von Folterregimen aufgesucht, 11 in Staaten mit Todesschwadronen, shake-hands... Aber es ist mir nicht ein einziger BKA-Kollege bekannt, der deswegen nach Rückkehr von einer solchen Dienstreise auf die Barrikaden gegangen wäre. Im übrigen fehlt es an jeglicher rechtlichen Kontrolle über Interpol.»

Ich sehe seinem Gesicht an, daß er einiges nicht akzeptieren will. Mit dem ihm eigenen Lächeln sagt er: «Das ist durch deine Brille gesehen. Die BKA-Maxime, daß reibungslose Zusammenarbeit oberste Priorität genießt, hat sich in wichtigen Kriminalfällen, zum Beispiel bei internationaler Entführung oder Erpressung, oft genug bewährt. Wir haben Menschenrechtsverletzungen in anderen Staaten nicht zu verantworten, sollten uns auch davor hüten, dies immer mit europäischen oder gar deutschen Maßstäben zu messen. Daß das BKA als nationales Interpol-Büro so effizient ist, darf man nicht mit deinen Argumenten niedermachen, es erfüllt uns zu Recht mit Stolz. Nur schade, daß die Öffentlichkeit nicht immer davon Notiz nimmt, wie der Vize vor einiger Zeit gegenüber der Presse beklagte.»

«Hör zu», brülle ich ihn an, «wenn mehr als jeder fünfte ausländische Besucher des BKA einer Folter-Polizei angehört, dann ist das nicht ein Grund für Stolz, man sollte sich schämen!»

Huber bleibt erstaunlich ruhig. «Du tust so manchem Besucher Unrecht, der mit Folter nichts zu tun hat.»

«Ach was, es sind doch meist höhere Chargen, die zu Besuch kommen und mit ausgesuchter Höflichkeit im Gästezimmer des sogenannten Casinos zum Mittagessen eingeladen werden. Diese Typen haben zu Hause in ihrem Land die Macht zu foltern oder die Macht, es zu unterbinden. Aber unsere Amtsleitung lächelt verbindlich, und niemand erhebt auch nur den leisesten Vorwurf, ganz zu schweigen davon, daß man einen solchen Besuch vielleicht von vorneherein für unerwünscht erklärt.»

«Niemand hat dabei ein gutes Gefühl, auch unsere Amtsleitung nicht, aber es gibt eben auch Sachzwänge.»

«Sachzwang, ich verstehe. Die BKAler reisen wie die Weltmeister ins Ausland, jeder achte in einen Folterstaat, kommen zurück und tun so, als sei nichts gewesen. Und weil sie vor lauter Opportunismus niemandem auf die Füße treten, genießen sie hohes Ansehen, besonders in Diktaturen. Da ist man sich auch schnell einig, BKA-Präsidenten in hohe Interpol-Pöstchen zu wählen.»

«Im internationalen Geschäft wichtige Funktionen anzunehmen gebietet die Staatsräson.»

Bravo, damit ist alles gesagt. – «Und so wurde Paul Dickopf von 1968 bis 1972, trotz seines ehemaligen SS-Dienstgrades Untersturmführer, internationaler Interpol-Präsident, einer seiner Nachfolger kam von den Philippinen unter Marcos, ein Folter-Verbrecher. Und der jetzige BKA-Präsident ließ sich in das wichtige Interpol-Exekutivkomitee wählen, eine Art Aufsichtsrat, wogegen eigentlich nichts zu sagen wäre, wenn er die Funktion nicht gleichzeitig mit dem chilenischen Kripo- und Interpol-Chef, General Martinez, ausüben würde.»

Hubers Lächeln wirkt gequält. «Was hätte er denn tun sollen?»

«Och», antworte ich, «er hätte die Wahl ablehnen können, falls die von Martinez nicht annulliert worden wäre. Er hätte sich sogar von seinem Amt entbinden lassen können.»

«Du bist verrückt!»

«Ja, ich weiß, ich sehe das ver-rückt. Die normative Kraft des Faktischen hat ihn dann schließlich ja auch überzeugt, denn die Zusammenarbeit mit Martinez lief offensichtlich recht gut, weshalb sonst hätte ihm denn der Präsident die Koffer-MP besorgt?»

«Was hat er?»

«Scheinbar hat Colonia Dignidad in diesem Fall versagt. Du kennst doch die Dinger, die in den Aktenkoffer eingebaut sind, die ‹Heckler und Koch›, mit der man aus dem Koffer heraus schießen kann, eine Spezialanfertigung. Und zwei von diesen Koffern hat der Präsident, wie mir gesagt wurde, von Wiesbaden nach Paris zu einer Sitzung des Exekutivkomitees mitgenommen, weil ihn Martinez darum gebeten hatte.»

«Er hat sie ihm geschenkt?»

«Das weiß ich nicht, vielleicht hat er sie bezahlt.»

«Das versteh ich nicht!»

«Wieso denn nicht, das sind halt südamerikanische Verhältnisse, jetzt bist du auf einmal kleinlich. Guerilla und Narco-Mafia in Kolumbien schießen doch auch mit der ‹Heckler und Koch› aus portugiesischer Lizenzherstellung. Und außerdem ist der Martinez General, und Generäle lieben nun mal Kriegsspielzeug, was ist schon dabei?»

Ich fühle mich 8200 Lichtjahre von Huber entfernt in einem planetarischen Nebel des Sternbildes Cassiopeia. Er scherzt mit dem ‹Nasenbohrer›, ich habe mich eingesponnen, warte, bis der ‹Nasenbohrer› verschwindet, es ist für ihn Gebetszeit, ich hole meinen Bleistift hervor und schreibe mit winziger Schrift meine Gedanken auf den Papierbogen, der eigentlich für einen Brief an Andrea vorgesehen war.

Ich habe bisher gern das Bild der Mutter gebraucht, wenn ich das BKA als Glucke beschrieb, unter deren Fittichen die

Kollegen-Familie Schutz fand, wo sie sich warm und geborgen fühlte, die den Ausreißer wieder einfing, den sich Verlaufenden auf den rechten Weg brachte. Wenn ich aber an Sicherheit denke, dann kommt mir eher ein Vaterbild in den Sinn. Für das Kind ist der Vater groß und stark, ja, er ist sogar der Stärkste überhaupt, unter seinen Schutz kann man sich stellen, da passiert nichts, der Vater paßt auf, ist einflußreich und hat Beziehungen, Durchblick und weiß alles.

Ich erinnere mich nicht mehr, wer mir gesagt hat, daß mein Vater tot sei. Es muß meine Mutter gewesen sein, ich war ein kleiner Junge, wir saßen in der Küche, meine Mutter weinte, ich konnte nicht weinen. Die Bäuerin kam, ich legte den Kopf in meinen Arm und tat so, als ob auch ich weinte, sie strich mir übers Haar, was sich eigenartig anfühlte, weil an ihrer Hand zwei Finger fehlten.

Es war kein plötzlicher Verlust gewesen, eher ein langer Abschied. Ich hatte ihn schon etwa zwei Jahre lang nicht gesehen, als meine Mutter und ich heimlich bei Nacht, wie andere Gestapo-Familien auch, aus dem damaligen Elsaß-Lothringen abreisten. Der unheilvolle verlorene Krieg trat in seine letzte Phase, die Herrenrasse begann sich davonzuschleichen. Nicht mein Vater, er glaubte, ausharren zu müssen, wohl nicht aus Freude an der Pflicht, aber er hielt es nun mal für seine Pflicht. Er wurde von Franzosen gefangengenommen, endete schließlich im Internierungslager Darmstadt und starb dort an einer Embolie bei einer relativ harmlosen Operation.

Ich habe konkrete Erinnerungen an meinen Vater. Er war liebevoll, aber er war manchmal auch empfindlich und dann schnell verletzt. Und ich erinnere mich, daß er sehr korrekt war, auf ihn war Verlaß, er hielt Wort. Nie sprach er darüber, was er eigentlich tagsüber in seinem Büro machte.

Ich glaube, daß ich eigentlich mein ganzes bisheriges Leben lang nach diesem Vater gesucht habe.

Die Nazi-Zeit, der Holocaust, übte eine unwahrscheinliche Anziehungskraft auf mich aus. Ich wollte genau wissen, was da passiert war, wie es geschah, was Menschen umtrieb, so zu handeln. Ich verschlang die einschlägige Literatur, von Walter

Hofer, Eugen Kogon über Manès Sperber, Samuel Pisar bis Sebastian Haffner, von Anne Frank bis Albert Speer und Goebbels' Tagebüchern, von Auschwitz bis Nürnberg. Ich stöberte in Bibliotheken, Archiven und alten Polizeiakten. Ich hatte keine Ruhe, bis ich mir auch die letzte Dienstvorschrift des Reichssicherheitshauptamtes besorgt hatte, wie sie auch auf dem Schreibtisch meines Vaters gestanden haben mußte. Weshalb mich das so anzog, darüber wagte ich mir erst in den letzten Jahren klarzuwerden. Zunächst war es ein diffuser Wissensdrang, dessen schrecklicher Hintergrund mich manchmal schwindelig werden ließ. Mir ist heute bewußt, daß ich gleichzeitig wissen mußte und Wissen verdrängte. Ich hatte Angst. Angst davor, daß das Bild meines Vaters zerstört würde.

Wie Albert Speer, ja, so könnte jetzt mein Vater aussehen, würde er noch leben. Sie sind derselbe Jahrgang. Sie sind selbstverständlich nicht vergleichbar, er als Nazi-Größe und mein Vater als Nazi-Polizist, aber er lebte, ihn wollte ich Auge in Auge vor mir haben, qualifizierte Fragen hatte er von mir verlangt, die konnte er haben, er sollte erzählen, er sollte mir seine Schuld eingestehen, stellvertretend für meinen Vater, er sollte mir beichten, ehrlich und aufrichtig, damit ich ihm die Absolution erteilen, ihm verzeihen konnte. So hatte ich es empfunden und mich intensiv auf die Begegnung vorbereitet. Gleichzeitig fürchtete ich sie, denn ich fand den stattlichen alten Mann sympathisch, auch mein Vater war ein stattlicher Mann gewesen.

Mein Freund Buddy hatte mir die Richtung gewiesen: Deine Biographie, sagte er, hat die Schwerpunkte Schuld und Verantwortung. Und du hast dich auf die Reise zu deinem Vater begeben, wo du ankommst, kannst du nicht wissen, es gibt viele Risiken. Aber du darfst nicht unterwegs aussteigen.

Ich wollte jedoch nicht zur Endstation, ich wollte wissen und nicht wissen, hatte Angst vor dem Ergebnis, stellte tausend Fragen und vermied die Antworten. Was hatte dieser Albert Speer mit meinem Vater zu tun? Warum phantasierte ich ihn als ‹Vater›? Warum war mein Vater bei der Gestapo gewesen? Warum war er 1946 gestorben? Was hatte das BKA mit meinem Vater zu schaffen? Warum liebe ich meinen Vater? Warum hasse ich ihn?

Du mußt dir Klarheit verschaffen, also fahr hin! riet mir Buddy.

Im Spruchkammerverfahren, bei der sogenannten Entnazifizierung, haben sie es doch bereits überprüft, er wurde als entlastet eingestuft.

Du weißt besser als ich, daß das teilweise eine Farce war, die Nazibonzen wurden zum Neuaufbau und zur Kommunistenjagd gebraucht.

Aber meine Mutter sagt doch auch, daß mein Vater keiner Fliege etwas zuleide tun konnte!

Das kann ja wahr sein, aber sie ist eine alte Frau, hat vielleicht vieles vergessen oder verdrängt, du mußt dich selbst überzeugen, nur so findest du Frieden mit ihm.

Also fuhr ich schweren Herzens nach Saarburg, das heute Sarrebourg heißt, suchte und fand die Spuren meines Vaters. Er war Polizeimeister in Frankfurt gewesen, bei der uniformierten Polizei, dort überwiegend im Sanitätsdienst eingesetzt. Dann wurde er 1940 nach Saarburg versetzt und automatisch in die Gestapo überführt, dafür bekam er 75 Reichsmark Zulage. Es war dort eine Außenstelle der Gestapo errichtet worden, nicht viel mehr als ein halbes Dutzend Beamte, die aber alle ihrer Herkunft und Ausbildung nach aus der Kripo stammten. Der ehemals Uniformierte hatte Vernehmungen, Festnahmen, Durchsuchungen nicht gelernt, ihn konnte man nur im Innendienst gebrauchen. Nein, bei irgendwelchen Aktionen hat man ihn nicht gesehen, da mußte er auf der Dienststelle die Stellung halten. Wer von der Gestapo in Saarburg festgenommen wurde, ist dort eine Nacht im Gefängnis geblieben, dann mußte er an die Zentralen nach Metz oder Saargemünd überstellt werden, dort gab es Mißhandlungen und Folter. Zu Parteiversammlungen ging er hin, hat auch an Hitler geglaubt, zu guter Letzt auf die Wunderwaffen gehofft. Die Nachbarn sagten, daß er sehr zurückhaltend war, höflich, auch vorsichtig. Und wie Zufälle spielen, der Güterzug, aus Paris kommend und überfüllt und mit festgenommenen Nazis in Viehwaggons, wurde über Nacht auf einem Nebengleis des Bahnhofs Saarburg abgestellt. Als sich bei verschiedenen Franzosen herumsprach, daß mein Vater auf dem Zug war, hat man seinen Waggon mit Wasser versorgt.

Nun weißt du es!

Ja, Buddy, die alten, noch lebenden Franzosen haben mir sehr geholfen, es sprach sich rum, so kam ein einigermaßen zuverlässiges Bild zustande. Er war einer der Millionen Mitläufer, eines der Rädchen im Getriebe, ohne die das Ganze nicht funktioniert hätte. Er war kein Vorgesetzter, er hatte nichts anzuordnen und offensichtlich selbst nichts direkt zu verantworten. Aber er war für die Abläufe in einer so kleinen Dienststelle auch nicht wegzudenken. Über seinen Schreibtisch im Geschäftszimmer ging jeder Vorgang, Berichte, Protokolle wurden von ihm in ein Tagebuch eingetragen, Festgenommene waren in einem besonderen Buch zu erfassen, Asservate in einem anderen. Er hatte vollen Einblick, saß in einem Mikro-Bereich der NS-Struktur. Und auf seinem Schreibtisch stand diese verdammte, in SS-Schwarz gebundene ‹Schriftenreihe des Reichskriminalpolizeiamtes Berlin›, sie erlaubte ihm, vom NS-Mikrokosmos auf den ganzen NS-Kosmos zu schließen. Was hat er sich dabei gedacht, wenn er las, wie mit Juden, Zigeunern, Homosexuellen umgegangen wurde, wie KZs organisiert waren, es stand doch alles drin, es waren die Handlungsanweisungen per Nazi-Erlaßsammlung?

Ich liebe meinen Vater. Ich bin sehr traurig.

Ich verstecke den eng beschriebenen Papierbogen, kehre in dieses Gefängnis und zu Huber zurück. Solange ich noch leben kann oder leben will, muß ich es mit ihm versuchen. Ich hämmere mir in meinen verwirrten Schädel ein, daß ich mir nicht in alle Richtungen Fronten aufbauen darf, sonst gehe ich hier zugrunde.

Angeblich gibt es in Beirut zur Zeit keine Batterien. Das Radio hatte mein Isolationsgefühl durchbrochen, jetzt fühle ich mich wieder schlecht, spreche Friedrich gegenüber von Isolationsfolter.

«Ich wehre mich gegen diesen Begriff», sagt er.

«Aber wenn man durch Kontaktlosigkeit zur Außenwelt systematisch gequält wird, dann ist das psychische Folter, oder meinst du nicht?»

«Vielleicht empfinde ich es anders als du.»

Ich will nicht mit ihm streiten, bin außerdem müde und sage gar nichts. «Die Frage ist», fährt er fort, «wie schlecht es uns hier wirklich geht. Wir werden der Freiheit beraubt, wir werden isoliert, ich will die ja nicht in Schutz nehmen, aber sie verpflegen uns einigermaßen und sie schlagen uns nicht, sie foltern auch nicht, jedenfalls was ich darunter verstehe. Sie sind auch nicht gehässig zu uns, manchmal sogar freundlich. Es geht uns schlecht, aber andere Gefangene sind noch viel schlimmer dran.»

«Okay», stimme ich ihm zu, «es gibt Menschen, die wirklich wesentlich schlechter dran sind.»

Ich schlafe unruhig, fliege wieder im Hubschrauber, sitze hinter dem Piloten, es gibt nur einen, denn der Platz des Co-Piloten ist unbesetzt, wir fliegen in einem Sandsturm, der Pilot ist aufgeregt, ich stelle mir vor, daß er gleich einen Herzinfarkt erleiden wird, er spricht in sein Funkgerät, daß bald die Rotoren ausfallen werden, weil sie sich voll Sand setzen, aber es antwortet niemand. Ich habe Angst, der Hubschrauber rast mit unverminderter Geschwindigkeit weiter, man kann nichts sehen, der Sand prasselt gegen die Scheiben, die Rotoren schlagen flatternde Geräusche, ich erwarte, daß jeden Moment ein Hindernis auftaucht, wir dagegen fetzen, ich wache auf.

Ich quäle mich im halbwachen Zustand mit dem Gedanken, warum ich im Traum den Piloten nicht veranlaßt habe, einfach zu landen und zu warten, bis der Sandsturm vorüber ist. – Mein Zustand verschlechtert sich. Der Sarg, die Hinrichtung, die Kette an meinem Fußgelenk ... Mein Atem geht stoßweise, ich bekomme keine Luft, springe auf, umkralle die Bretter am Fenster, reiße daran, sie bewegen sich nicht, ich schlage an die Tür... Friedrich wird wach, ‹Gaddafi› kommt verschlafen, ich verlange, schnellstens aufs Klo gebracht zu werden – es geht mir sofort wieder besser, als er die Tür öffnet, die Kette aufschließt...

Friedrich wartet, bis ich zurück bin, ‹Gaddafi› wieder verschwunden ist und ich mich beruhigt habe. Dann nimmt er den Kalender von der Wand, zieht vorsichtig den Nagel raus und beginnt, das Holz des Dielenbretts systematisch rund um die Schraube aufzukratzen, mit welcher der Ring für meine Kette befestigt ist. Es ist mühsam und geht nur langsam voran. Als er eine vielleicht zentimetertiefe Rille geschafft hat, sind mehrere Stunden vergangen. Ich fühle mich erschöpft, niedergeschlagen, kann gar nichts tun. Dann entfernt Friedrich den Bilderhaken aus Messing, mit dem der Kalender aufgehängt wird und benutzt das Metall, welches sich immer wieder verbiegt, als Schraubenzieher. Schließlich gelingt es ihm, wieder nach Stunden, die Schraube rauszudrehen. Jetzt erweitert er mit dem Nagel das Schraubenloch und dreht danach die Schraube so oft rein und raus, bis dies auch ganz leicht nur mit den Fingern möglich ist. Er befestigt dann den Haken am Kalender, gibt den Nagel in sein Loch an der Wand zurück und hängt den Kalender wieder auf. Die Nacht ist jetzt so gut wie rum.

Zufrieden lehnt sich Friedrich zurück. «So, jetzt brauchst du dich nicht mehr angekettet fühlen, du kannst die Schraube jederzeit selbst rausdrehen!»

Ich bin beschämt.

7. Kapitel

Ja, Buddy, das BKA ist nur *ein* zentrales Thema. Es gibt noch andere für mich.

Ich weiß.

Zum Beispiel die Zeit vor dem BKA. Der Beruf überhaupt. Und die Zeit von dem Beruf. Mein Vater.

Aber du hast deinen Frieden mit ihm.

Ja, Gott sei Dank. Trotzdem bin ich erstaunt, wozu ich in der Lage gewesen bin.

Was meinst du?

Weil ich sogar einmal einen gewarnt habe, der Nazi-Verbrechen wegen beschuldigt worden ist. Ausgerechnet ich, der kompromißlos alles erforscht und verurteilt, was im ‹Dritten Reich› passierte.

Wie kam denn das zustande?

Er war Kriminalrat, ehemals mein Kriminologie-Lehrer, kein Durchschnittstyp, kannte zum Beispiel den halben ‹Faust› auswendig. Und er hielt etwas auf gute Sitten, wofür wir ihn milde belächelten. ‹No brown after six› hat er uns zum Beispiel gelehrt, womit gemeint war, daß man nach sechs Uhr keine braunen, sondern schwarze Schuhe trägt. Doch ich habe ihn verehrt, besonders wegen seiner menschlichen Art. Ich glaube, er konnte mich auch gut leiden. – Eines Tages rief mich ein Kollege von der Staatsschutzabteilung an. ‹Stell dir vor, von der Zentralen Erfassungsstelle für NS-Gewaltverbrechen in Ludwigsburg ist ein Vorgang gegen Franz Weitzel eingegangen. Er soll an Polenerschießungen beteiligt gewesen sein.› – ‹Der Weitzel, dieser nette Mensch?› – ‹Ja, ich kann es selbst kaum fassen.› – ‹Du, ich glaube das nicht› – Ich habe damals nicht lange überlegt, erneut zum Telefon gegriffen. – Weitzels Reaktion war für mich überraschend, hat mich befremdet. Es sprudelte nur so aus ihm heraus, das sei alles nicht wahr, er sei damals Kriminalkommissar gewesen und habe den Befehl erhalten, Leute seiner Einheit abzustellen, aber keineswegs zu einem Exekutionskommando, er habe auch nichts selbst geleitet, um Himmels willen nein, wußte nur, daß die Leute für irgendeine äußere Absperrung gebraucht wurden, aber was da los gewesen war, hätte man ihm doch nicht gesagt, diese Aktionen wären geheime Reichssache gewesen, aber einen Vorwurf könne man ihm daraus nicht machen, schon gar nicht einen strafrechtlichen, also dem sehe er gelassen entgegen... Ich war verwirrt, denn er war immerhin für mich eine Persönlichkeit und ich der kleine Kriminaloberkommissar, wieso rechtfertigt er sich mir gegenüber überhaupt und wenn, warum in dieser hektisch-aufgeregten Weise, ich wollte das doch gar nicht wissen, er ging sofort in eine Verteidigungsrede über, so, als wollte ich ihn anklagen, oder als müßte er mich überzeugen. – ‹Wer sich entschuldigt, der klagt sich an›, dachte ich damals vorschnell. – Und trotzdem habe ich so gehandelt, habe ihn gewarnt, habe nicht enttäuscht oder mit Verachtung abgewartet, was aus der Sache wird. War nicht etwa empört, sondern wurde im Gegenteil in seinem Sinne aktiv, er konnte zwar keine Beweise beseitigen, die gab es wohl hier nicht mehr. Er hätte theoretisch fliehen können. Gerade deshalb blieb meine Handlung eine Begünstigung, und er konnte sich zumindest auf das einstellen, was auf ihn in den nächsten Tagen zukam.

Er hat sich dir gegenüber gerechtfertigt, weil ihm daran gelegen war, wie du über ihn denkst!

Aber das ist trotzdem alles nicht zu fassen, angenommen, er wäre tatsächlich ein NS-Verbrecher gewesen!

Aber das wolltest du selbst doch auch nicht wahrhaben.

Nein.

Und war er denn einer?

Soviel ich weiß, wurde das Verfahren eingestellt. Bald danach ist er gestorben.

Wie dein Vater.

Ja.

Sie starben schnell, die sich trotzdem ein Gewissen machten, sich mitschuldig fühlten.

Ja, Buddy.

Und dir ist jetzt klar, warum du ihn ‹retten› wolltest?

Ja, Buddy.

Die Sache mit Speer ging mir nicht aus dem Kopf. Es war ausgeschlossen, daß ich mit Friedrich darüber reden konnte. Es war mir zu intim, es spielten zu viele Gefühle eine Rolle.

‹Meine Studenten›, wenn ich in dem Fall so sagen darf, waren bestens vorbereitet.

Lästig, nicht lustig sei das Zigeunerleben, hatte Andrea in ihrem Referat gesagt und von der halben Million, welche die Nazis in den KZs, besonders im Lager Birkenau, umgebracht hatten, berichtet, fast das ganze Volk, ihre Elite, ihre Künstler. Sie erzählte von den Nazi-Rasseforschern, von der Tätigkeit der Rassenhygienischen Forschungsstelle unter Robert Ritter und Eva Justin sowie davon, daß sogenannte Zigeunerspezialisten der Nationalsozialisten in der Nachkriegszeit bei deutschen Gerichten in Wiedergutmachungsprozessen erneut als Sachverständige berufen wurden.

Anna Hörschelmann, eine ehemalige Lehrerin und jetzt fast achtzig Jahre alt, erzählte mit leiser, aber fester Stimme von ihrem Leben im KZ Theresienstadt, so daß uns oft Tränen in den Augen standen.

Wie übel den Mainzer Juden mitgespielt wurde, und wie Mainzer Bürger ihre Fenster und Türen schlossen, um nichts zu sehen und zu hören, referierte in der dritten Veranstaltung Professor Niebergall.

Dann kam Karl Wenzke mit seiner Frau, beide Altkommunisten, einfache Leute mit klarer, deftiger Sprache, die sich heute in der ‹Vereinigung der Verfolgten des Naziregimes – Bund der Antifaschisten› engagieren und sich dafür im Verfassungsschutzbericht als Linksextreme wiederfinden. Karl Wenzke mußte sich für das Drucken von Flugblättern drei

Jahre im Zuchthaus Butzbach den Schikanen der Nazi-Schergen aussetzen. Dann wurde er in einer Strafkompanie an die Front abkommandiert mit dem Vermerk ‹R. U.›, das hieß ‹RÜCKKEHR UNERWÜNSCHT›.

Zwischendurch schrieb ich dem ‹sehr geehrten Herrn Speer›, bestätigte auf Uni-Kopfbogen unsere telefonische Vereinbarung und daß sein Besuch für uns sehr wichtig sei, ‹weil Sie aus unmittelbarem Erleben aus einer Zeit berichten können, die uns nach wie vor Rätsel aufgibt und die die Studenten und ich aus Altersgründen nicht kennengelernt haben. Mit vorzüglicher Hochachtung...› Es war das einzige Mal, daß ich von meinem ‹Dipl. Verw.› Gebrauch machte, aus Tarnungsgründen, denn die dämliche Bezeichnung des Diplomverwaltungswirts assoziiere ich regelmäßig mit Bahnhofswirt.

Rolf Hochhuth stellte in der fünften Veranstaltung seinen Vortrag unter das Motto: ‹Friede mit Hitler, Eminenz, ist niemals denkbar» (‹Der Stellvertreter›, Zweiter Akt). Er verband das Töten durch Unterlassen, wie es Papst Pius XII. begangen hatte – der unbegreiflicherweise nichts gegen den millionenfachen Mord an Juden unternahm, obwohl ihm Einzelheiten bekannt waren –, mit dem aktiven Töten durch ‹furchtbare Juristen›, Thema seines Theaterstücks ‹Juristen›, das zum Sturz des Ex-NS-Marinerichters Filbinger, Ministerpräsident von Baden-Württemberg, führte. Eindrucksvoll wußte Hochhuth zu berichten, daß Hitlers Militärjuristen etwa 30000 Soldaten in den Tod schickten, davon 16000 durch Hinrichtungen, die teilweise noch mit dem Handbeil vollzogen wurden.

Albert Speer. Ein würdiger alter Mann, Mitte siebzig, aber kein Greis. Er war etwa einen halben Kopf größer als ich. Seine Haltung aufrecht und ungebeugt. Wenige Jahre fehlten und er wäre doppelt so alt gewesen wie ich, aber in seinem Gesicht war keine Falte mehr als in meinem. Mittelgrauer Anzug, weißes Hemd, silbergraue Krawatte mit drei Querstreifen. – Ich war aufgeregt. Er zeigte eine unverbindliche Freundlichkeit, blieb auf Distanz, trotzdem hatte ich schon schnell nach der Begrüßung Vertrauen zu ihm. Meine Aufregung legte sich, ich spürte eine gewisse Wärme ihm gegenüber, ich wollte seine Distanz überbrücken, er sollte herzlich zu mir sein.

Der Hörsaal war überfüllt. Wir nahmen auf dem Podium Platz, das begrüßende Klopfen zeigte eine freundliche Aufnahme an.

«Wenn Hitler Freunde gehabt hätte, dann wäre ich sein Freund gewesen. Ich verdanke ihm die Begeisterung und den Ruhm meiner Jugend ebenso wie spätes Entsetzen und Schuld.» Mit diesem Speer-Zitat eröffnete ich die Veranstaltung, begrüßte ihn und sagte, daß es nicht um Anklage, Schuld oder Moral ginge, sondern um ‹Fragen an eine Person der Zeitgeschichte, Fragen nach dem Warum, Suche nach Erklärungen, Hintergrundinformationen›.

Verdammt, schoß es mir durch den Kopf, natürlich geht es um Anklage und Schuld, deswegen habe ich ihn doch hergelockt. Aber ich merkte, daß ich das gar nicht mehr wollte.

«Wir blenden uns ein in den März 1937, Herr Speer übergibt an Adolf Hitler Grundrisse, Schnitte und Modelle der größten Versammlungshalle der Welt, ein gigantischer Kultraum für hundertfünfzig- bis hundertachtzigtausend Zuhörer, Albert Speer ist 32 Jahre alt und der damals berühmteste Architekt Deutschlands.»

Ich spielte ihm einen Ball zu, den er wohlwollend auffing, ich glaubte in seinem Blick so etwas wie erste Sympathie für mich zu entdecken, er sprach jetzt über Kindheit und Jugend, über ein liebloses Elternhaus, seine Kontaktarmut, über die suggestive Wirkung, die Hitler auf ihn ausübte, über Chance und Verführung, ‹Architekt des Führers› zu sein, über seine ‹berauschende Vorstellung, steinerne Geschichtszeugen zu schaffen›. Natürlich, so räumte er ein, war dies ‹Megalomanie, eine grausame Architektur als präziser Ausdruck einer Tyrannei›.

Dieses Selbsteingeständnis erlaubte mir eine überleitende Frage zum Nürnberger Reichsparteitag 1934, bei dem Fahnenorgien, Marschmusik, Massenaufmärsche und Lichtdom seine, Speers, Erfindung waren, im engen Zusammenwirken mit Goebbels, dem Experten für psychologische Propaganda.

Speer sagte hierzu, daß er als Günstling des Führers völlig in seinem Bann gestanden habe und bereit gewesen wäre, ihm bedingungslos überallhin zu folgen.

Das wollte ja auch das deutsche Volk, sagte ich mir, Faszination, Verblendung, Führersehnsucht – erst recht Speer, das kann ihm niemand übelnehmen. Auch unter den Studenten tat es niemand, man hätte eine Stecknadel fallen hören, so gebannt lauschten sie ihm.

Ich lenkte ihn weiter auf ein Terrain, auf dem wir uns beide wohl fühlen konnten. Ich fragte ihn nach Göring, Goebbels, Himmler, Bormann, Eva Braun, Personen, mit denen er über Jahre engsten Umgang hatte. Er parlierte, schilderte ihre Eigenschaften, das war alles nicht neu, aber aus seinem Munde trotzdem interessant, die Intrigen, Scheinheiligkeiten, Heucheleien, Machtkämpfe, die für Speer erschrekkende Niveaulosigkeit der Tagesabläufe in der Reichskanzlei oder auf dem Obersalzberg. Und immer wieder Hitler – ein Phänomen der Autosuggestion, Dilettantismus, in späteren Jahren wachsende Unzugänglichkeit, Entscheidungsscheu, qualvolle Monologe und daß ihm sein Schäferhund im privaten Leben wichtiger war als die engsten Mitarbeiter. Ich betrachtete Speer von der Seite, mir imponierte seine Eloquenz. Er sprach sachlich, sehr informativ, aber ohne Gefühl zu zeigen, das störte mich etwas, jedoch blieb seine positive Ausstrahlung – konnte man sie als würdevoll bezeichnen?

Er war im Jahr 1941 angelangt, da wurde er Rüstungsminister, der jüngste Minister des Reiches, wie er betonte, und noch immer verehrte er Hitler. Sogar noch 1943 hatte das Wort Hitlers für ihn nichts von seiner suggestiven Kraft verloren, er fühlte sich korrumpiert durch die Macht. 1944 wollte er zurücktreten, zum Jahreswechsel 1944/45 im Hauptquartier Hitlers bei Bad Nauheim aber dann doch wieder die magische Fähigkeit des Führers, auch bei ihm Optimismus weckend. Letzte Begegnung mit Hitler im Bunker der Reichskanzlei in Berlin. Dann Nürnberg. Dann zwanzig Jahre Spandau. –

«Träumen Sie manchmal von Hitler?»

«Früher ja, jetzt nicht mehr.»

«Nach zwanzig Jahren Haft, haben Sie Schäden davongetragen?»

«Ich wurde von Professor Schättle, dem Chef der Internisten-Abteilung in Heidelberg, untersucht, und er sagte, ich wäre ein medizinisches Wunder. Also, bei mir ist an und für sich nichts übriggeblieben, ich glaube, den Eindruck mache ich wahrscheinlich auch auf Sie, daß ich trotz 75 Jahren einigermaßen meinen Mann stehe.»

Da gab es bei mir einen ‹Knall›!!! – Nach allem, was ich von Psychosomatik laienhaft weiß, konnte das nicht sein!

«Herr Speer, unter Ihrer Regie wurden etwa zwei Millionen Zwangsarbeiter eingesetzt, von denen Hunderttausende umgekommen sind. Sie werden die Verantwortung dafür nicht leugnen können!»

«Nein, das tue ich auch nicht. Aber ich habe mich für die Verbesserung ihrer Lebensbedingungen eingesetzt, zum Beispiel sanitäre Verhältnisse und Ernährung, und es kam nie zu solch katastrophalen Einzelheiten, wie man sie in den Konzentrationslagern entdeckt hat.»

«Wenn ich es recht verstehe, waren es aber Zweckmäßigkeitsüberlegungen und keine humanitären, wenn es diesen Leuten besser ging.»

«Ja, natürlich, ohne weiteres zugegeben.»

«Sie sind selbst durch die Fabrikhallen gegangen, haben die barbarischen Verhältnisse gesehen, Sie hätten sich doch dabei auch andere Gedanken machen müssen, als ständig die Kriegsproduktion erhöhen zu wollen.» Ich registrierte in seinem Blick so etwas wie Überraschung über meine veränderte Tonlage.

«Ja, und gerade das hat dazu geführt, daß ich im Nürnberger Prozeß keine Ausflüchte suchte, sondern daß ich klargestellt habe, daß das die Konsequenz meines Tuns war und daß ich die Strafe anerkenne, immerhin zwanzig Jahre, also, vom heutigen Standpunkt aus muß ich immer wieder betonen, daß ich die Chance gehabt habe, durch die Verfügung einer Strafe frei zu werden von dem, was mich eigentlich belastet hat. Und das ist, wenn ich das nun hier noch weiterverfolge, die Linie, anstatt mich zurückzuziehen, es ist eine freiwillige Leistung, die notwendig ist, meiner Ansicht nach.»

Seine Eloquenz hatte nachgelassen.

«Sie betrachten diese zwanzigjährige Strafe als Sühne?»

«Ja.»

«Tun Sie etwas zur Wiedergutmachung?»

«Das ist meine private Angelegenheit, ich werde es gleich sagen, daß ich etwas tue, das ist aber meine private Angelegenheit, ich stehe da auf dem Standpunkt des angelsächsischen Strafrechts und der angelsächsischen Praxis, daß, wenn ein Mensch vor Gericht stand und seine Strafe abgebüßt hat, dann kann er seine alte Tätigkeit völlig unbelastet wieder aufnehmen und kann sich völlig unbelastet fühlen. Ich habe einen guten Zeugen dafür, für diesen Standpunkt, das ist Simon Wiesenthal, mit dem ich ab und zu mal ein nettes freundliches Gespräch führe, wir trinken Kaffee zusammen, essen Kuchen, der in Synagogen in Amerika gesagt hat, Speer ist für mich wie ein unschuldiges Kind jetzt, denn er hat ja seine Sache abgebüßt.»

«Da muß ich ganz hart sagen ...»

«Sagen Sie es ruhig mal hart, ja!»

«... man kann nicht mit einer Tasse Kaffee und einem Stück Kuchen über Auschwitz hinweggehen!»

«Nein, aber man kann ... doch, er kann das tun, weil ...»

«Nein, Sie!»

«Das hängt beides zusammen! Wir beide können darüber insofern hinweggehen, weil dieser Vorwurf von Auschwitz in Nürnberg genauso auf mir lastete wie auf den anderen, und in den ... und in den zwanzig Jahren ist Auschwitz genauso enthalten. Auch die Frage, ob Wissen oder Nichtwissen ist darin enthalten. Und ich habe... nach dem habe ich ein... Gefühl, nicht mehr belastet zu sein.»

«Inwieweit fühlten oder fühlen Sie sich verantwortlich für Auschwitz?»

«Ja, ich habe das in meinem Buch geschrieben, daß ich nahe daran war, genau zu erfahren, was in Auschwitz vor sich geht. Daß ich aber... daß es aber nicht so weit kam, daß ich der Sache ausgewichen bin und daß darin eben eigentlich die größte Verfehlung liegt. Daß ich mich auch heute noch... in irgendeiner Weise als Mann der Regierung verantwortlich fühle dafür, aber auf der anderen Seite nicht anerkenne, wenn die Öffentlichkeit mir das anlastet. Das ist meine private Sache, wenn ich das weiter fortführe, dieses Schuldgefühl. Aber für die Öffentlichkeit bin ich...»

«Sind Sie hier jetzt öffentlich, oder wollen Sie über diese private...»

«Öffentlich! Ich halte mich hier für öffentlich! Und deswegen habe ich nichts dagegen, daß wir das weiter fortführen. Ich empfinde es als einen interessanten Punkt, weil das... ist irgendwie unerfreulich, daß man in Deutschland nicht einen ähnlichen Standpunkt einnehmen kann, das erinnert mich... an eine Praxis, wie sie früher gehandhabt wurde. Von seiten der Juden habe ich im großen und ganzen eigentlich nur Verständnis für meine Bücher und meine Linie nach dem Kriege gefunden und habe dort auch manche gute Bekanntschaft oder sogar Freundschaft gefunden.»

So, wie er da saß und redete, hatte ich das Gefühl, daß er nicht über sich sprach, sondern einen ganz anderen meinte. Seine Stimme blieb gleichbleibend ruhig, er argumentierte, als ginge es ihn eigentlich gar nichts an, als wiege er unterschiedliche Gutachten über die Statik einer Zimmerdecke ab. Nur Pausen und Ähs ließen auf Unsicherheit schließen oder wenn Formulierungen ungenau wurden. Ich beschloß, ihn härter anzufassen!

«Ich möchte das noch einmal vertiefen, wie Sie Ihre eigene Schuld sehen und damit fertig werden. Sie reden mit routinemäßiger Gelassenheit! Nichts scheint Sie aus der Fassung zu bringen! Sie wirken emotionslos! Warum zwingt Sie nichts, diese Coolness abzulegen? Sie müßten eigentlich unter der Last zusammenbrechen!»

«Ich bin zweifellos nicht so, daß ich vor einem Zusammenbruch stehe!»

«Ich frage Sie, trifft es Sie eigentlich nicht, geht es Ihnen nicht unter die Haut, wenn ich bezweifle, daß Sie mit dieser Schuld gut leben können?»

«Nein, es geht mir nicht unter die Haut!»

«Und warum nicht?»

«Aus dem Grund, den ich Ihnen vorhin sagte. Weil ich glaube, durch meine Tätigkeit genügend beizutragen, daß sich die Geschichte nicht wiederholt, es wäre sowieso unmöglich, daß sie sich wiederholt, daß ich aber... es nicht notwendig habe, als zerknirschter Büßer in der Welt herumzulaufen, weil ich eben diese zwanzig Jahre hinter mich gebracht habe.»

«Aber Ihre Gedanken, trotz Strafe und Buße, über das, was gewesen ist, was Ursache und Wirkung war, müssen doch weitergehen.»

«Ja, sie gehen ja weiter dadurch, daß ich diese Bücher geschrieben habe.»

«Obwohl Sie sich insofern widersprechen, als in Ihrem Buch steht, daß Sie keine Rechtfertigung haben für all das!»

«Nein, habe ich auch jetzt nicht. Ich bin auch jetzt nicht der Meinung, daß ich mich rechtfertigen kann. Ich fühle mich nur angegriffen dadurch, daß Sie glauben, daß die zwanzig Jahre nicht das Äquivalent sind, rein juristisch gesehen, und auch, rein vom Leben in einem Staat aus gesehen, ausreichen. Da sind wir verschieden. Aber davon abgesehen, wenn Sie die anderen vergleichen, die mit mir auf einer Ebene standen, wie Dönitz oder Raeder oder Schirach oder Funk, die ja auch zum Teil ihre Erinnerungen geschrieben haben, die haben genau das Gegenteil getan wie ich. Die haben versucht zu rechtfertigen und... haben nicht versucht einzudringen in den ganzen Mechanismus dieser Zeit, den verderblichen Mechanismus. Insofern habe ich eigentlich ein gutes Gewissen. Und sehen Sie mal, wenn...»

«Also entschuldigen Sie bitte, ein gutes Gewissen können Sie nicht haben!»

«Doch, ein gutes Gewissen, das geleistet zu haben, was ich leisten muß. Und wenn ich beispielsweise den Besuch eines ... orthodoxen Juden habe, der mir die Ehre gibt, bei mir zu Mittag zu essen, was an und für sich sehr selten ist, der heute der Leiter des Leo-Beck-Instituts in Jerusalem ist, also eine hervorgehobene Persönlichkeit, mit dem ich korrespondiere ... freundlich korrespondiere ... ist das eigentlich für mich die Quittung für das, was ich getan habe, im positiven Sinne.»

Er sprach ohne jede Gefühlsregung. Die ganze Zeit über lagen seine Hände vor ihm auf dem Tisch, fast als bete er, aber sie waren nicht gefaltet, sondern alle Fingerspitzen berührten sich. Seine ruhige sonore Stimme unterstrich die äußere Souveränität.

«Herr Speer, um nochmals an Ihre Kenntnis vom Völkermord an den Juden anzuknüpfen: Es gibt eine Führerzusammenkunft der NSDAP am 6. Oktober 1943 im Posener Schloß mit einer Rede Himmlers, in der er das gesamte Vernichtungsprogramm erläutert hat. Sie waren zeitweise wohl anwesend, und zeitweise, wie Sie behaupten, auch nicht. Angeblich waren Sie bei der Himmlerrede schon abgereist, obwohl dieser Sie namentlich ansprach, Sie berufen sich auf seine Kurzsichtigkeit, er hätte nicht erkannt, daß Ihr Stuhl bereits leer war. Das sind Widersprüche, aber es gibt keine eindeutigen Belege. Sie behaupten, von den KZs und der Judenvernichtung nichts gewußt zu haben. Sie gehörten aber zur unmittelbaren Umgebung Hitlers, waren bis zu Ihrem eigenen Überdruß zu seinen abendlichen Monologen eingeladen, in denen er über seine Pläne laut nachdachte, mit Sicherheit das Problem der Judenvernichtung nicht ausklammerte, wofür es allerdings keine Beweise gibt.»

«Ja, eben!»

«Ist es nicht unwahrscheinlich, daß Hitler mit seinem Fanatismus und seinen Aggressionen, die in alle möglichen Richtungen gingen, wie Sie selbst geschrieben haben, seinem Judenhaß nicht Ausdruck verliehen hat!»

Wieder eine ganz coole Reaktion: «Was Hitler über das Judenproblem sagte, und was mir noch erinnerlich war, habe ich in aller Deutlichkeit in den ‹Spandauer Tagebüchern› wiederholt. Daß Hitler dieses Geheimnis nicht preisgab, das wird heute nicht verstanden, aber das ist durchaus normal, es wurde... dieser oberste Führungskreis war nicht irgendwie eine Diskussionsrunde, in der jeder dem anderen erzählte, was passierte... das waren Staatsgeheimnisse. Das wurde als Staatsgeheimnis behandelt!»

«Im engsten Führerkreis fand keine Geheimhaltung in diesem Umfange statt!» behauptete ich.

«Es gab eine Fülle von Kreisen, von denen ein Mittelpunkt beispielsweise Himmler war. Im Kreis um Himmler herum die SS-Offiziere, um mich ein Kreis ...in der früheren Zeit als Architekt ...ich war umgeben von Künstlern und später von Industriellen.»

Er war aalglatt, ich bekam ihn nicht zu fassen!

«Durch Ihre Tätigkeit, Herr Speer, als Rüstungsminister, als genialer Rüstungsminister, kann man sicher ohne Übertreibung sagen, ist der Krieg verlängert worden, man schätzt um zwei Jahre.»

«Habe ich Hitler selbst geschrieben.»

«Und Sie schreiben in Ihren ‹Erinnerungen›: ‹Mein Amt aufzugeben und durch die Beendigung meiner Mitarbeit auch das Ende Hitlers und des Regimes zu beschleunigen, kam mir trotz aller Differenzen nicht in den Sinn.› – Und jetzt kommt etwas, was ich nicht verstehe: ‹... und würde mir in ähnlicher Lage wohl auch heute nicht in den Sinn kommen.› Können Sie das mal erläutern?»

«Es ist natürlich sehr schwer zu erläutern, es ist eigentlich eine Art Trotzbehauptung, wenn ich das ehrlich sagen soll. Ich werde oft gefragt bei Interviews ...gerade zu diesem Punkt, und ich ... glaube ... also, man muß dabei ausgeklammern, daß ich von Auschwitz gewußt hätte oder alle diese Dinge, das ist dabei nicht gemeint.

Sondern wenn ich in meiner, wenn ich in meiner Position wieder ...vor ähnliche Fragen gestellt würde, zu... meinem

Gebiet wie damals, ich würde sagen, in einem Krieg ist die Schwierigkeit verdammt groß, sich abzusetzen ...»

So ist das gewesen, Buddy, mehr als ihn ein bißchen ins Stottern oder Faseln zu bringen, war nicht drin. Er hat mich dann um eine Pause gebeten.

So, wie sie gekommen sind, verschwinden sie auch wieder. Man spürte Unruhe und Hektik bei den Wächtern, dann hörte man die Schritte mehrerer Personen, das Aufheulen eines Motors, nun sind die Amerikaner weg.

«He, Jamal, our American friends, are they free?» Jamal zuckt nichtssagend mit den Schultern.

«Das ist fast tragisch», sagt Friedrich, «wir haben monatelang Seite an Seite mit ihnen gelebt, ohne sie zu sehen oder mit ihnen zu sprechen.»

«Terry Anderson und Thomas Sutherland, mein Gott, viereinhalb Jahre, hoffentlich können sie jetzt heim!» Ich habe das bestimmte Gefühl, daß ich so lange nicht durchhalten werde und ziehe den rechten Turnschuh aus.

«Vielleicht hat es mit Scheich Obeid zu tun, vielleicht haben die Israelis den Austausch bewirkt.» Friedrich klingt ganz euphorisch. Ich prüfe unauffällig, ob die Rasierklinge noch an ihrem Platz im Schuh sitzt. «Wir müssen unbedingt das Radio wiederhaben», fährt Friedrich fort, «wer weiß, was alles in Bewegung ist, und wir merken hier rein gar nichts.»

Ich glaube nicht daran, denn Friedrich hat ja selbst neulich gemeint, daß wir ein Sonderfall für die Hisbollah sind, weil sie die beiden aus der BRD rausholen wollen. – Mit der Rasierklinge ist alles in Ordnung. Als Jamal wieder zu uns reinkommt, fragt ihn Friedrich: «Du wolltest doch Batterien für das Radio besorgen?»

«Alle Leute sind fort aus Beirut, vor den Geschäften gibt es nur noch Sandsäcke, oder sie sind kaputt, ausgebrannt. Keine Batterien, auch keine Milch, kein Käse, für heute habe ich nur Fladenbrot.»

«Wenn es eine Paketlösung gibt, sind wir mit drin», meint Friedrich, «dann hat unser Krisenstab auch die Abschiebung der beiden erwirkt!» Friedrich hängt eine Weile seinen Gedanken nach, wobei sein breites Ernst-Albrecht-Lächeln erhalten bleibt. «Wenn wir zurück sind, mußt du meine Familie kennenlernen. Daniela wird dir gefallen, die ist so diskussionsfreudig wie du, mit der kannst du streiten, die findet nämlich die linken Studenten an ihrer Uni doof. Es sind noch Semesterferien, hoffentlich ist sie nicht weggefahren.»

«Sie ist dein Lieblingskind?»

«Na ja, mit Ulrich kann ich nicht so gut reden, der ist oftmals störrisch, aber Daniela ist erwachsen. Doch, es stimmt schon, sie wickelt mich um den Finger, die kann alles von mir haben.»

Draußen hört man das Tschilpen von Spatzen, das Gegakker der Hühner, zwischendrin Gesprächsfetzen von Männern oder Frauen, die am Haus vorbeigehen, oder ein Kinderlachen. Es ist zum Greifen nah und deshalb unbegreiflich. Ich überlege, daß es zwei Formen der Isolationsfolter gibt. Die in einem Hochsicherheitstrakt, wo jede Regung der Außenwelt zum Absterben gebracht wird, und unsere, das Erleben der alltäglichen Normalität, so, als würde man einem hungrigen Hund einen saftigen Knochen ständig vor die Schnauze halten, ohne ihm den Maulkorb abzunehmen.

Friedrich läßt sich aufs Klo bringen. – Ich halte seinen Optimismus für Unsinn. Ich glaube auch nicht an eine Freilassung der drei Amerikaner. Es ist vermutlich eine Verlegung, vielleicht werden sie auch uns in den nächsten Tagen an einen anderen Ort bringen. Sie haben doch ständig Angst, daß unser Versteck verraten wird und wir befreit werden könnten. Ich frage mich allerdings, von wem? – Friedrich wird vom ‹Nasenbohrer› zurückgebracht. «Das Klo ist mal wieder verstopft», sagt er, zieht seine Turnschuhe aus und legt sich auf seine Matratze. In seinem Kauderwelsch-Englisch berichtet der ‹Nasenbohrer›, daß es einen neuen Waffenstillstand gebe, der seit zwei Tagen tatsächlich eingehalten werde. Sogar an der Greenline falle kein Schuß mehr. Als er Friedrichs Kette verschließen will, ruft ihn Jamal. Der ‹Nasenbohrer› geht raus, läßt die Tür offen. Ich habe jetzt keine Lust, weiter mit Friedrich zu reden und drehe mich auf die Seite. Dabei fällt mein Blick durch die Tür. Neben der Tür steht im Wachraum ein Stuhl. Auf dem Stuhl liegt eine MP. Entfernt hört man die Stimmen von Jamal und dem ‹Nasenbohrer›, vermutlich dreht es sich um das verstopfte Klo. Ihr Arabisch klingt wie Streit, aber da kann man sich täuschen. Ich will meine Augen schließen.

Moment! Da liegt eine MP!!! Ich starre auf die Waffe, beginne wie automatisch die Schraube zu drehen, die den Ring meiner Fesselkette am Fußboden befestigt. Es ist ein Magazin eingeführt, sogar das große, das mit 40 Schuß!!!

«Friedrich!» Ich habe fast die Schraube draußen. «Friedrich, da draußen, die MP!»

Friedrich richtet sich träge wieder auf und glotzt wie eine Kuh auf die Waffe. In mir bebt jede Nervenfaser. «Mach schon, zieh deine Turnschuhe an! Wir hauen ab!»

Unverändert im Hintergrund die Stimmen der beiden. Der Kettenring ist ab, ich bin bereits auf den Füßen. Sprungbereit stehe ich da. «Beeil dich, Menschenskind!»

Friedrich stiert mich an. «Jamal hat doch auch eine Waffe!»

«Mein Gott, nun zieh doch endlich deine Schuhe an! Das ist doch egal, wir sind im Vorteil!»

Friedrich schüttelt den Kopf. «Es bedeutet eine Schießerei!»

«Scheiß doch drauf!» Ich muß an mich halten, nicht zu schreien. «Wir haben die Überraschung auf unsrer Seite!»

Friedrich macht noch immer keine Anstalten, seine Schuhe anzuziehen, ich schnappe fast über. Er schüttelt jetzt unentwegt den Kopf. «Schuhe an, verdammt noch mal, du kannst nicht barfuß türmen!»

Ich traue meinen Augen nicht, der Idiot legt sich wieder hin! Ich ergreife seinen Arm, versuche ihn hochzureißen, er ist wie ein Mehlsack. Ich keuche: «Ich hol mir jetzt das Ding!» Daraufhin hält er mich am Bein fest, kommt selbst hoch, ich will mich losreißen, wir ringen miteinander, schwer atmend, aber geräuschlos, gespenstisch, wie im Stummfilm. Dann ruft er laut. «Jamal!»

Er läßt sich fallen, bringt mich dabei aus dem Gleichgewicht und zieht mich mit runter auf meine Matratze, Jamal erscheint, ich vergrabe meinen Kopf in den Armen, werde von einem Weinkrampf geschüttelt.

«Meinem Freund geht es nicht gut, bring ihm bitte ein Glas Wasser.» Jamal geht, und Friedrich bedeckt das Ende meiner Kette mit der Decke. Beide Wächter kommen zurück, der ‹Nasenbohrer› verschließt jetzt Friedrichs Kette am Fußgelenk, Jamal will mir das Wasser geben, ich schlage ihm das Glas aus der Hand.

Ich würdige Huber den ganzen Tag keines Blickes. Er hat meine Schraube wieder im Fußboden befestigt und mehrfach ein Gespräch versucht, ich antworte ihm nicht. Ich bin total down, es war die einmalige Chance, wir haben sie vertan, oder besser gesagt, dieser Feigling hat es verhindert. Meine Wut ebbt ab und mündet in Depression. Ich versuche zu schlafen, aber auch das gelingt mir nicht. Ich durchlebe das Geschehene immer wieder neu und male mir aus, wie es hätte weitergehen können. Zunächst euphorisch, daß wir uns durchschlagen bis zur Greenline, dann bei kritischer Betrachtung, daß es Menschenleben gekostet hätte und eigentlich unsere Aussichten gering waren. Zwangsläufig bedeutet das auch, daß Huber im Recht gewesen ist, was ich mir aber zunächst nicht eingestehen will.

Jamal ist sauer auf mich.

Das Klima zwischen Huber und mir bleibt über Tage belastet. Immer hatte ich mich ihm überlegen gefühlt – aber mit welchem Recht. Doch zugeben kann ich das um keinen Preis.

«Wir hätten doch mit unseren Schüssen die ganze Gegend rebellisch gemacht», sagt er ruhig und fast väterlich. «Wir wären nicht weit gekommen.»

«Quatsch», erwidere ich aggressiv, «wir hätten den ersten überrumpelt und den zweiten entwaffnet.»

«Jamal hätte geschossen.»

«Dann hätte ich ihn eben erschießen müssen.»

«Eben. Und mal abgesehen von dem Krach des Schußwechsels, was hättest du mit dem ‹Nasenbohrer› gemacht?»

«Den hätten wir gefesselt zurückgelassen.»

«Er hätte geschrien und die Nachbarschaft mobilisiert.»

«Dem hätte ich mit einem Pflaster den Mund verklebt.»

«Wenn du in diesem Saustall hier ein Pflaster gefunden hättest.»

«Hätte, hätte, vielleicht, vielleicht – du bist schuld, irgendwie wäre das schon gelaufen, wir sind doch auch nicht blöd, aber du hast alles vermasselt! Jetzt könntest du schon bei deiner Eva sitzen, so ein Mist!» Ich rede und rede, um mich von meinen Gedanken abzulenken.

«Vielleicht hätte sich Jamal gar keinem Schußwechsel gestellt und wäre aus dem Haus gelaufen, was dann?»

Ich antworte ihm nicht.

«Also angenommen, wir hätten beide gefesselt und geknebelt und wären aus dem Haus rausgekommen, mit der MP in der Hand...» fährt er fort.

«Jeder hätte dann eine MP gehabt, die hätten wir in eine Decke eingewickelt», werfe ich ein.

«In diesem Araberviertel würden wir so auffallen, als kämen wir vom Mars.»

«Du hast nichts als Einwände, auch im Hippodrome warst du der Bedenkenhuber, du bist ganz einfach feige!»

Noch während ich spreche, spüre ich natürlich ganz genau, daß ich aus Schuldgefühlen heraus so reagiere. Ich war bereit gewesen, Menschenleben aufs Spiel zu setzen. Und ich erinnere mich an Andrea. Auch sie hat das meisterhaft beherrscht, diese Projektion beim Austragen von Konflikten.

«Ich kann mich nicht erinnern, genehmigt zu haben, daß Sie ein Transistorradio benutzen. Es gibt überhaupt nichts mehr, keine Batterien und auch kein Radio!»

«Sie haben uns ein anderes Gefängnis zugesagt!»

«Ihre Unterbringung ist den Umständen entsprechend gut. Sie ist sogar besser als die unserer Brüder in Deutschland, denen man Wurst aus Schweinefleisch zumutet. Man läßt sie nicht nach Beirut telefonieren und begrenzt die Zahl ihrer Briefe auf einen im Monat.»

«Monsieur Abdul, was ist eigentlich los?» Friedrich reagiert gelassen.

«Da kalam fâdi – das ist leeres Geschwätz, was Ihre Regierung sagt. Sie wollen erst Ihre Auslieferung und dann entscheiden, ob sie die Gnade haben werden, auch unsere Brüder nach Hause gehen zu lassen. Aber das ist eine dreckige Rede – da kalam wasich! Wir wissen, was wir vom Kanzleramt zu halten haben, sie haben uns schon einmal betrogen, als wir Vorleistungen erbrachten. Die Herren sollen uns doch bitte nicht für dumm verkaufen!»

«Wir können dazu nichts sagen, Monsieur Abdul, wir...»

«Sie brauchen dazu auch nichts zu sagen, wenn Sie Ihre Regierung opfert, dann muß sie auch die Verantwortung tragen. Wir werden jedenfalls nicht davor zurückschrecken, wir wollen Ihren Tod nicht, aber die Ziele unserer Organisation, wallâhi – bei Gott, dienen den Interessen Allahs. Allah ist groß!»

Der ‹Chef› verbeugt sich respektvoll, als Abdul den Raum verläßt.

Mich hat der Mut verlassen, es geht Woche für Woche mit mir bergab. Die letzten Vorfälle haben meine Reserven aufgezehrt, und ich merke, daß keine Substanz mehr da ist. Ich liege fast nur noch auf meiner Pritsche herum, was mir nicht bekommt und sich in Schmerzen in den Wirbeln rächt. Ich bemühe mich zwar zu essen, aber meistens muß ich mich danach übergeben. Ich habe abgenommen, Friedrich ist sehr besorgt, spricht manchmal mit mir wie mit einem kranken unvernünftigen Kind, es sei doch alles nicht so schlimm und werde wieder gut. Ich möchte dieses ‹heile, heile, Gänschen› nicht hören, es hilft mir nicht, außerdem nehme ich es ihm auch nicht ab. Sein Standardlächeln ist nämlich geschwunden, die Falten in seinem Gesicht haben sich tiefer eingegraben. Ich erinnere mich an Buddys Aussage, daß man den Tod selbst zulassen muß, daß da nichts mehr zu erledigen sein darf. Ich glaube, ich habe jetzt nichts mehr zu erledigen und richte mich darauf ein.

Aber man kann sich nicht einfach hinlegen und sterben, so leicht ist das nicht. Mich beutelt die Angst, ich bekomme sie nicht in den Griff. Offensichtlich mache ich mir etwas vor, wenn ich denke, daß ich den Tod nicht fürchte, denn ich schnappe fast über, wenn mich Erstickungsgefühle übermannen, wenn die Wände auf mich einstürzen, heiße, beklemmende Wellen mich überfluten, mein Herz rasen lassen, den Schweiß aus allen Poren treiben, mir den Atem nehmen. Ich wage nachts nicht mehr einzuschlafen, weil mich ein Anfall mehrfach aus dem Schlaf heraus hinterlistig überfallen hat. Ich weiß auch nicht, welche Strategie ich dagegen entwickeln könnte. Damals in Luanda oder Kampala war es einfach, da habe ich mich gezwungen, den Fahrstuhl weiter zu benutzen. Wie aber soll man Eingesperrtsein trainieren, wenn Eingesperrtsein ohnehin der permanente Zustand ist.

Ich spreche mit Friedrich offen über meine Phobie. Er kann es nicht verstehen, ich sei doch eigentlich mutiger, mutiger als er, und könne Gefahrensituationen meistern. Schießereien in Kampala, Beirut, Teheran, Kabul, San Salvador, Bogotá, Lima zum Beispiel.

Aber er verhandelt täglich mit dem ‹Chef› meines Gesundheitszustandes wegen, bis sie schließlich ein Medikament besorgen. ‹Silentan›, ein Psychopharmakon. Es macht mich tagsüber benommen und träge, nachts schlafe ich schwer wie ein Stein und meist traumlos.

Nun bin ich auf dem Trip. Ein merkwürdiger Kreislauf scheint sich zu schließen: Der Rauschgiftjäger wird zum Schluß selbst Opfer der Rauschmittel. Ich weiß, was auf mich zukommt und bin mir bewußt, über kurz oder lang abhängig zu werden. Ich werfe morgens, mittags und abends je eine ‹Silentan› ein. Bald werden alle sechs Stunden Glückspillen nötig sein, dann alle fünf... und so weiter, das ist schließlich mein Spezialgebiet. Aber ich will keine Anfälle mehr haben, und deshalb ist mir der Preis nicht zu hoch. Ich schlafe auch tagsüber öfter oder lebe in einer Traumwelt.

Ich mache mich auf den Weg in den tropischen Regenwald, in die Einsamkeit der Highlands von Papua Neu-Guinea, in die Begegnung mit noch unverdorbener Natur. Es war überhaupt eine Reise der positiven Eindrücke, bereits in Simbabwe, schippernd auf dem Sambesi-Fluß, riesige Hippos, Fischadler, freche Affenfamilien (wenn nur die Crocodale-Farm nicht gewesen wäre), gewaltig die Victoria-Fälle, auch vom Flugzeug aus der Luft beeindruckend, wenn der breite Fluß einfach im Grün des Dschungels verschluckt wird. – Weiterflug mit der australischen ‹Qantas› nach Sydney. Dann Landung in Papua Neu-Guinea, der Himmel in Port Moresby regenverhangen, die Wolken dunkelgrau und schwer, aber die von mir geliebte schweißtreibende heiße Luft der Tropen, mitten im Dezember. Ein freundlicher Botschaftsmensch pickte mich aus der Jumbo-Schlange und verlud mich in die VIP-Lounge, die ich eigentlich nicht mag. Shake-hands mit dem australischen High-Commissioner und dem neuen Papua-Landwirtschaftsminister, einem wilden Häuptlingskopf und wichtigen Oppositionsführer, der durch ein konstruktives Mißtrauensvotum die Regierung stürzte.

Ich traf einen Rechtsstaat an, in dem es keine politischen Gefangenen, Pressefreiheit, unabhängige Richter und einen intelligenten Polizeichef gab, der keine Übergriffe duldete.

Ich tauchte täglich in das Gewusel der Eingeborenenmärkte ein, wurde innerhalb weniger Tage zum guten alten Bekannten, von dem man sich ungeniert fotografieren ließ. Müde und kaputt schlich ich mich dann gegen Abend auf geschundenen nackten Füßen in meinen Sandalen zum Hotel zurück.

Goilala, südliches Highland, Woitape, Owen Stanley Lodge, P. O. Box 6036, Boroko, PNG.

Die sechssitzige zweimotorige britische Islander war mit zehn Personen und einem Baby hoffnungslos überladen. Der australische Pilot quälte die Maschine durch enge Täler, über wolkenverhangene Gipfel in das Hochland. Wir rasten in einer Schlucht auf eine grüne Felswand zu, ich dachte, daß ich eigentlich hier nicht sterben wolle, das Hindernis zoomte heran, eine scharfe Linksschleife ließ erst in letzter Sekunde bemerken, daß die Schlucht ein Schlupfloch in ein rechtwinklig gelegenes Seitental gelassen hatte, welches der Pilot trotz des Regenschauers genau kannte.

Schlamm lief mir aus den Sandalen, im Eingang einer bambusgedeckten, auf Stelzen stehenden Holzhütte wurde der kaum von einem Lendenschurz bedeckte nackte Hintern eines Mannes, umrahmt von Holzbalken, sichtbar. Sie wachsen mit offenem Feuer und Rauch in der Hütte auf und sterben an permanenter CO_2-Überdosis recht früh. Im Inneren der Hütte an beiden Wänden Pritschen zum Schlafen, sonst keinerlei Einrichtung. Keine Decken, kein Geschirr, keine Wäsche. Jedoch bietet die Natur in üppiger Fülle so viel, daß sie nicht zu hungern brauchen. Ab und zu brennt eine Hütte ab, manchmal auch das halbe Dorf, wenn der Wind ungünstig steht.

Father Mai, ein Schweizer Missionar von der Herz-Jesu-Mission, war 78 Jahre alt und sah wie 60 aus. Vor 50 Jahren war er hierher gekommen und hatte Stahlaxt und Buschmesser eingeführt. Die zweite Revolution bedeutete das Flugzeug, welches täglich auf dem Airstrip von Woitape landet. Schweizer Kühe hatte er auch hierher gebracht. Überhaupt kümmerte er sich mehr um den Straßenbau als um Seelen. Einen Tagesmarsch von Woitape entfernt endete die bescheidene Zivilisation und begann das Revier der Steinäxte, wie zu ewigen Zeiten. Auf dem Rückweg von der Missionsstation zur Lodge erklang aus einer Hütte ‹Silent night, holy night› in der abendlichen Dämmerung.

Dave von der Lodge ermahnte mich dringend, auf keinen Fall den schmalen Weg nach rechts oder links in den dichten Dschungel zu verlassen, weil man bereits nach wenigen Metern die Orientierung verliere und sich dann hoffnungslos verirre. Ich lief acht Stunden lang durch den tropischen Regenwald, ein grandioses Erlebnis von Alleinesein und Einsamkeit.

Schwalben flogen neugierig auf mich zu, streiften fast meinen Kopf, eine Elsternart verriet den Standort, ständig das Murmeln des Gebirgsflusses, mal tief unten in einem Taleinschnitt, mal ganz nahe, halbverfallene Holzbrücken, kleine Wasserfälle, dann der Weg selbst zum Bachbett geworden oder an anderer Stelle von Geröll verschüttet.

Handtellergroße Schmetterlinge gaukelten um mich herum, uralte Palmen knarrten, Libellen im surrenden Tanz, Bäume wie riesige Farne oder wie Stämme eines überdimensionalen Streichholzwaldes.

Und trotzdem – ich hatte das Gefühl, nicht alleine zu sein. So als ob mich vielfach Augenpaare verfolgten, aus dem undurchdringlichen Dschungel, unsichtbar und doch präsent. Hier und da der versteckte Eingang eines Pfades, ins dunkelgrüne Nichts führend. Ich sah ihre Spuren, Fußabdrücke im Sand. Oder Wasserstellen, wenn die Quelle aus einem gefalteten Palmenblatt aus dem Hang rann, ein untrügliches Zeichen für Trinkwasser, wie mir Dave mit auf den Weg gegeben hatte.

Plötzlich die rhythmische Folge von Trommelschlägen. Oder war es ein Sprecht? Etwa 1 km von mir entfernt, von einer Anhöhe aus. Nein, die Antwort aus vielleicht 5 km, in genau derselben Schlagfolge. Etwas unbehaglich war mir schon, es sollte ja kriegerische Stämme geben. Da, ganz leise und noch weiter entfernt, mischte sich ein Dritter in die Unterhaltung. Aber die Trommeln klangen hell, mitteilsam, geschwätzig – nicht dunkel oder drohend. Was hatten sie sich zu sagen? Berichteten sie, daß da ein einsamer Wanderer in ihre Welt eindrang, ein merkwürdiger Weißer, der nach Vögeln pfiff, gutgelaunte Sprünge über Rinnsale machte oder mit lachendem Gesicht vor einer filigranen Orchideenblüte stand? Ein seltsamer Kauz, werden sie sich zugetrommelt haben, ein Papalagi – oder wie ich sonst hier genannt werden mochte, einer, der unter der ‹schweren Krankheit des Denkens leidet, anstatt mit allen Gliedern zugleich zu leben›, wie es schon Südseehäuptling Tuiavii aus Tiavea empfand.

Die Trommeln verhallten, meine Schritte wurden langsamer, der Atem kürzer. Unablässig hatte sich der Weg durch die sattgrüne alpine Landschaft nach oben geschraubt, ich mochte auf 2800 m angekommen sein. Daß ich «high» war, hatte sicher auch mit der dünnen Luft zu tun, aber vielleicht macht es einfach glücklich, in einer völlig intakten Natur zu sein, wo Baumriesen nur an Altersschwäche starben, wo ich mich scheute, das Kaugummipapier fallen zu lassen. Noch war in dieser Gegend von der Vernichtung des tropischen Regenwaldes nichts zu spüren, und trotzdem fielen mir die Rainbow-Warrior, das Greenpeace-Schiff im Hafen von Sydney, ein und das zur hiesigen Inselwelt gehörende Mururoa-Atoll.

Wie aus dem Boden gewachsen stand er plötzlich vor mir auf dem Weg: kleinwüchsig, drahtig, in der einen Hand eine blinkende Axt, in der anderen ein langes Buschmesser. Bevor mir der Schreck durch alle Glieder fuhr, verlegte ich mich reflexartig auf ein breites Grinsen. Er grinste zurück, ich streckte ihm die geöffnete Hand hin, er ergriff sie. Ich wollte ihm mit Zeichen und Gesten sagen, wie überwältigt ich sei von der Natur, aber er verstand es nicht, streichelte mir mehrmals gutmütig den Arm und sagte: «Master.» Ein solcher wollte ich eingedenk unseliger Kolonialzeiten unter keinen Umständen sein, statt dessen fotografierte ich ihn, wobei er die stolze Haltung des unbesiegbaren Kriegers einnahm, Axt und Buschmesser präsentierte und seines Weges zog.

Nach einer weiteren Wegstunde sah ich auf dem Pfad die Losung von Tieren, später hörte ich die Stimmen von Frauen, sie blickten erstarrt, ein vierjähriges Mädchen schaute entsetzt und floh schreiend unter den Rock ihrer Mutter. Es kostete mich eine Viertelstunde freundlichster Gesten, bis die beiden Frauen an den Zaun kamen und meine Apfelsinen annahmen. Mit unverhohlener sexueller Neugier musterten sie mich, der ich mit nacktem weißem Oberkörper vor ihnen stand, und ihr Blick sagte eindeutig, daß ich ihnen überhaupt nicht gefiel. Vielleicht haben auch sie gedacht, was ich einmal aus dem Mund einer afrikanischen Frau gehört habe: ‹Der weiße Mann sieht aus wie ein Huhn ohne Federn.›

Zurück in Port Moresby sagten sie mir bei der Botschaft, daß im vergangenen Jahr ein Belgier, der, wie ich, alleine im tropischen Regenwald umherlief, umgebracht worden sei. Sieben Einheimische hätten sich außerdem verirrt und seien seit dieser Zeit verschollen. Das komme jährlich vor.

Der Jet hatte mich wieder. Von Port Moresby nach Singapur. Weiter mit Lufthansa-Flug Nr. 695 nach Frankfurt. Ich stellte die Sessellehne zurück, schloß die Augen. War das alles nur ein Traum von einer besseren Welt?

Während sich Friedrich mit Jamal unterhält und ich meinen Kopf unter dem Arm vergraben habe, geht es mir wieder schlechter; das Mittel hat die Nebenwirkung, Delirien auszulösen, angstbesetzte Phantasien, Herzsensationen, die jedoch nicht an den schrecklichen Zustand der Phobien heranreichen. Die Häuserschluchten von New York schließen sich am Himmel über mir zusammen, Tausende von Radfahrern in Hanoi kesseln mich auf der Brücke über den Roten Fluß ein, amerikanische Bomber stürzen vom Himmel, brennendes Napalm fließt auf mich zu. Nun höre ich Musik, Bajong-Tänzer aus Bali umringen mich, die Trommeln von Woitape grollen unheilvoll...

Später werden Fernsehschreckensbilder in mein Hirn projiziert. Wehrlos am Boden liegende Männer und Frauen, zappelnd, schreiend, von Polizisten umringt, die auf sie einprügeln, sie treten, in die Nieren, gegen den Kopf – Bilder aus Frankfurt, Berlin, Johannesburg, Santiago de Chile, Seoul, aus... aus... aus... Bilder, bei denen ich früher Entsetzen, Scham, Trauer, Wut empfand – sie wurden geschlagen, jetzt fühle ich den Schmerz, sie wurden getreten, jetzt halte ich meine Hände schützend über den Kopf, sie wurden brutal abgeführt, jetzt werde ich beinahe verrückt vor Angst...

Nachts stattet mir meine zentrale Lichtbildsammlung zum wiederholtenmal einen Besuch ab. Meine Verbrecherfamilie, wie ich sie zu Hause nannte, die ich zu sortieren, zu verschicken, per Telebild in alle Welt zu faxen hatte, die ich sogar klonte und damit den Nachwuchs sicherte, denn der Bedarf an Ganovenbildern schien unersättlich – sie alle kamen nach Beirut. Im BKA blickten sie mich verloren und hilflos an, von vorne, von schräg, von der Seite, ihre Gesichter leer, gehetzt, unsicher, oft voller Angst. Ganz anders hier in Beirut. Sie entspringen den Fotos, wollen mich aufheitern, tanzen Ringelreihen, sind unschuldig geworden wie Kinder.

Daß Buddy zu ‹Silentan› kein Wort sagt, belastet mich, denn sein Schweigen wird von mir als schwerste Form der Mißbilligung empfunden. Es wäre mir tausendmal lieber, er würde mich mit Vorwürfen überhäufen.

Wohl ermahnt er mich, mir weiter Notizen zu machen, was ich natürlich auch schleifen ließ. Er zählt mir noch einmal die Gründe auf, wozu ich die Aufzeichnungen verwenden könnte, es sei eine Art Zwischenbericht in meinem Leben fällig, eine Bilanz, um mir klar darüber zu werden, wer ich eigentlich sei und was ich wolle, denn er halte es für notwendig, daß ich meine Identität finde. Außerdem verpflichte mich mein Wissen zum Widerstand, ich könne nicht auf Dauer mit meinen Skrupeln leben, und weil keine interne Abhilfe möglich sei, müsse sie öffentlich versucht werden. Ja, ja, Buddy, antworte ich, das ist richtig, ich kann und will nicht mit der Lüge leben. Aber so, wie die Dinge stehen, nehme ich sie in Beirut mit ins Grab.

Du wirst nicht sterben, denn du hast noch etwas zu erledigen!

Wieder einmal werfe ich eine ‹Silentan› ein, warte auf die Wirkung, auf das Verlangsamen der Reaktionen, das Verschwimmen aller Konturen, das Verwaschen der Geräusche, auf die langweilige Gleichgültigkeit. Wie üblich drehe ich mich auf die Seite, weg von Friedrich, der mir soeben noch aufgenötigt hat, eine zweite Scheibe Baguette mit Schafskäse zu essen und den Tee auszutrinken.

Ich muß zugeben, daß ich manchmal froh bin, wenn ich aus meinen Phantasien zurückkehre, ihn an meiner Seite zu wissen, daß es mich beruhigt, wie er sich um mich kümmert, mich versorgt. Ich bin sehr unsicher geworden, habe ich ihn falsch beurteilt?

Ich drehe mich nun doch nicht zur Seite. «Wie geht es dir eigentlich?» frage ich ihn.

«Es ist schön, daß du das wissen willst, daß du Interesse zeigst. Es geht mir so lala, einer von uns beiden muß ja wohl bei Kräften bleiben.»

«Ich weiß, daß du es nicht gerade leicht mit mir hast.»

«Das kann man wohl sagen, ich fühle mich ziemlich einsam.»

«Von mir im Stich gelassen?»

«Ich weiß nicht, ob man es so nennen sollte, jedenfalls verstärkt es meine Isolation. Ich empfinde es jetzt auch als eine Form von Folter, es hängt von der eigenen Verfassung ab, ich verstehe dich jetzt besser und muß dir recht geben. Doch, das ist Isolationsfolter, es gibt sie tatsächlich!»

Ich empfinde Wärme für ihn, habe gleichzeitig ein schlechtes Gewissen. «Bitte entschuldige, Friedrich, es tut mir leid, daß ich mich so hängen lasse und dir zur Last werde. Ich muß versuchen, mich mehr zusammenzureißen.»

«Laß mal gut sein, dafür kannst du auch nichts, wenn du Angstanfälle hast.»

Es entsteht eine längere Pause, sein Lächeln zeigt sich in den letzten Wochen nicht mehr, eine merkwürdige Stimmung liegt zwischen uns, wäre es nicht Friedrich, würde ich seine Hand ergreifen und festhalten. Er ist jetzt ganz anders, eigentlich kann es doch gar nicht sein, daß so viele im BKA stumpf geblieben oder geworden sind.

Er nimmt das Gespräch wieder auf. «Ich wollte es dir schon lange sagen, es hat mich belastet, ich möchte mich bei dir entschuldigen. Das mit deinem Test zum Höheren Dienst, daran bin nämlich ich schuld, daß du damals durchgefallen bist.»

Ich merke, wie meine Hände zu zittern beginnen.

«Der Vize und der Psychologe hatten sich für dich ausgesprochen, die beiden anderen gegen dich. Zufällig war ich der letzte, der sein Votum abgeben sollte, in diesem Fall das Zünglein an der Waage. Ich habe gegen dich entschieden, es tut mir heute leid.»

Huber! Du bist das Letzte, du Leichtgewicht-Abteilungspräsident! Fuck off, Huber! Placebo-Typ! – Meine Wut verdrängt völlig die Wirkung der Pille. Ich wende mich von ihm ab, drehe mich zur Seite. Das hat er also die ganze Zeit verschwiegen, der Feigling!

«Ich kenne dich heute besser, bitte entschuldige.»

Er sagt es noch einmal. Immerhin findet er sich jetzt dazu bereit, das ist eine Form der Wiedergutmachung. – Ohne ihn wäre ich jetzt Kriminalrat. Säße nicht hier in Beirut, denn als Kofferträger hätte er sich einen anderen Hauptkommissar ausgesucht. Ich hätte auch ganz andere Aufgaben, aber wer weiß, welche Skrupel mir diese bereiten würden. Und will ich eigentlich zu den Führungsleuten im BKA gehören? Verantwortung tragen für Dinge, die ich mit meinem Gewissen nicht vereinbaren kann? Hätte ein solcher Aufstieg nicht eigentlich bedeutet, daß ich zu den Angepaßten zähle, und ist mein Scheitern nicht der Beweis dafür, daß ich besser so bleiben sollte, wie ich bin?

Ich wende mich ihm wieder zu. Seine Augen blicken traurig, mir fällt auf, wie eingefallen sein Gesicht wirkt, die Haut ist faltig und welk.

«Okay, Friedrich, es ist für mich heute nicht mehr wichtig.»

8. Kapitel

Erneut der Horror einer Verlegung in ein anderes Gefängnis! Bei der Vorbereitung zum Aufbruch entdeckt der ‹Chef›, daß die Schraube an meiner Kette gelockert ist und straft mich mit einem zornigen Blick.

Die Rasierklinge sitzt an ihrem Platz im Schuh, ich muß plötzlich an Göring denken, der die Zyankali-Kapsel im Zahn versteckt hatte. Die Papiere mit meinen Tagebuchaufzeichnungen befinden sich im Futter der Trainingsjacke, knistern leise, ich trage die Jacke über dem Arm, weil es trotz der späten Abendstunde noch heiß ist.

Der ‹Chef› fordert mich auf, zwei ‹Silentan› zu schlucken und verlangt das auch von Friedrich, der es aber ablehnt. Ich soll also ruhiggestellt werden, damit ich ihnen nicht durchdrehe während des Transports.

Sie haben einen Lkw rückwärts an den Hauseingang gefahren, so dicht, daß keine Hand mehr dazwischen paßt. Unsere Arme werden am Handgelenk vor dem Körper mit den Plastikfesseln verschnürt. Sollte ich je das BKA wiedersehen, niemals werde ich diese Dinger wieder anrühren.

Mein Gott, schon wieder ein Sarg! Diesmal sind zwei Holzkisten unter die Ladefläche zwischen Vorder- und Hinterachse geschraubt worden. Ich weigere mich, fange an zu fluchen und zu schimpfen, woraufhin mich der ‹Nasenbohrer› und ‹Gaddafi› am Oberkörper und den Beinen umfassen und in die mit einer Decke nur oberflächlich gepolsterte Kiste schieben wollen. Ich strampele, falle zu Boden, weil sie in gebückter Haltung unter dem Fahrzeug das Gleichgewicht verlieren. Der ‹Chef› kommt hinzu, sie nehmen mich brutal zu dritt in die Schraubzwingen ihrer Arme, wodurch ich mich kaum noch bewegen kann. Meine Jacke bleibt im Staub liegen.

Ob die Fahrt zehn Minuten oder zehn Stunden dauert, kann ich nicht sagen. Irgendwann wirken beide Tabletten, ich phantasiere, sehe den Bärtigen mit der Videokamera wieder, der vermutlich dem iranischen Geheimdienst angehört, wie er neben mir im Flugzeug sitzt und die Stewardessen filmt. Es ist eine Maschine der Iran Air, die Mädchen tragen den schwarzen ‹Tschador›, mit männlichen Fluggästen zu lachen oder ihnen in die Augen zu schauen ist gegen die Vorschrift und wird streng geahndet. Dann sehe ich mich auf dem Residenzgrundstück des deutschen Botschafters in Teheran stehen, höre Marschmusik aus den Lautsprechern des benachbarten Umerziehungslagers für Rauschgiftsüchtige, das in Wahrheit ein iranisches KZ ist, Schmerzensschreie übertönen die Musik, es peitschen Schüsse, weil eine Frau auf das Botschaftsgrundstück flieht, eine Stewardess im schwarzen ‹Tschador›, sie wirft sich mir keuchend in die Arme, es ist Andrea. Der Botschafter sagt, daß er jetzt nicht mehr Skilaufen gehe, weil sie getrennte Pisten für Männer und Frauen geschaffen hätten. Und der Bärtige vom SAVAM steht neben mir und fordert mich auf mitzukommen, da ich ein Damenfriseur sei, und das wäre unzüchtig, ich müsse mich vor einem Revolutionsgericht verantworten, er legt mir Plastikfesseln an.

Danach fahre ich den Bus der Deutschen Schule durch Lagos, die Kinder zählen die Leichen, die hier und da am Straßenrand liegen, es sind Verkehrstote, die man einfach nicht wegräumt, und die Kinder lachen, weil die Bäuche der Leichen von Tag zu Tag dicker und die Gesichter grüner werden. Vor meinem Hotel haben Nigerianer einen Dieb gestellt, sie stülpen einen Autoreifen über ihn, übergießen ihn mit Benzin und stecken ihn in Brand. Jetzt bin ich mit Andrea auf einer Party, der Repräsentant von BASF sagt lachend, daß sie 1000 Kilo Celabit für 450,– DM einkaufen und den blöden Nigerianern 45 Kilo-Packungen für umgerechnet 900 DM verkaufen, woraufhin ihn Andrea mit der Hand ins Gesicht schlägt. Auf der Heimfahrt sehen wir einen Polizisten, der einen Nigerianer mit einer Leine um den Hals vor einer johlenden Menschenmenge wie einen Frosch über die breite Straße hüpfen läßt, weil er eine Fußgängerbrücke nicht benutzt hat.

«Sabâ al chér! – Einen guten Morgen!»

«Sabâ al ward! – Einen rosigen Morgen!» lautet die Antwort.

«Izzayyak? – Wie geht's?»

«Al hamdullilâh! – Lob sei dem Herrn!»

Wir trauen Augen und Ohren nicht, mit welch guter Laune sich nach dieser Begrüßungsformel mit dem ‹Chef› Monsieur Abdul präsentiert.

«Ich hoffe, Sie sind mit Ihrer neuen Unterbringung zufrieden?»

«Doch, doch, es geht», meint Friedrich.

«Wie sagt man in Deutschland: Gute Sachen brauchen eine Weile...»

«Gut Ding will Weile haben», berichtigt Friedrich.

«Ja, genau, gut Ding will Weile haben. Es klingt komisch, nicht wahr?» Er hat Apfelsinen mitgebracht, die er aus einer Aktentasche umständlich auspackt und vor uns hinlegt. «Bedienen Sie sich! Ja, die deutsche Sprache ist kompliziert, warum heißt es der Mond, der Stern, aber die Sonne? Doch trösten Sie sich, in Arabisch ist das auch nicht immer logisch, nur kennen wir kein Neutrum.»

Ich habe Heißhunger auf die Apfelsinen, schäle und esse eine und frage mich, wann er endlich zur Sache kommen wird.

«So sind eben Sprachen so verschieden wie Sitten.» Er deutet auf mich. «Wie Sie die Apfelsine essen, würden wir es niemals tun. Die linke Hand ist unrein, die würden wir in den Schoß legen und vergessen, daß sie überhaupt da ist. Übrigens, Herr Huber, was haben Sie Ihrer Frau zum zwanzigsten Hochzeitstag geschenkt?»

«Wie bitte?»

«Was Sie Ihrer Frau zum zwanzigsten Hochzeitstag geschenkt haben?»

«Also, ich finde... das weiß ich doch hier und jetzt nicht mehr. Wieso?»

«Weil es Ihr Bundeskanzleramt wissen will.»

Plötzlich verwandelt sich Friedrichs Gesicht in das des Strahlemanns aus besseren Zeiten. «Ach so, ich verstehe! Ja, lassen Sie mich überlegen...»

Abdul wendet sich an mich. «Und von Ihnen wollen die Herren wissen, wo Ihre letzte Beförderung stattgefunden hat.»

«Sie haben mir die Urkunde auf einer Reise nachgeschickt, und zwar nach Addis Abeba. Dort hat sie mir der deutsche Botschafter ausgehändigt.»

Und ich denke, daß dies sehr fürsorglich war, so geht Mutter BKA mit ihren Kindern um, niemand der Familie soll auch nur für einen Tag einen Nachteil erleiden.

Abdul knautscht wieder verlegen seine Tasche, während er auf Friedrichs Antwort wartet.

«Ich habe meiner Frau einen Smaragdring geschenkt.»

«Shukran – danke, meine Herren, dann kann ich dort ja anrufen. Die Deutschen sind sehr mißtrauische Leute.» Er wendet sich zum Gehen.

«Moment, Monsieur Abdul, was ist eigentlich los», will Friedrich wissen, «wie geht es weiter?»

«Das weiß ich auch nicht», lautet die lakonische Antwort.

«Aber es tut sich was, ist das richtig?»

«Ich will Ihnen nichts versprechen, aber doch, es tut sich was.»

«Und wie ist die Lage sonst, ich meine politisch?» Ich denke, daß Friedrich jetzt auf die Sache mit Scheich Obeid und den Israclis anspielt.

«Wir haben zur Zeit einen Waffenstillstand aufgrund des Friedensplans der Arabischen Liga, und demnächst wird unser Parlament einen neuen Staatspräsidenten wählen, natürlich mit den christlichen Abgeordneten, win nabi – beim Propheten! Nur Aoun hat noch nicht begriffen, daß seine Stunde geschlagen hat...»

Hinterher fallen uns immer tausend Fragen ein, mit denen wir ihn hätten weiter ausquetschen müssen. Jedenfalls ist Friedrich in Hochstimmung, er geht fest davon aus, daß wir bald frei sein werden.

«Wenn die Arabische Liga eine Friedenslösung ausgearbeitet hat, dann kann dies nur so aussehen, daß auch alle Geiseln in Beirut entlassen werden. Das geht jetzt alles in einem Aufwasch, die christlichen Maroniten, die drusischen und moslemischen Abgeordneten wählen einen gemeinsamen Präsidenten, der bestimmt eine gemeinsame Regierung, Obeid kommt gegen israelische Gefangene und Beiruter Geiseln frei, wir gegen die beiden in Deutschland. Junge, wir haben wieder gute Karten!»

Ich möchte das gerne glauben, aber ich bin vorsichtig geworden. Im Hippodrome habe ich mich auch schon fast in Freiheit gewähnt. Ich fühle Jamal auf den Zahn, der sich mit mir wieder ausgesöhnt hat, nachdem ich mich bei ihm entschuldigt habe.

«Jamal, wie sieht es jetzt aus in Beirut?»

Er macht ein bekümmertes Gesicht. «Oh, ganz schlecht!»

Mir fällt das Herz in die Hose. «Warum?»

«Keine Bomben mehr und alle Leute kehren zurück, auch meine Frau und mein Kind, nur ich sitze im Chouf, zwanzig Kilometer weg, und sehe sie nur alle zehn Tage.»

Ich atme wieder auf. «Das ist wirklich schlecht für dich. Warum bringst du die beiden nicht irgendwo hier in der Nähe unter?»

Auf diesen Gedanken ist Jamal noch gar nicht gekommen. «Das ist eine gute Idee, ich werde den Chef fragen!»

«Du sagst, es gibt keine Bomben mehr?»

«Nein, auch keine Schießerei an der Greenline. Die Geschäfte sind wieder offen, fast alle Leute zurück, sogar die amerikanische Universität macht weiter und die Schulen auch. Über die Greenline kann man wieder rüber, am Museum und im Hafen.»

«Das klingt nach Normalität. Und die Fähre nach Zypern?»

«Die geht auch wieder. Die Seeblockade ist aufgehoben, der Flughafen offen.»

«General Aoun, spielt der mit?»

«Bis jetzt hält er jedenfalls still, obwohl er den Friedensplan ablehnt, weil die Syrer nicht aus dem Libanon rausfliegen sollen.»

«Und wie siehst du das mit den Syrern?»

«Solange sie sich mit Teheran einig sind, können sie ruhig bleiben.»

«Jamal, sag mal, was passiert jetzt mit uns?»

Er verzieht gespielt schmerzhaft das Gesicht, weil ich ihm eine so dumme Frage stelle und dadurch unsere Unterhaltung störe. «Soll ich noch einen Tee holen?»

Wir hatten uns schon gedacht, daß wir im Chouf-Gebirge gelandet sind, es ist nämlich nicht mehr so heiß, und die Nächte sind angenehm frisch. Das Natursteinhaus trägt außerdem zur Kühlung bei. Ansonsten ist es hier ziemlich schmutzig, nur die rohen Steinwände unseres Gefängnisraumes sind frisch gekalkt worden. Es handelt sich wohl um einen Anbau an das eigentliche Haus, das ziemlich einsam zu liegen scheint, es gibt keinerlei Außengeräusche, außer hie und da ein Flugzeug in größerer Höhe.

Ohne Widerstände hat der ‹Chef› zwanzig Zigaretten am Tag genehmigt. Das hilft mir etwas über die Runden, nur noch abends schlucke ich eine ‹Silentan›, ich habe mich insgesamt etwas beruhigt und bemühe mich, Friedrich gegenüber nicht so abweisend zu sein.

«Ist das jetzt eigentlich unser sechster oder siebter Knast?» fragt er.

Ich zähle auf: «Keller, Garage, 5. Stock, Hippodrome, Moslemviertel, Chouf – also sechs in acht Monaten.»

Ich erschrecke, weil der ‹Zwinkerer› mich auffordert, ihm meinen rechten Turnschuh zu zeigen, in dem sich die Rasierklinge befindet. Aber die Prozedur wiederholt sich auch bei Friedrich, es ging ihm wohl um die Schuhgröße. «Sie besorgen uns neue Klamotten für die Entlassung», ist Friedrichs eindeutiger Rückschluß, doch ich will es lieber nicht wahrhaben. Meine Jacke mit den Notizen ist übrigens endgültig weg. Zuerst war ich darüber traurig, aber ich habe mir dann gesagt, daß sich ja ohnehin alles in meinem Gedächtnis so eingebrannt hat, daß ich mich jederzeit daran erinnern werde.

Neue Hoffnung läßt die Zeit noch zähflüssiger werden. Die Tage schleichen dahin, aber nichts tut sich. Die Verpflegung ist eindeutig besser geworden, aber das kann auch damit zusammenhängen, daß sich die Lage insgesamt entspannt hat. Jamal überrascht uns mit einem weißen Bündel auf dem Arm, seinem Sohn, pausbäckig und mit schwarzen Löckchen, im Schlaf leise schmatzend. Der Milizionär in der Khaki-Uniform und das unschuldige Kind, jetzt vielleicht ein halbes Jahr alt, sind auch ein Symbol für den Irrsinn dieser Situation.

Der ‹Chef› erzählt uns, daß das libanesische Parlament René Mouawad zum Staatspräsidenten gewählt hat. Aoun habe am Tag zuvor das Parlament für aufgelöst erklärt, weswegen es in einem Dorf außerhalb Beiruts zusammentrat. Die Wahl soll er als null und nichtig bezeichnet haben, jetzt gerate er immer mehr in Isolation. Der ‹Chef› hält den Christen-General für einen machtbesessenen Egoisten.

Völlig unerwartet werden wir von einem Arzt aufgesucht. Wir dürfen ihn nicht sehen, zu diesem Zweck verbinden sie uns die Augen mit einem Tuch, das in meinem Fall ekelhaft stinkt. Er mißt meinen Blutdruck, hört Herz und Lunge ab und betastet die Bauchhöhle. Dann fragt er in Englisch nach Beschwerden, ich erwähne nur meine Rückenschmerzen. Er fährt mit den Fingern mein Rückgrat entlang und meint, daß mir Fango mit Massagen guttun würden, was ich für einen schlechten Witz halte.

«Ich habe ständig Kopfschmerzen und jeden Morgen Sodbrennen», erklärt ihm Friedrich, «außerdem dieselben Beschwerden im Rücken wie mein Freund.»

«Ich wußte gar nichts von deinen Problemen», sage ich kleinlaut zu Friedrich, als der Arzt wieder weg ist und komme mir wie ein Jammerlappen vor.

«Ist doch egal», erwidert Friedrich euphorisch, «auskurieren können wir uns daheim, meinst du nicht auch, daß es bald losgeht?»

Ich kann es nicht fassen, ich möchte heulen und gleichzeitig jubeln, es geht tatsächlich los. Vorboten des Glücks waren neue Hosen, Schuhe und Hemden, die uns der ‹Chef› vorhin übergab. Er schloß persönlich die Ketten auf und ordnete an, daß wir uns umziehen sollten.

Das ist alles Täuschung, sagt eine Stimme in mir, jetzt fahren sie mit uns in einen Steinbruch und erschießen uns.

Quatsch, protestiert die andere Stimme, wozu dann der Aufwand, in Beirut würden sie das ohne Federlesens erledigen.

Der ‹Zwinkerer› bringt Schere, Spiegel und Rasierapparat. Wir dürfen uns gegenseitig die Haare schneiden und sehen entsprechend gerupft aus. Im Gegensatz zu Friedrich lasse ich meinen Vollbart stehen.

Inzwischen ist es dunkel geworden, draußen hört man die Geräusche von Fahrzeugen, ich kneife mich tatsächlich in den Arm.

Wir steigen ungefesselt, das ist unglaublich, seit fast einem dreiviertel Jahr *ungefesselt!!!*, in ein Auto, es ist, glaube ich, ein älterer Peugeot 504. Wir sitzen hinten, den Fahrer habe ich noch nie gesehen, kein Araber, er sieht wie ein iranischer Revolutionsgardist aus. Neben ihm nimmt der ‹Chef› Platz. Vor dem Haus steht der ‹Zwinkerer›, es geht alles sehr schnell, ich merke erst beim Anfahren, daß ich mich nicht einmal von ihm verabschiedet habe. Es tut mir leid, Jamal nicht zu sehen.

Wir fahren zwischen zwei Toyota-Geländewagen mit syrischen Soldaten, die Kalaschnikows tragen. Auf dem hinteren Teil des Fahrzeugs vor uns sieht man im Scheinwerferkegel ein aufmontiertes Maschinengewehr. Es geht über Feldwege bergauf und bergab, bis wir nach zwanzig Minuten auf eine Hauptstraße biegen.

In mir summt das Glück. Aber es hat sich so viel Pessimismus angehäuft, daß ich nach Gründen suche, die alles noch scheitern lassen können. Zum Beispiel in eine Schießerei zu geraten. Die ersten Kontrollstellen auf der Straße machen mir deshalb auch angst, aber unser Konvoi vermindert seine Geschwindigkeit nicht, wir fahren ungehindert durch. Nach und nach kommen mir Teile der schlaglochübersäten Straße und der Gegend, soweit ich sie im Scheinwerferlicht registrieren kann, bekannt vor. Es ist der Weg nach Damaskus, den ich bereits früher gefahren bin, offensichtlich befinden wir uns in dem von Syrien kontrollierten Gebiet. Beim Passieren einer größeren Ortschaft erkenne ich einen Supermarkt wieder, vor dem ich mit meinem Taxifahrer pausiert hatte, um Essen und Trinken einzukaufen. Der Wagen vor uns hat ein Funkgerät, ich sehe, wie der Beifahrer es bedient. Wahrscheinlich ist unser Konvoi auf der Strecke angemeldet und fährt deshalb auch in unverminderter Geschwindigkeit über die Grenze. Friedrich hat es gar nicht mitbekommen, ich aber erinnere mich sehr gut an diese schmuddelige Grenzstation mit den staubigen Betonbauten.

«Friedrich, wir sind in Syrien», sage ich leise, «jetzt kann uns nur noch ein Unfall in die Quere kommen!»

«Was? Wie? Schon über der Grenze? Du meine Güte, wir sind gerettet, raus aus dem gottverlassenen Libanon!» Er schlägt mir vor Begeisterung auf den Schenkel.

Nach insgesamt fast zwei Stunden erreichen wir Vorortstraßen von Damaskus, es ist jetzt kurz vor Mitternacht, aber noch reger Straßenverkehr, wir fahren am Busbahnhof vorbei, den ich wiedererkenne, das Leben pulsiert, Autogehupe, Menschen auf den Gehwegen, es überwältigt mich, daß da so viele Leute einfach rumlaufen können, ohne daß sie jemand behindert, fesselt oder gar einsperrt, ich würde am liebsten aus dem Auto springen und mich unter sie mischen, vor einem Restaurant stehen ein paar Stühle, zwei Männer sitzen dort und diskutieren, etwas weiter preßt ein anderer mit weißer Schürze Apfelsinen aus. – In mir summt es vor Glück.

Wir kommen jetzt in ruhigere Straßen, schwacher beleuchtet, viele Bäume, ein herrlicher ‹Fire-Tree›, die Gegend wird vornehm, dafür auch einsam, ein Villenviertel. Der Konvoi hält vor einem großen schmiedeeisernen Tor, das rechts und links von hohen Mauern eingerahmt wird. Der ‹Chef› sagt, wir könnten jetzt aussteigen. Dann höre ich noch ein «Good luck!», und die Fahrzeuge geben erneut Gas. Ich bin ganz froh, daß wir nichts zu sagen brauchen, es hätte ja sein können, daß Friedrich ‹Danke schön› oder etwas Ähnliches von sich gegeben hätte. Ich lese an der Mauer auf einem großen blankpolierten Messingschild: ‹Botschaft der Bundesrepublik Deutschland – Residenz des Botschafters –›.

Wir läuten. Ein Halogenbreitbandstrahler hüllt uns plötzlich in gleißendes Licht. Die Tür der Villa wird geöffnet, ein Mann macht einen langen Hals, dann ergießt sich eine arabische Schimpfkanonade über uns, die Tür wird wieder zugeschlagen, das blendende Licht bleibt an.

«Die wollen uns gar nicht mehr», sagt Friedrich belustigt.

Wir läuten Sturm. Jetzt wird die Tür aufgerissen, mit wehenden Rockschößen eilt ein älterer Herr, offensichtlich der Botschafter, auf uns zu. «Das können doch nur Sie sein! Da sind Sie ja endlich! Na, so ein Glück! Wir haben Sie erwartet, aber erst morgen! Wir wußten auch nicht, ob Sie in Beirut oder hier freigelassen werden! Ach, bin ich froh! Der Diener, dieser Dummkopf, entschuldigen Sie bitte! Nun kommen Sie doch rein! Lassen Sie sich anschauen! Sind Sie gesund? Haben Sie Hunger? Wo ist eigentlich der Nachtwächter? Er schläft wieder! Treten Sie näher!» Er redet kurzatmig und ununterbrochen, verheddert sich mit dem Schlüssel, bis er endlich das Tor auf hat. Dann umarmt er uns herzlich, plötzlich kann ich meine Tränen nicht mehr zurückhalten, wie oft habe ich diesen Moment erträumt, herbeigesehnt, verzweifelt daran gedacht, jetzt ist er da, ich kann es nicht fassen, und die ehrliche Freude dieses Mannes überwältigt mich.

Wir sitzen im Salon, ach, nie wieder will ich mich über diese Atmosphäre lustig machen und zu ihrer Überwindung zwei Gin-Fizz trinken!

«Leider ist meine Frau in Deutschland, ich bin zur Zeit Strohwitwer», entschuldigt sich Dr. Suda, «aber die Köchin wird schon geweckt, Sie werden noch ein Abendessen bekommen.»

Dann erkundigt er sich, ob wir einen Arzt brauchen, was wir verneinen. «Ich bin heute nachmittag von Oberst Najjar angerufen worden, er ist stellvertretender Geheimdienstchef, wir haben einen guten Kontakt zu ihm. Er sagte, daß Sie voraussichtlich morgen freigelassen werden und wollte sich nochmals melden, die näheren Umstände mitzuteilen. Auf Ihr Wohl, meine Herren! Willkommen! Ich freue mich! Und entschuldigen Sie mich für fünf Minuten, ich will schnell das Auswärtige Amt und meinen Amtsbruder in Beirut anrufen.

Aber verzeihen Sie, zuerst sollte ich Ihnen Gelegenheit geben, mit zu Hause zu telefonieren. Herr Huber, nebenan in der Bibliothek steht ein Zweitapparat, wenn Sie den Anfang machen wollen?»

Friedrich geht seine Frau anrufen, ich erkläre Dr. Suda, daß ich mich bei meinen Freunden zurückmelden werde, wenn ich wieder in Deutschland bin. Ich überspiele einen Anflug von Traurigkeit und erzähle ihm, daß ich schon einmal dienstlich hier in Damaskus war, aber da sei sein Vorgänger noch amtierender Botschafter gewesen.

Später stehe ich mindestens eine halbe Stunde unter der Dusche. Ich versuche, das ganze Leid, die Verzweiflung, den Schmutz von mir abzuspülen, so muß sich eine Frau nach einer Vergewaltigung fühlen, voller Ekel und dem Kotzen nahe, weil alles wieder hochkommt.

Ich genieße das üppige Frühstück in dem sonnendurchstrahlten Salon, den frisch gepreßten Orangensaft. Müde und zerschlagen konnte ich mich kaum von meinem Bett trennen. Richtig weiße, nach Sauberkeit duftende Bettwäsche und ein Zimmer ganz für mich alleine. Wir sind zu dritt, Dr. Suda, Friedrich und ich. – Mir ist bewußt, daß dies die Ruhe vor dem Sturm ist, der Tag wird noch einiges bringen.

«Als erstes haben wir einen Termin im syrischen Außenministerium», sagt der Botschafter.

Da geht der Tanz auch schon los! Wir sitzen im Dienst-Mercedes, aber an Weiterfahrt ist nicht zu denken, eine Schar von Reportern, teils mit Fernsehkameras, lauert vor dem Residenztor wie ein ausgeschwärmtes Bienenvolk, das aufgeregt seine Königin sucht und durch jede Blechspalte einzudringen versucht. Wir öffnen die vorderen Fenster zur Hälfte, geben bruchstückhafte Antworten auf durcheinander gestellte Fragen, jemand schiebt mir einen Zettel in die Hand, auf dem gekritzelt steht: ‹Rufen Sie Hotel Vendome, Tel. 228418, an, verlangen Sie Zimmer 419, wegen Exklusivrechte, ich mache Ihnen ein interessantes Angebot. Gabelsberg, Illustrierte Quick.› Ein Wachmann bahnt dem Mercedes den Weg, ich überlasse den Zettel dem Fahrtwind.

Syrisches Außenministerium. Protokollchef, Chef der Europa-Abteilung, die Namen kann ich mir nicht merken, und der stellvertretende Geheimdienstchef Najjar. Hier sind die Presseleute handverlesen und der nicht existierenden Pressefreiheit wegen devot und angepaßt, der Botschafter richtet eine Dankesadresse an die Syrer, die Freunde der Bundesrepublik, und lobt ihre unverzichtbare Rolle bei unserer Freilassung. Der Protokollchef übermittelt die Grüße des Staatspräsidenten Hafez Al-Assad, jenes Ex-Luftwaffengenerals, und meint ebenfalls, die Deutschen seien Freunde der Syrer, und Freunden müsse man helfen, eine Hand wasche die andere, wobei es erstmals wieder in meinem Bauch zu grummeln beginnt, weil ich an Najjar und seine Folterhand denken muß und an den BND, der den syrischen Geheimdienst MOHABIRAT als ‹Partner-Dienst› bezeichnet und ich womöglich Folterbeziehungen die Freiheit verdanke.

Während draußen die Presseleute den geparkten Botschafts-Mercedes umschwärmen, entweichen wir durch einen Seitenausgang in einer schwarzen Limousine mit getönten Scheiben, die dem Außenministerium gehört. Eigentlich ging es hier gar nicht um uns, worüber ich froh bin.

Um unsere Spuren zu verwischen, fahren wir zum Haus eines anderen Botschaftsangehörigen. Dort wartet bereits die eingeflogene Delegation aus Bonn: Staatssekretär Ahrends vom Innenministerium, Zobel vom Bundeskanzleramt, der

Vize, Neukirch vom Auswärtigen Amt, Müller (oder Meier?) vom BND – und Eva Huber. Friedrich und seine Frau liegen sich weinend in den Armen, alle sind gerührt. Während sich die Hubers für eine halbe Stunde zurückziehen, stürzen Fragen auf mich ein, mitleidig und mitfühlend, fürsorglich und rücksichtsvoll, interessiert und fachlich.

Nein, wir wurden nicht mißhandelt, wohl aber hart angefaßt... Doch, zu essen gab es genug, soweit sie selbst etwas hatten, während der Artillerieduelle war ja über Tage die gesamte Versorgung zusammengebrochen... Nein, wiederfinden würde ich die Verwahrorte nicht, mit Ausnahme des Pferdestalls im Hippodrome... Woran ich am meisten gedacht habe, ja, was soll ich da antworten, ich glaube, an mein bisheriges Leben... Nein, zur Flucht hatten wir nie eine Gelegenheit, die Bewachung war sehr professionell... Gesundheitsschäden? Mein Rücken tut mir weh vom vielen Liegen... Ich glaube schon, daß ich die einzelnen Personen beschreiben kann... Was ich jetzt am liebsten machen würde? Alleine sein...

Da merken sie, daß sie mich überfordern. Gottlob kommt Friedrich mit seiner Frau zurück, das Interesse konzentriert sich auf ihn...

Dann trifft Schattenbrink ein, der Botschafter in Beirut. «Wir kennen uns doch von vor zwei Jahren?» Er drückt mich an sich. «Mein Gott, haben Sie sich verändert!»

Schattenbrink ist völlig erschöpft. Heute vormittag haben sie Mouawad ermordet, den libanesischen Staatspräsidenten. Eine Zweieinhalb-Zentner-Autobombe hat ihn zerrissen, er war erst siebzehn Tage im Amt, insgesamt gab es sechzehn Tote. Für Schattenbrink besteht kein Zweifel, daß die Christen dahinterstecken, womöglich Aoun persönlich, aber noch gebe es keine Anhaltspunkte, die Gruppe ‹Christliche Solidaritätsfront›, die sich zu dem Verbrechen bekannte, sei bisher nirgends registriert gewesen.

Ich erfahre, wie es zur Zeit in Beirut aussieht. Daß es überhaupt keine große Lösung gibt, daß wir beiden gegen die Häftlinge in Deutschland ausgetauscht wurden, daß Scheich

Obeid noch in Israel sitzt und alle anderen Geiseln in Beirut. Die armen Amerikaner, was sind unsere fast neun Monate gegen ihre Zeit, ich habe verschiedene Fragen, was sie betrifft, während Friedrich dies merkwürdig kalt zu lassen scheint.

Die Prognose ist düster, die ersten Beiruter fliehen bereits wieder aus der Stadt, Schattenbrink hat sie unterwegs mit dem Auto überholt, der vorübergehende Friede ist zerbombt worden, jeder geht davon aus, daß der Bürgerkrieg erneut ausbrechen wird.

Ich geselle mich zu meinen Kollegen, den Personenschützern, die mit dem Botschafter aus Beirut gekommen sind, frage, wer damals ‹Germa 1, 2 und 3› gewesen ist, erzähle, wie ich sie über UKW gehört habe, es klingt wie eine Episode, die man zur Erheiterung berichtet. Trotzdem sind sie mir gegenüber irgendwie zurückhaltend, wahrscheinlich hat sie das Attentat mitgenommen, ihnen vor Augen geführt, wie gefährlich das Beiruter Pflaster ist.

«Das auch», sagt Windler, der Kommandoführer, «wir waren erst vorgestern mit dem Chef bei Mouawad, da hätte es ja auch passieren können. Aber davon abgesehen, du bist zu Hause berühmt, dich kennt jedes Kind aus dem Fernsehen, an einen so prominenten Kollegen muß man sich erst gewöhnen.»

Ich schaue aus dem Fenster auf die Straße, die Presseleute haben unsere Spur wieder aufgenommen, lungern vor dem Gelände herum, jemand entdeckt mich und richtet sofort die Kamera in meine Richtung, ich ziehe die Gardine zu.

Ich bin es nicht mehr gewohnt, so lange zu stehen, mein Rücken schmerzt erheblich. Ich kneife mich nochmals in den Arm, nein, es ist kein Traum, ich bin frei. Aufrechte Haltung tut halt manchmal auch weh, denke ich in einer philosophischen Anwandlung, kneife mich zur Vorsicht nochmals und lasse zu, daß das Glück in mir wieder zu summen beginnt.

Der Bundeswehr-Jet steht auf einem Militärflugplatz in der Nähe von Damaskus. Wir werden von der Polizei mit ‹Tatütata› dorthin eskortiert, die Presse hat keine Chance, das schwere Rolltor der Luftwaffenbasis schließt sich sofort hinter der Kolonne – nur ein weißer Mercedes mit syrischen Kennzeichen hat sich als letztes Fahrzeug einfach angehängt. Doch die mit allen Wassern gewaschene Najjar-Truppe komplimentierte ihn wieder raus, der Fahrer ist einer namens Gabelsberg von der ‹Quick›.

Der Bundeswehr-Jet ‹Challenger›, 16 Sitzplätze, vom Bundesrechnungshof als überflüssiges Prestigespielzeug kritisiert und häufig vom Verteidigungsminister genutzt, hat mich schon einmal geflogen, nämlich von Köln-Wahn nach Lissabon, da ging es um einen dringenden Rauschgiftfall. Ich setze mich auf denselben Fensterplatz wie damals, der Sitz daneben bleibt frei, und beobachte die Delegation, alle in aufgekratzter Stimmung, auch vom ersten oder zweiten Glas Sekt.

Ein Stabsfeldwebel serviert Getränke, wir sind bereits gestartet und rasen mit 900 km/h Richtung Frankfurt. Irgendwann setzt sich der Staatssekretär des Innenministeriums neben mich, eine Gelegenheit, einmal zu erfahren, was sich in Bonn alles im Krisenstab getan hat. Ich muß sagen, sie haben umsichtig taktiert. Ich finde diesen Ahrends eigentlich recht nett und frage mich, wie er zu seinem Minister steht.

Irgendwie haben sich Friedrich und ich voneinander entfernt, ich schließe nicht aus, daß das an mir liegt, aber auch er kümmert sich keine Sekunde mehr um mich. Er redet lange Zeit mit dem Vize, dann auch mit Ahrends, es sind seine Vorgesetzten.

Die unter mir hinwegziehende Landschaft wird mir vertraut, die Schleifen des Mains, dann Hanau und Offenbach, wir sind bereits im Sinkflug, die belebte Autobahn, links der Henninger Turm, ich schließe die Augen, es ist der letzte Moment, der Pessimismus gestattet, daß womöglich bei der Landung, dem ‹kontrollierten Absturz›, etwas passieren könnte – immer wieder so erlebt, wenn eine Reise glücklich zu Ende ging. Dann das Aufsetzen der Räder und Abbremsen, durchatmen, jetzt ist alles wirklich überstanden. – Wirklich?

Pressekonferenz im VIP-Raum. Es herrscht Platzmangel, die Luft ist stickig, die Leute aufgeregt, sie drängeln und verteidigen ihre Kamerapositionen. Wir setzen uns an einen Tisch, ohne Eva Huber, außerdem hat sich BND-Müller/Maier von Berufs wegen in Nichts aufgelöst.

Friedrich badet in Spotlights, duscht in Blitzlichtgewittern. Er ist der Star. Nachdem er auch in meinem Namen allen dankte, die an unserer Freilassung mitgewirkt haben und zweimal Fragen, die eindeutig an mich gerichtet waren, vorschnell selbst beantwortete, verliere ich auch noch den letzten Funken an Lust, hier irgendeine Rolle zu spielen. Ich beschäftige mich mit mir selbst, daß ich nun wieder da bin und diese Reise nach Beirut vielleicht etwas Ähnliches gewesen ist wie eine notwendige Krankheit, die nicht von ungefähr kommt und Veränderungen einleitet.

Zwischendurch höre ich in die Pressekonferenz hinein. Friedrich gibt gerade politische Wertungen ab:

«Ich bin der festen Überzeugung, daß der Iran mit seinen vorgeschobenen Posten, den Revolutionsgarden, genannt unter anderem Hisbollah, im Libanon eine Theokratie seiner Prägung errichten will. Hierzu baut er seine Machtpositionen aus und festigt sie mit Aktionen wie unsere Geiselnahme. Er will gar keinen Frieden im Libanon, sondern schürt den Bürgerkrieg.»

In der besonnen wirkenden Manier, wie sie Diplomaten eigen ist, sagt daraufhin Neukirch vom Auswärtigen Amt: «Ich bitte doch zu bedenken, daß Außenminister Genscher durch seine hervorragenden Kontakte zum Iran diese glückliche Beendigung der Geiselnahme erreichen konnte. Ausschlaggebend war sein Gespräch mit Staatspräsident Rafsanjani am Rande der letzten UN-Vollversammlung in New York, wo eindeutig zu erkennen war, daß die neue Führung des Iran nach dem Tode Khomeinis eine Wende der Politik hin zur Zusammenarbeit mit den westlichen Industrienationen anstrebt. Minister Genscher konnte ihn dazu überreden, ein erstes Zeichen zu setzen, was auch geschehen ist, weitere werden sicher, alle Geiseln in Beirut betreffend, folgen. Das Auswärtige Amt teilt nicht die Auffassung, daß der Iran in der Nach-Khomeini-Periode seine Hegemoniebestrebungen im Libanon oder in anderen arabischen Staaten fortsetzt.»

Das letzte ist eine glatte Ohrfeige für Huber. Der meldet sich auch sofort zu Wort: «Ich wollte auch nur zum Ausdruck bringen, daß vielleicht einzelne Hisbollah-Gruppen, wie zum Beispiel im Libanon, über das Ziel hinausschießen könnten, ohne die politische Linie des Iran zu beachten.»

Das ist Huber, wie er leibt und lebt, Originalton BKA, das Mäntelchen immer so in den Wind hängen, wie es gerade gebraucht wird! Er hat sich nicht verändert, wundere ich mich.

Inzwischen hat sich Ahrends eingemischt: «Ich will natürlich keineswegs die Verdienste des Kollegen Genscher bei der Lösung dieses Falles schmälern, aber letztlich war es doch das Bundesinnenministerium, das über seinen Schatten gesprungen ist, die Abschiebung der beiden hier einsitzenden Terroristen zu genehmigen.»

«Herr Staatssekretär», fragt ein Pressemann, «ist es eigentlich richtig, daß der Bundesinnenminister den Einsatz des Herrn Wischnewski in Beirut verhindert hat, indem der SPD bestimmte Informationen vorenthalten wurden und das BKA angewiesen worden ist, bestimmte Ermittlungen zunächst nicht zu tätigen?»

«Das ist natürlich kompletter Unsinn», erregt sich Ahrends, «wo sollte denn der Sinn zu suchen sein?»

«Nun, der Sinn könnte darin liegen zu verhindern, daß die SPD in dieser Sache einen Erfolg erzielt», erwidert der Reporter.

«Ich bitte Sie, das ist doch absurd!» ruft Zobel vom Bundeskanzleramt dazwischen. «Wir alle ziehen doch in einer solchen Sache an einem Strang. Der Krisenstab hat die Opposition von allen wichtigen Schritten unterrichtet.»

«Vorher, oder nachdem diese Schritte bereits vollzogen waren?»

«Also, ich finde Ihre Fragen überflüssig, natürlich trägt die Regierung die Verantwortung für Entscheidungen im Krisenstab!» Zobel scheint ein Choleriker zu sein und schlägt mit der flachen Hand auf den Tisch. «Es versteht sich doch wohl von selbst, daß über Interna im Krisenstab an dieser Stelle nicht weiter zu reden ist!»

Ich schmunzele in mich hinein, blicke nach links und rechts, ob ich vielleicht unauffällig verschwinden könnte, es geht ja ohnehin nicht mehr um uns, aber leider sehe ich keine Möglichkeit.

Bald ist der Zauber vorüber, mir fällt noch auf, daß der Vize gar nichts sagt, das ist natürlich klug, wenn sich Politiker Erfolge streitig machen. Wir ziehen uns in einen hinteren Raum zurück, es herrscht Aufbruchstimmung, wieder ein allgemeines Durcheinander, ich rede noch kurz mit Neukirch vom Auswärtigen Amt, ein mir bekannter Fahrer des BKA steht in der Tür, ich frage ihn, ob er mich mit nach Wiesbaden nimmt, dann suche ich Huber. Aber Huber ist nicht zu finden. Ich schaue im Gang, auf dem WC, in Nachbarräumen nach. Dann sagt mir der Fahrer: «Herr Abteilungspräsident Huber ist vor ein paar Minuten abgefahren!» Ich wollte mich von ihm verabschieden, er hat das offensichtlich nicht für nötig befunden oder im Trubel vergessen, oder was auch immer, ist ja eigentlich egal. – Das war's dann wohl gewesen!

Als ich durch einen Hinterausgang das Flughafengebäude verlasse, stiebt ein Schwarm Spatzen zwitschernd davon.

Mit dem Autotelefon des Dienstwagens bestelle ich einen Schlüsseldienst zu meiner Wohnung, das kommt mir sehr bekannt vor.

Buddy steht wie eh und je an seinem Platz im Regal aus alten Eichenbalken. Die Abendsonne scheint durch das Fenster, er schimmert golden und die Lotosblüte, auf der er sitzt, scheint frisch und rot zu erblühen. Buddy glüht von innen heraus, und ich merke, daß er sich genauso freut wie ich.

Hallo, Buddy!

Hi, mein Freund!

Nanu, wieso sagst du ‹Hi› wie ein Amerikaner?

Warum denn nicht, sie waren doch lange genug in meiner Heimat Vietnam.

Ich bin ganz kurz etwas ratlos, habe nichts auszupacken wie sonst nach einer Reise, weiß gar nicht, was ich machen soll.

Wie geht es weiter mit dem BKA, mein Freund?

Es gefällt mir, daß er mich zur Feier meiner Rückkehr schon das zweite Mal seinen Freund nennt. – Sie haben mir gesagt, daß ich gründlich ärztlich untersucht werden muß und dann soll ich erst einmal für vier Wochen in Kur gehen, es sei alles bereits genehmigt, ich brauche nur noch zwischen Nordsee und Schwarzwald zu wählen. Und wenn ich mich ein bißchen erholt habe, wollen sie mich dort besuchen, um mich ausführlich zu vernehmen. Du siehst, Buddy, ich brauche heute gar nichts entscheiden. Und wenn ich wieder bei Kräften bin, werde ich wissen, was zu tun ist.

Und Andrea?

Ich rufe sie morgen an, dann treffe ich sie, und davon hängt alles ab.

Das Telefon klingelt. Es könnte Andrea sein, ich registriere, wie heftig mein Herz klopft. Ich hebe ab. «Hier Gabelsberg von der ‹Quick›. Ich biete Ihnen zweihunderttausend für einen Exklusivvertrag, wann können wir uns sehen?»

«Überhaupt nicht, Herr Gabelsberg.» Ich wundere mich, woher er meine Telefonnummer hat, denn sie steht nicht im Telefonbuch. «Wissen Sie, was ich über die Reise nach Beirut zu sagen habe, das werde ich selber schreiben. Bitte versuchen Sie es nicht weiter.» Ich lege auf.

Ich setze mich an meinen Schreibtisch, ziehe ein Blatt Papier aus der Schublade, schiele zu Buddy und meine zu sehen, daß er lächelt.

‹Ich sage mir, daß ich wirkliche Angst nur davor habe, seekrank zu werden. Und ich rede mir ein, daß alle anderen Ängste mit Erfolg verdrängt sind. So ist für mich die Lufthansa eine der zuverlässigsten Linien der Welt, Start in Frankfurt und Landung in Nikosia Routine, eben wie immer. Das riesige Fährschiff im Hafen von Larnaca liegt, Vertrauen einflößend, im gleißenden Flutlicht von Scheinwerfern, weiß und stark – ich mag große Schiffe. Die Heckpartie ist weitmäulig geöffnet, und Fahrzeuge überqueren eine scheppernde Rampe, aber die ‹Empress› bewegt sich keinen Millimeter unter der Last...›

Ich lese mir diese ersten Zeilen nochmals durch, schiele wieder zu Buddy.

Und tatsächlich, auf seinem Gesicht hat sich ein strahlendes Lächeln breitgemacht: Du hast schon viel verlernt, mein Freund...